JN451804

여성복지 실천과 정책

나남
nanam

나남신서 1347

여성복지 실천과 정책

2008년 9월 25일 발행
2017년 9월 5일 2쇄

저자_ 김인숙 · 정재훈
발행자_ 趙相浩
발행처_ (주) 나남
주소_ 10881 경기도 파주시 회동길 193
전화_ (031) 955-4601 (代)
FAX_ (031) 955-4555
등록_ 제 1-71호(79. 5. 12)
홈페이지_ www.nanam.net
전자우편_ post@nanam.net

ISBN 978-89-300-8347-8
ISBN 978-89-300-8001-9 (세트)

책값은 뒤표지에 있습니다.

나남신서 · 1347

여성복지 실천과 정책

김인숙 · 정재훈

나남
nanam

Practice and Policy for Women's Welfare

by

Kim, In-Sook & Jung, Jae-Hoon

nanam

머리말

여성복지는 사회복지학의 분과 학문이기는 하지만, 사회복지학 내에서는 주된 관심영역에서 다소 비껴서 있다. 그 이유는 여러 가지겠지만, 여성과 남성을 이분법적으로 나누는 것에 대한 거부감, 더 나아가 사회복지정책과 실천에 여성주의 관점을 적용하는 것에 대한 불편함이 큰 역할을 하고 있는 것이 아닌가 한다. 그래서인지 분과학문으로서의 여성복지에 대한 체계화는 매우 더디게 이루어지고 있고, 특히 우리나라의 경우 그러하다.

여성부, 여성가족부, 다시 여성부로 이어지는 정부 여성정책 집행부처의 신설과 변화, 그리고 여성발전기본법을 비롯한 여성정책의 법적 기반 마련에도 불구하고 여성복지 학문분야는 사회복지의 다른 분과학문에 비해 가시적인 진전을 보이지 못했다. 그 결과 여성복지는 여전히 사회복지의 거시적·미시적 방법들을 여성이라는 대상에 적용하는 것이라는 소극적 의미로 통용되고 있는 실정이다. 물론 우리나라에서 여성복지라는 용어가 사용되기 시작한 시점과 여성 일반에 대한 정책적 관심이 1990년대 중반 이후부터라는 점을 감안하면 이러한 더딘 진전을 다소 이해할 수 있을 것이다.

그러나 현재 진행되는 산업구조의 변화(서비스 산업과 비정규직의 증대)와 인구구조의 거대 변화(저출산과 고령화)는 이전보다 더 여성의 노동을 필요로 하고 있다. 또한 여성운동의 약진으로 그동안 관심의 사각지대에 있던 다양한 여성집단, 예를 들면 가정폭력 피해 여성, 성폭력 피해 여성, 성매매 피해 여성, 한부모 여성들에 대한 복지 제도화가 이루어지면서 인권과 복지 그리고 여성주의라는 키워드가 여성복지에 중요한 관점으로 파급되고 있다. 이러한 여성복지의 환경변화는 여성복지가 이전과는 다르게, 보다 체계화되고 현실적합한 학문적 체계로 발전되어야 할 필요성을 우리에게 시사한다.

이 책은 바로 이러한 여성복지의 환경변화에 부응하여 여성복지의 정책과 실천을 여성주의 시각에서 접근한 다양한 논의들을 소개하고, 이들을 보다 체계적으로 구성하는 데에 첫발을 내딛고자 기획되었다.

여성복지 실천의 개념과 원리, 지적 토대, 과정, 방법 및 사례들을 정리해 봄으로써 여성복지 실천을 체계화하려고 하였다. 이는 지금까지 여성복지 교과서에서 시도되지 않았던 것으로, 앞으로 여성복지학이 사회복지의 분과학문으로 발전하는 데에 도움이 되기를 바라며 수록한 내용이다. 또한 복지국가에서 여성이 어떻게 처우되었고, 사회보장제도 내에서 여성이 어떻게 다루어지고 있는지, 여성복지전달체계와 여성운동의 관계는 어떠한지 등을 중심으로 여성과 복지국가 및 복지정책과의 관계를 실제 구체적인 정책과 사례를 통해 설명해 보려고 하였다. 아울러 현재 우리 사회에서 여성복지 접근을 필요로 하는 문제 중 우울여성, 폭력피해 여성, 성매매 여성, 이주여성의 문제를 그 사례로 고찰하였다. 이 책의 1부와 2부에 해당하는 1~7장과 4부의 12장은 김인숙이, 3부에 해당하는 8~11장과 4부의 13~15장은 정재훈이 집필하였다.

이 책은 대학에서 여성복지론 강의를 염두에 두고 구성하였다. 학부와 대학원의 여성복지론 강의에 도움이 되길 바라며, 그 외 여성복지에 관심 있는 현장 실천가와 정책가들에게 조금이나마 도움이 되길 바란다. 그리고 이 책을 출간할 수 있도록 도와주신 나남출판의 조상호 사장님과 편집부 여러분께 감사드린다.

2008년 9월

김인숙 · 정재훈

나남신서 · 1347

여성복지 실천과 정책

차 례

제 2 부 여성복지 실천

제 3 부 여성복지 정책

제 4 부 여성복지의 사례

제1부

여성복지의 배경

여성복지를 둘러싼 환경의 변화 제1장

1. 국가환경의 변화와 여성복지

현재 우리 사회에서는 신자유주의적 세계화로 인해 구조적 차원의 변화가 진행되고 있다. 그 중에서도 산업구조와 인구구조의 변화는 가장 대표적이다. 이 양대 변화로 인해 서비스산업이 증가하고 있으며 노동시장과 일자리가 양극화되고 있고 출산율이 급감했고 인구가 노령화되면서 사회부양 부담이 급격히 증가하고 있다. 바야흐로 우리 사회는 이전과는 전혀 다른 새로운 환경에 직면해 있는 것이다. 이들 새로운 환경변화는 구조적 차원에서 진행된다는 점에서 우리 사회의 기존의 패러다임에 심각한 도전을 주고 있다. 특히 사회적 과제와 사회문제에 대응하는 강력한 수단 중의 하나인 사회복지 측면에서 보면 더욱더 그러하다. 그렇다면 산업구조와 인구구조의 변화가 사회복지의 한 분과영역인 여성복지에 주는 의미는 무엇일까? 왜 우리는 현재 시점에서 여성복지에 더 많은 관심을 가져야 하는 것일까? 이들 질문에 대한 답을 찾아가보자.

1) 산업구조의 변화와 여성복지

산업구조의 변화는 근본적으로 새로운 경제질서, 즉 경제의 세계화(*globalization of economy*)의 등장을 통해 이루어지고 있다. 현재 진행되는 신자유주의적 세계화는 첨단기술을 통한 통신망의 발전, 저렴한 운송비용, 국경 없는 자유무역 등을 통하여 급속하게 확산되고 있고 이러한 추세는 WTO 체제의 출범과 함께 더 이상 우리들이 피할 수 없는 현실로 다가서고 있다.

경제의 세계화가 가져온 가장 큰 변화는 산업구조의 변화이다. 즉, 노동집약적이던 제조업 중심의 산업구조가 서비스업 중심의 산업구조로 변화된 것이다. 실제로 우리나라의 산업구조는 2004년 현재 제조업과 서비스업의 비율이 28.7% 대 67.2%로서 서비스산업이 단연 우위에 있다. 이는 미국(13.9% 대 83.9%), 독일(22.2% 대 76.5%), 프랑스(13.9% 대 83.4%) 등과 같은 서구 선진국들과 비교하면 전체 산업구조에서 서비스업이 차지하는 비중이 낮은 편이다(한국산업연구원, 2005). 그러나 우리나라의 서비스산업은 소득수준의 향상, 금융자산의 축적, 정보통신 인프라의 구축 등이 진전되면서 앞으로 그 구성비가 지속적으로 높아질 것으로 예측된다(이진면 · 김동석 · 김민수, 2001).

서비스산업을 중심으로 한 산업구조 변화는 고용구조의 변화를 수반한다. 제조업의 취업비중이 줄어들고 서비스산업의 취업비중이 증가하는 것이 그것이다. 실제로 우리나라 서비스산업의 취업비중은 1990년 43.2%에서 2000년에는 57.5%로 증가하였고, 이는 2010년에 60.4%, 2020년에 63.2%로 증가될 전망이다. 특히 서비스산업 중에서도 도소매, 음식, 숙박 등의 서비스업 비중은 감소하는 대신 사회서비스와 개인서비스, 그리고 금융, 부동산, 기업서비스의 비중이 상당히 증가할 것으로 예측되고 있다(이진면 · 김동석 · 김민수, 2001).

이러한 변화 속에서 우리가 주목해야 하는 것은 서비스업 중심의 고용구조가 사회적 위험구조에 큰 변화를 불러일으키고 있다는 점이다.

이 사회적 위험구조의 가장 근원적인 것은 노동시장의 양극화와 노동시장의 유연화로 집약될 수 있다. 에스핑앤더슨(Esping-Anderson, 2002)은 서구 복지국가에서 서비스업의 팽창은 적은 수의 고임금 일자리와 다량의 저임금 일자리의 양산이라는 노동시장의 양극화를 가져왔다고 분석하였다. 그런데 이미 우리나라에서도 이러한 현상이 눈에 띄게 드러나고 있다. 노동연구원의 분석에 따르면, 2000년부터 2004년까지 소득이 중간수준인 6분위 일자리는 8만 7천 개가 줄어든 반면, 1분위(하위)와 10분위(상위) 일자리는 각각 24만 3천 개, 24만 9천 개가 증가한 것으로 나타났다(전병유·김혜원·신동균, 2006; 윤홍식, 2007: 9에서 재인용). 이와 더불어 노동시장은 점차 유연화의 정도를 더하고 있는 것으로 나타났다. 1995년 남성노동자의 32.3%, 여성노동자의 57.6%에 불과하던 비정규직 비율이 2004년 현재 남성 46.2%, 여성 69.1%로 증가한 것이 그 예이나(한국비정규직노동센터, 〈비정규 노동〉 2004년 12월호).

이와 같은 서비스산업의 증대와 관련해 우리의 관심을 끄는 것은 이러한 변화가 여성의 노동시장 참여를 확대시킨다는 점이다. 여성의 노동시장 참여확대는 남성노동력 중심의 제조업이 줄어들면서 여성이 참여할 수 있는 서비스산업으로의 구조변화가 큰 몫을 했다. 특히 서구 복지국가의 경우 여성의 노동시장 참여확대가 가장 컸다. 그러나 여성의 노동시장 참여를 끌어낸 것은 산업의 구조변화만은 아니었다. 서구 복지국가에서 여성의 노동시장 참여를 끌어낸 것은 인구의 고령화로 인한 연금제도의 위기를 여성의 고용확대를 통해 해결하고자 한 정책이었다. 즉, 서구 복지국가에서 여성의 노동시장 참여확대는 변화하는 경제사회구조와 복지국가의 유지 및 재구축에 매우 중요한 변수로 부각되었던 것이다.

이러한 현상은 결국 경제의 세계화로 인한 산업구조의 변화가 그동안 사회가 전통적으로 여성을 대했던 방식에서의 변화를 가져온 것으로 볼 수 있다. 말하자면, 여성의 "모성"만 필요하던 사회에서 여성의

“노동”이 필요한 사회로 전환된 것이다. 요는 사회가 여성을 노동의 주체로서 바라보는 변화가 일어난 셈인데, 이것이 바로 여성복지를 논할 때 고려해야 할 주요한 환경변화이다. 에스핑앤더슨(2002)은 “남성은 고도 산업사회의 주역이었으나 이제 후기산업사회의 중심무대는 여성이 차지할 것이고 그 결과 선진국의 각 가정에서는 생활수준을 지탱하기 위해 점점 더 여성의 노동소득을 필요로 할 것”이라고 할 정도로 산업구조의 변화에 따른 여성의 노동활동의 증가에 주목하였다.

그러면 우리나라의 경우는 어떤가? 우리나라 여성의 노동시장 참여는 2007년 5월 현재 51.2%(남성은 74.8%, 한국노동연구원, 2007)이고, 여전히 M자형으로 여성노동의 분절성이 심하다. 이는 서구사회 여성의 높은 노동시장 참여율 및 낮은 경력 단절과 비교할 때 큰 차이를 보인다. 이처럼 우리나라 여성의 노동시장 참여율이 낮은 것은 활발하게 일해야 하는 연령대의 여성들이 결혼과 육아로 일과 가족생활의 병행이 어려운 현실 때문에 노동시장으로부터 퇴장하거나 재진입에 실패하고 있음을 의미한다.

앞서 언급한 통계수치가 보여주듯이, 우리나라는 서비스산업으로의 전환이 진행되고 있고 연금제도의 불안정성 문제가 사회적으로 제기되고 있지만, 아직까지 여성의 노동시장 참여가 뚜렷하게 증가하지 못하고 있는 실정이다. 이를 두고 혹자는 우리나라의 경우 현재상황에서 여성이 노동시장에 참여하기보다는 외국인 노동자를 유입하는 방향으로 전개될 것이고, 그것이 더 현실적일 것이라는 주장을 펴기도 한다. 어떤 노동인력을 끌어들이는 것이 현실적인지에 대해서는 논란의 여지가 있지만, 분명한 것은 우리 사회가 산업인력으로서의 “서비스인력” 또는 사회적 인력으로서의 “서비스인력”을 더욱더 필요로 할 것이라는 점이다. 중요한 것은 이 “서비스인력”의 필요와 관련해 “여성의 노동시장 참여확대”라는 이슈는 지금보다 더 우리 사회의 주된 관심사항으로 대두될 것이라는 점이다.

그렇다면 “여성의 노동시장 참여확대” 이슈는 여성복지와 관련해 어떤 함의를 갖는 것일까? 이것이 여성복지에 갖는 가장 큰 함의는 "시장노동과 보살핌노동의 성별 배분"이다. 즉, 노동시장의 성평등을 위한 고용정책과 보살핌노동의 사회화를 진전시키기 위한 복지정책이 매우 필요하다는 것이다(장지연, 2005). 가족이라는 사적 영역을 담당하던 여성은 이제 시장이라는 공적 영역에도 동시에 참여하게 되었는데, 여기서 국가는 여성과 남성 모두에게 시장노동과 보살핌 노동 간의 분담이 이루어질 수 있도록 지원하는 역할을 요구받게 되었다. 특히 우리나라의 경우 경력단절 상태의 기혼여성들이 노동시장에 참여하기를 강력히 원하고 있는 점(김인숙 · 윤홍식 · 정재훈, 2004)을 감안하면 현재의 낮은 노동시장 참여율은 국가의 지원 여하에 따라 높아질 수 있는 가능성이 상존하고 있기에 더욱 그렇다.

이상에서 알 수 있듯이, 경제의 세계화라는 세계 경제구조의 변화는 우리나라의 산업구조를 제조업에서 서비스산업으로 빠르게 전환시키고 있고, 이는 여성의 노동시장 참여확대를 우리 사회의 중심에 올려놓으면서 시장노동과 돌봄노동의 성별 분담이라는 새로운 이슈를 제기하고 있다. 이 이슈는 여성의 역할을 사회적으로 재구성하는 문제이자 동시에 그에 따라 부수되는 사회적 과제에 대한 국가의 역할을 강화하는 문제를 내포하고 있다. 이는 국가의 정책이 어떻게 여성을 노동자와 모성으로 기능할 수 있게 복지적 차원에서 지원할 것인지 고민해야 한다는 것인데, 바로 여기가 여성복지, 특히 여성복지정책에 대한 더 많은 관심이 요구되는 지점이다.

아울러 여성의 노동시장 참여확대는 가족 내 역할의 재구성을 필요로 한다. 이 과정에서 남성 생계부양자 모델에 입각한 기존의 가족관계와 부부관계 또한 새롭게 재구성될 필요가 있다. 이를 달리 표현하면, 여성의 노동시장 참여확대는 여성을 비롯한 가족원들에게 가족 내 역할의 재구성이라는 중대한 과제에 직면하게 하면서 많은 문제들을 노정시킬 수 있다는 것이다. 가족관계 내에서 젠더분업의 문제가 이전보다 더 관심으로 부각되면서 이로 인해 가족간 갈등과 문제를 가져오게 될 가능성이 높아지는 것이다. 따라서 현장에서 이루어지는 실천의 틀을 "젠더"라는 프리즘으로 다시 재조명할 필요가 있는데, 이 지점이 바로 여성복지, 특히 여성복지 실천에 대한 보다 더 많은 관심이 필요한 이유이다.

2) 인구구조의 변화와 여성복지

우리 사회에서 인구구조의 변화는 "저출산과 고령화"로 집약된다. 현재 "저출산과 고령화"는 단연코 한국사회의 핵심화두이다. 그것은 언론에 빈번히 오르내리고 있고 정치가들을 중심으로 정책형성을 위한 대중적, 정치적 논쟁이 일어나는 적소가 되었다. 30여 년 전만 해도 우리 사회는 인구과잉을 걱정했다. "하나만 낳아도 삼천리는 초만원"이라는 인구통제적 구호가 먹혀들었다. 그러나 우리나라의 출산율(합계출산율: 출산 가능한 나이인 15~49세까지를 기준으로, 한 여성이 평생 낳을 수 있는 자녀수)은 1970년 4.53에서 2005년에는 OECD 국가 중 가장 낮은 1.08을 기록했다. 2007년 현재 합계출산율은 1.25로 다소 상승했지만 여전히 OECD 선진국의 평균인 1.56을 밑돌고 있다. 30년이라는 매우 짧은 시간에 압축적 경제성장 못지않게 출산율도 압축적으로 급감한 것이다.

그런데 "저출산"은 마치 관용구처럼 늘 "고령화"라는 말과 병행되어 함께 사용되고 있다. 그래서 이 둘은 각각 등가를 가진 독립적인 것으로 혹은 병렬적 관계로 이해되기도 한다. 그러나 이 둘간의 관계는 병렬적 관계라기보다는 인과적 관계로 보는 것이 더 타당하다. 에스핑앤더슨(2002)에 의하면, 인구의 노령화는 거시적 변화임에 분명하지만 이는 "여성이 원해서 혹은 어쩔 수 없는 선택에 의해" 새로이 등장한 저출산 양상의 부산물이라고 하였다.

인구의 노령화가 사회적 문제로 제기되는 가장 큰 이유는 두 가지이다. 첫째는 미래의 노동력 공급이 줄어들고 노령화됨에 따라 국가의 생산력이 떨어진다는 점이다. 국가의 생산력이 떨어진다는 것은 국가 경제에 차질을 가져올 수 있는 문제이기 때문에 노동력 공급정책과 관련해 많은 고민거리를 던져준다. 둘째는 늘어난 노령인구를 어떻게 보호할 것인가 하는 점이다. 인구의 노령화는 노인들의 사회적 서비스와 건강보호에 대한 욕구를 증가시킨다. 따라서 저출산과 그로 인한 인구의 노령화가 사회적 어젠다로 제기된 사회는 어떻게 해서 노동력을 공급할 것인지, 또 어떻게 노인들의 의료 및 사회적 서비스 욕구를 충족시킬 것인지 고민하지 않을 수 없다.

그러나 이러한 인구이슈에 대한 반응은 국가마다 달랐다. 이미 1980년대부터 복지는 줄어들고 출산율은 떨어지고 평균수명은 늘어가고 이민은 줄어드는 현상을 경험했던 유럽 국가들은 1990년대부터 이러한 인구이슈를 사회적 어젠다로 제기하였다. 그들은 국가 나름의 전통에 기반해 인구이슈에 대한 태도를 견지했다. 예를 들어, 비교적 높은 출산율과 인구균형을 유지했던 프랑스는 인구감소의 위협을 두려워했던 반면, 영국은 인구증가가 정책 어젠다의 주요 이슈가 아니었다. 영국과 이탈리아는 인구학적 관점이 아니라 빈곤정책과 같은 경제적 이슈에 초점을 두었다(Hantrais, 2004). 우리 사회의 인구이슈에 대한 반응은 정치적 구호와 사회적 수사(*rethoric*)의 측면에서는 인구증가와 경제적 이슈 모두를 포괄하고 있는 듯하나, 실제로는 그 어느 것에도 방점을 두지 않으면서 정책의 내용은 매우 빈약하고 파편적이라고 할 수 있다.

이렇게 본다면, "저출산과 고령화" 이슈가 우리 사회에 던지는 과제는 어떻게 출산율을 높일 것인가, 어떻게 부족한 노동력을 공급할 것인가, 어떻게 의료 및 사회적 서비스 공급체계를 만들 것인가로 요약될 수 있다. 그런데 이들 과제는 모두 사실상 여성의 "노동시장 참여확대"와 긴밀히 연관되어 있다. 이들 연관성에 대해 살펴보자.

첫째, 출산율을 높이는 문제는 매우 복잡하고 어려운 문제이기는 하다. 출산율을 높이기 위해서는 경제가 성장해야 한다거나 사교육과 같은 가족생활의 부담이 적어야 한다거나 혹은 청년실업률이 낮아야 한다는 등 외재적 요인을 지적하기도 한다. 그러나 내재적으로는 출산행위가 이루어질 수 있도록 가족 내 여성과 남성에 대한 정책적 지원을 하는 것이 출산율 제고에 영향을 미치는 것으로 확인되었다. 특히 가족 내 여성이 가정과 직장을 병행할 수 있도록 다양한 정책을 시행하는 것이 중요하다. 예를 들어, 보육시설의 대폭적 확대를 통해 아이가 있는 여성 누구든 손쉽게 자녀를 맡길 수 있게 한다거나, 아이나 가족원이 아플 때 그들을 일정기간 간호할 수 있도록 제도적 장치를 만드는 것이 그 한 예이다. 결국 출산율을 높이기 위해서는 직접적으로 여성의 양육행위를 지원할 수 있는 지원체계를 만드는 것이 중요한데, 때문에 출산율 제고에는 "여성"(좀더 구체적으로 말하면, "여성에 대한 복지")이라는 키워드가 핵심에 놓일 수밖에 없다. 이는 이전과는 전혀 다른 새로운 사회적 현상으로, 여성 혹은 여성의 복지에 대한 관심을 촉발하는 구조적 환경이다.

둘째, 어떻게 부족한 노동력을 공급할 것인가의 문제 또한 "여성노동"과 직결된다. 이미 저출산과 인구의 고령화 진전으로 미래의 생산가능 인구는 줄어들 것으로 전망되고 있다. 지난 10년 동안 생산가능 인구는 연평균 1.39%의 증가율을 보였으나, 인구의 노령화로 인해 2010~2015년 사이에는 0.82%, 그리고 2015~2020년에는 0.37%로 급락할 것이고(안주엽, 2005), 이에 따라 잠재적 부양비(노인 한 명을 부양할 15~64세의 생산가능 인구)도 2005년 8명에서 2037년 2명, 2066년에는 1.2명으로 감소할 것으로 전망된다(통계청, 2005).

OECD의 전망에 의하면, 우리나라는 2050년이 되면 세계에서 가장 늙은 나라가 될 것이라고 한다. 그만큼 생산가능 인구는 줄어들 것이고, 이에 따라 기존에 남아 있는 노동가능 인구를 시장으로 끌어내는 것이 우리 사회의 핵심과제로 대두될 것이다. 그러면 부족분을 누구를 통해 해소할 것인가? 이에 대해서는 논란이 많다. 현재 우리 사회의 하부 시장구조를 담당하는 외국인 노동자를 더 유입해야 한다는 주장이 있고, 그보다는 잠자고 있는 여성노동력을 끌어내야 한다는 주장이 있으며, 이 양자의 결합이 현실적이라는 주장도 있다. 어떤 주장이든 현재 생산가능 인구로 전환될 가능성이 있는 인구집단이 “여성”이라는 점에는 의견을 같이한다.

이처럼 인구의 노령화에 따라 여성인력의 필요성이 증가하고 있고 여성이 경제활동에 참여할 기회가 증대되는 것은 사실이다. 그리고 이러한 이유 때문에 “저출산고령사회위원회”를 비롯한 정부의 관련부처에서는 여성친화적 정책들, 특히 여성친화적 노동시장 환경조성을 위한 정책을 쏟아내고 있다. 그러나 이러한 노력에도 불구하고 여성의 경제활동 참가율은 2010년 51.8%, 2015년 52.4%, 2020년 53.0%로 연평균 0.24포인트 상승하는 데 그칠 것으로 전망되고 있다(안주엽, 2005). 따라서 많은 학자들은 여성의 경제활동 참가율을 높이려면 현재와 같은 부분적인 여성친화적 정책만으로는 불가능하기 때문에 보다 전면적인 여성친화적 환경을 포함한 여성의 노동시장 참여를 위한 사회적 기반을 마련하는 것이 필요함을 주장한다. 결국 “저출산 고령화” 사회가 직면한 노동력 부족이라는 과제는 여성의 노동시장 참여확대라는 이슈를 사회적으로 제기하였고, 이는 앞으로도 계속될 것이다. 새로운 국가환경의 변화가 이전에는 주목하지 않았던 “여성”과 “여성의 복지”에 주목하게 만든 것이다.

마지막으로, 의료 및 사회서비스 공급체계를 어떻게 만들 것인가의 문제도 역시 여성의 노동시장 참여를 떼고 생각하기 어렵다. 앞서 언급했듯이, “저출산 고령사회”는 인구의 노령화로 늘어난 노인들에 대한 사회서비스가 필요하다. 아울러 여성의 시장참여로 공백상태인 가족의 돌봄노동을 대체할 인력이 필요하다. 우리 사회는 새로이 창출되는 사회서비스를 제공할 새로운 인력이 필요한 상황에 처하게 된 것이다. 그리고 “여성”인력이 이러한 사회서비스를 제공할 수 있을 것으로 기대되고 있다. 현재 시점에서 보더라도 사회서비스 제공인력은 거의 대부분이 “여성”(저소득층 여성)이다.

그러나 우리 사회는 아직 이러한 사회서비스 공급체계를 만들기 시작하는 단계에 있다. 사회서비스 인력과 관련해 초기단계에서 가장 두드러지게 드러나는 문제는 이들 여성인력의 임금수준이 지나치게 낮아서 사회서비스 시장에의 참여율이 매우 낮다는 것이다. 예를 들어, 2007년 5월부터 시작된 "장애인 활동보조 서비스"는 바우처 시스템을 도입해 시작되었는데, 이 서비스에서 도우미는 월평균 92시간을 근무하고 48만 3천 원을 받는다. 현재 도우미의 서비스 단가는 시간당 7천원이지만 중개수수료를 떼고 나면 도우미들의 서비스 단가는 최하 5,250원까지 내려간다(〈한겨레〉 2007.11.19). "저출산 고령사회"로 인한 사회서비스 시장의 발달이 노동인력으로서의 "여성"에 주목하게 만들었지만, 이는 비정규직과 저임금의 악순환이라는 여성 고유의 문제적 트랙을 벗어나지 못하고 있는 셈이다.

이상에서 살펴보았듯이, 산업구조의 변화와 인구구조의 변화라는 우리 사회의 거대변화는 "여성"을 사회적 무대의 중심에 올려놓았다. 그동안 무시되었던 여성의 "노동"을 사회가 필요로 하게 되었고, 그 결과 사람들은 "여성"에 주목하게 되었다. 서비스산업의 발전을 위해서만이 아니라 연금제도의 유지를 위해서도, 고령사회에 필요한 사회서비스를 제공하기 위해서도 여성의 노동시장 참여는 이제 필요조건이 되었다.

여성의 노동시장 참여와 더불어 제기되는 것은 "양성평등"의 문제이다. 양성평등은 여성의 시장참여 확대와 함께 시장영역에서도 더 중요한 문제로 부각될 것이고, 동시에 시장참여로 인한 가족공백과 관련해서도 정책적, 가족적 상황에서 더 중요하고 민감한 문제로 제기될 것이다. 이제 "양성평등"은 여성이 개인적 차원에서 부르짖는 "구호"와 "요구"를 넘어서 사회적 차원에서 중요하게 다루어야 하는 정치적, 정책적 어젠다이다. 에스핑앤더슨(2002)은 양성평등 문제는 남성이 양보해야 하는 그 무엇이 아니라 후기산업사회의 시계추를 움직이는 전제조건이며, 싫든 좋은 "사회적 문제"가 되었다고 말한다. 그리고 이 양성평등은 여성생애의 남성화, 남성생애의 여성화가 동시에 이루어져야 가능한 것으로 이야기한다.

이처럼 우리 사회의 새로운 변화는 여성복지에 새로운 도전을 던져주고 있다. 그동안 여성복지는 사회복지의 한 분과영역이기는 하지만 주류에서 소외된 것이 사실이다. 그러나 이제 이전과는 전혀 다른 위치에서 "여성" 혹은 "여성의 복지"를 고민하게 되었다. 현실에서 제기되는 여성들의 삶의 어려움을 바탕으로 여성복지의 틀을 구성해내고 체계화하는 작업이 요구되고 있다.

2. 왜 여성복지가 필요한가? *

사회복지는 인간이 경험하는 고통과 그 고통의 구조적, 환경적 근원을 제거하는 데 관심을 가졌다. 인류역사에서 가장 오랫동안 인간을 괴롭힌 빈곤문제는 물론이고, 버려진 아동의 문제, 비행 및 가출청소년의 문제, 노인문제, 장애인 문제 등 인간이 경험하는 문제를 중심으로 이의 해결을 모색하였다. 사회복지의 역사를 통해 보건대 사회복지의 주된 관심은 인권이나 계급에 주어졌고, 성별 차이(*gender*)에 대한 관심은 상대적으로 매우 적었다.

그러나 성별 차이를 고려한 접근은 현상이나 문제를 바라보는 다양한 시각의 차이를 가름하는 가장 큰 줄기이다. 사회에서 여성은 남성과는 다르게 자신의 삶을 경험하고, 이는 세상과 사건에 대한 규정을 달리하게 한다. 이와 같은 '차이'는 다분히 그 사회의 가부장적 가치와 성(性)에 의한 불평등적 구조를 반영한다. 우리는 흔히 현대사회에서의 사회복지의 필요성을 논할 때 '비복지'(*diswelfare*)와 '사회적 위험'(*social risk*)을 들어 얘기한다. 비복지란 개인의 복지를 저해하는 원인

* 이 절은 김인숙·김혜선·성정현·신은주·윤영숙·이혜경·최선화(2000), 《여성복지론》, 나남에서 필자가 직접 썼던 "여성복지의 필요성"의 일부를 수정·보완한 것이다.

이 개인에게보다 사회 전체에 있을 때 그러한 사회 전체적 요인들을 일컫는다. 그리고 이러한 비복지로 인해 다수의 많은 사람들이 경험하는 위기상황을 '사회적 위험'이라고 한다(김상균, 1984: 136). 이러한 관점에서 본다면, 성차는 현대 산업사회보다 훨씬 이전부터 존재한 여성들의 비복지 요인이고, 이로 인해 다수의 많은 여성들이 사회적 위험에 노출되었다고 할 수 있다.

흔히 "여성복지"는 여성문제에 대한 사회복지적 접근쯤으로 이해된다. 이는 사회복지 학문영역이 아동, 청소년, 노인, 장애인 등의 문제 중심으로 분류되고 있는 것과 맥을 같이한다. 그런데 이 여성복지와 관련해 자주 제기되는 질문이 왜 남성의 복지는 말하지 않고 여성의 복지만 얘기하느냐 하는 것이다. 그동안 '여성복지'는 보편적 논의의 주제로 성립되었으나 '남성복지'는 논의에서 배제된 것이 사실이다. 그러나 이러한 논의 뒤에는 여성들이 남성과 비교하여 사회에서 상당한 불이익과 불공평을 경험하고 있다는 사실이 전제되어 있다. 그 결과 여성을 위해서는 사회복지정책과 실천 차원에서의 의도적 개입이 필요하고, 이를 통해 사회에 널리 만연되어 있는 성적 불평등과 이로 인한 여성들의 고통을 완화시킬 수 있는 방법에 관심이 집중되었다.

그러면 여성에 대한 의도적, 사회적 개입을 필요로 하게 만드는 대표적인 사회적 위험의 상황과 조건은 무엇일까? 여기서는 빈곤의 여성화, 임시고용의 여성화, 가부장적 가치와 불평등적 결혼관계, 보호적 책임의 전담이라는 4가지를 여성들이 경험하는 대표적인 사회적 위험으로 간주하였다. 이들에 대해 좀더 구체적으로 살펴보자.

1) 빈곤의 여성화

빈곤의 여성화(*feminization of poverty*)란 1970년대 말 피어스(Pearce, 1978)에 의해 처음 사용된 것으로서, 빈곤층에서 차지하는 여성의 비율이 점차적으로 증가하는 현상을 일컫는다. 피어스(1978)는 빈곤인구에서 여성이 차지하는 비중이 3분의 2 이상이며, 이 중 절반 이상이 여성가구주임을 실증적으로 보여주었다. 우리나라에서도 이러한 빈곤의 여성화 현상이 심화되고 있다. 즉, 여성과 남성인구 중 빈곤한 사람의 비율은 줄어들었지만 이 양자간 상대적 빈곤차이는 더 심화되었다. 특히 외환위기 이후 빈곤의 여성화 현상이 심화, 진전되고 있다(석재은, 2004; 홍백의·김혜연, 2007).

'빈곤의 여성화' 현상의 가장 일차적 원인은 성별화된 노동시장 구조에 있다. 물론 이혼율의 증가로 인한 가족구조의 변화나 평균연령의 증가 등이 그 원인으로 지적되기도 한다(김영란, 1997). 그러나 이들 요인은 노동시장에서의 성차별 현상에 부수되는 부차적 원인으로 보아야 한다. 왜냐하면 아무리 이혼율이 높아 여성의 노동시장 진입률이 높아진다 해도 노동시장에서의 성차별적 구조가 개선되면 여성가구주의 경제적 수준은 높아질 것이고 빈곤의 여성화 현상은 둔화될 것이기 때문이다.

그 예로, 미국노동총동맹산별회의(AFL-CIO)와 여성정책조사연구소는 여성이 남성과 같은 수준의 임금을 받을 때 미국의 빈곤율은 50% 줄어들 것이라고 밝혔다. 이 조사보고서에 의하면, 혼자서 일하는 여성이 남성과 동등한 임금을 받을 때 이들의 소득은 12% 증가하고, 빈곤율은 지금의 25.3%에서 12.6%로 줄어든다고 하였다(〈한겨레〉 1999.2.25). 특히 우리나라의 경우 노동시장에 참여하는 전체 여성의 70%가 비정규직에 종사하고 있고, 이들 중 저임금 지대가 여성으로 채워져 있어 노동시장의 성별화된 구조가 매우 심각한 상태이다. 이처럼 여성의 빈곤화는 노동시장에서의 임금차별, 성별화된 노동시장 구조를 통해 재생산되고 심화된다고 할 수 있다.

게다가 우리나라는 다른 어느 국가보다 여성에 대한 가부장적 가치가 확산되어 있고, 이로 인한 성차별적 사회경제적 구조가 견고히 자리잡고 있기 때문에 홀로 살아가는 여성들의 빈곤화 현상은 더욱더 심각하다. 특히 최근에 전개되고 있는 세계화의 진전은 노동의 유연성을 강화하고 경쟁을 심화시킴으로써 더 많은 수의 여성이 빈곤화되고 있어(김영란, 1997: 1에서 재인용) 그 심각성을 더하고 있다.

빈곤의 경험은 여성의 삶뿐만 아니라 이들 자녀와 부양 성인에게도 지대한 영향을 미친다는 점에 문제의 심각성이 있다. 빈민이 된다는 것은 경제적으로 어렵게 산다는 것만을 의미하는 것이 아니다. 이는 건강상태의 부실, 사회적 고립, 스트레스, 낙인, 무기력을 동시에 경험함을 의미한다. 여성이 빈곤 속에서 산다는 것은 여성으로 하여금 더 많은 신체적, 심리적 노력을 기울이도록 요구하며, 이들 여성에게 주어지는 부담은 여성의 신체적, 정신적, 정서적 스트레스를 가져온다(Hanmer & Stathan, 1989). 그러므로 이러한 상대적 악조건에서 살아가는 여성의 보다 나은 삶을 위해서는 정부나 사회의 의도적 개입이 요구되며 이것이 여성복지가 필요한 이유이다.

2) 임시고용의 여성화

임시고용의 여성화란 여성의 고용이 저임금, 비숙련의 시간제 영역에서 증가하는 현상을 일컫는다. 여성이 임시고용에서 증가하는 현상은 여성고용을 불안정하게 만들고, 쉽게 해고당할 수 있게 하여 실직에 매우 취약하게 만든다. 우리나라 여성의 경제활동 참여율은 2007년 5월 현재 51.2%(남성은 74.8%, 한국노동연구원, 2007)이다. 그러나 이들 중 70% 이상이 비정규직에 머물고 있고, 그것도 소규모 영세업에 종사하고 있는 실정이다. 즉, 우리나라의 여성노동자들은 소도매 음식 숙박업을 비롯한 서비스업 및 영세 식당산업, 그리고 가내노동 등의 주변적이고 시간제 위주인 경제부문에 집중되어 있다. 그 결과 여성노동자에게는 "비정규직-저임금"이 상용화되고 있고, 이는 여성들의 고용을 구조적으로 "임시적"인 것으로 만든다. 여성노동에서의 이러한 임시고용의 여성화는 여성직업의 게토화(*ghettoization*)를 촉발시키는 주요요인으로 작용한다.

임시고용의 대표적 형태인 단시간(*part-time*)노동은 여성에게 있어 직장과 가정을 병행할 수 있다는 이점을 가지고 있기 때문에 여성이 선호하는 근로형태이다. 우리나라 근로기준법(제21조)에 "단시간근로자"는 1주간의 소정 노동시간이 당해 사업장의 동종업무에 종사하는 통상 근로자의 1주간의 소정 노동시간에 비하여 짧은 근로자로 규정되어 있다. 그러나 이러한 법적 정의보다 구체적 판별기준으로 보면, 1주 실노동시간이 36시간 미만인 자가 통상적이다. 단시간근로(*part-time work*)는 최근 산업구조의 변화와 노동시장의 유연화, 그리고 여성의 노동시장 참여증가로 인해 전 세계적으로 가장 광범위하게 생성되는 고용형태이다. 그러나 한편에서는 단시간근로가 전통적 성별 분업을 강화한다는 강력한 비판이 제기되고 있다.

우리나라의 단시간근로자 비율은 OECD 국가들 중 최하위권이다. 2003년 우리나라 단시간근로의 비율은 7.7%로서, 터키에 이어 가장 낮은 수치이다(OECD, 2004). 전체근로자 중 11.2%가 단시간근로자이고, 여성근로자 중에는 59.4%가 단시간근로자이다. OECD 국가 중 단시간근로자가 가장 많은 국가는 네덜란드로서 2003년 현재 전체 근로자의 34.5%를 차지하고 있다. 대부분의 OECD 국가들에서 단시간근로는 남성근로자보다는 여성근로자들이 많다. 우리나라도 여기서 예외가 아니며, 특히 1990년대 후반 이후 30세 이후 기혼여성을 중심으로 단시간근로가 빠르게 확산되기 시작하였다. 그러나 단시간근로의 증가는 임시직과 일용직 중심으로 이루어졌다(황수경, 2004).

가내노동 또한 여성직업을 게토화시키는 가장 주변적인 노동형태로서 주로 여성들이 이에 종사하고 있다. 가내노동자에 대해서는 공식통계가 없어 그 규모와 추이를 확인하기 어렵다. 다만 기업의 하청거래가 증가하고 있어 제조업분야에서의 가내노동자가 증가하고 있음을 추정할 수는 있다(노미혜 · 양승주, 1995). 한국여성노동자협의회(1996)의 자료에 의하면, 가내노동자의 하루 평균 노동시간은 7.7시간이며 월 노동일수는 21.6일이다. 이러한 노동강도에도 불구하고 가내노동자들은 빈번한 공임 체불로 인해 불안정한 생활을 하고 있을 뿐만 아니라 사회보장의 혜택 또한 전혀 받지 못하는 사각지대에 놓여 있다.

이처럼 여성들이 처한 노동현실은 임시고용의 여성화로 집약할 수 있으며, 이는 빈곤의 여성화를 가속시킬 뿐만 아니라 여성들의 삶의 질을 하락시키고 양성평등적 사회로의 진입에 강력한 장애요소로 작용한다. 따라서 여성들의 복지향상을 위해 정부와 사회는 여성에 대해 의도적으로 개입할 필요가 있다.

3) 가부장적 가치와 불평등적 결혼관계

대부분의 여성은 남성과 결혼생활을 유지하면서 삶을 영위한다. 일반적으로 남성에 비해 여성에게 결혼생활은 매우 큰 의미를 가지는 것으로 알려져 있다. 결혼생활에는 어차피 여성과 남성 간에 최소한의 역할분화가 나타나기 마련이다. 그러나 이러한 양측의 역할분화 중 많은 경우 여성이 불리한 위치에 있음이 드러난다. 흔히 부부 양측의 역할분화 양상은 이들이 가진 지위를 반영한다.

윌리암 구드(William Goode)는 남편과 아내의 관계를 구조화하는 데는 4가지 요소가 영향을 미친다고 보았다(Hanmer & Statham, 1989: 68~75).

첫째, 경제적 자원이다. 여성의 가사노동이 사회적 재생산의 다른 형태임에도 불구하고, 사회는 여성의 이러한 가사노동을 경제적 자원으로 인정하지 않는다. 그 결과 여성은 남성보다 경제적 자원에서 열세에 처하고 이는 가정생활에 투영된다.

둘째, 힘과 힘을 사용한 위협이다. 남성은 생물학적으로 여성에 비해 신체적 힘에서 우세하다. 따라서 남성은 여성에게 힘의 우위를 발휘할 가능성이 크며, 이는 대부분 폭력의 형태로 나타난다. 가족 내에서 매맞는 여성, 성폭력 피해 여성이 증가하는 것은 이러한 힘의 위협을 보여주는 대표적 현상이다.

셋째, 성적(性的) 지위 자체이다. 남성은 남성이라는 이유로 사회 내에서 여성보다 높은 사회적 지위를 점하는 경우가 대부분이다. 남성에게 사회생활은 매우 적절한 것이고, 여성에게 사회생활은 부차적인 것으로 인식된다. 더 나아가 여성이 사회생활을 하면 이상하고 일탈적인 것으로 간주되는 경우도 많다. 노동계급의 남성은 남성이라는 이유로, 중산층의 남성은 전문가라는 이유로 여성보다 더 우월한 취급을 받는다. 따라서 여성의 노동이나 아이디어, 정서적 반응 등은 거부되고 하잘것없는 것으로 간주되며 이러한 여성의 지위는 결혼생활에 투영된다.

넷째, 사랑과 우정에 대한 인식이다. 일반적으로 사랑과 우정은 남편과 자녀에 대한 헌신에서 비롯되는 것으로서 남성보다는 여성이 더 많이 가진 것으로 간주된다. 여성의 남편과 아이에 대한 헌신은 타인을 위한 삶과 타인을 통한 삶으로 내표되는 봉사적 역할에 그 뿌리를 두고 있다. 이는 양날을 가진 칼과 같은 것으로 여성이 희망하는 것이기도 하지만 동시에 여성의 종속적인 사회적 지위를 견고히 하기도 한다. 남편과 가정, 그리고 아이에 대한 사랑을 통해 여성은 남성과 종속적 관계에 들어갈 가능성이 크며 이러한 방식으로 사랑은 남성이 여성을 통제하는 하나의 메커니즘이 된다.

이상과 같이 여성은 가정에서 불평등적 결혼관계에 놓일 가능성이 매우 크며, 이는 여성의 자아정체성에 부정적 영향을 미쳐 여성의 삶의 질을 저하시키게 된다. 이는 여성 클라이언트들이 가장 많이 호소하는 문제가 가정 안에서 남편과의 관계라는 점을 통해서도 알 수 있다(Hanmer & Statham, 1989: 68). 즉, 여성은 남편과의 관계에서 이미 불평등적 관계에 처할 조건을 가지고 있으므로 이들 조건에 대한 구조적 변화는 물론 임상적 차원에서의 능동적 원조가 필요한 집단이다. 따라서 이들 여성이 결혼관계에서의 평등적 관계형성을 통해 삶의 질을 확보할 수 있도록 사회복지 차원에서 이들에 대한 보다 의도적이며 적극적인 개입이 요구된다.

4) 보호적 책임의 전담

여성에게 기대되는 막중한 사회적 책임 중의 하나는 아동과 요보호 성인에 대한 '보호'(*care*)이다. 특히 여성에게 있어 자녀보호는 여성이 취업을 하건 남편이 실직을 하건 상관없이 여성의 몫으로 간주된다. 그리하여 여성은 아동양육의 짐을 지고 살아간다고 할 수 있을 정도로 여성은 아동에 대한 보호에서 전혀 자유롭지 못하다. 이는 장애아동을 가진 여성의 경우 더욱더 그러하다.

여성의 취업이 50%에 육박하고 있는 오늘날에도 여성의 아동보호 책임은 사적이고 개인적인 것으로 여겨진다. 이는 훌륭한 부모가 되는 것은 전적으로 개인의 책임하에 있지 사회적 책임이나 노력과는 무관하다는 전제가 뿌리 깊이 박혀 있는 현실과 무관하지 않다. 특히 '좋은 엄마'라는 이데올로기, 엄마의 책임이라는 이데올로기는 여성이 아동에 대한 모든 보호를 제공해야 함을 내포하고 있다. 그 결과 '좋은 엄마' 이데올로기는 근로여성이나 저소득층 여성 혹은 중산층 여성의 자녀를 위한 전일제 탁아의 발전을 막는다.

현대 산업사회는 여성의 취업증가라는 피할 수 없는 사회적 현실에 직면하면서 가족의 보호기능을 사회로 이전시키는 제도적 장치를 발전시켰다. 여성을 위한 각종 사회복지제도의 확대와 탁아의 사회화, 노인보호의 사회화 등이 그 대표적인 것이다. 그러나 우리 사회는 아직 사고의 변화가 사회적 현실의 변화에 못 미치고 있어 여성의 취업률 증가로 인한 가족생활의 변화를 완충하기 위한 제도적 장치를 충분히 구축하지 못하고 있다. 그 결과 아동 및 요보호성인에 대한 모든 보호적 책임을 여성에게 떠넘기고 있는 실정이다. 여성의 보호책임을 보조하거나 대신할 수 있는 탁아제도를 확산하고 노인보호를 위한 사회적 제도를 확충하는 것이 여성의 삶의 질 향상을 위해 반드시 요구되는 것이다.

여성의 아동보호에 대한 사회적 기대, 좋은 엄마가 되어야 한다는 강박적 사고는 이들 여성에게 성인기 정신장애를 경험하게 할 수 있다. 여성들이 경험하는 정신장애의 상당수는 스스로에게 부여한 '좋은 엄마' 신화에 기인한다. 좋은 엄마가 되어야 한다는 강박적 사고는 이에 따른 많은 어려움을 수반케 하고 그 결과 자신의 자녀를 거부하고 싶은 강한 욕구에 사로잡히게 한다. 이러한 욕구는 여성으로 하여금 자녀의 요구에 분노감으로 반응하게 하며, 분노감을 통제할 수 없을 때 정신적 와해상태에 빠지게 된다(Lowrence, 1992). 이처럼 사회적 변화와 무관하게 가부장적 가치가 지배적인 사회에서 여성이 겪는 삶의 경험은 남성이 경험하는 그것과 차이가 많다. 전통사회에서 미덕으로 간주된 가족원에 대한 여성의 보호 역할은 사회적 변화와 함께 재구조화되어야 하고, 사회는 이를 밑받침할 수 있는 사회복지 차원의 제반장치를 마련해야 한다. 따라서 우리 사회의 절반을 구성하되 소수집단으로서 존재한 여성들에 대한 사회복시 차원의 의도적 개입은 절대적으로 필요하다.

사회복지와 여성주의의 만남 제2장

1. "여성주의"로 인간과 사회를 이해한다는 것

우리가 알고 있듯이, 여성주의는 세상이 남성과 여성이라는 성별 차이에 근거해 구조화되어 있고 작동된다고 보는 하나의 관점이다. 사실 세상은 "성별 차이"에만 근거해 작동되는 것은 아니다. 세상은 "계급"적 관점으로도, "연령"이라는 관점으로도, "이해관계"의 관점으로도 혹은 "문화"의 관점으로도 이해될 수 있다. 여성주의를 포함하여 보다 더 다양한 관점으로 세상의 작동방식을 조망하는 것 자체가 문제될 이유는 없다. 문제는 이러한 작동방식으로 인해 "차별"이 만들어지고 그것이 만성화되어 관련당사자들의 삶을 고통스럽게 만들 때이다. 그런데 여성주의 관점을 견지하는 동서양의 많은 연구자들에 의하면, 사회 곳곳에서 남성과 여성으로 구분되어 구조화된 "차이"가 "차별"을 가져온다고 말한다.

이 "차이"의 근원은 매우 다차원적이다. 사회구조적 차원, 사회정책 차원, 관계의 차원, 심리적 차원에 이르기까지 다양하다. 예를 들어, 노동시장은 일반적으로 남성의 일과 여성의 일을 구분짓는 방식으로 구조화되어 있는데, 이는 남녀간 노동의 "차이"를 반영한 것으로 얘기되지만 동시에 노동시장에서 남녀간에 "차별"을 야기하는 것으로 비판된다. 여성이 대거 진출하는 직업영역이 남성의 직업영역에 비해 계약조건이나 임금조건에서 낮은 위치를 차지하는 것이나, 같은 직업영역 내에서도 승진 및 임금구조가 여성에게 불리하게 설정되어 있는 것이 이러한 "차별"의 가장 일반적 형태이다.

사회복지 영역으로 눈을 돌리면 이렇게 사회적으로 구조화된 성별 차이에 대한 전제는 사회복지정책에도 반영되어 나타난다. 예를 들어, 사회보장에서 4대 사회보험 중의 하나인 산업재해보험을 보자. 산업재해보험은 현재 1인 이상 근로자를 고용하는 모든 사업체에 적용되고 있지만 가입률은 4대 보험 중 가장 낮다. 이는 노동시장에서의 여성고용이 상당부분 대기업보다는 산재보험 가입여건이 열악한 소규모 사업장에서 이루어지고 있는 현실을 반영하기 때문이다. 그 결과 주로 소규모 사업장에서 일하는 여성은 남성보다 산업재해보험의 혜택에서 소외되고 있다. 이러한 현실은 고용보험의 경우도 마찬가지이다. 이처럼 사회구조적 차원의 "차별"은 사회정책적 차원에서의 "차별"로 이어진다.

성별 "차이"와 그로 인한 "차별"은 여기서 그치지 않는다. 남녀의 "관계"가 가부장적이고 통념적인 틀 안에서 인식되고 평가됨으로써 여성을 소외시키기도 하고, 동일한 사안에 대한 남녀간의 경험의 차이를 간과하여 평가함으로써 또다른 "차별"을 낳기도 한다. 예를 들어, 여성을 돌봄노동이나 가사노동에 묶어두려는 사고방식은 여성을 사회적으로 고립시킴으로써 여성을 우울과 같은 소외에 매우 취약하게 만든다. 또한 거대담론에 익숙한 남성의 "수다"가 일상적 삶과 연관하여 이루어지는 여성의 "수다"보다 고평가되고, 이로 인해 여성 일반의 "수다"가 자동적으로 폄하되는 것이 그 한 예이다. 여성이 "관계"와 "네트워크" 중심으로 사고하고 행동하는 것과 달리 남성은 "위계적" 방식으로 사고하고 행동한다는(Giligun, 1982) 남녀간 "차이"의 심리학을 고려하지 않으면 힘이 없는 한쪽의 경험은 무능력하고 개조되어야 할 그 무엇으로 해석되기 마련이다. 그런데 이러한 해석들은 사회복지 실천에도 막대한 영향을 미친다는 점에서 "여성주의" 관점은 사회복지 실천을 조망하는 하나의 도구가 될 수 있다.

이처럼 "여성주의"는 이 세상에 "성중립적" 현실은 존재하지 않으며, 남녀의 삶의 형편과 이해관계는 다르다는 점에서 출발한다. 이러한 출발은 문화를 포함한 제반 사회적 조건들이 여성의 삶을 억압했다는 자각에서 비롯되었다. 이 자각은 여성을 역할이나 상품적 가치와 무관하게 하나의 인간으로 존중하지도, 그 독자성과 주체성을 인정하지도 않은 사회문화적 편견에 대한 강력한 문제제기를 촉발하였고, 그것은 "여성주의"라는 이름을 갖게 된다. "여성주의"는 여성에 대한 다양한 학문분야에 영향을 미치게 되는데, 여성의 상황은 물론 사회문제를 분석하는 새로운 인식론적 개념적 틀이면서 동시에 분석양식으로 인식되면서(Van Den Bergh, 1995) 기존의 사회와 인간에 대한 재개념화와 재해석을 가능하게 하였다.

사회문제를 재정의하려는 여성주의의 작업은 기본적으로 인간 삶과 관련된 모든 이슈에 대한 정치적 시각으로 볼 수 있다. 좀더 구체적으로 말하면, 그것은 가부장제와 성(*gender*)의 정치에 대한 인식이고 비판이다(Collins, 1986). 특히 여성의 삶과 문제에 대한 여성주의 작업은 다양한 측면에서 전개되었다. 여성이 남성과는 다른 방식으로 그들의 존재를 경험함을 확인하였고, 여성이 문제가 아니라 자원과 권력의 결핍 및 정서적 충족의 결여가 여성을 억압하는 요인임을 주지시켰다. 또한 여성의 상황을 악화시키는 것은 가부장적 사회관계와 그에 따른 사회적 세력이라는 점을 밝혀냈으며, 여성이 처한 곤궁은 사회적 변화가 수반되어야 하는 문제라는 점을 강조하였다. 이외에도 여성주의는 평등주의적 사회관계를 증진시킬 필요성을 인식하고, 이를 위해서는 권력관계의 중대한 변화가 수반되어야 하며 개인적 문제를 정신병리화시키지 않고 문제의 사회적 근원을 수용해야 함을 강조하였다. 그리고 이들을 달성하기 위해서는 사회적 관계를 새롭게 인식하고 '개인적인 것은 정치적인 것이다'라는 자각의 과정이 필요하다고 보았다(Dominelli

& McLeod, 1989).

"여성주의"가 사회복지와 만나게 된 계기는 서구의 경우 1960년대 말부터 전 세계적으로 확산된 제2의 여성해방운동이었다. 이때를 기점으로 1970년대 말부터는 본격적으로 사회복지정책과 실천에 대한 "여성주의" 관점에서의 문제제기가 이루어졌다. 우리나라의 경우는 1990년대가 되어서야 학계와 현장을 중심으로 미미하게나마 문제제기가 이루어지기 시작하였다. 여성주의와 사회복지가 만나게 되면서 어떤 이야기와 논의들이 이루어졌는지 살펴보자.

2. 사회복지와 여성주의의 만남

1) 사회복지정책과 여성주의의 만남

여성주의와 사회복지의 만남은 사회복지정책과 사회복지 실천 양측에서 이루어졌다. 우선, 서구에서 여성주의와 사회복지정책의 만남은 복지국가의 역사에서 여성은 어떻게 처우되었는가 하는 질문과 맞닿아 있다. 어찌 보면 도발적인 이 질문은 복지국가 형성의 초기에는 던져지지 않았다. 복지와 여성의 관계를 들여다보기 시작한 것은 서구 복지국가 형성의 절정기에서 이루어졌다. 복지국가를 여성주의적 관점으로 들여다보니 새로운 모습의 복지국가가 탄생하였다. 그 모습의 핵심은 복지국가가 여성을 남성에 의존하는 의존적 존재로 상정하고 설계되었고, 이를 통해 국가는 여성의 삶을 통제하고 규제한다는 새로운 해석이 있다(Wilson, 1977).

그것은 복지국가와 여성의 관계가 불편한 그 무엇임을 드러내 보여 준 것이었다. 그리고 이러한 공론화는 복지국가 논쟁과 사회복지정책의 분석에 "젠더"를 끌어들였다. 여성주의 관점은 사회복지정책을 "젠더"의 관점에서 새롭게 재조명해보도록 함으로써 사회복지에 대한 기존의 "이야기"를 새롭게 구성하기 시작하였다. 사회복지제도와 정책에 내재된 성불평등적 내용에 문제제기를 하면서 대안을 제시하였고, 복지제도만이 아니라 복지예산과 같은 구체적 실행요인을 젠더 관점에서 분석하여 대안을 제시하였다.

여성주의 관점은 몰성적으로 설계되고 시행되던 사회복지정책을 성인지적으로 재편하도록 추동하는 힘이었고, 여성을 복지권의 주체적 담지자로 이미지화하고 자리매김하는 데 결정적 역할을 하였다. 그 결과 복지국가에서 여성은 의존적 대상자에서 복지권의 담지자로 바뀌어야 한다는 시민권적 권리를 주장하게 되었다. "사회복지"와 "여성주의"의 만남은 복지정책에서 성불평등의 이슈를 제기하고 현실을 재구성해내야 하는 버거운 것이었으나, 그것은 또한 복지국가에서 "여성"이 차지하는 위상을 폭로하고, "여성들"을 복지수급의 당당한 주체자로 자리매김하기 위한 물꼬를 트는 것이었다.

이 양자의 만남의 양상은 우리나라에서도 유사하였다. 1990년대 중반 이전까지 한국 사회복지에서 여성은 그저 남성에 부속된, 보호가 필요한 의존적 존재로만 처우되었다. 여성의 복지를 담당하는 정부의 부처명도 "부녀복지"에 한정되었고, 사회복지정책과 실천이 여성을 어떻게 처우하는지에 대한 문제제기조차 없었다. 그러나 1990년대 중반 이후 여성에 대한 국제적 관심 고조와 이에 힘입은 여성운동계의 관심영역의 확대는 여성주의와 사회복지의 만남을 가능케 하였다. 여성운동 진영은 "복지"를 여성들의 삶에 영향을 주는 새로운 요인으로 자각하면서 사회복지 지형에 적극적으로 개입하기 시작하였다. 국민연금과 건강보험을 비롯한 기존 사회보장제도 속에 내재되어 있는 성불평등적 조항의 개정을 적극적으로 요구하였고, 인권을 억압당하는 여성들을 위한 사회복지 차원의 입법화를 추진하기도 하였다. 이는 사회복지제도들을 여성주의적 관점으로 재조명함으로써 의존적이고 보호적인 존재로만 처우되었던 여성의 위치를 보다 주체적인 시민의 자리에 위치시키려는 노력의 한 일환으로 평가할 수 있다. 이러한 노력은 한국의 사회복지정책에서 "여성"이 당당한 복지권의 주체로 드러날 수 있고 드러나야 한다는 담론을 형성하는 계기가 되었다.

2) 사회복지 실천과 여성주의의 만남

복지국가와 사회복지정책에 대한 여성주의의 영향은 사회복지 실천에도 이어졌다. 그 영향의 방향은 두 가지였다. 하나는 여성주의가 지향하는 기본입장과 사회복지 실천이 많은 공통점을 갖는 것이었다. 즉, 사회복지 실천의 기본적 패러다임인 "환경 속의 인간"이라는 통합적 사고가 "개인적인 것은 정치적인 것이다"라는 여성주의 시각과 일치하고, 아울러 여성주의 시각에서 강조하는 개인의 임파워먼트(*personal empowerment*)는 사회복지 실천의 목표를 달성하기 위해 권력과 변화의 개념이 유용하게 사용될 수 있다는 점에서 사회복지 실천이 지향하는 가치와 공통적이고 일치한다는 것이다(Collins, 1986).

다른 하나는 오늘날 사회복지 전문직과 실천을 주도하는 이론이나 가치, 전제는 여성주의의 그것과 "차이"가 있다는 것이었다(Bricker-Jenkins & Hooyman, 1986). 그 "차이"의 핵심은 사회복지 실천에서 '성'을 고려한 접근이 배제된다는 점과 사회복지사 활동의 본질이 정치적이라는 시각을 간과한다는 점이다(Hale, 1983). 이는 특히 사회복지 실천의 주된 대상이 여성이고 서비스 제공자도 여성이라는 점을 확인하면서 사회복지 실천을 젠더의 시각으로 재검토하고 재구성하려는 노력으로 이어졌다. 이러한 노력의 결실로 성인지적 사회복지 실천(*gender-sensitive social work practice*) 혹은 여성주의 사회복지 실천(*feminist social work practice*)이 사회복지 실천의 새로운 접근으로 논의되었다.

서구에서 여성주의와 사회복지 실천의 만남이 사회복지 학계와 현장의 전문가들에 의해 직접적으로 이루어진 반면, 우리나라에서는 여성운동계와 여성학계라는 중간매체를 통해 사회복지를 자극하는 방식으로 이루어졌다. 여성운동계는 1990년대 중반 이후 여성의 "복지"에 관심을 돌리면서 사회보장제도 내의 성차별적 조항에 대한 개정을 강력히 요구하였고, 아울러 가정폭력방지법과 성폭력방지법, 성매매방지법 제정과 같이 여성문제에 대한 사회복지서비스 영역을 확대하는 데 주도적 역할을 하였다.

법제정 이후의 과제는 이들 여성에 대한 서비스 제공이었는데, 이를 위해 사회복지사를 비롯한 휴먼서비스 전문가들의 참여가 확대된다. 이 과정에서 여성운동계는 서비스를 제공하는 실천가들의 전문성에 여성주의 관점의 적용이 필요함을 자각하였고, 그 결과 다수의 실천가들에게 성인지적 실천과 여성주의 상담 등의 실천적 원리와 방법을 교육하는 자리를 제공하였다. 이와 더불어 여성학계는 간혹 사회복지학계의 성관점 결여를 비판하기도 하였다(이재경, 2003). 이처럼 우리나라의 경우 여성주의와 사회복지 실천의 만남은 사회복지계의 주도적 노력보다는 여성운동계를 통한 우회적 방식으로 실천에 대한 여성주의적 조망이 촉발되고 있다고 볼 수 있다.

여성복지의 개념 제3장

1. 여성복지에 대한 '정의' *

이처럼 여성주의와 사회복지의 만남은 서구사회나 우리 사회 모두에서 존재한다. 그렇다면 사회복지의 한 분과영역으로 간주되는 "여성복지"는 어떻게 정의되어야 할까? 흔히 "여성복지"는 여성문제에 대한 사회복지적 접근쯤으로 이해되고 있다. 이는 사회복지 학문영역이 아동, 청소년, 노인, 장애인 등의 문제 중심으로 분류되고 있는 것과 맥을 같이한다. 여성주의와 사회복지의 접점이 "여성"과 직접적으로 관련되어 논의되었다는 점에서 여성복지를 정의할 때 "여성주의" 관점을 반드시 접합시켜야 할까? 이 질문에 대한 답을 우리나라에서의 논의를 중심으로 따라가 보자.

정부에서 '여성복지'라는 용어를 사용하기 시작한 것은 1990년 중반 이후이다. 물론 민간의 여성계에서는 이보다 훨씬 전인 1980년대부터 부녀복지 대신 여성복지라는 용어를 사용하였다. 정부가 '여성복지' 용

* 이 절은 김인숙 · 김혜선 · 성정현 · 신은주 · 윤영숙 · 이혜경 · 최선화(2000), 《여성복지론》, 나남에서 필자가 직접 썼던 "여성복지의 정의" 부분을 가져와 일부 수정 · 보완한 것이다.

어를 사용하기 이전에 여성복지는 '부녀복지'라는 이름으로 사용되었다. 부녀복지라는 이름으로 제공된 정부의 서비스는 주로 일부의 요보호여성(저소득 모자가정, 미혼모, 가출여성, 매매춘 여성, 학대받는 여성, 저임금 근로여성)을 대상으로 한 것이었다. '부녀복지'라는 용어 속에 내포된 여성에 대한 인식은 여성을 독립적 존재로서가 아니라 누구의 며느리 혹은 누구의 부인으로 본다는 점이고, 여성은 결혼하여 부녀가 되는 것이 정상적이라는 가치를 반영한다(김인숙, 1997). 이렇게 볼 때 과거의 여성복지(부녀복지)는 사실상 반여성주의적이었다고 해도 과언이 아니다.

1990년대 중반 이후 북경여성대회와 유엔여성차별철폐협약, 여성발전기본법 등 여성문제에 대한 국내외의 관심 고조는 여성정책에 대한 관심을 불러일으켰다. 이와 더불어 여성정책의 한 하위영역으로 간주되던 부녀복지도 여성복지로 개명되면서 관심의 대상으로 부각되기 시작하였다. 그러나 여성복지를 무엇으로 정의해야 하는지에 대한 체계적이고 분석적인 논의는 아직까지 이루어지지 못하고 있다. 그럼에도 당시 일부 연구자들이 여성복지를 정의하려 하였는데, 이들의 정의는 미세한 부분에서 차이가 있지만 기본적 틀에서는 거의 대동소이하다.

우선, 정부가 공식적으로 "여성복지"라는 말을 사용하지 않던 1990년에 한국여성개발원은 여성복지에 대한 정의를 시도하였다. 한국여성개발원은 "여성복지란 여성이 국가와 사회로부터 인간의 존엄성과 인간다운 생활을 할 권리를 동등하게 보장받음으로써 여성의 건강, 재산, 행복의 조건들이 만족스러워지는 상태를 의미하면서 동시에 가부장적 가치관과 이에 기초를 둔 법, 기타 사회제도를 개선하는 등으로 여성의 인간다운 삶을 실현하기 위한 모든 실천적 노력을 포함하는 개념"으로 정의하였다. 이 정의는 여성복지의 궁극적 목표를 양성간 동등한 권리보장을 통해 여성의 인간다운 생활을 도모하는 데 있다고 보았다. 그리고 여성복지의 목표달성에 장애가 되는 요인으로 가부장적 가치관과 이들 가치관에 기초한 법과 사회제도를 들고 있는데, 따라서 여성복지의 표적은 이들 법과 제도를 개선하는 데 있다고 보고 있다.

한국여성개발원(1990)의 정의는 여성복지의 목표(양성간 동등한 권리보장) 및 표적(가부장적 가치, 법, 제도의 개선)을 분명히 하였다는 점과, 표적의 대상을 가치, 법, 사회제도라는 보다 거시적이고 구조적인 차원을 강조하였다는 특징을 보인다. 아울러 여성의 복지를 방해하는 핵심요인으로 "가부장성"을 언급하고, 앞으로 지향해야 할 목표로 "양성평등"의 가치를 언급하고 있다는 점에서 분명 "여성주의"를 여성복지의 정의 안에 녹여내고 있다.

1990년 한국여성개발원의 여성복지에 대한 논의 이후 여성복지에 대한 정의는 한동안 공백기를 거친다. 1990년 후반 들어 여성복지에 대한 관심이 고조되면서 여성복지를 어떻게 정의할 것인가가 다시 논의된다. 김미혜(1997)는 미래의 여성복지 발전을 위해서는 성평등을 구현될 수 있는 수준의 여성복지가 개념화된 필요가 있다고 하면서 여성복지를 다음과 같이 정의한다. "여성복지란 여성이 국가나 사회로부터 남성과 동등하게 인간다운 삶을 누릴 수 있는 권리를 보장받으며, 이를 위해 가부장적 가치관과 자본주의에 의한 생산역할에 기초한 법과 기타 사회제도를 개선하여 양성평등의 사회를 실현하려는 모든 실천적 노력을 포함하는 개념"으로 정의하였다(김미혜, 1997: 39~40).

한국여성개발원(1990)의 정의가 여성복지의 목표를 간접적으로 표현한 반면, 김미혜(1997)는 여성복지의 목표를 양성평등이라는 보다 직접적이고 분명한 용어로 표현하였다. 또한 여성복지의 표적을 "가부장성"에만 두지 않고 "자본주의(적 가치)"를 부가한다. 즉, 가부장적 가치와 자본주의적 생산가치가 반영된 법과 사회제도의 개선을 여성복지의 표적으로 설정하였다. 이는 자본주의사회에서 여성의 재생산 노력에 대한 평가가 정당하게 이루어지고 있지 못한 현실을 반영한 것으로 해석된다.

또한 이상덕(1996)은 여성복지는 여성차별에 대한 여권주의자들의 분석과 비판이 본격화되면서 사회복지나 가족복지의 하위영역으로 혹은 부분적으로 대립되는 개념으로 등장하였다고 보면서 여성복지를 "여성이 국가나 사회로부터의 인간의 존엄성과 인간다운 생활을 할 권리를 동등하게 보장받음으로써 여성의 건강, 재산, 행복 등 삶의 조건들이 만족스러운 상태를 의미함과 동시에 적극적으로는 가부장적 성차별주의와 그에 근거를 둔 법이나 사회제도, 문화 등을 개선해나가는 주체적인 노력을 포함하는 개념"으로 정의하였다. 이 정의는 여성복지의 표적이 되는 대상범위를 성차별적 법이나 사회제도 외에도 문화까지를 포함하는 매우 넓은 의미로 보았다.

이처럼 우리나라에서 여성복지에 대한 개념정의는 기본적으로는 한국여성개발원(1990)의 정의를 기본적 틀로 하되 표적의 대상이 되는 범주 면에서 다소 차이를 보이고 있다. 이는 여성의 인간다운 삶을 저해하는 실존적 환경에 대한 이해와 중요도에 대한 인식의 차이를 반영하는 것으로 볼 수 있다. 이들 정의에 나타난 여성복지의 중요한 측면은 첫째, 여성복지의 궁극적 목표는 양성평등이 보장되는 사회 및 이를 통한 여성의 인간다운 삶의 실현에 있다는 점이고 둘째, 여성복지의 궁극적 목표달성의 장애요인은 가부장제도와 자본주의적 생산가치의 분배, 문화에 있다는 것, 셋째, 목표달성을 위한 수단으로서 주로 제도적이고 정책적인 제반활동을 강조하고 있다는 점이다.

그러나 김인숙(2000)은 여성복지가 사회복지의 한 분야이고 사회복지의 방법들을 활용해야 한다는 점을 강조하면서, 여성복지의 수단으로서 제도적, 정책적 활동 이외에 기술적(실천적) 차원의 활동도 여성복지의 목표달성을 위한 주요수단에 포함되어야 한다고 주장하였다. 김인숙(2000)은 여성복지의 개념정의에는 여성복지의 궁극적 목표는 물론이고 이들의 장애요인에 대한 규명, 그리고 여성복지의 목표달성을 위한 수단에 대한 포괄적 언급이 제시되어야 한다고 하면서 여성복지를 다음과 같이 정의하였다. "여성복지란 여성이 국가나 사회로부터 남성과 동등하게 권리를 보장받을 수 있도록 가부장적 가치관과 이에 근거한 각종 법과 사회제도를 개선하고 여성 개인의 능력을 고양시킴으로써 여성의 인간다운 삶을 보장하기 위한 정책적, 실천적 차원의 모든 조직적 활동"으로 정의하였다.

김인숙(2000)의 정의가 이전의 정의들과 다른 점은 사회복지적 접근의 양대 방법인 정책과 실천을 명시적으로 모두 포괄하였다는 점, 법과 제도의 개선만이 아닌 개인적 능력의 고양까지를 명시하였다는 점에 있다. 그러나 여성복지를 사회복지의 분과영역으로 규정할 때, 이 정의에는 여성복지의 정체성이 다소 모호하게 기술되어 있다. 즉, 개선의 대상을 법과 사회제도라는 보다 포괄적 용어로 기술하고 있고, 여성복지의 수단 또한 정책과 실천이라는 광범위한 용어로 기술하고 있다.

따라서 여성복지가 사회복지의 한 분과영역이라는 점을 강조하기 위해서는 이를 좀더 명료하게 기술할 필요가 있다. 이를 고려하여 여성복지에 대한 정의를 재진술하면 다음과 같다. "여성복지란 여성이 국가나 사회로부터 남성과 동등하게 권리를 보장받을 수 있게 하기 위해, 가부장적 가치에 근거한 각종 차별적 사회복지 법과 제도를 개선하고 여성 개인의 능력을 고양시킴으로써 여성의 인간다운 삶을 보장하기 위한 사회복지 차원의 정책적, 실천적인 모든 조직적 활동"으로 정의할 수 있다.

이상에서와 같이 여성복지에 대한 모든 정의에는 "양성평등"과 "가부장적 가치의 개선"이라는 여성주의적 관점이 핵심요소로 자리하고 있다. 이는 여성복지가 "여성"을 대상으로 하는 복지영역이라는 단순한 논리를 넘어선다. 전통적 시각에서 보면 여성복지는 단지 전통적 사회복지의 방법론을 여성이라는 대상에게 적용하는 것으로 인식된다. 물론 여성복지의 대상은 여성이다. 그러나 그 여성이 처한 어려움에 어떻게 접근해 들어가느냐에 따라 여성이 처한 문제가 다르게 정의되고 그에 따라 다른 접근방법이 적용될 수 있음을 고려할 때, 여성복지를 정의할 때 여성주의는 배제할 수 없는 핵심축이라고 할 수 있다. 따라서 여성복지는 단순히 기존의 사회복지 방법론들을 여성이라는 대상에게 적용하는 것으로 한정해서는 다른 복지영역과 구별되는 여성복지 고유의 특수성과 정체성을 가질 수 없다.

2. 여성복지를 "여성주의" 관점으로 보아야 하는 이유

여성복지를 "여성주의"라는 관점을 적용해 정의해야 하는 데는 몇 가지 이유가 있다. 첫째, 사회복지의 다른 대상층이 나름의 고유한 문제를 경험하듯이 여성도 남성과는 다른 경험을 하면서 생활하기 때문에 바로 그 여성이 경험하는 시각에서 문제를 바라보아야 한다는 점이다. 남성중심적 관점이 아니라 여성이 고유하게 경험하는 여성중심적 시각에서 그녀의 문제를 이해하고 해석해야 한다는 것이다. 따라서 여성 고유의 경험과 인식을 이해하기 위해서는 여성의 경험에 대한 지식과 그 입장에서 이해하는 여성중심적 관점의 적용이 필요하다.

둘째, 모든 사회제도와 정책에 가부장적 가치가 반영되어 있고 이로 인해 여성은 구조적으로 불평등을 경험하면서 살아갈 수밖에 없기 때문이다. 즉, 여성복지정책이 형성되고 전달되는 모든 과정에 구조적 불평등이 존재하기 때문에 이를 배제하고서는 지엽적이고 파편적인 접근에 그칠 수 있다. 따라서 여성이 존재하는 사회적 조건과 상황을 여성주의적 관점으로 재해석해볼 필요가 있으며 이를 통해 여성복지 발전을 저해하는 근간을 파악해야 한다. 그러므로 여성을 개인적이고 임상적인 차원에서 원조하든 아니면 정책적이고 제도적인 차원에서 원조하든, 여성중심적 혹은 여성주의적 관점에서의 재조명은 반드시 필요하다.

셋째, 사회복지의 다른 분과학문 영역과의 차별화와 그 특수성을 견지하면서 학문적 정체성을 구축해야 하기 때문이다. 예를 들어, 여성복지가 가족복지와 구별되는 지점은 바로 "관점"에 의해서이다. 가족복지의 특수성이 "가족 관점"(*family perspective*)으로 다양한 사회복지적 상황에 접근하는 것이라면, 여성복지는 "젠더 관점"(*gender perspective*)으로 사회복지적 현상에 접근해 들어가는 것이라고 볼 수 있다. 여기서 "젠더 관점"(혹은 성인지적 관점)은 여성복지를 사회복지의 다른 분과영역과 구별 짓는 핵심축이다. 따라서 여성복지를 여성이라는 집단에 대한 사회복지적 접근만을 가리킬 경우, 사회복지의 "몰성적"(*gender blinded*)인 부분을 포괄하게 됨으로써 "젠더"의 문제를 간과하게 되므로 여성복지를 "관점"으로 접근할 필요가 있다.

이처럼 사회복지를 여성주의 관점으로 접근할 때 여성은 복지권의 담지자로, 복지의 주체로 드러난다. 대상으로 접근했을 때의 "수동성" 대신 "적극성"을 지닌 주체로 부각되는 것이다. 또한 여성복지를 관점으로 봄으로써 정책과 실천을 포함한 모든 사회복지적 행위들에 여성복지를 적용할 수 있게 된다. 여성으로서의 청소년, 아동, 노인, 장애인 등 모든 사회복지 대상자들을 아우르게 되고, 이들은 "젠더 관점"으로 관통시켜 여성복지의 체계를 이루게 되는 것이다.

3. 여성복지의 대상과 접근방법

1) 여성복지의 대상

일반적으로 여성복지의 대상은 당연히 여성으로 생각한다. 그러나 여성복지의 대상은 사회가 혹은 가족이 여성에게 기대하는 역할 때문에 단순히 설정되기가 어렵다. 즉, 남성이 가족 밖에서 돈을 벌어오는 대신 여성은 가족을 유지하는 주된 책임자로 인식되고 있을 뿐만 아니라 자녀를 양육하고 보호하는 주된 책임자로 기대되고 있다. 또한 여성은 독립된 인간으로서보다는 남편이나 자녀에 부수된 의존적 존재로 인식되고 있는 것이 현실이고, 이러한 현실인식은 정부의 여성복지정책에 명시적 혹은 암묵적으로 반영되어 나타나고 있다. 그 결과 정부의 여성복지정책은 여성 개인을 일차적 대상으로 하는 정책의 비중보다는 여성을 의존자로 간주하여 가족을 보호하는 보호자로서의 역할을 지원하는 데 더 비중을 두고 있다(김인숙, 1997: 8~11). 이처럼 여성복지의 대상이 되는 "여성"은 단일하지 않고 다층적이다. 이를 고려하여 여기서는 여성복지의 대상을 여성의 문제, 여성의 역할, 여성의 생애주기 측면에서 구분하여 살펴보기로 한다.

(1) 여성의 주요문제를 중심으로 한 구분

여성의 특성을 기준으로 볼 때 여성복지의 대상은 일반여성과 요보호여성으로 구분할 수 있다. '일반여성-요보호여성'이라는 구분은 정부가 여성복지정책을 계획할 때 사용한 전통적 구분이다. 요보호여성이란 누군가로부터 보호를 필요로 하는 여성이라는 의미로서 일반적으로 저소득 모자가정, 미혼모, 가출여성, 성매매 여성, 학대받는 여성, 저임금 근로여성을 포괄하는 개념으로 사용된다. 반면 일반여성이란 이들 요보호여성을 제외한 모든 여성을 말한다.

사실, 요보호여성이라는 용어의 사용은 이들 여성에게 심각한 낙인을 부여할 수 있다. '요보호'라는 말은 나약하고 의존할 수밖에 없는 아동에게는 사용되어도 성인을 대상으로 사용되는 경우는 여성에게만 유일하다. 노인도 보호의 대상이기는 하지만 요보호노인이라는 이중의 낙인을 부여하는 용어는 사용되지 않고 있다. 언어가 우리의 의식에 미치는 막대한 영향을 고려한다면, '요보호여성'이라는 용어의 사용은 사실상 여성을 하대시하는 성차별적 인식의 반영이라고 할 수 있다. 1960년대부터 사용된 용어가 21세기에도 그대로 사용되는 것은 정부의 여성복지에 대한 인식의 단면을 보여주는 것이라 할 수 있다.

요보호여성에 대립되는 개념으로서 정상적이고 문제가 없는 여성을 지칭하는 듯한 '일반여성'이라는 구분 또한 지나치게 애매하고 포괄적이다. 마치 앞서 언급한 요보호여성을 제외한 모든 여성은 욕구에 있어서도 유사하며 별다른 문제를 경험하지 않고 살아간다는 인상을 강하게 준다. 그러나 일반여성의 범주에 속한 많은 여성들은 그들 나름의 다양한 사회적 욕구를 가지고 있다. 따라서 일반여성이라는 애매한 구분보다는 이들 여성이 가진 욕구의 특성을 중심으로 세분화하여 여성복지의 대상을 구분할 필요가 있다. 예를 들면, 사회교육의 욕구를 가진 여성, 노동의 욕구를 가진 여성, 정신보건의 욕구를 가진 여성, 가족기능 강화의 욕구를 가진 여성 등이 그것이다.

(2) 여성의 역할을 중심으로 한 구분

앞서 언급한 바대로, 여성은 사회로부터 아동과 노인을 보호하는 역할을 기대받고 있다. 이 기대는 매우 강력한 것이어서 여성의 삶에 직접적으로 영향을 미친다. 정부의 여성복지에 대한 접근은 바로 이러한 여성에 대한 보편적 기대를 반영한다. 여성의 역할에 대한 기대를 중심으로 여성복지의 대상을 구분하면 자녀에 대한 각종 보호적 지원이 이에 해당된다. 특히 여성 혼자서 가족을 책임져야 하는 한부모 가정에 대한 다양한 지원이 여성복지의 주된 대상이 되는 것은 바로 이러한 이유에서이다.

이처럼 실질적 혹은 형태상의 한부모 가정 자녀에 대한 교육적, 보호적 지원은 여성복지의 대상이 되고 있다. 즉, 한부모 가정 자녀의 교육비 지원, 탁아비용 보조, 공부방 이용료 면제, 정서적 지원, 한부모 가정 아동수당 등이 이에 해당된다. 이들 서비스는 여성에게 부과된 짐을 덜어주는 역할을 한다는 점에서 여성복지 대상영역으로 간주된다. 이러한 점에서 여성복지는 가족복지 혹은 아동복지와 중복되는 부분이 없지 않다. 이처럼 여성의 역할을 중심으로 한 여성복지 대상의 구분은 여성복지의 정체성을 흐리게 하는 측면이 있다. 그러나 여성복지가 여성 삶의 현실에 기반하여 다양한 정책과 접근이 이루어져야 한다고 할 때, 여성의 역할을 고려한 대상의 설정은 필요한 것이다.

(3) 여성의 생애주기를 중심으로 한 구분

여성의 생애주기를 중심으로 하여 여성복지의 대상을 구분하는 것은 문제를 중심으로 한 구분보다 여성 삶의 연속선상의 다양한 영역을 포괄할 수 있고, 문제를 가진 여성뿐만이 아닌 일반여성들을 포함할 수 있어 여성복지의 대상을 설정하는 데 있어 매우 유용한 기준이다. 생애주기(*life cycle*)를 중심으로 한 구분이란 여성이 출생에서 사망에 이르는 일련의 과정을 특성에 따라 단계별로 구분하고 각 단계에서의 욕구 및 사건을 중심으로 여성복지의 대상을 선정하는 것을 말한다. 여성의 생애주기는 그 여성의 가족생활주기를 고려하여 이루어진다.

생애주기에 대한 접근은 크게 두 가지 차원에서 가능하다. 하나는 보편적이고 규범적인 생의 사건들로 구성된 측면이고, 다른 하나는 주기 동안의 위기적 사건들과 관련된 측면이다.

여성의 생애주기에서 보편적이고 규범적인 생의 사건은 교육생활, 직업생활, 가족생활로 구성된다(김미혜, 1997: 44). 이중 사회복지는 주로 여성의 직업생활과 가족생활에 개입하게 된다. 직업생활과 관련한 대상영역으로는 고용기회 및 승진에서의 차별이나 아동보육지원의 결여, 여성 연금권의 미확보 등을 들 수 있다. 가족생활과 관련해서는 모성에 대한 제도적 지원의 결여, 가사노동의 재생산성을 고려한 연금수급권의 미확보, 여성노인에 대한 의료보장의 불충분성, 배우자의 사망으로 인한 가족 내 역할의 재적응 등을 들 수 있다. 또한 생애주기 동안의 위기적 사건들은 여성에 대한 가정 내 폭력, 이혼, 가족원의 갑작스런 사망, 여성의 실직, 여성 혹은 가족원의 장애, 요보호성인의 발생 등을 들 수 있다.

이처럼 생애주기를 중심으로 한 구분은 생애주기 동안의 보편적 사건이건 위기적 사건이건 간에 여성의 전 생애를 연속선상에서 포괄한다. 아울러 여성의 가족 내에서의 역할과도 연관된다. 이는 곧 여성복지의 대상은 여성이 가족 내에서 가지는 역할과 무관할 수 없기 때문에 가족복지의 대상영역과 다소 중복될 수 있음을 시사한다. 이 점이 바로 여성복지가 가족복지의 하위영역으로 시작되었다는 주장의 근거이다.

그러나 사회복지제도가 갖는 성격이 사회를 유지시키는 다른 여타 제도들과 일부 중복되면서 동시에 독자적 영역을 확보하고 있는 것과 마찬가지로 여성복지 또한 독자영역과 중복영역을 동시에 갖고 있다. 즉, 여성복지의 대상은 사회복지의 분과영역인 아동복지나 가족복지와 일부 중복되지만, 양성평등적 권리확보를 목표로 하여 여성을 일차적 대상으로 하는 고유영역이 존재하는 것이다. 그리고 이러한 여성복지의 특성으로 인해 여성복지가 사회복지의 분과영역으로 그 정체성을 확보하게 된다.

이상에서 알 수 있듯이, 여성복지의 대상은 여성의 생애주기와 여성이 가진 욕구를 중심으로 구분되는 것이 바람직하다. 이 두 기준은 우선, 여성복지의 대상이 특정한 문제를 가진 여성만이 아니라 일반여성까지를 포괄할 수 있다는 점에서 유용성을 가진다. 이와 동시에 여성이 경험하는 문제를 욕구라는 차원에서 바라봄으로써 극단적이고 정형화된 문제를 가진 여성만이 아니라 일련의 연속선상의 다양한 여성의 문제들을 여성복지의 대상에 망라할 수 있다는 점에서 유용하다. 그리고 이들 기준으로 여성복지 대상을 구분하는 경우 여성복지 향상을 위한 프로그램이 보다 더 다양해질 수 있고, 여성 개인의 행복추구뿐만이 아니라 여성이 남성과 동등한 권리를 확보해야 한다는 양성평등의 목표를 지향하는 모든 범주를 포괄할 수 있는 강점을 갖고 있다.

2) 여성복지의 접근방법

여성의 동등한 권리확보와 복지향상은 다양한 접근방식을 통해 이루어질 수 있다. 사회복지에서 사용되는 접근방법은 전통적으로 정책과 실천의 두 가지로 구분된다. 여성복지의 접근방법은 이들 전통적 접근방법 외에 운동적 접근이 필요하다. 따라서 여기서는 여성복지를 위한 접근방법을 크게 정책적 접근, 실천적 접근, 운동적 접근의 3가지로 구분하기로 한다.

(1) 정책적 접근

여성복지에 대한 정책적 접근은 여성복지정책으로 불린다. 여성복지정책은 여성의 복지를 위한 정책이나 법, 제도와 관련된 정부의 정책으로서 여성정책의 한 분야로 간주된다. 여성정책은 여성과 관련된 다양한 분야, 즉 교육, 노동, 문화, 복지, 경제, 보건, 인권, 환경, 가족 등에 대한 정부의 정책으로서 사회정책의 한 분야이다. 여성복지정책이 사회정책의 한 분야로 성립될 수 있는 근거는 산업화에 따른 사회적 위험성, 여성취업을 둘러싼 비형평성, 여성에 대한 낙인, 여성의 생활의 질이라는 측면이다(김상균, 1984: 135).

여성복지에 대한 정책적 접근은 사회보험, 공적 부조를 비롯하여 일가족양립정책과 같은 여성관련 복지정책에서 여성이 남성과 동등하게 처우되는지에 관심을 가지고 복지정책에서 양성평등을 구현하는 데 그 목적이 있다. 따라서 여성복지에 대한 정책적 접근은 정부의 제반 정책과 법, 제도 등을 개선하고 만들어가는 일련의 거시적 차원의 조직적 활동으로 볼 수 있다.

우리나라의 여성복지정책은 요보호여성과 일반여성이라는 대상을 중심으로 구분하고 있다. 이는 여성을 사회적 기능을 하는 그룹과 그렇지 못한 그룹으로 분류한 것인데, 사실상 여성집단을 이분화하여 여성들에게 낙인을 가한다는 점에서 실용적 유용성에도 불구하고 한계가 있다. 그러나 여성복지정책의 내용범주를 분명히 보여줄 수 있는 기준은 다양하다. 예를 들어, 여성복지정책은 해당정책이 여성을 어떻게 규정하느냐를 기준으로 분류할 수 있다. 이 경우 여성복지정책은 여성을 "독립적 개인"으로 보는 경우, 여성을 "보호자"로 보고 보호자로서의 역할을 지원하는 정책, 그리고 여성을 "의존자"로 상정하고 이를 지원하는 정책으로 구분해볼 수 있다. 이외에도 여성이 가진 "권리"를 중심으로 구분해볼 수도 있는데, 여성을 위한 모성권 정책과 노동권 정책 등이 이에 해당한다. 이렇게 다양한 기준을 적용해 여성복지정책을 들여다보면 그동안 우리 눈에 보이지 않았던 정책의 측면이 새롭게 부각될 수 있다는 점에서 여성복지정책을 좀더 다양한 기준과 프리즘으로 구분하는 것이 필요하다.

(2) 실천적 접근

실천적 접근은 단순히 여성복지의 대상인 "여성들"에게 사회복지 실천을 적용하는 것을 넘어선다. 여성복지의 실천적 접근은 기존의 사회복지 실천 과정에서 여성이 어떻게 처우되는지 주목한다. 특히 여성주의 관점을 적용하여 실천과정에 참여하는 여성이 차별되거나 배제되는지, 혹은 여성 특유의 경험을 고려하여 개입되는지에 주목한다. 이 과정에서 기존의 사회복지 실천의 원리와 방법들이 차용되기도 하고 혹은 변용되기도 한다. 이는 흔히 "성인지적 사회복지 실천"으로 불리기도 한다.

여성복지의 실천적 접근은 다양한 차원에서 이루어진다. 기존의 많은 임상적 접근에 여성주의 관점을 적용하여 여성의 문제해결을 도우려는 여성주의 상담(*feminist counseling*), 여성주의 정신분석(*feminist psychoanalysis*), 여성주의 인지치료(*feminist cognitive therapy*), 여성주의 가족치료(*feminist family therapy*) 등 여성에 대한 임상적 개입이 그 한 차원이다. 이 임상적 개입과정에서 의식향상훈련(CR: *Consciousness Raising*)과 같은 방법이 사용되기도 한다. 여성 중심의 임상개입은 개인, 전화, 집단 등의 다양한 형태로 이루어진다.

또 다른 차원은 여성이 필요한 서비스와 프로그램을 제공하는 것이다. 다양한 기관 및 시설들에서 이루어지는 이들 서비스와 프로그램은 사회복지서비스와 프로그램이라는 맥락 내에서 이루어진다. 그러나 여성복지의 실천적 접근에서 관심을 갖는 것은 이들 서비스와 프로그램의 제공 및 그 과정에서 여성이 어떻게 규정되며, 가부장적 가치에 의해 그들의 욕구가 억압되는지 또는 남성과는 다른 여성 고유의 특성이 반영되는지 하는 것이다. 예를 들어, 성매매 여성에게 자활 프로그램을 적용할 경우에 기존의 자활의 틀을 그대로 적용할 것이 아니라, 성매매 여성이 가진 특수성과 한국사회에서 여성에 대한 성적 인식이라는 맥락을 고려하여 자활서비스와 프로그램이 구성되어야 하는 것이 그것이다.

(3) 운동적 접근

사회운동은 사회 내 변화를 촉진하거나 혹은 변화에 저항하기 위한 조직화된 노력으로 비제도화된 정치적 행동의 외양을 띤 정치적 압력의 한 형태이다. 사회운동과 사회복지 실천의 관계는 명료하고 직접적이기보다 복잡하고 다원적이다. 그러나 사회운동과 사회복지 실천은 그 지향하는 목적과 목적달성을 위한 수단이라는 점에서 일정의 공통점을 갖고 있다. 즉, 사회개혁을 통한 사회정의에의 헌신이라는 목적과 집단적 행동을 통해 사회개혁의 목표를 달성할 수 있다는 것이 그것이다(김인숙, 2004).

사회복지분야에서 운동적 접근의 필요성은 일찍부터 인식되었다. 사회복지를 권리로 인식하자는 복지권 운동(*welfare rights movement*)에서부터 사회복지 각 분야에서 이루어지는 운동적 접근이 이를 말해준다. 90년대 들어와 우리나라에서는 시민운동과의 연계를 통해 사회복지 이슈를 공론화하고 이를 운동으로 이끌어내려는 움직임이 싹트기 시작하였다. 빈민운동과 지역운동, 그리고 장애인운동은 사회복지분야에서의 운동적 접근의 필요성을 우리에게 보여준다. 사회복지운동은 전 국민을 포함한 사회복지 관련당사자들(사회복지전문가, 사회복지대상자, 노동자 등)의 적극적 참여와 행동을 통해 사회복지의 목표를 달성하는 과정으로서, 사회복지대상자 스스로 그들의 복지에 대한 권리를 사회 내에 실현시키고 국가에 대한 요구운동의 성격을 가진다.

여성복지분야는 다른 어떤 사회복지분야보다 그 대상의 폭이 넓고(인구의 절반이 클라이언트 집단) 문제의 근원이 성차별적 이념, 가치,

정책, 제도 등으로 인해 생기는 경우가 대부분이다. 이 때문에 오래전부터 이러한 구조적 틀을 변화시키기 위해 여성운동적 접근이 이루어졌다. 여성운동적 접근은 그동안 사회복지 내에서 충분히 수용되지 못한 것이 사실이다. 그러나 우리나라의 현실을 보면 사실상 그간 이루어진 여성복지관련 법과 정책형성에 여성운동계의 역할이 가장 컸음은 부인할 수 없다. 이러한 여성운동계의 사회복지에 대한 기여라는 측면에서 본다면 여성복지의 발전을 위해서는 시민운동과 사회복지가 연계하듯이 여성복지와 여성운동과의 연계는 반드시 필요하다. 따라서 여성복지의 발전을 위해서는 운동적 방식의 도입이 필요하고 그 실천모델을 개발할 필요가 있다. 여성복지는 여성운동계의 활동을 넘나들어야 하고 연계할 수 있어야 한다.

제 2 부

여성복지 실천

여성복지 실천의 개념화 제4장

1. "여성주의 사회복지 실천"의 탄생

서구에서 사회복지 실천을 "젠더 관점"으로 재조명하게 된 배경은 1960년대 제 2의 여성해방으로 불리는 여성주의의 부각에 있었다. 제 2의 여성운동은 다양한 학문분야에 영향을 미쳤다. 철학과 과학은 물론 인문학과 사회과학에 이르기까지 그 영향은 넓고 깊었다. 그 영향은 사회복지 실천의 핵심적 지식기반이었던 정신분석학과 심리학, 사회학에서도 마찬가지였다. 그것은 인간이 사는 사회는 물론 인간의 정신과 심리를 젠더(*gender*)라는 관점을 통해 새롭게 이해하려는 시도였다. 그 결과 그동안 남성에 대한 설명에 묻혀버렸던, 그래서 무시되고 간과되었던 여성의 경험과 조건을 재개념화하고 재구조화하는 하나의 큰 지적 흐름을 형성하였다.

그러나 보다 직접적인 배경이 된 것은 여성주의의 영향을 받은 사회복지 연구자들의 사회복지 실천에 대한 비판이다. 사회복지 연구자와 실천가들은 복지서비스의 이용자와 공급자 대부분이 여성이라는 점에 주목하였고, 그 여성들에 접근하는 사회복지 실천은 여성의 경험과 조건을 고려하여 이루어져야 함을 깨닫기 시작하였다. 그들은 기존의 사회복지 실천을 반성하고 되돌아보게 되었다. 거기에는 “젠더” 프리즘은 전혀 작동되고 있지 않았다.

그들은 기존의 사회복지 실천을 비판하면서 “여성주의”(*feminism*)를 사회복지 실천의 틀에 끌어들이기 시작하였다. 이들의 비판은 “사회복지 실천을 위한 이론”과 “사회복지 실천에 대한 이론”은 물론 사회복지 실천가의 실천행위 자체, 그리고 더 나아가 사회복지 실천의 교과과정에 대한 비판 등 매우 다각적이었다.

우선, 그들은 정신분석이론, 행동주의이론, 인지이론 등과 같은 사회복지 실천을 위한 주류의 기초이론이 인간 삶에 나타나는 성차(性差)를 고려하지 않음에 주목하였다. 예를 들어, 사회복지 실천에 가장 많이 활용된다고 할 수 있는 프로이드와 에릭슨 이론의 경우 인간의 전 생애과정을 발달적 관점에서 체계화하였으나 이들의 이론은 기본적으로 남성적 관점만을 투영한 것일 뿐, 여성과 남성의 경험의 차이를 고려하여 발달과정을 설명하지 않았다는 지적(Gilligan, 1977)에 주목하였다. 스키너와 피아제로 대변되는 행동주의이론과 인지이론 또한 그 어디에서도 남녀간의 차이를 사회복지 실천의 개입에 적용하지 않았고, 따라서 그것은 인간 삶의 현실에 대한 왜곡된 전제를 가지고 개입에 들어가는 것이나 마찬가지였다.

이처럼 사회복지 실천에서 활용되는 주된 이론은 여성과 남성은 다른 사회적 기대와 환경 속에서 성장하기 때문에 성차를 고려해야 하는 점을 간과하고 있었고, 따라서 남성적 시각에서 형성된 기존의 이론은 특히, 여성 클라이언트를 위한 사회복지 실천에 일정의 한계를 가질 수밖에 없었다(Berlin, 1987). 이는 사회복지 실천이 계급이나 인종과 같은 인간의 박탈 경험이나 상황에 주목하면서도 이 모든 것에 뿌리 깊은 ‘성’으로 인한 박탈에는 무관심하였다는 것을 보여주는 것이다.

아울러 사회복지 실천을 여성주의 관점에서 조망하려 한 연구자와 실천가들은 주류 심리학으로 설명될 수 없는 여성들의 경험에 천착했던 여성심리학의 연구들에 주목하였다. 여성심리학은 여성 각자의 경험이 남성과는 다른 독특성을 가지고 있으며 이는 다른 여성들의 경험과 공통적 기반을 가지고 있다는 점을 제시했다(Hanmer & Stathan, 1989). 또한 여성들이 부정적 자아정체감과 자기회의를 가지고 있는 것은 가부장적 멘탈리티가 내면화되고, 성에 근거하여 사회적 역할이 구조화되기 때문이라는 점을 인식하게 하였다(Land, 1995: 5). 이러한 지적 연구결과에 입각해 여성주의와 사회복지 실천을 결합하려는 연구자와 실천가들은 대부분의 사회복지 실천의 기초이론들이 여성 고유의 경험을 반영하지 못하고 있기 때문에 여성들의 복지를 위한 실천적 행위에서 분명한 한계를 가진다고 비판하였다.

사회복지 실천을 여성주의 관점으로 재조명한 또다른 지점은 "사회복지 실천에 대한 이론"과 관련하여 이루어졌다. 사회복지 실천에 대한 이론과 관련해서는 주로 체계이론에 대한 여성주의의 비판이 집중되었다. 체계이론은 현재 사회복지 실천에 대한 통합적 시각을 제공하는 가장 강력한 이론으로 여겨지고 있다. 체계이론은 개인이나 가족, 조직을 비롯한 어떠한 개입단위에도 적용될 수 있고, 각 체계의 하부와 상부의 상호영향을 설명할 수 있는 체계적 시각을 제공하는 장점을 갖고 있다.

그러나 체계이론 역시 '성'이 가진 함의를 간과하고 있으며(Dominelli & McLeod, 1994: 34), 체계들간의 힘의 불균형을 인정하지 않는 한계를 가진다고 비판되었다. 즉, 사회 내에 엄연히 존재하는 성차의 영향을 전혀 고려하지 않으며, 어느 체계든지 동등한 힘을 가지고 있으면서 상호영향을 주고받는다는 순환적 인과론(*circular causality*)을 지지함으로써 힘의 불균형이라는 현실을 도외시한다는 것이다. 사실 현실을 가만히 들여다보면 모든 체계들이 결코 동등한 힘을 가지지 않는다는 것은 너무 자명하다.

또한 체계가 처한 역사적, 사회적, 정치적, 경제적, 문화적 맥락을 고려하지 않고 체계들이 서로 보완적으로 도움을 준다는 상보성(*complementarity*)의 개념을 도입함으로써 남녀간의 불평등을 합리화시킬 뿐만 아니라 사회에서 열등한 위치에 있는 여성의 조건과 경험을 제대로 반영하지 못한다고 비판되었다. 따라서 여성주의 관점을 끌어들였을 때, 사회복지 실천의 강력한 이론적 틀이라고 할 수 있는 체계이론은 여성을 비롯한 사회적 약자를 다루는 데 있어 분명한 한계를 갖는다(김성천, 1992: 42~44).

또한 체계이론의 연장선에 있는 생태체계이론의 대표적 실천모델인 생활모델에 대해서도 비판이 이루어졌다. 생활모델에서 강조하는 '적응적 적합성'(*goodness-of-fit*)이 인간과 환경 간의 적응을 지나치게 낙관하고 있고, 특히 여성과 관련해서는 권력의 역할을 평가절하하고 있으며, 사회적 환경의 범위를 좁게 설정함으로써 정치·사회적 맥락을 간과하고 있다고 비판하였다(Gould, 1987). 이외에도 기존의 사회복지 실천은 여성 클라이언트에 적용할 때 문제를 지나치게 개인화, 개별화하는 경향 때문에 문제를 왜곡하는 경우가 많다고 비판했다(Hale, 1983).

사회복지 실천에서의 이러한 일군의 노력은 '여성주의 사회복지 실천'(*feminist social work*), '성인지적 실천'(*gender-sensitive practice*), '여성중심적 실천'(*women-centered practice*), '비성차별적 실천'(*nonsexist practice*)으로 불리는 사회복지 실천에서의 하나의 흐름을 형성하였다(김인숙, 2000). 이들의 노력이 이렇게 다양한 이름으로 불렸지만 그 핵심적 고리는 한마디로 사회복지 실천을 "젠더"의 프리즘으로 다시 들여다보고 재구성해야 한다는 것이었다. 그럼에도 이들 서로 다른 "이름들"은 미세하게 강조점에서 다소의 차이를 보였다. 그 내용을 간단히 설명하면 아래와 같다.

우선, '성인지적 실천'은 남성과 여성의 발달과 생활경험이 서로 다르며, 그 결과 남녀가 처한 특정상황에 대한 의미가 남녀에 따라 다르다는 사실에 근거한다. 따라서 남녀청소년에 대한 '성인지적 실천'이란 남녀별로 서로 다른 실천적 접근이 이루어져야 한다는 것이다. '여성중심적 실천'이란 이렇게 서로 다른 남녀간의 경험과 의미 중에서 여성의 관점에서 접근하는 실천적 접근을 말한다. 즉, '성인지적 실천'이 남과 여 모두에 적용된다면 '여성중심적 실천'은 여성에게 적용되는 것으로 볼 수 있다. 그런 의미에서 '여성중심적 실천'은 '성인지적 실천'의 한 유형이다.

반면, '비성차별적 실천'은 문화적으로 규정된 성역할과 이슈뿐만 아니라 성에 근거한 권력관계에 대한 분석까지를 포함한다. '비성차별적 실천가'는 실천과정에서는 물론 모든 사회적 관계에서의 성차별의 제거를 목표로 한다. 또한 성별 균형을 위해 집단이나 조직에서 여성지도력의 개발을 강조한다. "여성주의 사회복지 실천"은 여러 학문분야의 여성주의 학풍과 경험에 근거한 이론에 뿌리를 두면서 인간 삶의 내용과 조건, 의식 및 맥락을 동시에 강조한다. "여성주의 사회복지 실천"은 성차별을 비롯한 다른 형태의 지배와 착취로 인한 상처를 치유하기 위해 정치사회적 변환이 필요하다고 전제하는 사회복지 실천에 대한 대안적 모델임을 강조한다(NASW, 1995: 2530).

이처럼 사회복지 실천을 젠더의 관점으로 재조명하려는 작업은 다양한 명칭 아래 다소의 차이를 보이면서 전개되었다. 그러나 이들 다양한 형태의 실천 중에서 가장 많이 통용되고 사용된 것은 "여성주의 사회복지 실천"이라는 이름이다. 이 경우 "여성주의 사회복지 실천"은 앞서 정의한 한정적 의미만을 가리키기보다는 "성인지적 실천"과 "비성차별적 실천"을 포함하는 보다 포괄적 의미로 사용되고 있다. 이는 자신을 여성주의 사회복지 실천가라고 규정한 사회복지사들이 여성주의 사회복지 실천을 정의한 내용을 보아도 알 수 있다.

그들에 의하면, 여성주의 사회복지 실천의 특징은 다음의 4가지로 집약될 수 있다. 첫째, 모든 이슈가 여성에게 어떤 함의를 갖는지를 확인하고 접근하기, 둘째, 제도화된 성차별주의가 모든 사람, 특히 여성의 문제를 어떻게 창출하는지에 관심을 갖기, 셋째, 개인과 집단의 최대한의 능력개발에 장애가 되는 물질적, 이념적 요인을 제거하기 위한 행동과 기법을 개발하는 데 관심 갖기, 넷째, 사회복지 실천을 "정치적" 실천으로 보려고 하는 것 등이다(Bricker-Jenkins & Hooyman, 1986).

여성주의 사회복지 실천을 주도하는 사회복지 연구자와 실천가들은 이후 현실적으로 조직화된 토대를 만들기도 하였는데, 그것은 "여성사회복지사협회"였다. 그리고 더 나아가 학문적 토대를 위해 여성주의 사회복지 실천에 관한 전문저널인 *Affilia-The Journal of Social With Women*(현재는 *Affilia Journal of Women and Social Work*)을 출간하였다.

사회복지 실천의 다양한 접근과 방법들이 나름대로의 효과가 있다는 것은 널리 알려진 사실이다. 그러나 기존의 사회복지 실천은 결정적으로 젠더를 고려하지 않는 한계가 있다. 즉, 여성과 남성의 삶의 경험을 다르게 설명하거나 해석하려 하지 않고, 성차로 인한 박탈의 경험의 근원을 사회정치적 맥락에서보다는 주로 개인이나 가족적 차원에서 찾으려는 한계가 있다. 그 결과 사회복지 실천의 개입방법도 이러한 범주에 머물고 있으며 사회복지 실천의 정체성을 구조보다는 기능에서 찾으려는 경향이 지배적이다. 서구에서 사회복지 실천을 젠더 혹은 여성주의 관점으로 재조망하는 것은 사회복지 실천의 이러한 한계를 극복하고 '구조와 기능'을 통합하려는 사회복지 전문직 본래의 목적을 달성할 수 있는 희망을 열어놓았다(NASW, 1995).

그러나 우리 사회에서 젠더 관점에 의한 사회복지 실천 비판은 매우 미미한 실정이다. 우선, 이론적 차원에서의 비판은 서구의 것을 소개하는 수준이고(김인숙, 2000; 김영화, 2002), 실천가들의 실천행위에 대한 비판은 주로 여성학과 여성운동 진영으로부터 제기되었는데, 이들의 비판은 세밀하고 경험적이기보다는 개략적이고 직관적이었다. 여성운동 진영은 여성에 대한 사회복지의 실천적 접근이 개인의 병리적 측면을 지나치게 강조할 뿐, 가부장제와 같은 구조적, 문화적 측면과 인권 등을 도외시한다고 비판하였다. 그러나 이들은 사회복지의 실천적 접근이 여성주의 접근과 상호배타적이기보다는 상호보완적이라는 입장을 견지하였다(이문자, 2002; 강남식, 2004).

2. "여성주의 사회복지 실천"의 재명명: "여성복지 실천"

이렇게 사회복지 실천에 여성주의 관점을 끌어들이는 작업은 서구에서 시작되었다. 당시 여성주의 사회복지 실천이라는 새로운 흐름은 사회복지 실천에 도전적이고 이물질적인 것이었다. 한편으로 사회복지 실천에 새로운 관점을 도입하는 신선한 것이기도 했지만, 다른 한편으로 기존의 사회복지 실천의 틀을 비판하고 변화시켜야 하는 버겁고 거부하고 싶은 것이었다. 이는 사회복지 실천이 여성을 아내, 어머니, 보호자로 규정하여 접근할 뿐, 독자적 욕구를 가진 인간으로 규정하지 않는 등 몰성적(*gender-blinded*)으로 이루어지던 상황이었기에 더욱 그러하였다. 그럼에도 서구사회에서 여성주의 사회복지 실천은 기존의 다른 실천과 구별되는 사회복지 실천의 하나의 대안으로 발전되었다.

반면, 우리나라의 사회복지 실천은 1990년 이후가 되어서야 여성주의와 사회복지 실천을 연결하려는 시도가 일부에서 이루어지기 시작하였다. "여성주의 가족치료"가 우리 사회에 수용될 수 있는지를 탐색하였고(김성천, 1992), 아내학대 문제에 대한 실천적 접근에 여성주의적 분석을 시도하였다(신은주, 1995). 또한 현장의 사회복지사들 사이에서, 비록 일부에 지나지 않지만, 사회복지 실천 과정에서 여성주의 이론을 적용한다는 것이 밝혀진 바 있다(송성자, 1999). 그리고 서구에서 발전된 "여성주의 사회복지 실천"이 소개되는(김인숙, 2000) 등 현장성보다는 학계의 관심사가 우선되었고, 실천현장에의 적용과 그로 인한 다양한 문제제기는 거의 없었다고 해도 과언이 아니었다. 인간의 삶은 "성"으로 구분되어 구조화, 일상화되어 있음에도 불구하고, 이로 인한 차별과 불공평함에 대한 관심이 실천현장에서 부각되지는 못하였다.

오히려 현장으로 말하자면, 비록 전통적 사회복지영역은 아니었지만 가정폭력 피해 여성과 한 부모 가족 여성의 문제에 천착했던 "여성의전화"나 "여성민우회"와 같은 민간여성단체들이 "여성주의 상담"을 적극 도입하여 이를 확산시켰다. 여성주의 상담은 전통적 상담의 원리와 방법에 여성주의 관점을 적용하여 여성들의 삶의 경험을 새롭게 재구성하게 함으로써 현실을 극복할 수 있는 힘을 제공하였다. 이들은 비록 사회복지라는 경계 안으로 직접 들어오지는 않았지만 그 여파는 일부 여성복지 현장과 여성복지 연구자들에게 미쳤다. 이처럼 여성주의 관점과 사회복지 실천을 결합한다는 사고는 온전히 사회복지계의 자생적이고 독자적인 노력에 의해 이루어진 것은 아니었다.

그러나 어찌되었든 우리나라에도 사회복지 실천에 여성주의 관점을 적용한 "여성주의 사회복지 실천"이, 그 확산 여부는 차치하더라도, 발아되었다고 말할 수 있다. 그런데 여기서 한 가지 생각해볼 것은 "여성주의 사회복지 실천"과 "여성복지 실천"의 관계설정 문제이다. "여성복지 실천"은, 가족복지의 실체를 "가족복지실천"과 "가족복지정책"으로 구분하듯이, "여성복지정책"과 함께 여성복지의 핵심을 구성하는 축이다. 그것은 "여성복지 실천"이라는 언어 그 자체에서 연상되듯이, 여성들의 "복지"를 위한 모든 실천적 접근을 포괄하는 것으로 이해된다. 이것은 마치 여성복지 실천이 기존의 사회복지 실천 방법을 여성이라는 대상에 그대로 적용하는 것으로 쉽게 오해하게 한다. 만일 단지 실천의 대상만 바뀔 뿐 사회복지 실천의 방법을 그대로 적용하는 것이라면 굳이 "여성복지 실천"이니 "가족복지실천"이니 또는 "아동복지실천"이니 하는 구분을 굳이 할 필요가 있을까?

그러나 이러한 구분은 반드시 필요하다. 그 이유는 각 학문영역이 발전하여 현실적인 독자적 영역과 정체성을 확보해야 한다는 이해관계의 명분 때문만은 아니다. 이러한 구분이 필요한 실제적 이유는 "여성"을 비롯하여 "가족", "아동", "노인", "청소년"은 나름의 독특하고 고유한 경험과 조건 속에서 존재하기 때문이다. 예를 들어, 아동은 노인이나 청소년과는 다른 사회적 맥락과 조건 속에 존재한다. 이 존재조건 때문에 아동은 다른 집단과는 "다른" 경험을 하게 된다. 아동복지실천은 바로 이러한 아동의 존재조건과 경험을 어떻게 보고 해석할 것인지와 긴밀히 연관되어 있다. 그 해석 여하에 따라 아동복지실천의 방법과 원리는 달라질 수 있다. 이러한 논리에서 보면 아동복지실천은 노인복지실천이나 여성복지 실천과 구별되는 특수한 실천체계를 가질 수 있다. 즉, 아동복지실천은 그 나름의 "특수성"을 갖게 되는 것이다.

가족복지실천의 경우도 마찬가지다. 가족복지실천은 기존의 사회복지 실천의 방법과 과정을 그대로 가족에게 적용한 것인가, 아니면 나름대로의 특수성과 정체성을 갖는 것인가 하는 의문을 가질 수 있다. 이 의문과 관련해 가족복지실천의 특수성은 이른바 "가족 관점"(*family perspective*)에서 찾을 수 있다. 즉, 사회복지 실천에서 가족복지실천의 특수성은 "가족 관점"을 가지고 가족에 대한 실천을 주도해야 한다는 점에 있다. 그리고 이때 "가족 관점"은 "가족 유지"가 아닌 "가족 행복"에, 사회구성의 "기본단위"가 아닌 개별 구성원의 이해에 따라 구성되고 해체될 수 있는 생활공동체, 즉 "다양성"을 그 핵심원리로 한다.

이러한 원리에서 볼 때 가족복지실천은 사회복시의 다양한 영여들(정신건강, 아동복지, 노인복지, 청소년복지, 학교사회사업, 의료사회사업 등)을 "가족 관점"으로 접근함으로써 이들을 가족복지실천의 영역으로 끌어들일 수 있게 된다. 그러나 이러한 접근이 개인을 가족에 종속시켜야 한다는 것을 의미하지는 않는다. 또 가족원 전체를 상대로 일해야 한다는 것을 의미하지도 않는다. 가족복지를 관점으로 본다는 것이 의미하는 바는, 인간은 그들이 속한 친밀하고 강력한 인간체계의 맥락에 대한 고려를 통해서만이 이해될 수 있고 그래야만 진정한 도움을 받을 수 있다는 것을 의미한다.

이상의 논의를 토대로 할 때 "여성복지 실천"은 여성이 처한 조건과 경험이 무엇이며, 그것들을 어떻게 해석해야 하는가의 문제와 연관된다. 그리고 바로 이 점이 "여성복지 실천"을 다른 집단을 대상으로 하는 실천과 구별하는 "특수성"이다. 두말할 것도 없이, "여성복지 실천"의 특수성은 여성과 실천적 접근에 "젠더 관점"(*gender perspectives*)을 적용하는 데 있다. "젠더 관점"을 축으로 여성을 이해하고 실천방법을 재구성하는 것이다.

이렇게 볼 때 "여성복지 실천"은 사실상 새로운 것이 아니다. "여성복지 실천"은 사실상 앞서 서구에서 발전했던 보다 넓은 의미의 "여성주의 사회복지 실천"(성인지적 실천과 비성차별적 실천을 포함하는)에 다름 아니다. 그렇기 때문에 "여성복지 실천"은 여성을 대상으로 이들의 복지향상을 위해 실천적 접근을 시도할 때 "젠더 관점"을 적용한 일련의 체계화된 실천적 원리와 방법으로 정의될 수 있다. 결국 여기서 강조하고자 하는 것은 서구에서 "여성주의 사회복지 실천"으로 부른 것을 우리는 "여성복지 실천"으로 부를 수 있고 또 그렇게 하자는 것이다.[1)]

물론 이 양자간에 약간의 뉘앙스 차이는 존재한다. 예를 들어, "여성주의 사회복지 실천"은 모든 경우의 사회복지 실천을 여성주의적으로 조망하고 접근하는 것으로 연상되기 때문에 그 대상범위를 "여성"과 같은 특정한 대상으로 제한하지 않고 모든 집단을 포괄하는 인상을 준다. 반면, "여성복지 실천"은 실천적 접근의 대상이 "여성"(여자청소년, 성인여성, 여성노인, 여성알콜릭, 여성정신장애인 등)인 점을 강조하면서 동시에 이들에 대한 여성주의 관점이라는 "이중 초점"(*dual focus*)을 견지하는 이미지를 준다.

"이중 초점"은 사회복지 실천에서 항상 강조되었다. 인간행동이라는 미시와 환경이라는 거시의 "이중 초점"은 물론이고, "구조와 기능"(*cause and function*)이라는 개입의 "이중 초점"이 그 대표적인 것이다. 그런 점에서 "대상과 관점"이라는 "이중 초점"을 보여주는 "여성복지 실천"은 "여성주의 사회복지 실천"을 대체할 용어로서 적합성을 갖는다. 이외에도 "여성복지 실천"이 "여성주의 사회복지 실천"이라는 용

---

1) 물론 이런 주장에 이견이 있을 수 있다. 특히 여성주의자의 관점에서 볼 때 여성주의와 복지주의는 사실상 그리 친화적이지 않다. 여성주의는 복지주의의 진보성을 의심하며, 복지주의 또한 여성주의에 일정한 거리감을 갖는다. 따라서 여성주의자의 입장에서 보면 여성주의 사회복지 실천을 여성복지 실천으로 대체하자는 것을 여성주의를 복지로 대체하자는 것으로 이해할 수도 있다고 본다.

어에 비해 우리 사회에서 더 적합성을 가질 수 있는 것은 우리의 언어권에서 사용되는 용어들 사이의 리듬을 살리고 다른 분과영역에서 사용하는 용어(예: 가족복지실천, 아동복지실천 등)와 균형과 조화를 이룰 수 있다는 점, 그리고 더 나아가 "여성주의"라는 용어에 대한 사회복지계의 일정의 거리감과 거부감을 피할 수 있기 때문이다. 그리하여 다양한 여성집단에 대한 여성주의적 실천접근을 "여성복지 실천"으로 재명명함으로써 이의 대중화와 체계화를 위한 물꼬를 터보자는 것이다.

기존의 여성복지 교과서에 한정해 보면, 여성복지의 실천적 측면에 대해 "여권론적 사회복지 실천"(조흥식 외, 2000)이나 "여성주의적 실천"(최선화, 2005)이라는 이름으로 내용을 소개하고 있거나, 혹은 특별한 명명 없이 임파워먼트나 의식향상과 같은 특정의 방법을 사회복지 실천에 접목하는 것이라는 우회적 방법으로 여성복지 실천을 설명하고 있다(김인숙 외, 2000). 이런 상황에서 "여성복지 실천"이라는 말은 아직은 낯설고 생소하며 현장과 학계에서 통상적으로 사용되고 있지는 않다. 앞으로 "여성복지 실천"의 특수성을 내실화하고 이를 체계화하기 위한 작업이 시작될 필요가 있다.

"여성복지 실천"을 아주 포괄적으로 정의하자면, 다양한 집단의 여성을 대상으로 이루어지는 사회복지 실천의 과정에 "젠더 관점"을 적용하는 일련의 체계화된 실천체계라고 말할 수 있다. "여성복지 실천"은 이들 여성이 처한 조건과 경험을 젠더 관점으로 재해석해냄과 동시에 이들의 조건과 경험에 권력관계가 영향을 미치고, 이로 인한 상처를 치유하기 위해서 정치사회적 변환이 필요하다는 점을 강조한다. 이처럼 "여성복지 실천"의 핵심은 "관점"으로 접근하는 데 있다. 기존의 사회복지 실천에서는 보이지 않는 "젠더"에 주목해 실천의 대상 혹은 실천행위 자체를 들여다보고 이를 재구성한다.

여기서 재구성의 초점은 사회복지 실천가로서의 여성과 클라이언트로서의 여성 모두에 있다. 그 이유는 첫째, 여성의 삶을 지배하는 대립과 모순이 사회복지 실천을 교육하는 교육자들과 사회복지 실천 과정에서 잘못 이해되고 있기 때문이며, 둘째, 이러한 잘못된 이해가 여성과 관련하여 사회복지 실천을 수행하는 데 역효과를 가져오기 때문이다(Hanmer & Stathan, 1989). 이제 "여성복지 실천"은 여성복지정책과 함께 여성복지를 구성하는 학문적 틀로 자리매김해야 할 때이다.

여성복지 실천의 지적 토대 제5장

일반적으로 어떤 실천체계이든 간에 그것을 정당화하고 가능하게 하는 이론적 토대를 가진다. 우리가 알고 있듯이, 사회복지 실천이 정신분석학을 비롯한 인지행동이론과 같은 심리학이론이나 체계이론, 생태체계이론 등을 지적 토대로 하여 그 행위의 과학성과 전문성을 정당화하는 것은 그 좋은 예이다. 앞서 언급했듯이, 여성복지 실천의 특수성은 사회복지 실천과 젠더를 결합하는 데 있다. 이 결합이 논리적 정합성과 현실적 적합성을 갖고 발전하기 위해서는 그에 합당한 이론적 혹은 지적 토대가 필요하다. 전통적으로 볼 때 사회복지 실천은 심리학과 사회학적 지식을 지적 토대로 삼고 있다. 이런 맥락에서 여성복지 실천의 지적 토대는 인간에 대한 심리학적, 사회학적 지식을 여성주의 관점에서 재조명하고 재해석한 지식들에 근거를 둔다.

우선, 여기서는 기존의 주류 심리학적 설명을 여성주의적으로 재해석한 '여성(주의)심리학'의 내용 중 "어머니 수행"과 "정체감 및 도덕발달"을 중심으로 살펴보기로 하겠다. 또한 여성을 이해하는 데 있어 가장 큰 영향을 미치는 것은 "가족"을 어떻게 바라보느냐 하는 것인데, 그런 점에서 가족에 대한 여성주의적 해석을 여성복지 실천의 지적 토대로 소개하고자 한다.

1. 여성의 심리: 다시 보기

1) 여성(주의)심리학의 출발: "차이"의 발견

여성주의 이론은 여성의 체계적 억압을 이해하기 위한 지적 토대이다. 이 이론의 핵심은 여성들이 개인적으로 처해 있는 차별적 조건이 '개인적 경험'이 아니라 다른 여성들의 경험과 서로 연결되고, 이것이 우연한 개인적 불행의 결과가 아니라 체계적 억압의 사례라는 점이다. 여성주의 이론의 갈래나 설명방식은 매우 다양하지만, 그 공통된 가정은 다음의 세 가지로 요약될 수 있다(이재경 외, 2007: 30). 첫째는 남성과 여성의 경험이 다르다고 가정하는데, 이러한 경험의 차이를 보여준다는 점이고, 둘째는 여성억압은 단지 여러 사회적 관계의 하나에 불과한 것이 아니라 그 자체로 자율적, 독자적으로 작동되는 사회적 장치라는 점이다. 그리고 셋째는 여성억압은 사회관계나 구조가 조직되는 방식의 일부라는 점이다.

제2의 여성해방운동 이후 심리학과 관련되어 여성주의가 거두었던 가장 큰 성과는, 심리학은 남성의 경험에 근거하여 이루어졌기 때문에 여성의 경험이 남성과 다를 수 있음을 설명해주지 못한다는 사실의 발견이었다. 여성은 기존의 심리학이론으로는 설명할 수 없는 다른 "이해방식"이 필요하다는 것을 자각하게 된 것이다. 여성(주의)심리학은 여성주의 이론에 비추어 기존의 심리학이론을 재해석하고 재구성한다. 사실상 심리학은 여성에 대해 관심이 없었다. 나오미 웨이스타인(Naomi Weisstein)에 의하면, 심리학은 여성에 대해 아는 것이 없기 때문에 여성이 어떤 존재인지, 무엇을 원하는지에 대해 아무것도 알려주지 못한다고 비판하였다(Yoder, 1999).[1)]

1) 카렌 호니는 그녀의 저서 《여성심리학》에서 "극히 최근까지 남성(어린이 및 성인)의 정신만이 연구의 대상으로 되어 있었는데 그 이유는 뚜렷하다. 정신분석은 한 천재적인 남성이 창조한 것이며, 그의 관념을 발전시킨 사

일례로 우리가 잘 아는 에릭슨의 인간발달 8단계도, 콜버그의 도덕발달 단계도 사실은 남성들의 경험을 중심으로 전개된 것이었다. 간혹 이들 이론에서 여성이 언급되기는 하였으나 여성은 미성숙하고 열등하고 결핍된 존재로 그려졌다. 에릭슨은 여아들이 남아에 비해 "독립"으로 상징되는 정체감 발달이 늦다고 하였고, 콜버그는 여성이 남성에 비해 도덕발달 수준이 낮다고 하였다. 이처럼 기존의 심리학이론에서 남성과 여성의 "차이"는 묵시적이고 간접적 방식으로 표현되었으나 그 때의 여성은 이론의 핵심에서 밀려나 늘 주변적 위치에 머물렀고 남성에 비해 상대적으로 열등한 존재로 평가되었다.

그러나 1960년대 제 2의 여성운동과 더불어 여성을 새롭게 조망하는 흐름이 형성되기 시작하였다. 이러한 새로운 흐름을 꿰는 줄기는 남녀 간의 심리학적 "차이"였다. 이때의 "차이"는 이전의 "차이"와는 다른 것이었다. 이때의 차이는 남성의 경험에 종속되는 "차이"가 아니라 여성이 처한 세계 속에서 독자적이고 자율적으로 작동되는 "차이"였다. 남녀의 차이를 주장하는 입장은 단일하지 않다. 여성이 남성이 비해 열등함을 입증함으로써 "차이"를 정당화하려는 보수주의적 입장도 있고, 남녀의 "차이"는 서열과 위계의 관계가 아니라 각자의 독자적 자율기제 내에서 작동되고 있는 "차이"임을 보여주고자 하는 여성주의적 입장도 있다. 이러한 맥락에서 볼 때 과학의 이름으로 정당화되는 학문적 결과들이 결국은 정치적 목적과 분리될 수 없음을 알 수 있다.

여성의 심리가 남성의 심리와 "차이"가 있다는 기존 심리학에 대한 새로운 해석과 설명이 여성복지 실천에서 중요한 이유는 사회복지사가 여성 클라이언트에 개입하는 데 있어 이들 여성에 대한 심리적 이해 여하에 따라 개입의 방향과 초점이 달라질 수 있기 때문이다. 만일 기존의 심리이론들을 그대로 여성 클라이언트 개입에 적용할 경우, 사회

람은 거의 남성이기 때문이다. 그러므로 그들이 남성심리학을 발전시키는 것은 용이하며, 여성보다 남성의 발달을 보다 잘 이해할 수 있다는 사실은 아주 당연하고 합당한 이치이다"라고 하였다(1982: 17).

복지사는 여성 클라이언트의 경험을 결핍으로 해석할 가능성이 있고, 그 결과 여성 클라이언트를 무기력한 "피보호자" 혹은 "피해자"로 보고 접근할 가능성이 높다. 그러나 남녀의 심리적 "차이"를 전제로 여성 클라이언트에 개입할 경우, 사회복지사는 여성 클라이언트 경험의 독자성을 인정하고 그 경험의 사회적 토대와 의미를 새롭게 구성함으로써 여성 클라이언트를 피해자로서보다는 주체적 "생존자" 혹은 "당사자"로 보고 접근할 가능성이 높다.

여성주의 입장은 남녀간의 "차이"에서 한 발자국 더 나아가 여성들 사이에서 존재하는 "차이"에도 주목하였다. 즉, 여성들 사이에는 계급이나 문화, 인종, 섹슈얼리티와 같은 "차이"가 존재한다는 것이다. 이는 어떤 개인의 삶이 젠더만으로 설명될 수 없다는 데서 출발한다. 즉, 어떤 개인의 삶은 그가 속한 젠더, 계급, 문화적 배경, 섹슈얼리티, 인종 등과 같은 복잡하고 다양한 것이 서로 얽혀 구성된다는 것이다. 여성과 남성의 "차이"만이 아닌 여성 내부에서의 "차이"에 주목하는 것도 이 때문이다. 저소득계층의 여성들은 물론 다양한 사회적 여성 소수자들을 실천의 대상에 포함하는 여성복지 실천의 입장에서 볼 때, 여성 내부의 "차이"에 관한 인식과 자각은 매우 중요하다.

오늘날 인간과 사회를 설명하고 이해하기 위한 지식은 이전보다 더 세분화되고 국지화되고 있다. 이는 지식축적의 양이 증대하기 때문이기도 하지만 동시에 보편적 설명으로 이해되지 않는 많은 "국지들"이 존재하기 때문이다. 이런 의미에서 남성을 중심으로 한 심리적 설명들이 여성을 설명하기 어렵다는 것은 매우 자연스럽다. 기존의 심리학적 지식이 계급과 성, 인종을 초월하여 모두에게 적용될 수 있는지를 의심하고 회의하는 것, 그리고 이로부터 새로운 지식을 생성해내는 것은 특정의 틀에 갇혀 있던 결핍자와 일탈자들을 새로운 틀로 재해석해냄으로써 이들을 그 틀로부터 "해방"시키는 정치적 의미를 갖는다. 여성(주의) 심리학은, 비록 아직은 체계화된 지식체계인가라는 질문에 대해서 명확한 답을 하기 어렵지만, 아직도 무수히 남아 있는 결핍자와 일탈자의 해방을 향해 계속 생성되고 있으며, 그것은 여성복지 실천을 위한 핵심 지적 토대이다.

2) 여성(주의)심리학의 주요내용

여성심리학은 기존의 주류 심리학에 대한 비판으로부터 시작된다. 기존의 주류 심리학이 여성을 이해하는 데 있어 몰성적으로 접근하고 있고, 남성의 경험을 토대로 여성의 경험을 설명하기 때문에 오류가 있을 수 있다는 것이다. 여성심리학의 이론적 구성은 일반적으로 진화론적 접근에서부터 사회생물학적 이론, 정신분석이론, 대상관계이론, 사회학습이론, 인지이론, 사회구성주의로 구분하여 설명되고 있다(조혜사, 2002; 김태련 외, 1996). 이들 이론적 논의는 각 이론적 관점에서 젠더 혹은 젠더와 관련한 주제를 어떻게 볼 수 있는가를 중심으로 설명된다. 여기서는 이들 모두를 나열적으로 설명하는 것보다는 여성복지 실천에 직접적으로 관련되는 몇 가지 지적 주제를 중심으로 간략히 설명하고자 한다. 그럼으로써 기존의 주류 심리학이론을 다른 관점에서 재구성할 필요성을 인식케 하고, 그에 따라 실천의 양태와 방식이 달라질 수 있음을 제시하고자 한다. 여성심리학에서 논의된 주제들 중 여성복지 실천과 직접 관계되는 것으로 "모성-어머니 역할", "정체감과 도덕발달의 원리"를 간략히 살펴보자.

(1) 모성 - 어머니

여성(주의)심리학에서 가장 많은 관심을 갖은 영역은 "모성-어머니"이다. 이에 대한 관심은 어머니 수행과 감정구조의 특징은 무엇이며, 그것은 어디로부터 연유하고 그것이 작동되는 기제는 어떠한지, 그리고 여성이 어떻게 어머니로 되어가는지 하는 것들이다. 이런 "어머니 역할수행", "어머니 되기", "어머니의 감정구조"라는 주제가 여성심리학의 핵심관심사인 것은 역시 아버지 역할과 아버지 되기와는 구별되는 다른 특성과 기제가 작동하기 때문이고, 그것은 기존 심리학에서 처우되는 것과는 달리 해석되어야 하기 때문이다.

사실 "모성-어머니"는 사회복지 실천에서 가장 빈번하게 맞닥뜨리는 존재이다. "어머니"는 자녀문제를 비롯한 가족문제를 사회복지 일선에 접속시키는 최초의 접수자이기도 하고, 자녀와 가족문제를 해결하기 위한 핵심으로 인식되기도 한다. 통념적으로 볼 때 "어머니"는 그 자신의 문제는 물론 자녀와 가족문제를 해결하기 위해 흔들리지 말고 버티어 나가야 할 강인한 존재이어야 한다. 그래서 사회복지 현장에서 "어머니"는 흔들려서는 안 되는 "문제해결"의 키로 간주되고, 그 결과 "어머니"에게는 가족을 재건하고 보살펴야 하는 "보이지 않는 짐"이 부여되곤 한다. 그렇다면 여성복지 실천의 이론적 토대라 할 수 있는 심리학에서 설명하는 어머니는 어떤 존재일까?

① 주류 심리학에서의 "어머니": '이상화'와 '비난'의 공존

기존의 주류 심리학에서 "어머니"는 자녀들의 생애에 깊은 영향을 미치는 '이상화'된 양육자로 그려지고 있다.

예를 들어, 프로이드의 심리성적 발달과정에서 구강기의 과다만족이나 불충족감, 항문기에서 부모의 배변훈련 등이 아이의 인성발달에 매우 중요한 것으로 얘기되고 있다. 물론 그렇다고 프로이드가 아이는 어른들의 마음대로 사회화되는 존재로 본 것은 결코 아니다. 그는 아이의 인성발달이 의식적인 부모의 의도와 결과는 아니며 오히려 부모의 의도와는 무관한 무의식의 세계, 그리고 이 무의식의 세계에 각인된 문화적 기대를 어머니와의 관계를 통해 설명해냈다. 즉, 프로이드는 인성발달이 어린아이의 무의식적 본능과 가족 내 부모와의 관계 경험이 결합되어 결정되는 것으로 보았다. 그러나 프로이드의 이러한 이론이 19세기 자본주의사회의 부르주아 핵가족—아버지는 생계를 책임지고 어머니는 자녀를 양육하는—을 구조적 조건으로 하여 전개되었다는 점에서 자녀양육에서 어머니는 충분히 '이상화'되고 있다(조은, 1995).

또한 에릭슨의 인간발달 과정에서도 유아기 당시 신뢰감을 획득하느냐 불신감을 획득하느냐 하는 것이 양육의 질에 달려 있고, 초기 아동기에 아이가 자율성을 획득하느냐 수치심이나 의심을 갖게 되느냐 하는 것 역시 부모의 태도에 달려 있다고 주장한다. 그만큼 초기 아동기에서 양육자의 역할이 인생의 질을 결정할 만큼 중요한 역할을 한다는 것이다. 우리에게 잘 알려진 이 이론에서 "부모" 혹은 "양육자"로 표현되는 존재는 사실상 '어머니'이다. 어느 시대를 막론하고 어머니는 늘 이상적 양육자로 간주되었고, 이러한 문화적 전통은 지배적 이미지를 형성하고 있었기 때문이다.

더 나아가 '대상관계이론'에 이르면 아동기에서 어머니와의 관계는 절대적으로 중요한 위치를 점한다. 대상관계이론은 인간이 생리적, 무의식적 충동에 지배되는 것이 아니라, 인간에게는 대상과 애착을 맺으려는 욕구가 주된 동기이자 힘이라고 본다. 따라서 타인과 접촉하려는 인간의 욕망은 일차적인 것으로서 다른 욕망으로 설명될 수 없고, 어떤 다른 기본적인 것으로도 환원될 수 없다는 것이다. 그러므로 아동기 동안에 갖는 초기 사회관계가 인간의 성격에 영향을 미치는데, 그 초기대상은 어머니이기 때문에 어머니와의 관계가 매우 중요하다는 것이다(조혜자, 2002: 88~89).

심리학에서 '어머니'에 대한 이상화는 비단 발달심리에 국한되지 않는다. 비록 간접적이기는 하나 어머니가 아이양육의 주담당자라는 광범위한 문화적 구조하에서는 부모와 아이를 연결 짓는 모든 설명은 자녀양육에서 '어머니'의 역할을 강조한다는 점에서 역시 '이상화'에 가깝다고 볼 수 있다. 예를 들어, 행동주의 학습이론에서 보면 대부분의 정서는 여러 가지 서로 다른 "강화"의 부산물로 간주되는데, 이 경우 편식하는 아이는 어머니가 편식하도록 강화시켰기 때문으로 설명된다.

이처럼 기존의 심리이론에서 '어머니' 역할수행은 '전능한' 어머니를 이상화하고 있다. '어머니'는 아이에게 절대적 영향을 미치는 존재, 그 영향으로 아이의 성인기 삶에도 영향을 미치는 절대적 존재이다. 그 결과 '어머니'가 자녀에게 무엇을 하였고, 어떤 것은 하지 않았는가에 따라 아이들에게 지대한 영향을 미치게 된다는 이미지가 형성되었다. 이 이미지는 이미 진실처럼 되어버렸고, '어머니-아동'이라는 이인체계에 대한 강력한 선입견을 낳았다(한인영·박영희, 2006: 272).

그런데 문제는 기존 심리이론에서 얘기되는 '어머니'에 대한 '이상화'가 그 자체에 머무르지 않는다는 점이다. '어머니'에 대한 '이상화'는 자동적으로, 그리고 동시에 '어머니'에 대한 '비난'으로 쉽게 전환된다. 기존의 심리이론이 전제하는 '어머니'의 역할을 수행하지 못했을 때, 보통의 엄마는 '나쁜 엄마', '병리적 엄마'로 쉽게 전환된다. 거꾸로 가족구성원 중 누군가가 문제에 봉착하거나 문제를 보이는 경우에도, 그 가족의 어머니는 가족구성원을 그렇게 만든 장본인으로 비난받는다. '어머니'를 가족구성원의 불행을 가져온 원인자로 희생시키게 되는 것이다.

예를 들어, 정신보건 영역에는 '어머니'를 비난하는 개념들을 사용하고 있다. 대표적으로 이중구속 메시지(*double-bind message*)와 정신분열병을 일으키는 어머니(*schizophregenic mother*)를 들 수 있다. '이중구속 메시지'는 의사를 전달할 때 적어도 두 개 또는 그 이상의 상반된 메시지를 전달함으로써 상대방이 어느 메시지에 반응해야 좋을지 몰라 혼돈상황에 빠지게 되는 경우를 가리킨다(조흥식 외, 2006). 이중구속 메시지에 따르면, 어머니는 그런 식으로 자녀를 미치게 만든다는 것이다. 이 개념은 양 부모 모두에게 똑같이 적용될 수 있는 것이지만, 지금까지 사실상 어머니에게만 적용되었다(노영주, 1991: 135). '정신분열병을 일으키는 어머니' 또한 자신의 좌절된 삶을 완성하기 위해 가족들의 삶을 완전히 지배하는 어머니를 상정하면서 이러한 어머니를 정신분열을 일으키게 만드는 어머니로 규정하였다.

물론 이들 예는 매우 극단적인 경우이다. 이렇게 극단적인 이론적 설명이 아니더라도 일상에서 '어머니'는 이상화되면서 동시에 '비난'의 대상으로 전락한다. '이상화'에서 '비난'으로 전락하는 그 순간은 찰나에 이루어지고, 따라서 '어머니'는 이 양극을 오가는 불안하고 소외된 존재가 된다. 이처럼 기존의 심리이론에서 우리는 '어머니'를 이상화하는 반면 '어머니'를 희생화하고 '어머니들'에 대한 적개심을 불러일으키는 것을 감지할 수 있다. 이는 곧 '어머니'에 대한 '이상화'는 사실 양날의 칼과 같음을 보여주는 것이라 할 수 있다.

이렇게 '이상화된 어머니'의 이미지는 사회복지 실천 과정에 어떻게 작동할까? 실제로 사회복지 실천 현장에서 사회복지사들은 가족원들의 문제해결 과정에서 어머니의 역할을 이상화하고 있는 경우가 많다.

> 말투가 불안정한 어머니나 뭔가 일탈되어 있는 듯한 어머니를 보면 사실 그 자녀들과 남편이 불쌍하다고 늘 생각해요. 보호자로서 완벽성을 상실한 어머니는 모든 가족원들의 불행의 근원처럼 생각하는 게 일반적입니다(사회복지사 인터뷰).

특히 어머니를 타인의 보호자로 이상화시키는 경우가 가장 많다. 사회복지 실천 현장에서 어머니를 가족원들의 보호자로 정당화시키는 것은 여성과 남성의 사회적 행동에 서로 다른 가치를 부여하거나, 보호자로서의 기술과 능력을 여성성의 특성과 일치시키거나, 복지정책 자체가 어머니 역할을 완벽하고 이상화된 보호자 역할로 스테레오타입화하는 경우이다(Hanmer & Stathan, 1989). 이처럼 어머니에 대한 이상화는 전문가들의 행동에 의해 조장되고 유지되고 있다고 볼 수 있다.

그렇다면 사회복지 실천 현장에서 어머니를 이상화시킴으로써 발생하는 어머니에 대한 비난과 희생을 대체할 다른 설명은 없는 것일까? "다른" 이론적 토대는 "다른" 실천을 가져온다. 여성(주의)심리학은 어머니에 대한 이러한 주류 심리학의 내용을 다른 방식으로 해석하고 설명하고 있다.

② '모성-어머니'에 대한 여성(주의)심리학의 비판과 설명

앞에서 언급했듯이, 주류 심리학은 주로 남성의 시각에서 씌어졌기 때문에 여성을 일탈적 존재로 바라본다. 브로버만(Broverman)에 의하면, 정신의학자와 임상가들은 전형적인 남성적 특성을 성숙된 것으로, 여성적 특성을 미성숙된 것으로 바라본다(Hanmer & Stathan, 1989). 주류 심리학에 대한 비판적 평가는 거의 대부분 여성주의 관점으로부터 제기되었다. "전능한 어머니"상으로 묘사되는 주류 심리학의 "어머니"에 대한 설명에 대해 여성주의는 몇 가지 점을 들어 이를 비판하면서 대안적 설명을 제시하였다.

ㄱ. "완벽한 어머니" 설정과 자녀관계

우선, 완벽한 어머니에 대한 이상화는 하나의 "환상"이라고 비판한다(Chodorow & Contratto, 1982). 이 환상은 어머니가 자녀와의 관계에서 절대적 영향을 행사할 수 있고, 해야 한다는 강력한 이미지를 형성한다고 한다. 그리고 이렇게 형성된 이미지는 어머니가 자녀양육과 발달에 결정적 영향을 행사할 수 있는 존재로 상정되면서 자녀에 대한 어머니의 지배를 정당화하게 된다는 것이다. 전적으로 무력한 자녀의 의존욕구에 강력한 힘을 발휘하면서 어머니는 자녀를 통제하고 지배하게 된다.

그러한 결과로 어머니(혹은 아동을 돌보는 사람이면 누구나)는 필연적으로 자녀와 적대적이 된다고 한다(권오주 외, 1991: 70). 어머니와 자녀의 상호관계에는 근원적 공격성이 내재되어 있으며, 따라서 어머니 역할수행은 사랑과 증오의 양면성을 동시에 갖게 된다. 체슬러(Chesler, 1979)는 이에 대해 "어머니가 된다는 것은 맹목적으로 자녀를 사랑하는 반면 증오하기도 하며, 남편에 대해 온화한 마음을 느끼는 반면 분노하기도 한다. 미움과 사랑, 분노와 억누를 수 없는 환희가 서로 융화되고 용해되지 않은 채로 남아 순수한 형태로 교차되면서 경험한다"고 기술하였다. 또한 조주연(2004)은 울산 현대중공업의 어

머니들을 대상으로 한 연구에서 어머니 경험은 "내가 없어지는 느낌"이거나 "알 수 없는 회의와 분노"가 돌발하는 그런 것이고, 끊임없이 죄책감에 시달리는 그 무엇이었음을 밝혀냄으로써 완벽하고 희생적인 어머니의 신화와는 다른 어머니 경험을 보여주었다.

이처럼 이상화된 "완벽한 어머니"는 아동발달과 긴밀하게 연관된다. 디너스타인(Dinerstein)에 의하면, "전능한 어머니가 되는 것은 아동의 전반적인 심리, 사회, 정서적 경험을 형태 짓는다"(Dinnerstein, 1976, 권오주 외, 1991: 79에서 재인용)고 한다. 이 형태의 핵심은 어머니와 자녀의 관계가 주변으로부터 "소외"되어 있다는 것이다. 어머니와 자녀는 물리적, 심리적으로 세상에서 격리되어 마법의 원 안에 있는 것처럼 보인다. 그들은 독특하고 지배적인 관계를 이루면서 소외된 채 살아가는데, 이는 어머니 역할수행이 미치는 영향을 정당화하기까지 한다. 또한 이것은 어머니가 가부장적 억압 속에서조차 자녀와의 관계에서 왜 그토록 강력한 경험을 하는지 설명한다(권오주 외, 1991: 86~87).

이외에도 "완벽한 어머니"는 자녀의 정신건강을 형성하는 데 관여하는 것으로 알려져 있다. 이는 정신병의 원인이 점차 가족에 귀속되어지면서, 가족 안의 '어머니'의 역할이 특별히 인식되면서부터였다. 앞에서 언급한 바 있는, "이중구속 메시지"와 "정신분열병을 일으키는 어머니"는 이러한 인식을 보여주는 가장 대표적인 개념이다. 이처럼 그릇된 어머니 역할수행과 자녀의 병리적 현상을 연결 지은 것에 대해 여성심리학자인 스피겔(Spiegel, 1982)은 "비열하고 악의에 찬" 것으로 비판하면서 어머니를 희생양으로 만들지 않으면서 동시에 자녀를 성장하게 하는 최선의 방법은 "역할융통성의 원리"라고 주장한다. 역할융통성의 원리란 부모가 어떤 하나의 역할에 너무 동일시하지 않고 서로 역할을 교환하는 것을 의미한다. 부모가 역할융통성을 보이면서 자녀를 양육하게 되면 자녀는 일종의 안정감을 경험하게 되어 자녀의 성장에 긍정적 영향을 미친다는 것이다.

이처럼 여성(주의)심리학은 어머니의 이상화가 자녀발달에 미치는 영향이 긍정적 측면보다는 부정적 측면이 많음을 비판한다. 그런데 이러한 부정적 측면의 근원은 어디일까? 여성(주의)심리학은 어머니라는 한 사람에게 자녀양육에 대한 모든 책임이 지워지는 문화적, 사회적 구조에 그 근본원인이 있다고 주장한다(Chodorow & Contratto, 1982; Ruddick, 1982; Chodorow, 1992). 어머니가 자녀양육을 전담함으로써 '어머니-자녀'는 하나의 짝이 되며 그 결과 사람들은 어머니가 독자성을 가지고 성장하는 존재라는 인식을 갖지 못하고 어머니를 완벽하고 전능한 존재로 인식하게 된다. 더 나아가 여성이 어머니가 되는 것에서 희열을 얻고 그 능력을 신장하는 "어머니 되기"가 재생산되는 것 또한 양육이 여성에게 전담되는 사회적 성의 구조에 기인한다(Chodorow, 1992). 이러한 순환적 과정을 통해 어머니에 대한 이데올로기와 어머니 사고방식은 더 강화되고 끊임없이 재생산된다는 것이 여성심리학자들의 설명이다.

사회복지 실천 과정에서 사회복지사는 끊임없이 이 "어머니 영역"에 개입한다. 그것은 아마도 가장 자주, 가장 많이 개입하는 영역인지도 모른다. "어머니"를 어떻게 규정하고 어떻게 이해하느냐 하는 것은 아동과 청소년 혹은 노인, 가족 등을 포함한 사회복지 실천의 다양한 대상층에 대한 개입방향에 영향을 미친다. 그런 점에서 "어머니"는 좀더 풍부하고 새롭게 조망되고 이해되어야 할 영역임에 분명하다.

ㄴ. "어머니 수행"의 경험과 어머니 사고방식의 재생산

여성(주의)심리학은 어머니에게 양육의 전담을 요구하는 사회에서 "어머니 수행"의 경험이 어머니를 억압하는 기제를 만들어낼 수 있음을 얘기한다. 즉, 자녀양육의 책임을 전적으로 어머니에게 부여하고 어머니를 이상적 양육자로 보는 사회에서 "어머니" 역할수행은 여성으로서의 어머니의 개별성과 독자성을 획득하지 못하게 방해함으로써 어머니를 소외시키고 양가적 경험의 소용돌이 속으로 밀어넣을 수 있다는 것이다.

세상과 격리되어 전적으로 자녀양육에만 매달리는 어머니는 자녀양육의 성공과 실패, 매일 해야만 하는 자녀들의 뒤치다꺼리에 휩싸이며 이는 여성을 비참과 분노로 이끈다. 이런 상황에서 어머니가 되는 경험은 소비적이거나 자신이 사라져버린 것 같은 느낌을 준다는 점(Chodorow, 1982)을 보여주었다. 어머니 역할수행 속에 공격성과 폭력성이 내재할 수 있음을 보여준 것이다.

그렇다고 여성(주의) 심리학이 "어머니 수행" 경험의 모두가 그렇다고는 얘기하지 않는다. 즉, 어머니 수행이 여성으로서의 성적 개별성을 무조건 방해하는 것은 아니라고 본다. 자녀 때문에 자신의 개별성과 독자성을 위협받거나 완벽하고 전능한 어머니라는 환상 속에 갇히는 것을 문제 삼는다. 어머니는 자녀를 통해 친밀함과 하나됨, 기쁨과 완벽한 이해라는 절정을 경험하기도 하지만 동시에 고통과 좌절, 불안, 그리고 고통스런 고립의 시간을 경험하기도 한다(Chodorow, 1982). 이처럼 여성(주의) 심리학은 어머니 수행경험이 갖는 이러한 복합성과 양면성을 보여줌으로써 "어머니"를 이해하는 또다른 지평을 열어주었다는 평가를 받는다. 이런 점에서 완벽한 어머니라는 신화와 환상을 재생산하는 문화적 이데올로기는 극복될 필요가 있다는 것이 여성(주의) 심리학의 하나의 성과이다.

이와는 다소 다른 지평에서 어머니와 아버지의 사고방식에서의 "차이"에 주목하되 여성의 사고방식을 긍정하면서 이를 공적 영역으로 끌어들일 것을 제안하기도 하였다.[2] 이러한 논의의 핵심은 "어머니의 사고방식"은 남성의 사고방식과 다른 특성을 갖는다는 것, 그리고 이러한 특징적 사고방식은 여성이 자녀를 전적으로 돌보았기 때문이라는 것이다. 루딕(Ruddick, 1982)에 의하면, 어머니 사고방식을 특징짓는 어머니 역할수행의 관심사는 세 가지이다.

첫째, 자녀의 생명보존에 대한 관심이다. 이를 위해 어머니는 "유지"

2) 이 부분은 루딕(Ruddick, 1982)의 글을 참조하여 정리하였다.

라는 태도를 발전시키며 이는 "획득"과 대비된다. 어머니의 "유지 사고"는 겸손과 명랑함을 어머니 일 수행의 미덕으로 인식시키는데, 문제는 겸손과 명랑함이 사회에서는 종속자의 미덕으로 여겨진다는 점이다.

둘째, 자녀의 성장을 촉진하는 관심이다. 이를 위해 어머니는 개방성에 가치를 두고 정신주의를 강조한다. 그러나 문제가 되는 것은 이러한 개방성과 정신주의가 가정이라는 고립된 장소에서만 일어나기 때문에 여성들 스스로 성장의 기쁨을 향유할 수 없게 한다는 점이다. 이러한 어머니 사고방식은 현대사회에서 최고의 가치가 부여되는 "과학적" 사고와는 다르며 사회에서 가치절하되고 있다고 한다.

셋째, 수용 가능한 자녀로 키우려는 관심이다. 이는 자녀를 사회에서 인정받는 사람으로 키우려는 사고방식인데, 허위적 요소를 가지고 있다. 즉, 이러한 어머니 사고방식은 다수의 견해를 따르며 그것이 삶에서 가지는 함의를 알려고 하지 않음으로써 지배문화의 가치를 선택하는 결과를 가져온다는 것이다. 그리고 이것은 어머니에게 복종과 선함의 가치를 갖게 하고 배려와 사랑을 중시하게 한다고 한다.

이처럼 어머니 사고방식의 특징과 한계를 설명한 루딕(1982)의 주장은 이러한 어머니 사고방식이 전적으로 자녀를 돌봄으로써 도출되었고 이는 남성과는 다른 사고방식으로 존재한다고 한다. 그녀에 의하면, 항간에 어머니 일과 사고방식의 한계를 극복하기 위해 주장되는, 남성을 자녀양육에 똑같이 참여시키는 것에 대해 일단 유보하는 것이 필요하다고 한다. 그보다는 어머니 일 수행을 통해 형성된 어머니 사고방식을 공적 영역으로 끌어들여 모든 자녀의 보존과 성장을 공적 의식과 법률의 문제로 만들어야 한다고 주장한다. 왜냐하면 어머니의 가치가 훼손되고 종속되어 있는 한 자녀들은 분노를 느끼고 혼란스럽고 난폭하게 보살펴지는 느낌을 받을 것이기 때문이라는 것이다.

이상에서 살펴보았듯이, 이상화된 어머니 역할수행과 그로 인해 형성된 사고방식과 경험 뒤에는 자녀양육을 전담해야 한다는 어머니 역할에 대한 사회적, 문화적 이데올로기가 작동하고 있다. 이러한 구조하에서 어머니 수행의 경험은 단순하지 않고 복합적이고 양면적임을 알 수 있었다. 아울러 이상화된 어머니 역할수행으로 파생되는 문제를 해결하기 위한 방법에서도 서로 다른 주장들(예: 역할융통성의 원리, 어머니 사고방식의 공적 영역화)이 존재한다. 이러한 여성심리학의 연구들이 여성복지 실천에 주는 함의는 어머니 수행경험의 양면성과 복합성에 대한 이해를 실천과정에 끌어들여 "어머니"를 보다 다차원적, 다각적으로 이해함으로써 젠더 분리에 따른 실천의 현실화를 꾀하는 데 있을 것이다.

(2) 정체감과 도덕발달의 원리

인간의 심리를 이해하는 방식 중의 하나는 "발달론적 관점"이다. 즉, 인간의 삶을 일정의 과정과 단계를 가진 "발달"(*development*)로 보는 것이다. 물론 이 발달적 과정이 반드시 나이를 더함에 따라 진보하는 그런 직선적 발달과정을 겪는 것은 아니다. 인간의 "발달"과정은 개인에 따라 직선적 과정을 거치기도 하지만 또한 순환적, 비선형적 과정을 거치기도 한다. 그리고 무엇보다 이 발달에는 "성차"가 존재한다. 정신분석학의 거두인 프로이드도 이 점을 간접적으로 시사하였다. 그는 오이디푸스기 전에 남아보다 여아가 어머니에 강한 애착을 갖는다는 사실을 시인하였는데, 이는 인간발달에서 양성간 차이가 있음을 시인한 것이라고 볼 수 있다. 그러나 이후의 여러 심리학자들은 인간발달에서의 성차를 어느 정도 인정하면서도 이론적 모델에 이를 적용하지는 않았다. 여성심리학은 바로 이러한 인간발달 과정에서 성별간에 차이가 어떻게 드러나며 그 특성이 무엇인지에 주목한다.

기존의 심리학은 인간의 정체감과 도덕발달에 있어 이러한 성차에 무관심하였다. 가장 대표적으로 인간의 성장을 8개의 발달과정으로 체계화한 에릭슨(Erickson)[3]은 인간에게 있어 정체감 확립의 중요성을

3) 에릭슨의 심리사회적 발달단계는 8단계인데, 이들 각 단계의 특징과 목표

가장 강조하였다. 그는 인간의 발달과정은 "독립"을 이루어나가는 과정으로 규정하였다. 이때 "독립"은 주로 남성적 특성으로 인정되는 것으로 인간성장의 최고의 가치로 자리매김하였다. 반면 여성적 특성으로 인정되는 "친밀성"은 정체감 형성에 방해가 되는 것으로 인식하였다. 즉, 에릭슨에 의하면, 다섯 번째 단계인 청소년기까지 자율성, 독립, 개인화와 같은 가치만이 강조될 뿐 관계에서의 "친밀성"은 강조되지 않았다. 그 결과 이 과정 동안 여성은 남성보다 열등한 존재, 무엇인가 결여한 존재로 이미지화된 것이 사실이다. 에릭슨의 이론에서 인간발달과 정체감 형성에 "친밀성"이 중요하게 대두되는 것은 성인초기 이후에서이다.

성차에 의한 경험의 차이는 다른 영역의 심리학이론에서도 경시되었고, 더불어 여성의 위치도 평가절하되었다. 예를 들어, 피아제(Piaget)와 콜버그(Kolberg)와 같은 인지-도덕발달의 대표적 이론가들도 마찬가지였다. 피아제의 연구에서 아동은 남아와 동일시되었고 여아에 대한 언급은 단지 4번만 나오는 등 여아는 단지 흥밋거리에 불과하였고, 콜버그 연구에서는 아예 여아에 대한 언급이 없이 남아만을 대상으로 연구하였다(Giligun, 1982).

콜버그는 그의 도덕발달 6단계[4]의 순서가 불변하며 퇴행이란 없고

는 다음과 같다. 1단계: 유아기(기본 신뢰 대 기본 불신-희망), 2단계: 초기아동기(자율성 대 수치, 의심-의지력), 3단계: 유희기(솔선성 대 죄책감-목적), 4단계: 학령기(근면 대 열등감-능력), 5단계: 청년기(정체감 대 정체감 혼란-성실성), 6단계: 성인초기(친밀감 대 고립-사랑), 7단계: 성인중기(생성성 대 정체-보살핌), 8단계: 노년기(자아통합 대 절망-지혜).

4) 콜버그는 도덕적 성국에 이르는 데는 세 가지 수준의 6개 단계가 있다고 하였다. 그가 말하는 3개의 수준은 전인습 수준, 인습 수준, 후인습 수준이다. 전인습 수준에는 ① 처벌과 복종적 성향의 단계, ② 도구적 상대주의적 성향의 단계가 포함되고, 인습 수준에는 ① 행위자 상호간의 일치 또는 '착한 소년-착한 소녀'적 성향의 단계, ② 법과 질서를 지향하는 성향의 단계가 있고, 후인습 수준에는 ① 사회계약과 법칙주의적 성향의 단계, ②

문화적 보편성을 갖는다고 주장한다. 아울러 남성은 여성보다 한 단계 더 높은 단계에 이른다고 하여 도덕발달에서의 성차를 주장하였다. 더 큰 문제는 현실적 자료를 보았을 때 5단계나 6단계에 이른 경우는 대부분 남성들이었고, 많은 여성들은 3단계에 머물렀다는 사실이다. 콜버그의 분석에 따르면, 많은 여성들은 그들이 속한 사회집단의 가치에 순종하고 기존체계를 유지하는 틀을 넘어서지 못한다는 것이다. 이러한 결과는 여성의 도덕적 판단능력이 남성에 비해 열등하다는 기존의 관점을 입증한다는 점에서 강한 논란을 내포한다(허란주, 1997: 308).

이처럼 기존의 주류 심리학자들이 묘사하는 심리적 경험과 발달에서의 성차는 평면적 차이라기보다는 위계적 차이를 상정함으로써 논란을 불러일으키고 있다. 이는 인간발달이론이 주로 남성의 경험을 토대로 하고 남성에 의해 연구된 것에 기인한다. 그 결과 기존의 심리이론에서는 여성의 삶에서 중요성을 갖는 "친밀관계"의 의미에 대한 탐구는 배제되었다고 할 수 있다. 이는 여성과 남성의 발달과 경험의 차이를 가르는 준거나 원리가 무엇인지에 대한 질문과 연관되어 있다. 과연 남성과 여성의 발달과정에는 어떤 성차가 존재하는 것일까? 그 차이를 가르는 원리는 무엇이며, 그것은 어떠한 실천적, 정치적 함의를 갖는 것일까?

여성심리학 내 다수의 연구자들에 의하면, 남성이 "독립"과 "정의"의 원리를 핵심으로 정체감과 도덕을 발달시키는 반면, 여성은 타인과의 친밀한 연계나 공감을 통해 정체감과 도덕을 발달시키는 "차이"가 있다. 예를 들어, 아동기에서 "놀이"는 성장과 발달에 있어 매우 중요한데, 레버(Lever, 1976)는 이들 아동들의 "놀이"에서 성차를 발견하였다. 그녀에 의하면, 남자아동은 여자아동에 비해 경쟁적 놀이를 더 많이 하고 그 놀이에 더 친숙하며, 이를 통해 법적 논쟁을 놀이의 방해물로서가 아니라 놀이를 즐겁게 하는 즐거운 그 무엇으로 인식하는 경

보편적 도덕원리를 지향하는 성향의 단계가 있다고 하였다.

향이 있었다. 반면 여자아동은 다른 사람들의 감정에 민감하기 때문에 놀이 중에 논쟁이 발생하면 놀이를 끝내는 경향이 있다는 것이다. 레버의 연구에 의하면, 남자아동의 놀이는 적과도 함께 놀고 친구와도 경쟁하는 경쟁적 상황에 익숙해지도록 학습되며, 여자아동의 놀이는 소규모의 친숙한 집단을 중심으로 사적 공간에서 이루어지는 경향이 있다고 하였다(Giligun, 1982).

초도로우(Chodorow, 1974) 또한 남성과 여성의 정체감 형성에 성차가 있음을 주장한다. 그녀는 남성은 어머니와의 "분리"를 통해 최초의 "공감"으로부터 단절되면서 자신의 정체감을 발달시키는 반면, 여성은 어머니와의 애착의 경험을 통해 정체감을 형성한다고 하였다. 여성은 남성과는 달리 타인과의 관계, 타인과의 공감을 발달시키면서 정체감을 형성한다. 즉, 어머니는 동성인 딸을 자신과 비슷하다고 느낌으로써 여아에게 애착경험을 통해 정체감을 형성하게 하는 반면, 남아에 대해서 어머니는 자신과는 다른 존재로 느끼고 남아도 다른 존재인 어머니로부터 분리하고 독립하려 한다. 따라서 남아는 개인화하면서 자아방어적으로 되는 반면, 여아는 다른 사람과의 공감을 발달시키면서 타인과의 연속된 친밀관계를 맺는다(Giligun, 1982).

이처럼 남성과 여성의 발달상의 차이에서 가장 흔히 지적되는 것은 남성성은 독립을 통해 규정되고 여성성은 애착관계를 통해 규정된다는 것이다. 그런데 앞서 언급한 바와 같이, 기존의 심리학자들은 아동기와 청년기의 발달기준을 독립성 증대에 두기 때문에 여아는 이러한 독립성에서 보면 능력 없고 실패하기 쉬운 존재로 간주한다. 그러나 남성과 여성 간의 "차이"가 "차별"이나 "열등"으로 이해되어서는 안 된다는 것이 여성심리학자들의 견해이다. 그것은 여성의 생물학적, 사회적 조건으로 인해 생성된 "차이"이고 "다른 목소리"일 뿐 열등의 지표로 해석될 수 없다는 것이다. 가장 대표적으로 캐롤 길리건(Giligun, 1982)은 콜버그의 도덕발달 단계를 비판하면서 여성과 남성이 도덕을 발달시키는 원리 자체가 다름을 과학적으로 논증하였다. 그녀는 여성에게 고유한 것으로 간주되는 특성들이 여성들을 도덕적으로 열등하게 만들지 않는다고 주장한다.

길리건은 콜버그의 도덕발달 단계는 "정의의 원리"(*justice perspectives*)를 기반으로 전개되는바, 이 기준에 의하면 남성은 5단계나 6단계에 이르나 여성들은 대부분 3단계에 머무르는데, 이를 여성이 남성에 비해 도덕적으로 열등하다고 받아들이는 것은 문제가 있다고 하였다. 길리건은 여성들의 도덕발달은 "보살핌의 원리"(*care perspective*)에 의해 이루어지는데, 이 원리도 충분히 도덕적 성숙의 기준이 될 수 있다고 한다.

여기서 정의의 원리와 보살핌의 원리는 사실상 인간관계를 보는 두 관점이다. 이 두 관점은 남녀간 관점의 차이로 말할 수 있다. 정의의 관점이 서열적(*hierarchy*) 사고구조를 중심으로 도덕적 논리를 중시하는 반면, 보살핌의 관점은 그물구조적(*network*) 사고를 중심으로 시간의 흐름을 개입시키는 해결책을 모색한다. 즉, 남성의 인간관계를 맺는 방식이 서열구조적이라면 여성이 인간관계를 맺는 방식은 그물구조적이라는 것이다.

길리건의 연구에는 이러한 원리를 보여주는 사례가 많이 등장한다. 하나의 예를 들어보면, 길리건은 "하인즈 딜레마"[5] (암으로 죽을 지경에 처한 아내를 위해 약을 훔친 하인즈의 행위에 대한 판단과 그 판단의 이유를 질문함)를 사용해 11세의 에이미(여)와 제이크(남)의 반응을 보여준다. 제이크는 하인즈가 약을 훔쳐야 한다고 확신하면서 그 이유를 도

---

5) 하인즈의 아내는 암에 걸려 죽게 되었다. 그런데 이 암을 치유할 수 있는 약이 딱 하나 있는데, 그것은 같은 마을에 사는 약사가 개발한 것이다. 약사는 약값으로 2,000달러를 요구하였다(이는 약을 만든 비용의 10배이다). 하인즈는 돈을 빌리려고 여기저기 돌아다녔지만 모은 돈은 1,000달러에 불과했다. 하인즈는 약사에게 아내가 죽어가고 있다고 말하고는 그 약을 반값에 팔든지 아니면 나중에 약값의 반을 낼 수 있게 해 달라고 했다. 그러나 약사는 거절했다. 하인즈는 절망에 빠져 약사의 가게에 침입해 약을 훔쳤다.

덕적 논리의 문제, 즉 생명이 법이나 재산보다 존귀하기 때문으로 보았다. 반면 에이미의 반응은 전혀 다르다. 에이미는 하인즈가 약을 훔쳐야 할 것인가라는 물음에 모호하고 불확실한 태도를 보이는데, 그녀가 고려하는 것은 재산이나 법이 아니라 약을 훔치는 행위가 하인즈와 아내의 관계에 미칠 영향이다. 즉, 에이미는 하인즈 딜레마를 인간활동에 적용되는 추상적 수학문제로 보지 않고 시간의 흐름이 개입된 인간관계에 대한 하나의 이야기로 보았다.

길리건의 이러한 실험은 우리나라의 상황에서도 그대로 재현되었다(남녀 중학생 9명 인터뷰 결과). 하인즈 딜레마를 설명한 후 남자 중학생 3명의 반응은 모두 하인즈의 행동이 옳았고 그것은 생명이 가장 중요하기 때문이라고 하였다. 반면 여자 중학생 6명 중 5명은 그물망적 사고구조를 보여주었다. 이들은 부인이 젊고 아이가 어리면 훔친 것은 잘한 일이지만 부인이 늙고 자녀가 중학생 이상이면 훔치지 말았어야 한다고 했다. 또는 하인즈가 약을 훔친 것은 잘못한 것인데, 그 이유는 하인즈가 감옥에 가면 그 부인이 힘들어질 것이기 때문이라는 반응을 보였다.

이는 모르는 사람 앞에서 자신을 어떻게 소개할 것인지에 대한 질문에서도 같은 결과를 보여주었다. 남자 중학생 3명 모두는 자신이 다니는 학교, 학년, 반, 번호, 키, 생년월일 등 개인적 신상에 관한 것으로 자신을 소개하였다. 그러나 여자 중학생 6명 모두는 개인적, 객관적 상황은 뒤로 하고 우선 자신의 주변환경, 친구, 가족관계, 좋아하는 것과 싫어하는 것, 장래희망 등으로 자신을 소개하였다.

> 저는 4가족 중 막내이고 우리 오빠는 저랑 거의 말을 안 해요. 저랑 엄마는 말이 많은데 이상하죠. 그래서 저는 학교에 가면 친구들과 아주 말을 많이 해요. 저는 친구들과 수다 떠는 게 너무 좋아요.

길리건은 여성 고유의 특성들(예를 들면, 부드러움, 친밀함, 안정성의 추구 등)이 어떻게 획득되었는가와는 별개로 여성들이 이 특성을 공유한다는 전제에서 출발한다. 그녀는 콜버그가 제시한 도덕적 성숙의 요건인 "자율성"과 "독립성"이 "친밀성"이나 "보살핌"에 의한 상호의존성보다 우위의 발달단계라는 주장을 비판하면서 "보살핌"(*care*)에 근거한 도덕적 성숙의 5단계를 경험적 분석을 통해 구성한다. 길리건은 여성들이 보살핌의 원리에 근거해 5단계를 거쳐 도덕발달을 경험할 수 있다고 보았다.

자신만을 보살피는 첫 번째 단계에서, 이것이 이기적임을 비판, 반성하는 과도기인 두 번째 단계, 자기희생적 보살핌을 강조하나 자신과 타인과의 불평등이 야기됨으로써 혼돈에 빠지는 세 번째 단계, 그리고 3단계의 혼돈을 재고찰하는 과도기인 네 번째 단계를 거쳐 자신과 타인을 동시에 보살펴야 한다는 점을 깨닫게 되는 마지막 다섯 번째 단계에 이른다고 한다. 길리건은 콜버그가 인간의 도덕적 성숙과 관련해 "공감 대 자율"의 딜레마가 있음을 인정하지 못했기 때문에 자율의 개념에 근거한 정의의 원리만을 도덕발달의 기준으로 삼았다고 보았다.

그러나 길리건의 연구로 대표되는 남녀간 인간발달의 성차 논의가 모든 것을 해결해주는 것은 아니다. 길리건의 연구는 남성에 대한 여성의 도덕적 열등성이라는 기존의 관념에 도전하여 여성의 입장에서 보면 그렇지 않다는 점을 경험적, 과학적으로 증명하였다. 즉, 여성에게 고유한 것으로 간주되는 특성들이 여성들을 도덕적으로 열등하게 만들지 않는다는 점을 보여준 것이다.

그러나 과연 어떠한 조건 때문에 여성이 남성과 다른 경험을 하는지, 보살핌의 원리에 대해 사회가 어떻게 평가를 내릴 것인지, 만약 사회가 여성의 고유한 경험을 긍정적으로 평가하지 않는다면 보살핌의 원리를 어떻게 받아들여야 하는지는 물론, 왜 그 경험이 정당하며 오히려 우월할 수 있는가에 대해서는 언급이 없다. 여성적 특성, 여성의 도덕적 열등성을 주장한 전통적 관점에 도전하고 이에 대한 대안을 제시함으로써 여성주의 심리학의 새로운 지평을 연 것은 분명하나, 주류 사회가 이를 수용하지 않는 상황이 지속되는 한 여성들에 대한 고정관념을 오히려 인정한 것이라는 비판에서 자유롭지 못한 한계가 있다.

이러한 한계에도 불구하고 길리건의 끊이지 않는 "목소리"는 우리에게 인간발달에 대한 "다른 목소리"를 찾아내고 새롭게 해석해낼 필요성을 전하고 있다. 그의 목소리는 이렇다.

> 진보 또는 선을 분리의 개념과 연결시키고 심리적 성장 또는 건강의 명목으로 여성으로부터의 분리를 옹호하는 심리발달이론과 도덕관은 여성으로부터의 분리가 바람직하다는 잘못된 생각을 과학의 미사여구로 교묘히 가리고 있기 때문에 위험하다. 여성들의 목소리는 계속해서 거짓말의 근원이 되는 실패한 인간관계의 문제를 인간대화의 표면으로 끌어올린다. 여성들이 대화에 참여하면서 불가피하게 등장한 인간관계와 차이에 관한 질문들은 이제 지역적, 국가적, 국제적 무대에서 가장 화급한 문제로 대두되었다. 남성들의 여성들로부터의 분리와 여성들의 자신으로부터의 단절이 기존의 사회적 질서를 지속시킨다는 의미에서 정치적인 것은 바로 심리적인 것이다. 심리적 과정 및 이러한 분리와 단절을 거부할 수 있는 능력은 이제 정치적 행위인 것이다(허란주, 1997: 33~34).

2. "가족 속의 여성": 다시 보기

1) 가족에 대한 사적 이미지와 여성

흔히 사람들의 통념으로 보면 여성은 가족에 속해 있다. 물론 외형으로 보면 남성과 여성 모두 가족에 속해 있다. 그러나 여성이 가족에 속해 있다는 말에는 여성의 관할영역은 사회가 아닌 가족이라는 의미가 강하게 내포되어 있다. 즉, 사회를 관리하고 조정하는 사람이 남성이라면 가족을 관리하고 조정하는 사람은 여성으로 생각하는 것이다. 사회는 공적 영역으로 남성에 속한 것, 가족은 사적 영역으로 여성에 속한 것으로 이해되는 이유이다. 이런 점에서 "가족 = 여성"이라는 등식이 거부감 없이 받아들여지는 것은 인지상정인 면이 있다. 그렇다면 왜 여성은 가족과 등치되는 것일까, 그것이 여성에게 의미하는 바가 무엇일까를 생각해보지 않을 수 없다. 여성복지 실천은 여성에 대한 "이해"를 기반으로 이루어져야 하기 때문이다. 이런 이유 때문에 여성은 가족이라는 프리즘을 통해 새롭게 이해될 필요가 있다. 가족이라는 사적 영역을 담당하는 것으로 이미지화된 여성이 그 안에서 무엇을 경험하는지 새롭게 이해함으로써 여성복지 실천을 위한 토대를 만들 수 있고, 여성들이 부닥치고 있는 문제들을 해결하기 위해서도 가족이 여성에게 갖는 의미는 조망될 필요가 있다.

(1) 공·사(公·私)적 영역의 분리: 여성에게 갖는 의미

오늘날 가족은 "사적"인 공간으로 인식되고 있다. 여기서 "사적"인 것은 직업(노동)의 세계와 같은 "공적"인 공간과 대비되면서 더욱더 명료해진다. 이 "사적"인 공간에서 사람들은 공적 세계에서 경험하는 차가움과 비정함 대신 애정과 친밀감을 기대한다. 애정과 평화, 친밀감의 장소로 기대되는 가족이라는 사적 공간은 여성의 영역으로 인식되고 있다. 즉, 가족에 대한 "사적인" 이미지는 우리들 삶 속에 확고하게 고정화되어 있으며, 여성은 이 "사적"인 공간의 관리책임자로서 역할을 부여받고 있다.

이와는 달리 남성은 "공적" 영역의 주체로 널리 받아들여지고 있다. 남성에게 가족은 공적 노동의 세계에서 지친 몸과 마음을 달래는 이차적, 부차적 장에 지나지 않는다. 이러한 사실은 모든 인간 삶의 핵심적 장소인 가족과 직업의 세계가 여성과 남성의 세계로 이분화되어 이미지화되어 있음을 의미한다. 결과적으로 우리가 사는 세계는 가족이라는 사적 영역과 직업 혹은 노동이라는 공적 영역으로 "분리"되어 있을 뿐만 아니라, 이에 대한 역할분담 또한 "분리"되어 있는 것이다.

그러면 이러한 공·사(公·私)적 영역의 "분리"는 본질적인 것인가?

많은 논자들은 사적 영역과 공적 영역의 분리는 본질적이고 자연적인 것이 아니라 사회적으로 구성된다는 점을 지적하였다. 특히 자레스키(Zaretsky, 1976)는 자본주의 생산양식의 발달과정이 개인생활과 공적 생활의 분리를 가져왔다고 하였다. 그에 의하면, '공·사 분리'는 자본주의 생산양식의 시작과 더불어 세력을 형성한 "사유재산"과 "개인주의"(혹은 주관주의)가 부르주아 가족의 이상으로 자리 잡으면서 "사회"와는 대립되는 "개인생활"이라는 새로운 영역을 만들었다. 여기서 개인생활은 외부세계를 지칭하는 공적 생활과 대립되면서 사회적 분업 외부에서 개인의 정체감을 구성하려는 것으로서 주로 가족을 지칭하였다.

이러한 개인생활의 탄생이 "공·사적 영역의 분리"를 확산시킨 것은 자본주의 발달과정에서 이루어진 "임금노동자화"였다. 자레스키는 임노동화를 중심으로 한 자본주의화로 인해 "개인생활"이 개인에게 자유와 독립을 부여하기도 했지만 사회적 문제를 개인적 문제로 환원하는 환상을 심어주었다고 비판하였다(Zaretsky, 1976). 이처럼 자본주의화는 필연적으로 개인생활(가족이라는 사적 영역)과 공적 생활(직업세계라는 공적 영역)의 분리를 초래하게 되었고, 이것은 특히 가족생활에 대한 다양한 왜곡과 여성에 대한 억압의 근원을 이루고 있다는 것이 자레스키의 분석이다.

이러한 연장선에서 포어맨(Foreman, 1977)은 젠더의 한 요소인 "여성성"이 자본주의에 의해 생겨나고 재생산된 "공·사적 영역 분리"의 산물로 보았다. 공적 영역에서 성공하고자 했으나 실패하고 소외된 남성은 여성으로부터 위안을 추구한다. 포어맨에 의하면, "노동 내에서의 소외가 강화됨에 따라 가족 내에서 개인 존재의 중요성이 증가했고,"(Barrett, 1989, 조명덕, 1995: 332에서 재인용) 이는 여성을 감성의 영역으로 옮겨놓으면서 가족은 사적인 공간이자 여성들의 영역으로 이미지화되었다.

가족이 무엇 때문에 여성의 영역으로 분리되었는지에 대한 설명이 아니더라도, 그리고 오늘날 다수의 여성들이 공적 영역에 참여하고 있는 현실에도 불구하고, 우리가 동의할 수 있는 공통분모는 가족에 대한 사적 이미지가 현실에서 강고하게 작동되고 있다는 점, 즉 공적 영역과 사적 영역의 분리가 여전히 지속되고 있다는 점이다. 이러한 "공·사적 영역의 분리"로 인한 가족에 대한 사적 이미지를 여성복지 실천과 관련해 주목하는 것은, 이러한 이미지가 여성을 억압하고 소외시키기 때문이다. 그런 의미에서 사적 이미지화한 가족은 남성다움과 여성다움을 만들어내고, 남성과 여성을 양극화시키는 데 중요한 역할을 담당했다(Barrett, 1989, 조명덕, 1995: 345에서 재인용)는 지적은 타당하다.

이처럼 가족에 대한 사적 이미지는 특히 여성의 삶을 규정하는 데 영향을 미친다. 그러면 사적 영역으로 분리된 가족이 여성에게 갖는 의미는 무엇일까? 그 의미는 다음의 네 가지로 정리할 수 있다.

첫째, 가족의 실패를 여성에게 돌린다는 점이다. 앞서 인급한 바와 같이, 가족이라는 사적 영역은 여성의 영역으로 이미지화되어 있다. 이는 가족 내에서 자녀를 양육하고 교육하는 것에 대한 책임, 가족의 화목을 유지하는 것에 대한 책임을 여성의 몫으로 돌리게 하였다. 만일 어떤 가족에서 자녀가 잘못 양육되고 있거나 자녀의 교육이 성과를 내지 못하거나 혹은 가족이 불화상태에 있게 된다면 그 책임이 여성(어머니)에게 지워지는 것이다.

여성은 흔히 자존감이 결여되어 있고 우울하며 자신감과 동기가 결핍되어 있는 것으로 간주된다. 가정 내에서의 열악한 지위와 과도한 책임을 자신의 실패로 받아들이기 때문이다. 특히 너무 아프거나 정신적, 신체적으로 장애가 있는 여성은 알콜이나 약물중독의 여성처럼 가정을 해치고 남편과 자식을 돌보지 못한다는 죄의식과 열패감을 갖는다. 그리고 이러한 죄의식과 열패감이 여성의 자존감과 정체감을 손상시킨다(Hanmer & Stathan, 1989). 이러한 상황에서 만일 사회복지사가 가족원의 실패를 여성에게 돌린다면, 그것은 이중의 낙인을 여성에게 가하는 것이 된다. 우리나라 사회복지사들 중에도 이러한 엄격한 공·사적 영역의 분리, 가족이라는 사적 영역에 대한 여성의 책임을 실천의 기본구도로 상정하고 있다(김인숙, 2004). 이처럼 공·사적 영역의 분리로 인한 가족에 대한 사적 이미지는 가족의 실패를 여성에게 돌림으로써 여성의 삶을 규정짓는다.

둘째, 사생활권을 강조함으로써 여성을 사회적으로 고립시킨다는 점이다. 가족에 대한 사적 이미지와 이 사적 영역이 여성의 영역이라는 이미지는 가족이 사생활권의 적소이고 여성은 사생활권의 담지자로 상정한다. 이는 여성이 공적 생활에 참여하는 것을 부자연스런 현상으로 받아들이게 함으로써 제반 사회적 관계형성을 통한 사회적 소통을 방해하고, 결과적으로 여성을 사회적으로 고립시키게 된다. 이미 많은 연구들이 증명하듯이, 여성의 사회적 고립은 여성의 정신건강에 영향을 미쳐 우울증 경험을 증가시키고 있으며, 사생활로 치부되기 쉬운 가정폭력 등에의 노출을 촉발한다. 브라운과 해리스(Brown & Harris, 1978)에 의하면 어린 자녀를 가진 여성의 임상적 우울은 타인과의 깊은 개인적 교류의 결핍에 의한다. 즉, 사회적 고립이 여성의 임상적 우울의 주요지표라는 것이다.

이처럼 가족에 대한 사적 이미지는 여성의 사회적 고립을 정당화하고 일상화시키는 기제로 작용될 수 있다. 이는 '집안일' 영역을 여성에게 전담케 하여 여성을 억압하는 결과를 가져오기도 한다. 사회복지실천에서 여성의 고용은 종종 여성을 가족에서 떠나게 하는 것으로 보거나 보호역할의 책임과 상충되는 것으로 간주한다. 그런데 이러한 태도는 여성이 사회적으로 고립됨으로써 경제적 보장감을 상실함은 물론, 자신감, 독립성, 자율성, 자긍심 등을 상실하고 정체감을 상실하고 고립과 권태에 직면한다는 사실을 도외시한다(Hanmer & Stathan, 1989). 여성에게 사적 생활만을 강요함으로써 여성의 정체감은 상실되고, 이는 여성의 독자적 삶의 경험을 가로막는다.

셋째, 모성애를 본능적 애정관계로 환원함으로써 여성을 억압한다는 점이다. 사적으로 이미지화된 가족영역의 담당주체로서 여성에게 기대되는 가장 중요한 것은 "모성애"이다. 사적 이미지 속에 갇혀버린 모성애는 그 사회적 기원에도 불구하고 모든 여성은 본능적으로 모성애를 가지고 있다는 믿음과 자녀는 어머니의 집중적인 사랑과 보살핌을 필요로 한다는 생각을 당연하게 여기게 한다. 모성애를 본능적인 것으로 환원함으로써 여성의 사회참여를 어렵게 하고, 어머니를 자녀양육과 자녀교육의 매니저로 형상화해낸다. 그 결과 모성애는 이른바 자녀양육 및 교육과 관련된 '어머니 노동'을 대폭 증가시키고, 이는 가족 안에서 여성의 희생과 억압을 강화시킨다(이재경 외, 2007).

리치(Rich, 1977)에 의하면 모성이라는 제도 자체는 법적, 경제적, 문화적 및 심리적 측면을 가지고 있다. 그는 어머니가 된다는 것과 어머니 역할을 경험하는 것을 진정으로 이해하기 위해서는 모자관계를 뛰어넘어 이를 형성하고 제한하는 사회적 힘과 정책을 고려해야 한다고 한다. 이런 점에서 사회복지사들이 아동의 문제를 다루는 경우 어머니에게만 주목하고 아버지에 대해서는 관심을 두지 않는 것은 사회복지사에게 '좋은 엄마'(*fit mother*)라는 기존의 관념이 작용한 것이다. 모성애와 함께 '좋은 엄마'의 개념은 매우 견고하게 규정되어 있다. 이는 엄마 역할을 평가하는 위치에 있는 사회복지사가 '좋은 아버지'(*fit father*) 개념을 거의 사용하지 않는 현실을 통해서도 알 수 있다(Hanmer & Stathan, 1989).

넷째, 가족 밖에서 성별 노동분업을 정당화함으로써 여성을 억압한다는 점이다. 공·사 영역의 분리와 그에 따른 가족에 대한 사적 이미지는 앞서 언급했듯이 가족 내에서 여성억압을 만들어낼 뿐만 아니라 가족 밖에서도 여성억압을 만들어낸다. 여기서 가족 밖의 억압은 노동시장에서의 성별 노동분업을 정당화함으로써 노동시장에서의 여성차별의 근거를 제공함으로써 이루어진다. 또한 여성을 사적 영역에 가둬둠으로써 공적 영역에서의 남성의 참여를 정당화함과 동시에 여성의 참여를 배제하는 기제를 정당화한다. 가족임금(*family wage*)은 이러한 기제를 통해 작동되며, 그 결과 여성은 공적 영역에서의 배제와 차별이라는 악순환에 처한다. 그리고 이러한 배제와 차별은 여성의 정체감과 자존감에 영향을 주어 여성에게 심리적 억압을 가져올 수 있다.

이상에서 살펴보았듯이, 자본주의의 발달에 따른 공적 영역과 사적 영역의 분리는 가족과 여성을 등치시키고 가족에 대한 사적 이미지를 확산함으로써 여성을 사적 영역의 전담자로 각인시켰다. 그 결과 가족 안에서 여성은 모든 가족의 실패를 자신의 것으로 껴안아야 하고, 사회적 고립이라는 상황 속에서 자신의 정체감과 자긍심을 지켜내야 하는 버거움을 견뎌내야 하며, 사회가 부여한 모성적 역할의 짐을 소화해내야 함과 동시에 노동시장에서의 독립적 삶을 위해 고군분투해야 하는 상황에 던져졌다. 가족 안에서 겪는 여성의 경험과 위치는 이처럼 경제적, 사회적, 심리적으로 취약하다. 따라서 여성복지 실천은 여성이 처한 가족 안에서의 위상과 경험을 토대로 접근되어야 하고, 여성들이 자율적으로 자신의 삶을 통제할 수 있는 힘을 고양시키는 방향으로 틀이 지워져야 한다. 이런 의미에서 가족에 대한 사적 이미지의 근원으로 언급되는 공적 영역과 사적 영역의 분리를 둘러싼 사회적 논의들이 여성복지 실천의 지적 토대의 하나로 자리매김해야 한다.

(2) 안식처라는 가족의 이상과 여성

근대 이후의 가족을 설명하는 핵심 키워드는 '가족의 사적 이미지'와 가족에 대한 "심성 개념"이다(Gubrium & Holstein, 1990). 앞에서 살펴본 바와 같이, 가족의 "사적 이미지"는 인간이 살아가는 양대 영역인 가정과 일터가 공적 영역과 사적 영역이라는 영역으로 이분화되면서 가족 내부와 외부의 경계가 명확히 구분되기 시작함으로써 형성되었다. 그런데 이러한 사적 이미지는 가족이라는 사적 공간을 신성화시키고 가족의 이미지를 "평화", "안식처", "친밀함"으로 이미지화하고(조주은, 2004: 7~8), 가족을 현실세계의 도피처가 되게 하였다. 이는 곧 우리에게 익숙한 "안식처", 내면세계 구축의 유일한 공간으로서의 가족에 대한 신비화가 가족에 대한 사적 이미지의 공고화로부터 비롯되었음을 말해준다.

가족의 "사적 이미지"와 함께 현대 가족을 규정짓는 또다른 핵심개념은 가족에서는 사랑, 공감, 애정과 같은 "심성"이 가족관계의 중심적 위치를 차지하고 있다는 점이다. 쇼터(Shorter, 1975)는 이러한 가족의 변화를 가족에 대한 심성의 "혁명"이라고 불렀다. 그에 의하면 현대의 가족에서는, 배우자 선택에서 자기실현의 중요성, 모자녀관계에서 정서적 우월성의 확보와 이로 인한 모의 자녀들에 대한 애착 등 사랑, 친밀성과 같은 심성이 가정의 "안식처"로 가족 내 중심적 위치를 확보하게 되었다는 것이다. 이처럼 현대의 가족은 쇼터가 묘사하는바, "외부의 침입으로부터 사생활을 지키고 보호받아야 하는 귀중한 정서적 단위"로서 그 심성적 실재를 드러내고 있다(Gubrium & Holstein, 1990, 김인숙, 2004: 57에서 재인용).

결국 근대 이후 형성된 가족에 대한 사적 이미지와 가족 심성의 중요성은 가족이 따뜻하고 편안하며 달콤한 "안식처"라는 가족적 이상을 우리에게 각인시키고 이미지화하였다. 이는 가족 하면 떠오르는 느낌을 표현하는 것에서도 확인할 수 있다. 사람들은 가족 하면 "식탁에 둘러앉은 화목한 사람들의 미소", "마지막까지 믿어주고 보호해주는 안식처", "없어서는 안 될 울타리", "한없는 그리움과 애틋함", "안락함과 포근함"이 떠오른다고 하였다.[6] 그런데 이러한 "안식처"라는 가족적 이상 속에는 가족개념을 구성하는 여러 요소 중 정서적, 애정적 측면을 가장 중요한 것으로 보는 관점이 자리하고 있다. 아울러 "사적인 가족세계는 사랑이 넘치는 세계이며 공적인 세계의 비정함이 스며들 수 없는 고립된 안식처라는 이미지를 형성"하였다(이재경, 2007: 184).

그러면 '안식처'라는 가족적 이상은 여성에게 어떤 의미를 가질까? 우선, 안식처라는 가족적 이상은 여성을 사적 세계를 지키는 존재, 스위트홈을 만드는 가정의 천사로 위치시켰다. 즉, 여성은 가족을 안식

6) 다년간의 수업에서 학생들이 낸 보고서 내용 중 공통적 부문만을 발췌함.

처로 만들어야 하는 사회적 기대와 무언의 압력을 받게 된 것이다. 그런데 이러한 기대와 압력은 종국적으로 여성을 가정에 종속케 함으로써 사회적으로 고립시키고 가족에서 벗어난 사회적 의제와 활동에 무관심하게 만든다. 그리고 사회적 고립과 사회적 의제에의 무관심은 여성을 무능력하고 낮은 존재, 사회적 이등시민으로 전락시키게 된다는 점에서 문제이다.

'안식처'라는 가족적 이상은 그 자체로 비난받을 것은 아니지만, 그 안식처를 만들고 지키는 책임을 여성에 국한함으로써 여성을 억압하는 도구가 된다. 안식처라는 가족적 이상은 "가정중심성"(*domesticity*)의 한 표상이다. 가정중심성은 여성을 가정에 묶어두면서 가정을 안식처화하고 신성시하는 것으로서, 이를 통해 공·사 분리가 심화된다. 그리고 이러한 공적, 사적이라는 이분법은 여성을 탈권력화한다. 흥미로운 것은, '안식처'라는 가족적 이상은 초기에 중간계급이 하층계급 가족과 차별화하기 위해 사용한 전략이었으나 현재에 와서는 계층을 불문하고 여성을 억압하는 이데올로기적 도구로 사용되고 있다는 점이다(조주은, 2004).

'안식처'라는 가족적 이상이 여성복지 실천의 주요대상인 여성을 이해하는 데 있어 중요한 이유는, 이것이 그 여성에게 어떻게 억압적 요소로 작용하는지 파악할 필요가 있기 때문이다. 경우에 따라서 '안식처'라는 가족적 이상은 가족에 대해 갖는 부정적 이미지("구속", "생각하고 싶지 않은 곳", "떠나고 싶은 곳", "끊어버리고 싶은 곳", "단절", "아픔과 눈물", "치명적 상처", "족쇄")7) 만큼 혹은 그보다 더 여성을 억압하는 도구가 될 수 있다. 여성복지 실천 과정에 개입하는 사회복지사가 그 여성에게 이중의 억압을 가하지 않기 위해서는 '안식처'라는 가족적 이상이 내포한 함의를 인식해야 한다.

그러나 김인숙(2004)의 연구에 의하면, 우리나라 사회복지사들은 가족을 다분히 "사적"인 공간으로 이해하고 있었고, 그 공간의 성격은 외

---

7) 다년간의 수업에서 학생들이 낸 보고서 내용 중 공통적 부문만을 발췌함.

부사회로부터 편안함과 애정, 보호를 느낄 수 있는 "안식처"와 "피난처"로 규정하는 것으로 나타났다. 또한 사회복지사들은 그야말로 외부세계를 삭막한 세계로 전제하고 가족은 그 삭막한 세상의 공격에 맞설 수 있는 힘을 가진 보호막이자 보루이며, 삭막한 세상에서 자신을 보호해줄 수 있는 곳으로 이미지화했다. 그들에게 가족은 따뜻함, 돌봄, 보호, 사랑의 의미를 내포하고 있고, 차가운 외부세계로부터 안식할 곳, 피난할 곳으로 그려지고 있었으며, 가족에서 가장 중요한 것은 돌봄과 사랑과 애정이 그 안에 있어야 하는 것이었다. 여성복지 실천에 개입하는 사회복지사는 안식처로서의 가족적 이상과 함께 가족에서는 "피를 나눈 사이에서도 기질과 취향의 갈등은 물론이려니와 종교와 이해관계의 치명적인 편차, 심지어 계급갈등까지 어렵지 않게 찾아볼 수 있으며, 가족 내부의 갈등을 은폐하거나 무마하려는 제도적, 문화적, 이데올로기적 장치들은 여전히 공고하다"(심영빈, 〈한겨레〉 2007. 3. 27)는 통찰을 공유하는 것이 필요하다.

2) 가족의 "다양성"과 여성

오늘날 우리 사회에는 가족이 다양해졌다는 인식이 널리 퍼져 있다. 가족의 다양성은 많은 연구자들은 물론 일반인들 사이에서 현대사회의 가족 특성을 규정짓는 중요한 특성으로 언급되고 있다. 이렇게 보면 가족은 예전과는 다른 어떤 변화를 겪었다는 것인데, 그렇다면 그것이 주는 의미는 무엇일까를 생각하지 않을 수 없다. 우리의 일상적 삶에 가장 영향력이 큰 가족의 변화는 동시에 개별 가족구성원들의 삶에 영향을 줄 것이기 때문이다. 그렇다면 가족이 다양해졌다는 말은 무슨 의미일까? 그것은 가족구성원의 한 사람인 여성을 이해하는 데 있어 어떤 의미를 내포하는 것일까? 가족의 다양성에 내포된 의미는 크게 두 가지로 구분할 수 있다.

(1) "전형적 가족"과 대비되는 의미에서 다양한 가족과 여성

가족의 다양성은 "전형적 가족"(*the family*)과 대비되는 의미에서의 다양한 가족(*families*)을 지칭한다. 전형적 가족은 특정한 가족형태가 자연스럽고 기능적이라는 이미지를 말하는데, 여기서 말하는 "특정한 가족"은 일반적으로 가족의 구성과 관련된 구조적 전형성, 가족의 기능과 관련된 기능적 전형성으로 구분해볼 수 있다. 구조적 전형성은 가족이란 흔히 남편과 아내로 구성되어 있는 양 부모 가족이어야 하고 아버지는 생계부양을, 어머니는 가사와 돌봄을 전담하는 핵가족을 지칭한다. 이것은 이를테면 가족의 다양성을 가족형태의 다양성으로 이해하는 것이다(김인숙, 2004). 이런 의미에서 가족의 다양성은 부모와 자녀로 구성된 전형적인 핵가족 형태 외에 독신가구, 한 부모 가족, 재혼가족, 무자녀 가족 등 다양한 가족형태가 많아졌다는 의미로 이해되고 있다. 즉, 가족의 다양성에는 구조적 전형성의 해체라는 의미가 내포되어 있는 것이다.

전형적 가족에 내포된 또다른 의미는 기능적 전형성을 전제하고 있다. 기능적 전형성은 가족 내 기능이 성별 분업과 이에 부수되는 제반 가족기능이 이루어지는 가족이 바람직하고 자연스럽다는 신념이다. 기능적 전형성에 따르면, 여성은 가사와 돌봄노동을 전담하고 남성은 생계부양자로서 기능하는 성별 분업을 가장 바람직하고 자연스런 가족의 모습으로 상정한다. 가족의 다양성은 바로 이러한 기능적 전형성의 해체를 내포한다. 그 결과 가족 내 성별 분업과 제반 가족기능이 다양한 모습을 띠고 존재하는 경향이 우리 사회에 존재한다는 것이다. 전형적 가족은 가족을 사회적, 도덕적으로 자연적이고 바람직하다는 생각을 재생산하는데, 이는 가족의 특성 중 어떤 것은 신성시되고 어떤 것은 비난받게 만듦으로써 '자연적인 가족'을 공고화한다. 그 결과 사람들은 가족을 불가피한 것, 자연적인 것, 생물학적으로 결정된 것으로 생각하게 되었다(Barret & McIntoch, 1982). 또한 전형적 가족은 가족을 사회조직의 하부단위로 인식하게 하여 사회에 수직적으로 종속시킴으로써 가족

이 갖는 다양성과 자율성을 간과하게 한다(윤홍식, 2004). 따라서 전형적 가족은 형태와 기능에 있어 항상 유사하고 확고하며 불변하는 실체라는 의미를 내포한다. 그래서 가족에는 "애정적 보살핌", "사랑", "모성의 중요성", "보호자로서의 여성의 존재"가 상정되고 이러한 이미지에서 멀어지게 되면 그 가족은 정상에서 일탈로, 자연적인 것에서 이상한 것으로 전락되면서 사회적 낙인은 물론 정책적 대상에서도 제외된다(권오주 외, 1991).

이러한 상황에서 다양한 가족의 출현은 전형적 가족이 가진 면면을 드러내 보여주었고, 특히 전형적 가족이 만들어낸 가족에 대한 관념과 이미지를 해체하는 역할을 하였다. 그러나 무엇보다도 가족의 다양성은 가족의 형태가 양적으로 증가했다는 점보다 소수자의 권리가 옹호되었다는 측면에서 마땅히 존중되어야 한다(이재경 외, 2007: 182).

사회복지 실천 현장에서는 가족의 구조적, 기능적 측면에서 다양성을 보여주는 가족들을 쉽게 만날 수 있다. 부자가족, 모자가족, 재혼가족, 조손가족과 같은 일반적 형태 외에도 아버지가 다른 세 자녀가 어머니와 함께 사는 가족, 딸과 뇌졸중 할아버지와 함께 사는 가족, 거동불능인 아버지와 정신병인 어머니, 그리고 지능저하의 딸이 함께 사는 가족, 이혼한 정신장애 아들과 함께 사는 어머니, 중년의 시각장애인 딸과 함께 사는 노모 등 기능과 구조 측면에서의 "다양성"은 편재한다.

그러나 이러한 다수의 다양성에도 불구하고, 현실의 가족 안에서 여성은 여전히 전형적 가족이 가하는 억압을 그대로 유지하는 경우가 대부분이다. 비전형적 가족에 대해 가해지는 낙인을 그대로 수용하고 있고, 비전형성에 대한 죄책감을 가지며, 사회적 고립상태에서 사적 영역인 가족을 보존하기 위해 안간힘을 쓴다. 가족의 다양성이 여성복지 실천에 갖는 의미는 다양성 안에 내포된 억압의 해체와 소수자의 권리 옹호라는 측면에서 여성이 이해되어야 하고, 그러한 전제하에서 실천이 이루어져야 한다는 것이다. 따라서 가족의 "다양성"은 여성을 어떻게 이해하고 지원할 것인가에 대한 새로운 방향과 관점을 제공하고,

그런 점에서 여성복지 실천의 주요한 지적 토대가 되는 개념으로 이해될 필요가 있다.

(2) 맥락에 따라 다양하게 해석되는 가족으로서의 다양성과 여성

가족의 다양성이 갖는 또다른 의미는 가족이 특정의 형태와 기능을 수행하는 고정된 실체가 아니라 일상의 현실(삶)이 투사되면서 끊임없이 해체되고 재구성되면서 변모하는 것이라는 점이다. 이것은 앞서 언급한 가족구조와 가족기능상의 다양성과는 다른 가족의 모습을 보여준다. 여기서의 "다양성"은 "맥락"에 따라 다양하게 "해석"되는 가족의 모습을 말한다(Gubrium & Holstein, 1990). 예를 들어, 같은 가족이라 해도 형이 본 가족과 아버지가 본 가족, 어머니가 본 가족은 서로 상이할 수 있다. 아버지는 가족을 가족간에 사랑이 숨쉬는 스위트홈으로 생각하고 있지만, 형에게 있어 그 가족은 아버지의 전횡으로 숨 막히는 장소일 수 있으며, 어머니에게 가족은 생계를 유지하고 자식에 대한 의무를 다하는 곳일 수 있는 것이다.

여기서 "맥락"은 가족에 대한 해석이 이루어지는 특정상황일 수도 있고 또는 해석자의 조건(사회복지사인지, 간호사인지)일 수도 있다. 즉, 이들 상황과 조건에 따라 가족의 의미는 달라질 수 있고, 바로 이 다름을 가족의 다양성으로 보아야 한다는 것이다. 구브리움(Gubrium)과 홀스타인(Holstein, 1990)은 맥락에 따른 가족의 다양성을 보기 위해서는 "누가 가족인가", "가족이 된다는 것이 무엇인가"라는 질문을 던져보면 알 수 있다고 한다.

예를 들어, 치매노인을 둔 가족의 경우 이 노인의 아들에게 가족은 마지막 남은 안식처이지만(그 안식처에서 죽음을 맞이해야 한다고 생각하여 노인을 집에서 보호함), 그 며느리에게는 가족이 된다는 것은 다른 가족원의 고통과 파괴를 동반하기 때문에 진정한 가족은 시설 입소가 될 수 있다. 또다른 예로는 24시간 보육시설을 이용하는 부모와 보육교사가 동일한 가족을 두고 그에 대한 해석을 달리함으로써 발생하는

딜레마를 들 수 있다. 정부의 지침에 의하면 24시간 보육시설에 아동을 맡긴 부모는 일주일에 한 번 아이를 만나도록 되어 있다. 그러나 부모는 아이만 맡겨둔 채 거의 나타나지 않는다. 보육교사는 그럴 바에야 아이를 보육원에 맡기는 것이 어떤지 제안하지만 대부분의 부모들은 이를 거절한다. 이 경우 보육교사가 생각하는 가족과 부모가 생각하는 가족의 모습이 일치하지 않고 충돌한다. 즉, "가족은 혈연이다"라는 보육교사의 가족관념과 "돌보지 않아도 버리지 않으면 가족이다"라는 부모들의 가족관념이 충돌하는 것이다.

이처럼 가족이란 하나의 고착된 실체가 아니라 맥락에 따라 끊임없이 재구성되는 혹은 재해석되는 존재인데, 바로 이 지점이 가족이 "다양하다"라고 말할 때 언급되는 하나의 층이다. 이러한 가족의 다양성은 사실상 가족원간의 이해관계가 늘 동일하다는 전제에 타격을 준다. 가족원들의 관심사와 이해관계에 따라 가족에 대한 의미가 달라진다는 사실에서 가족의 "다양성"의 또다른 의미를 볼 수 있다.

그러면 "맥락에 따라 다양하게 해석되는 가족으로서의 다양성"이 여성에게 갖는 의미는 무엇일까? 그것은 무엇보다도 가족 안에서 여성의 이해관계와 다른 구성원의 이해관계가 다르거나 충돌할 수 있다는 것, 그래서 여성이 자기 가족에 부여하는 가족의 의미와 다른 가족원이 가족에 부여하는 가족의 의미가 다를 수 있다는 점이다. 이는 그 다름을 "문제"가 아니라 "자연스런" 것으로 이해할 필요가 있다는 것을 의미한다. 따라서 이러한 가족의 "다양성"에는 전형적 가족을 상정함으로써 여성에게 가해지는 다양한 억압들(여성을 공적 영역과의 소통 없이 사적 영역에만 가두어두려는 것, 가족 내 고정화된 성별 분업, 비전형적 가족의 여성에 대한 낙인과 편견 등등)을 해체하는 기능이 내포되어 있다. 가족에 대한 어떤 해석, 어떤 의미 부여도 "옳고 그름", "일탈과 정상", "병리와 건강함"의 이분법으로 가를 수 없고, 그 자체로 존재할 수 있다는 점을 역설함으로써 여성에 대한 전통적 고정관념을 뛰어넘을 수 있는 실마리를 제공한다.

여성복지 실천의 원리 제6장

앞에서 정의하였듯이, 여성복지 실천은 다양한 여성집단에 대한 여성주의적 실천접근, 즉 다양한 집단의 여성을 대상으로 이루어지는 사회복지 실천의 과정에 "젠더 관점'을 적용하는 일련의 체계화된 실천체계이다. 여성복지 실천은 젠더의 관점에서 여성의 복지에 접근한다는 점에서 서구에서 얘기되는 "여성주의 사회복지 실천"이 그 핵심을 이룬다. 이는 앞서 여성주의 사회복지 실천을 "여성복지 실천"으로 재명명한 이 책의 의도와 부합한다. 따라서 여기서 여성복지 실천의 원리는 "여성주의 사회복지 실천"과 관련하여 논의되던 것을 중심으로 기술한다.

원리(*principle*)란 특정행동의 구체적 방향과 내용을 안내해주는 근본적 명제와 전제를 의미한다. 사회복지 실천에 사용되는 다양한 이론적 접근들은 일반적으로 가치, 목표, 이념적 지향, 인간행동과 사회환경, 기법 등에 대한 나름대로의 전제를 가지고 있다(Bricker-Jenkins, 1989). 여성복지 실천도 사회복지 실천의 과정에 젠더 관점을 적용하는 하나의 이론적 접근으로 볼 수 있기 때문에 여기서 예외가 아니다. 그러나 여성복지 실천의 원리는 이들과 함께 또다른 측면이 고려되어야 한다. 그것은 실천에 대한 성인지적 관점을 적용한다는 점과 실천의 본질이 기본적으로 정치적인 데 있다는 인식이다. 그러므로 여기서 여성복지 실천의 원리는 여성복지 실천에서 전제하는 가치와 목표, 인간행동과 사회환경에 대한 전제, 실천방법에 대한 전제, 성인지적 관점의 원리, 그리고 실천의 본질이 정치적인 데 있다는 전제의 의미 등을 중심으로 설명할 수 있다.[1)]

1. 여성복지 실천의 가치와 목표

사회복지 실천은 가치기반의 전문직(*value-based profession*)으로 알려져 있다. 그래서인지 가치에 대한 중요성과 찬사는 사회복지 문헌 곳곳에서 발견된다. 가치와 미션이 없는 사회복지 실천은 사회복지 실천이 아니며, 가치야말로 사회복지 전문직을 다른 것과 구별 짓게 해주는 것으로 인식된다. 실천의 모든 측면이 사용되거나 버려지거나 수정되게 하는 것은 가치에의 적합성 여부이며(Sach & Newdom, 1999), 가치는 사회복지사로 하여금 실천을 선택하고 실행할 수 있게 하는 근본으로 언급된다(Skerrett, 2000).

사회복지 실천이 가치에 기반해 이루어져야 한다는 말은 실천의 대상인 인간관계와 인간간 유대문제의 핵심과제가 과학성에 의해 해결될 수 있는 것이 아니라 기본적 가치에 대한 규범적 논의가 동행되어야 한다는 의미로 볼 수 있다. 즉, 어떤 복지분야에서 일하든, 어떤 이론에 의지하든 간에 지향해야 할 것은 문제해결을 위해 "가치"에 의존할 것을 제안하는 것이다. 이는 중립성과 객관성의 신화를 넘어 무엇이 좋은 것이고 무엇이 가치 있는 것인가에 대한 규범적 판단과 동의를 필요로 한다. 사회복지 실천에서 가치의 문제가 형상화되는 일반적 방식은 사회복지 실천의 목적이 무엇이며 사회 내에서 어떤 역할과 기능

1) 이 부분은 김인숙(2000), "여성주의 사회복지 실천의 정립을 위한 고찰", 〈한국사회복지학〉 41권의 일부분을 참조하면서 추가적으로 보완하였다.

을 담당해야 하는가라는 질문을 통해서이다(김인숙, 2004).

사회복지 실천에서 중요하게 여기는 가치는 인간의 고유성과 존엄성에 대한 믿음, 자기실현을 위해 타인에 의존하는 사회적 속성에 대한 믿음, 그리고 끊임없이 성장하고 변화하는 인간의 능력에 대한 믿음으로 구별된다(Butrym, 1976). 이들 가치는 매우 보편적이어서 그 유용성도 있지만 동시에 지나치게 포괄적이고 추상적이어서 특정집단의 특수성을 반영하지 못하는 한계도 있다. 한편으로 여성주의에 근거한 실천은 "구조와 기능"(*cause and function*)이라는 사회복지 실천 본래의 역할과 공통적 기반을 갖고 있기도 하다.

예를 들어, 콜린스(Collins, 1986)는 사회복지 실천의 가장 기본적인 패러다임인 "환경 속의 개인"(*person-in-environment*)은 개인과 환경 간의 상호작용을 생태학적 관점에서 보는 통합적 사고를 보여주는 것으로서 이는 여성주의에서 말하는 "개인적인 것은 정치적인 것이다"라는 원리와 일치한다고 하였다. 또한 인간이 자신의 인간성을 최대한 실현하기 위해서는 효과적인 사회적 기능을 수행해야 한다는 사회와 인간 간의 상호의존성과 상호연계성을 강조한 것은 전통적 사회복지 실천과 여성주의를 적용한 사회복지 실천 양자 모두가 지향하는 공통된 가치라고 보았다.

그러나 또 다른 한편으로는 오늘날 사회복지 전문직이 주도하는 가치와 전제는 여성주의에 근거한 실천과 차이가 있다는 주장이 제기되고 있다(Bricker-Jenkins & Hooyman, 1986). 물론 이러한 차이의 가장 중요한 핵심은 사회복지 실천에서 "젠더"를 고려한 접근이 배제된다는 점과 사회복지사 활동의 본질이 정치적이라는 시각을 간과한다는 점이다(Hale, 1983). 그러면 여성복지 실천의 가치는 어떻게 다를까?

여성복지 실천은 기본적으로 여성의 입장을 지지한다. 여성의 입장을 지지한다는 것은 여성은 남성과는 다른 고유한 경험의 역사를 가지며, 여성 고유의 조건 속에서 발달하고, 여성의 경험과 특성 자체가 강점이 될 수 있다는 것을 신뢰한다는 의미이다. 이러한 가치가 유지되기 위해서는 여성의 기존 위치에 대한 재평가가 필요하고, 여성과 남성의 경험에 대한 재인식이 요구된다(Bricker-Jenkins, 1989; Van Den Bergh, 1995). 여성복지 실천에서 강조하는 여성에 대한 이러한 믿음은 사회복지 실천의 가치에 비해 보다 구체성을 띠고 있으며 기존의 사회복지 실천에서 도외시했던 여성에 대한 재인식의 결과이다.

이처럼 여성복지 실천은 여성의 입장을 지지하고 실천과정을 여성화하는 특징을 갖는다(Bricker-Jenkins & Hooyman, 1986: 26). 이는 기존 사회복지 실천과 가장 뚜렷한 차이를 보여주는 요소로서 여성의 경험의 차이와 고유성을 인정하고 중시하는 여성복지 실천의 가장 중요한 특징이다. 특히 여성의 삶에서 '성'이 미치는 영향력에 관심을 갖게 된 것은 여성문제에 대한 사회복지의 무관심이나 실천과정에서 여성을 평가절하한 오랫동안의 관례를 고려하면 매우 혁명적인 전환이라 하지 않을 수 없다. 그러므로 여성복지 실천은 사회복지가 다루는 다양한 문제 중에서도 성차별로 인한 여성의 문제를 여성의 관점에서 다룰 수 있는 중요한 틀을 제공하는 점에서 매우 유용하다.

사회복지 실천의 목적은 모든 사람이 삶의 질을 향상시킬 수 있도록 개인과 사회 간의 호혜적 상호작용을 증진시키고 이를 통해 개인의 자기실현이 달성되도록 하는 데 있다. 여기서 환경은 개인의 능력의 최대실현에 필요한 자원과 기회를 제공해야 하고, 개인은 자신과 타인의 복지를 위해 환경에 기여해야 한다는 점이 전제되어 있다(Hepworth & Larsen, 1993). 이러한 사회복지 실천의 목적은 '사회적 기능'(*social functioning*)이라는 목표를 달성함으로써 가능하다. 그런데 사회적 기능이라는 개념은 사실 모호할 뿐만 아니라 지나치게 추상화된 개념이다. 이러한 모호성과 추상성은 문제의 근원을 개인에 집중하는 경향으로 나타나기도 하였다. 그리하여 사회복지 실천이 전제하는 "환경 속의 개인"에서 한쪽에 편향하는 결과를 가져오기도 하였다.

여성복지 실천의 궁극적 목적도 물론 인간의 자기실현에 있다. 그러나 여성복지 실천은 자기실현을 촉진시켜주는 것으로서 그 개인이 처한 환경적, 물질적, 이념적 조건을 특히 강조한다. 이는 곧 문제해결 과정에서 개인적 노력보다 집단적 노력의 중요성을 강조함을 의미한다. 그러므로 여성복지 실천은 집단적 자기실현을 강조하고 이를 지원하는 데 그 목표가 있다. 그리고 집단적 자기실현에 방해가 되는 구조적, 이념적 장애에 주목할 것을 강조한다(Bricker-Jenkins, 1989). 그렇다고 여성복지 실천이 여성의 자기실현에 방해가 되는 심리적, 정서적 지원을 배제하는 것은 결코 아니다. 여성의 삶의 조건이 환경적, 물질적, 이념적인 조건에 규정된다는 점을 강조하는 입장을 취하기 때문에 이 부분을 강조하고자 하는 것이다. 이러한 의미에서 여성복지 실천은 본질적으로 정치적 특성을 가진다.

2. 여성복지 실천의 인간행동과 사회환경에 대한 전제

인간행동과 사회환경에 대한 여성복지 실천의 전제는 크게 4가지로 구분할 수 있다. 인간의 강점과 건강성에 대한 강조, 인간의 다양한 선택능력에 대한 강조, 인간과 사회의 상호의존성 및 연계성에 대한 강조, 현실형성의 다차원성과 정치성에 대한 강조 등이 그것이다(Bricker-Jenkins, 1989).

첫째, 인간의 강점과 건강성에 대한 강조이다. 이는 인간은 누구나 남녀를 불문하고 본래적으로 자신의 문제를 치유하고 성장을 도모할 수 있는 개인적, 집단적 능력을 가지고 있다는 것이다. 이는 인간은 기본적으로 어떠한 형태든 강점을 가지며 건강할 수 있는 능력이 있다는 전제이다(Bricker-Jenkins, 1989).

여성주의 사회복지 실천에서 강조하는 이러한 인간에 대한 긍정적이며 낙관주의적인 견해는 사회복지 실천에서 "강점" 관점을 수용하기 이전부터 주장되고 강조되던 것이다. 이는 특히 여성 클라이언트에게 적용되었던 문제중심적 접근을 고려할 때 관점의 전환으로 볼 수 있다.

그런 점에서 여성복지 실천은 전통적 사회복지 실천의 의료모델에서 강조되었던 인간의 병리적 특성과 문제에 초점을 두었던 것과는 대조를 이룬다. 물론 오늘날 사회복지계에서는 강점 강조의 시각(*strength perspectives*)을 갖는 이론과 모델들이 전통적 사회복지 실천의 대안으로 제기되면서 실천과정에서 널리 수용되어 사용되고 있다. 이는 곧 여성복지 실천의 원리가 일반적 사회복지 실천의 원리와 공통점을 가지고 있음을 보여주는 것이다.

이처럼 여성복지 실천은 인간에 대한 긍정적이고 낙관적인 인식을 바탕으로 인간이 가진 문제나 병리적 특성을 제거하려는 노력보다는 그의 잠재가능성이나 강점, 건강함, 자생적 치유능력 등을 발굴하여 이들을 강화하는 방향으로 접근하는 특성을 갖는다. 이는 여성복지 실천이 기존 사회복지 실천에 대한 대안적 원리와 방법을 포괄하는 진보적 측면을 갖고 있음을 보여주는 것이어서 전통적 사회복지 실천이 가진 한계에 대한 하나의 대안으로 언급되고 있다(황성철, 1995: 83~84). 또한 클라이언트를 문제화, 병리화함으로써 그의 자생능력과 힘을 거부하고 외부의 전문적 지원만이 문제를 해결할 수 있다는 전통적 사회복지 실천에 비해 보다 용이하게 자원에 접근할 수 있도록 하였다. 즉, 여성복지 실천은 클라이언트가 처한 어려움을 해결할 수 있는 근원이 외부에만 있는 것이 아니라 클라이언트 자신이 가진 능력과 자원을 최대한 활용함으로써 해결이 가능하다는 것을 제시함으로써 문제의 해결에 대한 접근을 용이하게 한다.

이는 특히 사회복지 실천 현장에서조차 남성 클라이언트에 비해 무기력과 무능력한 존재로 인식된 여성 클라이언트에게 특별한 의미를 갖는다. 여성 클라이언트에 대한 사회복지 현장의 이러한 인식은 여성은 남성에 비해 빈곤화될 가능성이 높고 임시고용의 비율이 높으며 가정에서의 불평등적 결혼관계 때문에 자아정체성이 낮으며 가족성원에 대한 보호적 책임을 전담하는 현실에 기인한다(김인숙 외, 2000: 28). 더구나 다른 어떤 사회보다 여성폄하적 사고와 가부장적 이념이 보편화되어 있는 우리 사회에서 여성 클라이언트에 대한 사회복지계의 인식은 여성에 대한 일반적 인식의 범위를 뛰어넘기 어렵다. 이러한 우리 사회의 여성에 대한 인식배경을 고려할 때, 여성복지 실천이 가지는 중요한 실천적 함의는 여성도 자생적이고 잠재적인 개발 및 치료능력과 건강성을 가지고 있음을 제시했다는 데서 찾을 수 있다. 이는 사회복지 실천 과정에서 여성 클라이언트에 대한 기존 인식의 전환을 의미하는 것으로서, 사회복지 대상자의 절반 이상을 차지하는 여성 클라이언트에 대한 적극적 수용과 개입은 물론 임파워먼트의 가능성을 열어줄 수 있다는 점에서 실천적 함의를 가진다.

둘째, 인간, 특히 여성은 다양한 선택능력을 갖고 있다는 믿음이다. 인간의 선택능력에 대한 믿음이란 인간은 특정환경에서 다양한 선택을 할 수 있는 능력이 있으며, 이러한 능력은 강점과 성장의 근원이 된다는 것이다. 이 원리에 따르면, 열악한 환경에서 가장 잘 적응하고 생존할 수 있는 사람이야말로 생래적으로 다양성을 갖춘 사람이라는 것이다.

여성은 가부장적 문화 속에서 생활하면서 다양한 문제에 봉착하고 나름의 해결책을 모색하는데, 이렇듯 가부장적 문화에서 생활의 문제에 대해 다양한 해결책을 모색하는 것은 문제를 해결하고 새로운 사회적 관계를 만들어낸다(Bricker-Jenkins & Hooyman, 1986). 여기에는 여성을 단순한 피해자(*victim*)로만 바라보지 않고 "생존자"(*survivor*)로 보는 관점이 반영된다. 그리고 이 생존자로서의 여성은 사회적 통념이라는 벽을 넘어 다양한 해결책을 선택할 수 있는 잠재적 능력을 가지고 있다고 보는 것이다. 여성복지 실천에서 강조하는 이러한 인간이해, 특히 여성의 다양한 선택능력에 대한 강조는 강점과 건강에 대한 강조와 같은 연장선에 있는 것으로서 역시 인간에 대한 긍정적이고 낙관적인 입장의 반영이다. 이처럼 여성복지 실천의 인간과 사회환경에 대한 전제는 인간의 능력에 대한 믿음이라는 원리로 연결되어 있다.

여성복지 실천이 강조하는 다양성에 대한 인식은 탈근대주의(*post-*

modernism)의 중요한 특징의 하나로서 인간의 다양한 경험, 다양한 삶의 형태, 다양한 선택의 가능성 등을 중요시해야 한다는 의미를 내포하고 있다. 사회복지 실천에서 다양성을 증진시키기 위해서는 경쟁적이지 않은 작업원칙과 강압적이지 않은 갈등해결을 시도하도록 해야 한다(Bricker-Jenkins & Hooyman, 1986: 15). 여성복지 실천에서 다양성에 대한 강조는 여성의 삶이 남성과는 다를 뿐만 아니라, 전통적으로 부자연스럽게 인식되었던 문제해결 방법이 여성에게도 선택되어질 수 있다는 가능성을 열어놓았다. 이는 인간이 처한 각 상황마다의 특수성을 부각시키고 그에 따른 다양한 선택이 전통과 관습으로 방해받아서는 안 된다는 점을 강조함으로써, 사회복지 실천의 이론과 방법을 풍부히 하고 향상시킬 수 있는 단초를 제공한다는 점에서 유용성을 가진다.

아울러 다양성에 대한 강조는 무엇보다도 여성의 삶과 관련하여 사회복지 실천에 새로운 함의를 제시한다. 다양한 가족형태와 성역할 변화의 거스를 수 없는 사회적 변화추세는 여성의 삶에 대한 새로운 인식을 요구하고 있고, 이는 여성 클라이언트에 대한 전통적 사회복지 접근의 변화를 필요로 한다. 즉, 여성 클라이언트의 문제를 사정하고 개입을 계획하는 과정에서 전통적 접근에서와는 다른 문제해석과 다양한 개입방법을 적용하는 것이 그것이다. 사실, 사회복지의 중요한 관심영역인 가족의 문제는 곧바로 여성의 문제로 인식되었는데, 그 저변에는 가족 내에서의 여성의 역할에 대한 전통적, 고정적 인식이 자리한 것이 사실이다. 그 결과 사회복지 실천 과정에서 가족문제의 근원을 여성으로 간주하여 여성을 희생시켰고, 개입방법 또한 여성에게 전통적 성역할을 부과하는 방식으로 문제해결을 도모하는 경향을 보였다. 그러나 여성복지 실천은 여성 클라이언트 혹은 그녀가 속한 가족의 문제를 새로운 시각으로 조망할 수 있음을 제시하며, 지금까지 부자연스럽고 거부감을 주었던 다양한 개입방법을 선택할 수 있게 해주기 때문에 가족을 포함한 여성 클라이언트의 문제해결 모색을 새로운 차원으로 끌어올릴 수 있다는 점에서 실천적 함의를 가진다.

셋째, 인간과 사회의 상호의존성 및 연계성이다. 이는 모든 것은 서로 연결되어 있다는 인식이다(Bricker-Jenkins, 1989). 개인적인 것은 정치적인 것이라는 여성주의의 원리가 그 대표적인 예이다. 개별적이고 사적인 것으로 보이는 것들도 사실은 사회적이고 구조적인 것과 긴밀히 연결돼 있다는 인식이다. 이것은 개인과 사회가 상호영향을 주고받으며 유기적으로 연결되어 있다는 전제로서 기존의 사회복지 실천과 관련해 볼 때 전혀 새로운 것은 아니다.

그러나 여성복지 실천이 특히 강조하는 것은 연계성 그 자체보다는 개인의 어려움에 영향을 미치는 사회적 맥락에 관심을 기울일 필요가 있다는 점이다. 즉, 개인적 어려움은 그가 처한 사회적 맥락 혹은 그에게 영향을 미치는 사회적 맥락을 고려하여 해석·설명되어야 하고, 이를 기반으로 해결책이 모색되어야 한다는 것이다. 특히 여성복지 실천에서 관심을 갖는 것은 개인의 경험에 영향을 미치는 요인으로 환경의 압력과 성역할, 성에 근거한 차별 등이다(Land, 1995: 6).

넷째, 현실형성의 다차원성과 정치성이다. 이는 현실의 의미(*meaning*)는 고정된 것이 아니라 다양하고 불안정하며 다른 해석의 여지가 많으며, 그러한 현실의 의미는 특정의 사회적, 정치적, 역사적 맥락과 연관되어 있다는 것이다(Sands & Nuccio, 1992). 예를 들어, 여성은 직업노동에서 남성보다 능력이 떨어진다는 통념이 있다고 가정하자. 물론 사회복지 현장에서는 이러한 묵시적 통념들이 실천의 과정에 개입되어 영향을 미칠 수 있다. 여성복지 실천은 이 통념이 여성의 능력에 대한 잠정적 해석에 불과하며, 그 해석은 상황적 맥락에 따라 언제든지 다르게 해석될 수 있다는 점을 원리로 상정한다. 여성복지 실천은 여성의 직업능력은 그 직업이 어떤 직업이냐에 따라, 또 그 여성의 지금까지의 직업경력 여하에 따라 다르게 판단되어야 함을 강조한다. 따라서 어떤 현실이 갖는 고정된 의미는 그것이 그렇게 규정된 맥락을 고려해야 하고, 그렇게 되면 원래의 고정된 의미가 전복될 수도 있다는 것이다. 여성복지 실천은 바로 이 전복성을 배제하지 않고 이것에 주목할 필요성을 제시한다.

인간행동과 사회환경에 대한 이러한 관점은 최근 사회복지 실천 영역에서 대두되고 있는 것으로서 전혀 새로운 것은 아니다. 그러나 이는 실제 사회복지 실천의 주된 흐름이라고 말하기는 어렵다. 이러한 원리는 사회복지 실천에서 도외시되는 경우가 더 많다. 결과적으로 여성복지 실천은 개인이 처한 현실의 의미가 기존의 도식적 인식과는 전혀 다를 수 있으며 그의 사회적, 정치적, 역사적 맥락과 관련되어 있다는 전제를 수용함으로써 전문가보다는 클라이언트, 남성보다는 여성 중심으로 문제에 접근하는 특성을 갖는다.

3. 여성복지 실천의 방법에 대한 전제

여성복지 실천은 실천방법에 대해 다음과 같은 전제를 가지고 다양한 실천방법을 모색한다. 여성복지 실천에서 주로 사용되는 방법상의 원리를 설명하면 아래의 다섯 가지로 구분할 수 있다.

첫째, 개인적인 것은 정치적인 것이라는 점이다. 이는 개인의 문제와 환경은 역사적이고 유물론적이며 정치적이고 문화적인 차원을 갖고 있음을 의미한다(Bricker-Jenkins & Hooyman, 1986). 이러한 전제를 수용하는 경우 개인의 문제해결을 위한 선택이 개인적이고 개별적인 차원보다는 사회적이고 구조적인 차원의 변화를 더 강조하고 선호하게 된다. 즉, 개별적 차원의 문제해결에만 몰두하지 않고 그 개인적 문제를 가져오게 한 보다 구조적인 혹은 제도적인 조건에 주목하여 이러한 측면에서의 변화를 통해 개인의 삶을 변화시킬 수 있는 실천방법을 모색한다. 이러한 이유 때문에 여성복지 실천은 기존의 사회복지 실천보다 정치적 행동을 중요시하고, 물질적이고 이념적인 장애의 제거에 집중하며, 집단적 실천노력을 강조한다. 의식향상이나 자조집단, 풀뿌리 조직화 등의 방법을 선호하는 것은 바로 이런 이유에서이다.

예를 들어, 여성 클라이언트의 우울이라는 정신건강상의 문제는 인지치료와 같이 심리적 차원에서 다양한 실천방법을 모색할 수도 있다. 그러나 여성복지 실천은 이와 동시에 여성에 대한 제도화된 성차별의 문제가 가족적 생활 안에서 만성화되어 나타난 결과로 볼 수 있음을 간과하지 않는다. 그 결과 여성복지 실천은 그러한 만성화되고 내면화된 성차별의 문제를 인식할 수 있는 실천방법, 제도 속에 있는 자신을 거리를 두고 객관화해 볼 수 있도록 하는 실천방법을 모색하게 한다.

둘째, 과정을 결과와 똑같이 중요하게 여기는 것이다. 이는 과정을 수단으로가 아니라 결과로 보아야 한다는 것으로서, 과정을 능력을 고취시키는 경험과 마찬가지로 무엇인가를 할 수 있게 하고 촉진시키는 힘으로 인식하는 것을 의미한다(Van Den Bergh & Cooper, 1986: 7). 과정을 중요하게 여기는 것은 현상에 대한 이해를 단선적이 아니라 역동적으로 이해하게 하고, 현재의 상태를 결정론적으로 이해하지 않고 과정 중의 한 상태로 보며 따라서 심판적 태도를 지양하게 한다(Bricker-Jenkins & Hooyman, 1986).

셋째, 비폭력적 관계와 구조를 강조하는 것이다. 여성복지 실천에서는 폭력적 관계와 구조는 개인의 안녕에 해롭기 때문에 거부되며 대신 비폭력적 관계와 구조를 지향한다. 이는 민주적이고 평등하며 비폭력적인 방법과 관계설정을 강조한다(Bricker-Jenkins, 1989). 그 결과 여성주의 사회복지 실천에서는 사회복지사와 클라이언트가 위계적 관계보다 평등적 관계를 맺는 것을 강조한다.

넷째, 의식고양을 강조하는 것이다. 이는 재명명(*renaming*)을 통해 현실을 재창조하는 것을 말한다. 이 관점에서는 특정사건을 통해서보다는 의식을 변화시키는 과정을 통해 변화가 시도될 수 있다(Bricker-Jenkins & Hooyman, 1986). 여성복지 실천을 통해 여성은 제도화된 성차별과 가부장주의가 자신에게 어떤 영향을 미치고 있는지 재조명해봄으로써 현실을 재창조할 수 있다.

다섯째, 비합리적인 것도 유용하다는 것이다. 이는 문제를 규정하는 과정이 객관적, 합리적, 과학적이라기보다는 자신의 가치와 이해관계 및 이념에 의해 이루어지는 주관적 과정이라는 전제하에 지금까지 공적 영역에서 배제된 비합리적 영역을 활용하자는 것이다. 그러나 비합리적인 것의 활용이 합리성과 질서와 효율성을 가진 것에 대한 배제를 의미하는 것은 아니다. 이러한 전제는 비단선적이고 다차원적인 사고를 갖게 하고 직관이나 영성과 같은 비합리적인 것을 활용할 수 있게 한다(Bricker-Jenkins & Hooyman, 1986: 16).

4. 성인지적 관점의 원리 적용

여성복지실천에 전제되는 가장 핵심적 원리는 성인지적 관점(*gender-sensitive perspective*)이다. 성인지적 관점은 궁극적으로 여성의 해방이라는 목적을 지향한다는 점, 성별 차별상황을 변화시키기 위한 전략을 제공한다는 점에서 페미니즘과 공통적 부분을 갖는다. 그러나 이 양자를 포함관계라는 측면에서 보면 그 위상은 다소 다르다. 우선, 성인지적 관점은 성주류화와 남녀평등 개념 맥락에서 이해할 수 있다. 남녀평등 상태에 도달하기 위한 수단이 성주류화인데, 성인지적 관점은 성주류화를 이루는 과정에서 중요하게 필요한 수단이 된다. 굳이 개념의 포함관계를 표현하자면 '성인지적 관점 < 성주류화 < 남녀평등' 정도가 된다(김인숙·정재훈·윤홍식, 2004).

성인지적 관점의 전제는 성중립적 현실은 존재하지 않는다는 데서부터 출발한다. 이는 마치 모든 현상에 "이해관계"가 작동하지 않는 사회적 현실이 없는 것과 마찬가지로 모든 현상에 "성별 차이"가 개입하고 작동한다는 의미이다. 이러한 맥락에서 보면 여성과 남성은 자신에게 부여된 혹은 자신이 획득한 성역할에 따라 표면적으로 보기에 동일한 상황에서도 다른 경험을 하게 된다고 본다. 그러므로 이러한 전제에서는 여성과 남성이 겪는 다른 삶의 상황에 주목하게 된다. 성인지적 관점의 또다른 전제는 남녀의 삶의 형편과 이해관계는 동일하지 않고 다르다는 점이다. 마치 동일할 것 같은 남녀간의 이해관계가 가족 내에서는 물론이고 가족 밖의 사회적 현실 속에서 다르다는 것이다. 여기서 성인지적 접근은 국가정책이나 일상생활에서, 특히 여성의 이해와 요구를 반영하려는 실천적 접근의 성격을 갖는다. 따라서 정책이나 실천의 개입결과도 남녀에 다라 다르게 나타난다는 점에 주목한다.

이처럼 성인지적 관점의 핵심은 남녀 사이의 조건과 존재에 "차이"가 있다는 데서 출발한다. 물론 이 "차이"는 사회적 현실에서 쉽게 차별로 이어진다. 그러면 "차이"를 만들어내는 "조건"과 "존재"의 차원에는 어떤 것이 있을까? "차이"를 만들어내는 조건과 존재의 차원을 이해하면 성인지적 관점이 포괄하는 영역을 이해할 수 있게 되고 이러한 이해는 곧바로 성인지적 실천에 적용될 수 있다는 점에서 이에 대한 이해는 중요하다. "차이"를 만들어내는 혹은 "차이"가 작동하는 조건과 존재의 차원은 다양하다.

첫째, 사회구조적 차원을 들 수 있다. 이는 사회구조 자체가 성별화되어 있고 그러한 성별화된 구조가 여성의 삶에 어떠한 영향을 미치는지 인식하는 것이다. 예를 들면, 노동시장에서의 성분절화, 빈곤의 여성화, 여성직업의 게토화 등의 구조적 차원만이 아니라 이 구조적 장에서 실제로 작동되는 "성별 원리"가 이에 해당된다. 둘째, 사회정책 차원으로, 이는 사회정책이 남녀의 차이를 반영하지 않은 채 형성된다는 점, 그리고 이것이 여성의 삶에 차별적 결과를 가져오는 등의 영향을 미치는 사실에 주목한다. 예를 들면, 사회보장에서의 성격리 현상, 복지국가가 특정형태의 가족을 강화하는 현상, 복지국가가 보호자 혹은 서비스 노동자로서의 여성의 역할을 강조하는 것 등을 들 수 있다.

셋째, 관계의 차원인데, 이는 남-녀, 여-여의 관계가 가부장적, 통념적 틀 안에서 인식되고 평가되고 있는 현실을 인식하는 것이다. 넷째, 일상생활의 차원으로서, 일상생활의 차원에서의 성인지적 관점은 일상생활에서 성역할 고정관념에 의해 여성의 일상적 행동이 특정방식으로 평가되고 있음에 대한 인식을 말한다.

다섯째, 심리적 차원으로, 이는 동일한 사안이라도 그에 대한 여성과 남성의 경험이 다를 수 있다는 것이다. 이 경험의 다름이 간과됨으로써 여성의 삶에 어떠한 영향을 미칠 수 있는가를 인식하는 것이다. 여섯째, 의미(*meaning*)의 차원인데, 이는 동일한 사안에 대한 경험이라도 그 경험이 남녀에 주는 의미가 다르다는 데서 출발한다. 그런데 이 의미부여의 차이는 간과되기 쉬운데, 성인지적 관점은 이를 간과함으로써 그것이 여성의 삶에 미치는 영향을 인식하는 것이다.

이러한 성인지적 관점은 여성복지 실천의 과정에 때로는 직접적으로 때로는 간접적으로 개입한다. 여성복지 실천에 적용될 수 있는 성인지적 원리를 제시하면 다음과 같다.

① 사회구조와 그 작동원리는 성별화되어 있다.
② 성별화된 사회적 작동원리(젠더)는 여성과 남성의 경험(삶)을 다르게 구성한다.
③ 여성과 남성의 서로 다른 경험은 그 경험에 다른 "의미"를 부여한다.
④ 여성과 남성의 자기정체성은 다르게 구성된다.
⑤ 여성과 남성의 자원(예: 몸)은 사회에서 다르게(차별적으로) 평가된다.
⑥ 여성에게 있어 "권력"(*power*)은 다른 사람을 지배하는 것이 아니라 자신과 타인의 역량을 강화하는 긍정적인 힘의 원천이다.
⑦ 여성은 특정환경에서 다양한 선택을 할 수 있는 능력이 있다.
⑧ 여성이 처한 현실의 의미(*meaning*)는 고정된 것이 아니라 다양하고 불안정하며 다른 해석의 여지가 많으며, 그러한 현실의 의미는 특정의 사회적, 정치적, 역사적 맥락과 연관되어 있다.
⑨ 개인적인 것이 정치적인 것이다.
⑩ 심리적인 것은 정치적인 것이다.
⑪ 성차별적 남녀 고정관념을 배격한다.
⑫ 자율성과 독립성은 친밀성과 보살핌에 의한 상호의존보다 우위에 있는 것은 아니다.

⑬ 여성의 삶을 내러티브와 스토리로 본다.
⑭ “과정”은 어떤 일을 가능하게 하고 쉽게 만드는 힘이다.
⑮ 비합리적인 것도 유용하다.

이상의 원리의 방법적 적용과 관련한 내용을 추출하면 아래와 같다.

① 과정을 결과와 똑같이 중요하게 여긴다.
② 비합리적인 것에 관심을 갖고 그 의미를 파악한다.
③ 여성의 삶에서 친밀한 관계가 갖는 중요성을 인식한다.
④ 여성의 욕구와 견해, 감정을 표현하는 것은 바람직한 일이다.
⑤ 차별과 불공정에 대한 인식을 촉진한다.
⑥ 여성친화적 문화를 만들어간다.
⑦ 여성의 권리침해에 대항할 수 있는 역량을 키운다.
⑧ 여성에 대한 제한에 상관없이 자신을 적극적으로 표현하도록 한다.
⑨ 여성의 신체조건을 수용하고 인정한다.
⑩ 여성의 성공을 자랑스러워한다.
⑪ 인간으로서의 권리를 알게 한다.
⑫ 여성 자신이 자신에 대한 편견을 인식하고 이를 시정한다.
⑬ 제도화된 성차별주의가 여성의 문제를 어떻게 창출하는지 검토한다.
⑭ 여성의 능력개발에 장애가 되는 물질적, 이념적 요인을 제거하기 위한 행동과 기법을 개발하는 데 관심을 갖는다.
⑮ 무엇이 여성을 희생화(*victimization*) 시키는지를 검토하고, 희생자를 비난하는 것(*blaming the victims*)을 중지한다.
⑯ 여성의 삶을 스스로 돌보도록 권장하게 함으로써 임파워먼트를 지향한다.
⑰ 여성의 권력이 양도된 과정을 인식하도록 함으로써 임파워먼트를 지향한다.
⑱ 자신과 주변에 대해 현재 사용하는 혹은 사용되고 있는 언어를 재명명한다.
⑲ 전통적인 성역할을 의심 없이 받아들이지 않고, 여성으로 하여금 자신의 생활양식을 자유롭게 선택할 수 있도록 한다(양성적인 성

역할 레퍼토리를 개발하도록 지지한다).

⑳ 여성의 "문제"보다는 "강점"을 찾아내어 개발한다(여성의 경험과 특성 자체가 강점이 될 수 있다는 것을 신뢰한다).

㉑ 다른 여성과의 관계를 "재평가"하도록 한다.

㉒ 여성에게 있어 "일"(직업)이 갖는 중요성을 강조함으로써 일과 인간관계의 균형을 잡도록 한다.

㉓ 주변인의 정체성을 인정하고 이로부터 새로운 잠재력을 끌어내고 극대화한다.

㉔ 여성이 가진 자산—양육성, 민감성, 관계의 강조—을 귀히 여기고 여기에다 좀더 공격적이고 좀더 자기주장적인 특성을 통합시킨다.

㉕ 여성을 그녀의 내러티브와 스토리에 주목하여 이해한다.

여성복지 실천의 과정·방법·사례 제7장

'여성복지 실천'은 일반적으로 여성주의 시각을 바탕으로 하고 있지만, 실천을 위한 기법이나 기술이라기보다는 실천에 관한 하나의 관점 혹은 철학으로 받아들여진다(Land, 1995). 이는 여성복지 실천이 아직 발전과정 중에 있기 때문에 구체적 방법론에 대한 체계화가 완결되지 못한 상황 때문이다. 즉, 여성복지 실천의 방법은 아직은 여성주의 이론과 그에 근거한 실천원리를 바탕으로 산발적으로 논의되고 있는 수준으로, 앞으로 현장의 경험을 이론화하는 과정과 이론을 현장에 적용하는 순환적 과정을 통해 보다 더 체계화될 필요가 있다(김인숙, 2000).

그러나 여성복지 실천이 사회복지 실천의 하나의 대안적 패러다임으로서 체계를 갖추기 위해서는 문제를 규정하는 것뿐만 아니라, 문제해결을 위한 개입방법과 기법을 체계화하는 것이 필요하다. 즉, 여성복지 실천이 사회복지 실천의 새로운 접근으로 인정되고 현장에서의 유용성을 갖기 위해서는 나름의 기본원리와 개입방법을 가지고 있어야 한다.

이를 위한 한 일환으로 미국의 NASW 산하 NCOWI(National Committee on Women's Issues)에서는 'Feminist Practice Project'라는 이름하에 전국 규모로 여성복지 실천가와 교육자를 대상으로 여성복지 실천에 관한 조사(100시간의 심층면접과 10여 년간의 여성복지 실천에 관한 문헌을 바탕으로)가 이루어졌다(NASW, 1995: 2532). 그 결과 NCOWI는 여성복지 실천에 대해 "사정과 개입기법을 가진 일반주의 접근"(*generalist approach*)으로 규정될 수 있다고 하였다. 이 조사결과에 의하면, 여성복지 실천은 그 원리와 방법에서 사회복지 실천의 그것과 전혀 다른 별개의 것이 아니라는 점이다. 즉, 여성복지 실천의 원리와 방법은 기존 사회복지 실천의 원리 및 방법과 부분적으로 공통되면서 동시에 기존의 접근과는 다른 차이를 가지고 있다는 것이다(김인숙, 2000).

그러므로 여성복지 실천은 사회복지 실천의 전통적 방법과 비전통적 방법 및 기법을 모두 활용한다. 그러나 여성복지 실천이 기존의 사회복지 실천과 다른 뚜렷한 차이는 기존의 가부장적 제도와 서비스, 치료들을 개혁하는 전략이 수반된다는 점을 들 수 있다(Baines, 1997). 아울러 여성복지 실천에 활용되는 방법과 기법을 선택하는 데에서도 몇 가지 나름의 기준이 적용된다. 그 기준은 첫째, 과정을 지향한다는 것이고, 둘째, 사회복지 실천가와 클라이언트 양자의 가치의 일치 혹은 조화를 중요시하고, 셋째, 자신이 가진 지식과 기술을 활용하여 스스로의 능력을 고취시킬 수 있는(*self-empowerment*) 점을 강조하며, 넷째, 자신의 경험에 대한 부정적 평가를 전환시킬 수 있는 것에 초점을 둔다는 점이다(NASW, 1995).

이러한 기존의 논의들을 바탕으로 여성복지 실천의 과정과 각 과정에 따른 방법들을 정리하면 아래와 같다. 여기서는 사회복지 실천의 과정을 계약과 관계형성 단계, 조사 및 사정 단계, 지속적 개입 단계로 구분하여 이들 각 단계에서 어떤 방법과 기법을 활용할 수 있는지를 기존의 연구들(Bricker-Jenkins & Hooyman, 1986; Bricker-Jenkins, 1989; Radov, Masnick & Hauser, 1980; Hale, 1983; Lawrence, 1992)을 중심으로 정리하였다. 그러나 각 단계에서 사용되는 방법적 원리와 기법들은 해당단계에서만 사용되는 것으로 배타적으로 이해해서는 안 된다. 이들 방법적 원리와 기법들은 각 단계를 뛰어넘어서 상호교환적으로 혹은 순환적으로 사용할 수 있다. 단지 구분을 위해 각 단계에서 주로 사용될 수 있는 방법적 원리와 기법을 분류한 것이다.

1. 여성복지 실천의 과정과 방법

1) 계약 및 관계형성의 단계

클라이언트와의 관계형성은 모든 사회복지 실천의 과정이 그러하듯이, 여성복지 실천에서도 실천의 첫 관문으로서 이후의 과정에 중대한 영향을 미친다. 관계형성은 사회복지 실천에서 "관계론"을 실천의 주요 영역과 주제로 설정할 만큼 중요하다. 여성복지 실천에서 관계형성의 특징은 사회복지 실천에서 강조하는 관계형성의 원칙과 방향을 포괄하면서 동시에 관계형성 과정에서 "젠더"의 영향을 고려하여 이루어진다. 왜냐하면 젠더는 관계형성의 패턴과 스타일 및 상호작용의 결과에 영향을 미칠 수 있기 때문이다.

그렇기 때문에 여성복지 실천의 관계형성에서 실천가는 성편향에 대한 자기인식과 자기관찰, 이와 관련한 강점과 한계를 인식해야 한다. 기존의 연구에 의하면, 여성은 남성보다 상대방 관계에서 눈접촉을 더 많이 하며 비언어적인 것에 더 민감하며 대화 속에서 사회적 신호를 찾는 것으로 알려져 있다. 이러한 연구결과는 여성 클라이언트와의 관계형성 과정에서 그녀를 이해하기 위한 실마리를 제공한다. 또한 여성 혹은 남성 실천가들이 여성 클라이언트와의 공감적 관계형성을 위해 준비해야 할 것들을 시사한다.

리치(Richey, 1987)는 실천가가 젠더를 고려하여 여성 클라이언트와 보다 공감적이고 원조적인 관계를 형성하기 위해서 준비해야 할 몇 가지를 제안하였다. 첫째, 자신이 클라이언트의 상황이나 행동을 추론하는지 아니면 묘사하는지 평가해보는 것,[1] 둘째, 다른 실천가의 반응을 관찰하고 묘사해봄으로써 인터뷰를 비롯한 자신의 실천행동을 관찰하고 구체화하는 것,[2] 셋째, 자신이 갖고 있는 편견을 인식하는 것,[3] 넷째, 직접 실천에 참여함으로써 실천과정을 평가받고 그로부터 자기행동을 수정하는 것[4]이 그것이다.

여성복지 실천의 "계약 및 관계형성" 단계에서 실천가가 고려해야 하는 주요방법은 클라이언트의 강점 확인, 여성의 현실에 대한 재명명,

---

1) 이것은 실천가의 인터뷰 등 실천행위가 담긴 비디오테이프를 보여주고 관찰한 것을 쓰게 한다. 쓰여진 글에 대한 검토를 통해 자신이 가진 젠더와 관련된 편견(예: 그녀는 유혹적이다)을 발견하게 한다. 처음에는 단순한 장면을 보여주고 나중에는 복잡한 상호작용을 보여준다. 이때 실천가(클라이언트)의 의도나 감정에 대한 관찰자의 주관적 해석보다는 그가(클라이언트 혹은 실천가) 실제로 무슨 말을 했고 무엇을 했는지 "묘사"(*descriptive*)하도록 연습한다.

2) 실천가의 바이어스는 관계를 형성하고, 서비스 동의 혹은 계약을 발전시키고, 클라이언트로 하여금 대안적 견해와 선택을 고려하도록 하는 것에 영향을 미친다. 그런 점에서 실천가의 편향, 특히 성편향을 다른 실천가의 행위에 대한 관찰을 통해 연습하는 것은 매우 중요하다. 리치(Richey)는 이를 위해 체크리스트나 평가척도를 사용할 것을 권하고 있다. 예를 들어, 경청과 자기표현 및 클라이언트에 대한 존중을 평가하기 위해 감브릴(Gambrill, 1983)의 체크리스트를, 언어적이고 비언어적인 차원에서 얼마나 클라이언트에 주의를 기울였는지 평가하기 위해 아이비와 오디어(Ivey & Authier, 1978)의 평가척도를 사용할 수 있다고 제안한다.

3) 자신이 가진 바이어스를 인식하는 가장 좋은 방법은 자신이 가진 바이어스와 사회화가 어떻게 자신의 행동에 영향을 미치는가에 대한 '자기관찰'이다. 이를 위해서는 역할놀이를 사용할 수 있다. 즉, 동료친구, 교수, 클라이언트 등 다양한 소스(*sources*)로부터 이에 대한 피드백을 듣는 것은 자신의 바이어스를 확인할 수 있는 강력한 학습경험이다.

4) 자기인식이 중요하기는 하지만 행동변화를 위해서는 충분한 조건이 아니다. 변화되기 위해서는 실천에 참여하고 그 진행과정을 평가받아야 한다. 또한 실습지도자나 슈퍼바이저와의 접촉을 통해서도 가능하다. 이들 훈련을 통해 클라이언트 및 가족에 대한 방해(끼어들기)를 줄이고, 클라이언트의 독립성과 자기주장에의 민감성을 증가시킬 수 있다.

민주적이고 평등한 관계수립, 사건에 대한 클라이언트의 의미 확인, 실천가와 클라이언트의 공통점과 차이점 인식 등이다. 이들 방법은 기존의 사회복지 실천의 관계형성 단계에서 사용되는 방법과 공통된 부분도 있지만, 동시에 일반적 사회복지 실천에서는 강조되지 않거나 간과하는 부분도 포함되어 있다. 바로 이 점이 여성복지 실천의 관계형성 단계가 갖는 특수성이다.

(1) 여성 클라이언트의 강점 확인

사회복지 실천에서 클라이언트의 강점에 주목한 것은 시대의 산물인 "임파워먼트"(*empowerment*)가 강조되면서부터이다. 임파워먼트는 패러다임으로 혹은 철학으로 혹은 방법이나 개입기법으로도 얘기되는데, 그 핵심은 클라이언트를 문제를 가진 사람으로 보는 온정주의적이고 치료적 입장을 배격한다는 점이다. 이는 곧 인간의 욕구를 어떻게 보아야 하며 어떻게 다루어야 하는가와 관련해 인간능력에 대한 기존의 사고에 도전한 것이라고 볼 수 있다.

강점 관점은 자신과 환경 간의 상호작용을 정의할 수 있는 인간의 능력에 초점을 맞춘다. 그 결과 인간의 잠재능력에 대한 믿음을 전제한다. 인간의 욕구가 문제의 원인이 아니며 인간 삶의 주기적 변화의 한 국면이라고 생각하기 때문에 기본적으로 클라이언트가 문제해결 능력을 가지고 있다고 보며 따라서 클라이언트 스스로에 의한 결정과 그들이 가진 강점에 의한 개입을 강조한다.

사회복지 실천가가 클라이언트의 "강점"을 찾기보다 "문제"를 찾으려는 경향은 실천가와 클라이언트 사이에 파워(*power*) 있음과 없음의 관계가 작동하기 때문이다. 즉, 실천가는 클라이언트를 파워가 없는 존재로 받아들이는 경향이 있다. 이렇게 클라이언트의 파워 없음을 강조하는 것은 실천가들이 개인의 문제나 실패, 병리 등 클라이언트의 약점에 관심을 갖기 때문이다(Hammer & Stathan, 1989).

특히 여성 클라이언트와 실천가 간의 관계는 사회적으로 통용되는 남녀간의 관계와 다르지 않다. 여성은 의존적이고 수동적이며 힘이 없고 문제를 가진 사람으로 보는 일반적 시선이 그대로 투영된다(Berlin, 1987). 그렇기 때문에 여성복지 실천 과정에서 여성 클라이언트의 강점을 확인하는 것은 자연스럽게 이루어지지 않는다.

계약과 관계형성 과정에서 여성 클라이언트의 강점을 확인하기 위해서는 여성 실천가와 여성 클라이언트 간의 공통점을 인식하는 것이 필요하다. 만일 이러한 공통점에 대한 인식이 없는 경우, 여성 클라이언트는 "대처능력이 없는" 것으로, 여성 실천가는 "대처능력이 있는" 것으로 보는 스테레오타입화할 위험이 훨씬 크다. 이러한 심리적 거리감은 여성 클라이언트를 객관화하여 보는 결과를 초래한다. 즉, 여성 클라이언트를 하나의 사람으로보다는 사회적 역할로 보고, 여성이 가진 강점과 문제해결 능력을 보지 못하게 되어 여성 클라이언트와의 접촉(*contact*)을 갖지 못하게 할 수 있다. 여성 클라이언트의 "파워 없음"은 이러한 공통점을 인식함으로써 타파될 수 있다. 여성 실천가와 여성 클라이언트의 공통점에 대한 인식은 공감을 조장하고 클라이언트를 비난함으로써 야기되는 반응들을 피할 수 있다(Hammer & Stathan, 1989).

관계형성 과정에서 여성복지 실천가는 여성 클라이언트의 강점을 인식하고 확인하기 위해 강점에 대한 다차원적 접근이 요구된다. 그것은 개인적, 환경적 강점을 모두 포괄하여야 한다. 감정적 차원의 강점, 인지적 차원의 강점, 자원 차원의 강점, 전문적 능력 차원의 강점, 관계망 차원의 강점 등 가능한 한 다차원적으로 강점을 확인하려는 태도로 관계를 형성할 수 있어야 한다. 또한 클라이언트를 긍정적 관점으로 조망하고 각 대상을 문제의 원인으로 취급하지 말아야 한다.

(2) 여성의 현실에 대한 재명명

"재명명"(*renaming*)은 클라이언트의 행동이나 현실에 적용되는 이름이나 평가를 변화시키는 것으로 보통은 부정적인 것에서 긍정적인 것으로 초점을 옮기는 것이다. 따라서 앞에서 언급한 강점을 확인하는 것과 깊이 연관된다. 재명명은 보통 여성주의 관점에서 여성의 현실을 재정의하고 재규정할 때 사용된다. 즉, 여성의 시각은 가치 있다라는 전제를 가지고 이전에 약점으로 평가되었던 것을(남성중심적 규범에 따라) 강점(여성중심적 규범에 따라)으로 재명명하는 것이다. 예를 들어, '너무 감정적'이라는 말을 들었던 여성은 자신을 감정표현을 잘하고 타인의 감정에 공감하는 능력을 가진 사람으로 재명명할 수 있다(김민예숙 · 강김문순, 2004).

이처럼 "재명명"은 동일한 현상에 대해 다른 언어를 사용해 다른 해석을 함으로써 동일한 현상을 '다른' 현상으로 보는 시각을 제공한다. 이는 여성복지 실천의 관계형성에서 실천가는 여성 클라이언트가 말하는 "언어들"에 주목해야 하고, 그 언어들이 여성 클라이언트를 어떻게 규정하고 있는지 파악하고, 필요한 경우 그 현실규정을 다른 언어로 다르게 해석해 반응함으로써 여성 클라이언트와 공감적 관계형성을 이끌어낼 수 있다. "재명명"은 관계형성 단계만이 아닌 사정과 개입 단계에서도 자주 사용할 수 있는 여성복지 실천의 유용한 기법이기도 하다. 한 실천가의 경험을 통해 재명명의 중요성을 생각해보자.

로스(Rose, 2000)는 미카엘이라는 클라이언트와의 장기간에 걸친 실천경험에 대한 회고를 통해 자신의 실천을 반성한 논문을 *Social Work* 저널에 게재하였는데, 여기서 클라이언트의 경험에 특정의 이름을 붙이는 것이 어떠한 효과를 가져왔는지 언급하고 있다. Rose는 미카엘의 반응을 보면서 자신이 얼마나 그동안 타인의 경험에 함부로 이름을 붙이고 그 의미를 해석하는 파워를 휘둘렀는가를 통찰한다.

로스는 미카엘이 가진 감정적, 인지적 측면의 강점을 전혀 보지 못하고 접근하였고, 진단과 치료라는 전문직의 패러다임을 통해 지배를 생산하고 있음을 통찰한다. 여기서 지배란 파워를 소유하는 한 형태, 즉 타인의 실재를 규정, 정의하고 그들의 경험에 해석을 붙여 그 의미를 통제하고 제한하는 것을 의미한다. 그리고 이는 타인이 자신의 경험에 이름 붙일 수 있는 능력을 제한하고 교화하는 것이었음을 알게 되면서 자신이 가진 전문적 지식이 위계적 권력관계에 기반한 것이었음을 확인한다. 더 나아가 파워가 적은 사람의 실재에 이름을 붙이고 그 의미를 해석하는 특권은 폐쇄적 지식체계와 위계 및 전문가주의에 의해 규정되는 고도로 통제되고 위장된 시장과 같은 기능을 한다는 사실을 알게 되면서 사회복지 실천의 미궁에 빠져들었음을 고백한다.

로스는 자신이 학교에서 배운 바대로 전문적 거리를 유지하고 그들의 경험과 자신의 인식을 분리시키다 보니 클라이언트가 경험하는 분노는 그가 처한 사회적 맥락과 연결되지 못하였다는 점을 인식한다. 미카엘과의 실천경험을 통해 "사람들의 정서적 경험과 감정의 강도는 아직은 이름 붙여지지도 행동화되지도 않은 숨겨진 정치적 진실을 가지고 있다"는 점을 알게 된다. 사람들의 경험에 이름을 붙이지 않으면 사람들은 분노와 고통에 침윤된다는 점을, 자신의 감정과 지각에 대해 얘기하고 그것에 이름을 붙이고자 하는 의지가 있었던 미카엘을 통해 깨닫게 된다. 즉, Rose는 모든 억압받는 사람들의 목소리는 감정으로 표현되고 기득권을 가진 사람들이 가진 신념 및 전제와 모순되는 실재를 드러낸다는 점, 따라서 그들의 경험과 목소리는 다른 이름으로 재명명되어야 함을 주장한다.

여성복지 실천에서 여성의 현실에 대한 재명명은 단순히 젠더 관점에서 여성들의 목소리를 반영하는 것만을 의미하지 않는다. 이외에도 재명명은 계층이나 문화의 관점에서도 이루어질 필요가 있다. 중산층에 속한 실천가가 빈곤층에 속한 여성 클라이언트와의 관계형성을 위해 이해해야 할 것은 혹시 중산층이 가진 이해의 틀로 빈곤층 클라이언트를 규정하지는 않는지, 중산층적 문화의 틀로 빈곤층 클라이언트의 행위를 해석하고 정의하지는 않는지에 대한 자기이해이다. 이러한 자기이해로부터 클라이언트의 말과 이야기에 대한 재명명의 힘이 나올 수 있다.

(3) 민주적이고 평등한 관계수립

사회복지 실천에서 실천가와 클라이언트의 "관계"는 실천의 과정 전반을 이끌어가는 핵심수단이다. 여성복지 실천에서 "민주적이고 평등한 관계"를 실천가와 클라이언트의 관계로 규정하는 것은 전통적인 전문적 관계와는 다른 것이다(Hammer & Stathan, 1989). 여성 클라이언트와 실천가 간의 관계를 민주적이고 평등하게 이끌어가는 것은 실천가와 클라이언트 간의 지위상의 차이를 줄이고, 클라이언트를 도움을 받는 자가 아닌 함께하는 파트너로 간주하고, 실천가와 클라이언트 간 관계의 상호성을 수용하는 것을 의미한다. 여기서 실천가와 클라이언트의 "관계"를 관통하는 핵심은 "파워"(*power*)임을 알 수 있다. 즉, 실천가와 클라이언트의 관계에서 파워를 어떻게 설정해야 바람직한 변화를 초래할 수 있는 능력을 가질 수 있는가 하는 문제이다.

여성주의 이론은 "파워"에 대해 관심이 많은데, 여기서 말하는 클라이언트/실천가 간의 관계는 개방적이고 비위계적이고 평등하며 상호호혜적인 특징을 갖는다. 이들은 여성의 자아감 발달에서 애정, 연계, 상호공감을 강조하면서 사회복지 실천에서도 클라이언트와 사회복지사의 관계가 개방되고 비위계적이고 평등적이고 상호성을 강조해야 한다고 말한다. 여성주의 이론가들은 다른 사람과 공유할 수 있는 파워와 누군가에 영향을 미치는 파워를 구분한다. 이러한 파워에 대한 개념이 사회복지 실천가들에게 도전이 되는 것은 클라이언트가 선택하는 것을 지지해야 하고, 클라이언트를 리드하고 지도했던 기존의 역할을 제한해야 하기 때문이다. 또한 실천가와 클라이언트의 위계적 관계를 전제하고 나왔던 실천기법들에도 변화를 가져와야 하기 때문에 도전이 된다(Cohen, 1998).

Bricker-Jenkins(1991)는 실천가들이 직면하는 가장 큰 도전은 누군가를 위해 무슨 일을 해준다는 사고에 저항하고 그들이 돕는 사람의 선택을 지지하는 것이라고 하였다. 더 나아가 '누군가를 위해 한다'는 태도를 자제하는 것이야말로 자신의 자아에 대한 도전이며, 관습적 실천을 포기하는 것이며, 위계적으로 구조화된 전문적 관계에서 자신의 지위에 부여된 공식적 파워를 포기하는 것으로 보았다(Cohen, 1998). 그만큼 클라이언트와의 관계를 민주적이고 평등하게 끌고 가는 것이 어렵다는 것이다.

그럼에도 불구하고 여성복지 실천에서 실천가와 클라이언트 간 관계는 민주성과 평등성, 호혜성을 내포한 파트너십(*partnership*)[5]을 지향한다. 파트너십은 공평한 분배, 파워의 공유를 의미한다. 실천가와 클라이언트의 관계가 파트너십으로 이루어지기 위해서는 다음과 같은 원칙들이 적용되어야 한다(Dalrymple & Burke, 1995, 서진환 등, 2001: 409에서 재인용).

① 누군가를 위해 일한다는 생각에 저항한다.
② 관계형성의 목적을 신뢰관계 구축에 둔다.
③ 클라이언트의 명백한 동의를 얻을 때만 문제를 조사한다.
④ 클라이언트가 명백히 동의했거나 법적 필요성이 있을 때만 행동화한다.
⑤ 모든 활동은 실천가의 가설이나 편견이 아닌 클라이언트의 관점과 욕구와 이에 대한 양자 간의 협상에 근거해 전개한다.
⑥ 가능한 한 클라이언트의 자율성을 촉진한다.
⑦ 클라이언트의 문제정의를 수용한다.
⑧ 클라이언트가 법적으로 강요된 경우라도 그에게 최대한의 선택권을 준다.
⑨ 전문가 혼자서 프로그램을 계획하지 않고 클라이언트와 함께 작업한다.

5) 반면 파트너십의 반대편에 있는 멘토십(*mentorship*)은 불평등에 상호동의한 관계이다. 멘토십 관계에서 클라이언트는 자신의 삶에 대한 결정을 내릴 권위를 사회복지사에게 부여하며, 멘토의 지위에 있는 사람은 지식, 지혜, 통찰을 전하며 교사와 안내자 혹은 역할모델이 된다(Cohen, 1998).

(4) 사건에 대한 클라이언트의 의미 확인

사회복지 실천은 일반적으로 과학적 지식과 기술을 클라이언트에 적용하는 것으로 여겨지지, 클라이언트의 "의미"(*meaning*)를 실천의 중심으로 여기지 않는다. 그래서 사회복지 실천가는 과학적 방법에 의해 산출된 다양한 지식과 기술을 도구로 욕구를 가진 클라이언트를 돕는 전문가로 인식되고 있다. 여기서 과학적 지식은 가치나 이해관계, 편견이 배제된 객관성을 견지해야 하는 것으로 여겨지는데, 대부분의 사회복지 실천이 기술적이고 합리적인 접근을 한다고 얘기되는 것은 바로 이런 점 때문이다.

그러나 사회복지 실천에 대한 이러한 과학적, 합리적 패러다임이 사회복지 실천의 모든 국면에 전적으로 적용되는 것은 아니다. 과학적 지식과 기술의 담지자로서의 사회복지 전문직에 이견을 가진 연구자들(Goldstein, 1990; Heineman, 1981; Imre, 1982; Saleebey, 1979)도 많다. 이들은 세계는 자신이 가진 신념이나 사회계급, 문화적 뿌리, 성격, 성을 초월하여 경험될 수 없기 때문에 지식의 구축이나 활용은 역동적이고 변화하는 정치적 과정으로 이해되어야 한다고 주장한다(김인숙, 2004: 54에서 재인용).

이러한 주장은 사회복지 실천이 전적으로 과학적 지식과 기술에만 의존하여 클라이언트를 돕는 것은 아니라는 견해와 맞닿아 있다. 즉, 사회복지 실천은 실천가가 과학적 지식과 기술을 기계적으로 적용함으로써만 이루어지는 것이 아니라 실천가, 클라이언트, 자원체계와의 관계를 통해 형성되는 사회적 상황 속에서 "구성"될 수 있다는 것이다. 여기서 관계를 통해 구성된다는 것에는 각 관련체계들의 "의미"의 결합과 구성이 포함되어 있다. 즉, 실천가나 클라이언트가 해당상황이나 사건에 대해 갖는 "의미"와 그 의미들의 결합에 주목하는 것이 사회복지 실천의 중요부분이 될 수 있다는 것이다.

이러한 입장에서 보면, 사회복지 실천가는 자신의 현실인식의 틀만이 아니라 클라이언트가 구성하고 있는 세계가 어떤 것인지, 즉 그들이 구성하는 "의미"의 세계가 어떤 것인지를 아는 것이 매우 중요하다(김인숙, 2004). 스코트(Scott, 1989)는 "의미구성과 사회복지 실천"이라는 논문을 통해 사회복지 실천에서의 의미의 구성을 주장하였고, 이어 살리베이(Saleebey, 1994)는 사회복지사와 클라이언트에 의해 이루어지는 다양한 문화적 의미체계가 만나는 지점에서 사회복지 실천이 발견된다고 하였다. 또한 포자텍(Pozatek, 1994)과 그린(Green), 젠슨(Jenson), 존스(Jones) (1996)는 사회복지 실천가는 그들이 가진 확고한 전문가적 입장을 버리고 다른 것들을 이해하려고 노력해야 한다고 하였다. 이들은 모든 사회복지 실천가가 전문가로서 해야 할 일은 "의미"를 재구성하는 것이어야 한다고 사회복지 실천을 재규정하였다(Chambon, Irving & Epstein, 1999). 이들은 곧 사회복지 실천이 의미화 작업의 일환이 될 수 있는 가능성을 시사한다(김인숙, 2004: 56에서 재인용).

이처럼 클라이언트가 처한 상황이 실천가의 과학적 지식의 틀로 규정되는 것이 아니라, 클라이언트가 그 상황과 사건에 대해 갖는 "의미"를 통해 해석되고 정의되는 것은 여성복지 실천의 관계형성 과정에서 중요하다. 이것을 중시하는 기저에는 클라이언트에게서 온 지식이 가치 있고 중요하다는 전제가 깔려 있기 때문이다(서진환 외, 2001). 이것은 앞서 언급한 강점 관점에서 클라이언트의 능력에 대한 믿음과도 연결되어 있고, 실천가와 클라이언트 간 관계를 위계적이 아닌 평등하고 상호적으로 규정하는 것과도 긴밀히 연관되어 있다.

사건에 대해 클라이언트가 어떤 의미를 부여하고 있는지 파악할 수 있는 가장 좋은 방법은 클라이언트 자신의 얘기로 말하게 하는 것이다. 그가 하는 말과 언어를 주목하여 경청하고 그가 얘기 속에 어떤 의미를 부여하는지 파악해야 한다. 흔히 전문가적 역할을 중시하는 실천가는 클라이언트의 말이나 얘기가 아닌 자신의 말과 지식으로 클라이언트의 어려움을 규정하려는 경향이 있다. 여성복지 실천은 클라이언트의 가치와 능력을 신뢰하며 이에 부합하는 실천방법을 발전시키고 있다.

(5) 여성복지 실천가와 클라이언트의 공통점과 차이점 인식

사회복지 실천에서는 사회복지사와 클라이언트 간의 공통점에 강조를 두지 않는다. 공통점을 인식한다는 것은 과도한 자기동일시와 과도한 감정적 관여를 하게 되고, 따라서 클라이언트의 문제에 '객관적으로' 반응하지 못하는 결과를 가져온다고 여겨지기 때문이다. 그러나 사회복지 실천에서 널리 퍼져 있는 차이에 대한 강조와는 달리, 여성복지 실천에서는 실천가와 클라이언트 사이에 존재하는 공통점에 대한 인식이 매우 중요하다.

여성 사회복지사와 여성 클라이언트 간에는 공통점이 있다. 이들은 여성이라는 존재로 구분된다는 공통점이 있다. 즉, 남성과의 관계, 자녀와의 관계, 핵가족 내에서 산다는 것, 고용의 가능성과 노동조건, 그리고 여성에게 가해지는 일반적인 문화적 기대와 압력이 이들을 묶어주는 공통점이다. 좀더 구체적으로 여성 사회복지사와 여성 클라이언트의 공통점을 확인해주는 지점들을 살펴보면 다음과 같다. ① 생물학적 여성으로 인한 생활경험이 젠더로서의 여성에 미치는 영향 중 문제가 되는 것, ② 가정과 일이라는 이중의 역할수행으로 인한 생활의 공적, 사적 영역의 분리, ③ 남성과의 관계 및 이것이 여성의 공적, 사적 세계에 미치는 영향, ④ 모(母)가 된다는 것 및 의존자를 돌보는 것, ⑤ 여성이 여성과 갖는 관계, ⑥ 사회가 여성에 미치는 영향 등이다(Hammer & Stathan, 1989).

이러한 공통점이 여성복지 실천에서 중요한 이유는 이들이 실천을 위한 하나의 자원과 강점을 제공하기 때문이다(Hammer & Stathan, 1989). 만일 이들 공통점에 대한 인식이 없으면 실천가와 클라이언트는 대처능력이 있는 사람과 없는 사람, 파워가 있는 사람과 없는 사람으로 이분화되어 여성복지 실천에서 지향하는 클라이언트와 실천가 간의 파트너십 형성을 어렵게 한다. 따라서 이러한 공통점들에 대한 인식을 통해서만이 평등하고 협력적인 여성 클라이언트와의 관계형성이 가능하고, 여성 클라이언트가 직면하고 있는 상황에 대한 진정한 사정이 가능하다.

여성 사회복지사와 클라이언트의 공통점들을 실천의 일부분이 되게 하려면, 그러한 공통점에 대해 부끄러워하거나 당황해서는 안 되고 이들 공통점을 실천의 과정 속에 끌어들일 필요가 있다. 또한 여성 사회복지사와 클라이언트가 가진 공통점을 실천의 사고와 계획 속에서 개방하기 위해서는 개인이나 집단 차원에서 이들을 분명히 하는 것이 필요하다. 즉, 여성이 가진 공통점들을 사회복지 실천의 의식적 부분으로 인식하는 것이 필요한 것이다(Hammer & Stathan, 1989).

이들 공통점에 대한 인식만큼 중요한 것은 여성 사회복지사와 여성 클라이언트 사이에 존재하는 차이이다. 차이점은 여성 사회복지사와 클라이언트 사이에만 있는 것은 아니고 클라이언트 사이에도, 여성 사회복지사 사이에도 존재한다. 그리고 이들간에 어떤 차이점이 존재하는지를 한마디로 얘기하기도 어렵다. 그러나 여성 사회복지사와 여성 클라이언트 간에 존재하는 대표적 차이는 고용상태 혹은 계층적 상이함으로 인한 차이이다.

여성 사회복지사와 여성 클라이언트는 그 직업상 지위가 다른데, 사회복지사는 전문적 지위에 있기 때문에 다양한 혜택을 받을 수 있지만, 여성 클라이언트는 대부분 저소득계층이기 때문에 직업 내 혹은 노동시장 내에서 차별을 받는다는 점에서 다르다. 문제는 이러한 계층적 차이가 사회복지사로 하여금 전문직이 가져다주는 여러 가지 이익에 대한 죄책감을 갖게 하고, 이는 다시 여성 클라이언트와의 거리감을 만들어 내어 여성들간에 공통점이 있다는 점을 무시하게 한다는 것이다. 여성 사회복지사와 여성 클라이언트의 경험의 차이는 남녀관계의 질에도 존재한다. 여성 사회복지사는 클라이언트와의 관계에서는 자신감 넘치고 힘 있게 보이지만 가정에서 남성과의 관계에서는 클라이언트가 경험하는 것과 유사한 문제를 가지고 있을 수 있기 때문에 이 양자 사이에서 분열되어 있을 수 있다는 점이다(Hammer & Stathan, 1989).

여성 사회복지사와 여성 클라이언트의 공통점과 차이점에 대한 인식은 여성복지 실천의 관계형성에서부터 사정과 개입에 이르는 일련의 과정에 중요한 영향을 미친다. 우리는 우리 자신과 우리의 클라이언트 사이에 존재하는 공통점과 차이점이 사회복지 실천을 위한 풍부한 자원이 된다고 생각하는 것에 익숙해 있지도 또 훈련돼 있지도 않았다. 이러한 공통점과 차이점이 사회복지 실천에 유용하게 사용되기 위해서는 이것의 중요성이 새롭게 인식되고 개념화되어야 한다.

2) 조사 및 사정 단계

조사 및 사정 단계는 개입 이전에 클라이언트 문제의 핵심과 본질이 무엇이며, 클라이언트가 가진 능력과 자원이 무엇인지 확인하여 개입을 위한 지도를 그리는 과정이다. 따라서 사정 단계에는 이를 위한 자료를 수집하고 목표와 그에 따른 지표들을 선택하는 작업이 포함된다. 여성복지 실천은 이 과정에 영향을 미칠 수 있는 다양한 편견(*bias*)들에 민감할 것, 그리하여 다양한 편견으로부터 자유로운 상태에서 사정할 수 있어야 함을 강조한다. 특히 성편견(*gender bias*)이 사정과정에 미칠 수 있는 영향에 주의를 기울일 것을 강조한다.

여성복지 실천가가 성편견으로부터 자유로운 상태에서 사정하기 위해 가장 중요한 것은 실천가의 해석이나 설명이 아닌 클라이언트의 언어를 중심으로 기술적(*descriptive*) 언어를 사용하는 것이다. 예를 들어, 클라이언트가 '나의 파트너가 더 이상 나를 사랑하지 않는다'고 하면, 실천가는 '파트너'와 '사랑'에 대해 더 묘사하도록 하고 부언설명하도록 한다. 실천가의 기술적(記述的) 언어사용은 사례보고와 임상적 판단에 대한 성편견을 줄이는 데 중요하다. 어떤 연구에 의하면, 전통적이고 스테레오타입화된 성역할에서 벗어난 남녀 클라이언트를 덜 적응적이며 상담이 요구되는 사람으로 진단했다고 한다(Richey, 1987).

여성복지 실천의 사정과정에서 성편견의 영향을 제어할 수 있는 또 다른 방법은 클라이언트와 실천가 양자가 목표를 구체화하여 결정하는 것이다. 여성을 위한 실천목표는 그 달성과정이 측정될 수 있을 정도로 구체화하여 실천가와 클라이언트 양자가 결정하는 것이 중요하다. 모호하게 규정된 목표는 성편견을 갖게 할 수 있으며, 여성으로 하여금 사실은 그렇지 않은데도 상황이 향상되고 있다는 생각을 갖게 한다. 여성복지 실천가는 목표의 달성과정을 측정가능하도록 구체화함으로써 잠재적 성편견의 영향으로부터 자유로울 수 있다(Richey, 1987).

여성복지 실천의 "조사 및 사정" 단계에서 실천가가 고려해야 하는 주요방법은 클라이언트의 맥락을 중시하는 것, 여성 클라이언트의 강점과 건강성을 강조하기, 의식향상의 필요성을 확인하기, 비합리적인 도구도 사용할 수 있음을 허용하기 등이다. 이들 방법은 기존의 사회복지 실천의 조사 및 사정 단계에서 사용되는 방법과 공통된 부분도 있지만, 동시에 일반적 사회복지 실천에서는 강조하지 않거나 간과하는 부분도 포함되어 있다. 바로 이 점이 여성복지 실천의 조사 및 사정 단계가 갖는 특수성이다.

(1) 클라이언트의 맥락을 중시

"맥락"(*context*)이란 특정사건이나 행위가 어떤 의미를 갖는가를 결정하는 가장 핵심적인 요소이다. 맥락의 구조와 모양새 여하에 따라 사실과 진실이 새롭게 구성되기 때문이다. 예를 들어보자. 최근 티베트인들의 독립운동이 가시화되면서 중국과의 갈등이 심화되자, 중국에서 인기 있었던 어느 콜라 광고(티베트 승려를 연상시키는 광고 속의 승려들이 스키를 타고 내려오면서 '희망을 잊지 말자'는 구호를 외침)는 갑자기 중국인들에게 불매운동의 대상이자 증오의 대상으로 변화되었다. 즉, 그 콜라는 티베트 사태가 있기 전 호감의 대상이었지만 티베트 사태라는 중국과 티베트의 정치적 관계의 변화와 더불어 중국인들에게 증오의 대상이 된 것이다. 이는 중국과 티베트의 정치적 관계의 변화라는 맥락이 중국인들에게 콜라의 의미 변화를 가져온 것으로 볼 수 있다. 이와 마찬가지로 결혼 전에 "돌봄"을 아이에 대한 사랑의 표현으로 인식하던 여성이 결혼 후 아이에 대한 돌봄을 전담하면서 돌봄이 “우울”의 신호탄이라는 인식을 갖게 된 경우, 결혼 전과 후라는 맥락 여하에 따라 그 여성에게 아이 돌봄의 의미는 전혀 달라졌다.

이처럼 클라이언트의 문제는 그녀가 서 있는 조건과 환경이 어떤 것이냐에 따라 달리 규정될 수 있다. Rose(1990)는 임파워먼트의 중요한 실천원칙으로 “맥락화”를 주장하였다. 여기서 “맥락화”는 사회복지사의 전제나 방침보다 클라이언트 나름의 이해에 초점을 맞추고, 클라이언트의 현실에 기반하여 대화를 열어가는 것을 말한다(서진환 외, 2001). 이 말은 곧 여성 클라이언트가 처한 구체적 조건과 환경이라는 현실에 주목하여 그 현실이 여성 클라이언트에게 어떻게 이해되고, 어떤 의미를 가지는가를 초점으로 사정이 이루어져야 함을 의미한다.

일반적으로 사회복지 실천에서 여성은 흔히 자존감이 결여되어 있고 우울하며 자신감과 동기가 결핍되어 있는 존재로 간주된다. 여기에는 여러 가지 요인이 작용했겠지만, 흔히 간과되는 것 중의 하나가 가족 내에서 여성의 지위에 대한 분석이다. 흔히 여성들은 가족 내에서의 열악한 지위와 과도한 책임을 자신의 실패로 받아들이는 경향이 강하다. 이러한 경향성은 여성을 죄의식과 열패감으로 이끌고 이는 여성의 자존감과 정체감을 손상시킨다. 여성의 낮은 자존감은 부정적인 사회적 신념에 대한 단순한 반응이 아니다. 자기가 소속한 집단이 열등한 존재로 취급되는 것은 그 집단의 문화와 인간으로서의 타당성을 부정하는 것으로 이어진다(Hammer & Stathan, 1989).

이처럼 여성들의 낮은 자존감이 어떠한 맥락에서 형성된 것인지에 대한 이해는 여성 클라이언트를 사정하는 데 있어 매우 중요하다. 이러한 맥락에 대한 이해를 배제할 경우, 그 여성 클라이언트가 겪는 우울감이나 정서적 행동은 규범에서 벗어난 이상한 행동으로 규정되고 그에 따른 개입계획을 수립하게 된다. 여성복지 실천에서는 개인의 병리에 초점을 둔 의료화 과정이 정신외적 압력(예를 들면, 성차별주의로 인한 성적 스트레오타입과 조건화 및 차별화, 빈곤 등)을 무시하고 그 탓을 여성들에게 돌리는 기제가 작동하고 있음에 주목하는데, 이는 클라이언트의 "맥락"을 사정과정에 반영하지 않는 것으로 볼 수 있다. 그리고 실천의 사정과정에서 여성 클라이언트의 "맥락"을 중시하는 태도에는 클라이언트가 경험하는 문제에 대한 사회학적 시각을 수용하고 클라이언트와 맥락과의 관계를 권력 차원에서 분석하는 의미가 내포되어 있다(Gottlieb, 1980; Jordan & Parton, 1983).

(2) 강점과 건강성을 강조

여성복지 실천은 인간에 대한 긍정적이고 낙관적인 인식을 바탕으로 인간이 가진 문제나 병리적 특성을 제거하려는 노력보다는 그의 잠재 가능성이나 강점, 건강함, 자생적 치유능력 등을 발굴하여 이들을 강화하는 방향으로 접근하는 특성을 갖는다. 이는 클라이언트를 문제화, 병리화함으로써 그의 자생능력과 힘을 거부하고 외부의 전문적 지원만이 문제를 해결할 수 있다는 전통적 사회복지 실천에 비해 보다 용이하게 자원에 접근할 수 있게 하였다. 특히 사회복지 실천 현장에서조차 남성 클라이언트에 비해 무기력과 무능력한 존재로 인식된 여성 클라이언트에게 특별한 의미를 갖는다. 즉, 여성도 자생적이고 잠재적인 개발 및 치료능력과 건강성을 가지고 있음을 제시함으로써 여성 클라이언트에 대한 기존인식을 전환하였다(김인숙, 2000).

강점과 건강성을 강조하는 실천적 접근에서 가장 고려해야 할 점은 여성이 가진 성역할 스테레오타입이 평가절하되는 경향이다. 여성이 가진 성역할 스테레오타입에 대한 평가절하는 여성이 가진 강점 및 대처능력과 같은 자산을 평가절하하기 때문이다. 따라서 여성 클라이언트의 경우 이들이 가진 자산을 확인하고 이를 사정하는 것이 특히 중요하다.

성역할 사회화와 이로 인한 여성에 대한 기대는 여성 클라이언트의 대처기술에 영향을 미친다. 예를 들어, 여성은 스트레스의 근원을 관리하고 변화시키기보다는 상황 속에서 그들의 정서적 반응을 조정, 규제하도록 훈련받고 장려된다. 그런데 이러한 훈련은 문제해결만이 아니라 감정을 조정하는 기능을 수행한다. 또한 여성에 대한 평가절하는 여성 클라이언트가 가진 지지적 자원동원 능력을 간과하기도 하는데, 예를 들어 여성 클라이언트의 남편 및 그 가족과 관련한 지지의 근원에 대해 묻지 않음으로써 여성의 환경에 내재되어 있는 잠재적 지지자를 빠뜨리는 것이 그것이다(Richey, 1987).

또한 여성에게 사회적으로 기대되는 것에는 돌봄을 전문적으로 하는데 필요한 기술들이 있다. 이 기술들은 여성성과 연관되어 있어서, 만일 가족에게 돌봄을 제공할 수 없는 여성들은 자신이 '여자답지 못하다'고 느낀다. 반면 같은 상황이라도 남성의 경우는 '훈련되지 않았다'고 말한다(Hammer & Stathan, 1989). 여성에 대한 이러한 사회적 기대와 통념은 여성복지 실천 과정에서 여성 클라이언트가 가진 강점과 건강성을 보지 못하게 하고 여성을 병리화시키는 결과를 가져온다.

그러나 여성 클라이언트들은 개인적, 사회적 영향으로 인해 자신들이 가지고 있는데도 불구하고 스스로 생각조차 못하는 어떤 힘을 가지고 있는 경우가 많다. 그들에게 새로운 가능성이 제시되지 못하고 오히려 그들의 잘못을 지적받음으로써 자신들이 가진 잠재능력을 제대로 사용하지 못하고 있는 것이다(서진환 외, 2001). 그러므로 여성복지 실천가는 인간능력에 대한 믿음을 회복하고, 이를 기반으로 여성 클라이언트의 감정적 · 인지적 · 자원 측면의 강점을 확인하고, 클라이언트로 하여금 자원을 보게 하고 자신을 자원으로 볼 수 있게 해야 하며, 희생자 비난(*blaming the victim*)이 아닌 환경의 영향을 검토해야 한다. 또한 모든 사람은 할 수 있는 능력을 가지고 있고, 이는 스스로의 경험을 통해 고양될 수 있다는 관점으로 클라이언트를 긍정적으로 조망하고 사정해야 한다.

(3) 의식향상의 필요성 확인

여성복지 실천의 사정 단계에서 고려해야 할 중요한 사안으로는 여성 클라이언트에게 의식향상(CR: *consciousness raising*)의 필요성이 있는지를 확인하는 것이다. 의식향상은 1960년대 여성운동의 재각성과 함께 여성이 가진 '이름 없는 문제'(Friedan, 1963)로 인해 야기된 불안한 압박감을 인식한 데서 나왔다(김인숙 외, 2000: 163에서 재인용). 의식향상은 여성의 이 불안한 압박감의 근원을 개인의 병리나 내적 역기능에서보다 사회적인 데서 찾아보려는 시도이다. 여성의 '심리 내적' 문제는 종종 외부적 조건으로 인해 발생한다는 판단, 성적이고 물리적인 폭력경험에 대해 여성을 비난하고 여성에게 책임을 전가하는 태도에 대한 도전, 여성의 상호의존과 관여를 병리화하는 것에 대한 거부, 가족기능에서의 '어머니 비난하기'에 대한 거부(김민예숙·강김문순, 2004: 34) 등이 대표적 예들이다.

이렇게 볼 때 의식향상은 여성 클라이언트들 속에 내면화된 "이즘"(*ism*)의 영향을 확인하고, 개인과 사회가 분리된 것이 아니라 서로 긴밀히 연결되어 있다는 점에 주목하는 것이라고 할 수 있다. 예를 들면, 우리 사회에는 무엇이 여성에게 있어 행복한 것이며, 사회적으로 옳은 것인지를 지배하는 원칙과 규범들이 널리 퍼져 있다. 즉, 남자와 같이 살아야 하고 아이가 있어야 하며 돌봄이 필요한 가족원에 대한 책임을 떠맡아야 한다는 것이 그 예이다. 여성 클라이언트가 이러한 사회의 지배적 원칙과 규범을 깊이 내면화하고 있는 경우, 그렇게 할 수 없는 상황에 처한 여성은 스스로 자신에게 낙인을 부여하고 죄책감과 좌절감 속에서 자신의 생활패턴을 이어가게 된다.

여성복지 실천을 수행하는 사회복지사는 이러한 여성을 억압하는 생활패턴과 이념을 알아야 하고, 이를 클라이언트를 이해하는 도구로 사용해야 한다. 즉, 여성복지 실천가는 여성 클라이언트에 대한 사정과정에서 가부장적 이념을 비롯한 다양한 사회적 요구가 이들 여성에게 어떤 영향을 주는지, 그로 인해 여성들이 어떤 고통과 왜곡 속에서 살아가는지에 대해 생각해보고 이를 사정과정에 반영해야 한다. 이것이 사정과정에서 여성 클라이언트에 대한 의식고양의 필요성을 확인하는 가장 중요한 방법이다.

그러나 불행하게도 이와 관련하여 사회복지 전문직에 대한 기존의 평가는 그리 호의적이지 않다. 사회복지 전문직은 사회가 바람직한 것으로 간주하는 여성으로서의 행동을 통제하고 평가하여 여성들이 부인, 어머니, 보호자로서의 역할을 더 잘 수행하도록 함으로써 가부장적 제도와 기성의 사회적 규범에 너무 자주 응하는 기존 사회구조를 정당화하는 사회의 축소판이라는 것이다(Hammer & Stathan, 1989).

예를 들어, 아동학대 문제에 있어 사회복지 실천가들은 집에 있는 어머니에 대해서는 주목하지만, 아버지에 대해서는 관심을 갖지 않는 경향이 있어 아버지에 대한 정보를 잘 모르는 경우가 많다. 이 경우 어머니에게는 '좋은 엄마'라는 기성의 관념이 작용하지만, 아버지에게는 '좋은 아버지'라는 관념을 적용하지 않는 것이다. 이처럼 사회복지 실천가는 그들의 사정과정에서 '좋은 아버지' 개념을 사용하지도, 적용하지도 않는다는 비판이 제기되고 있다(Hammer & Stathan, 1989).

더 나아가 그들이 방문하는 가정에 대해 부성(*fatherhood*)을 평가하거나 개선시켜야 된다고 생각하지 못한다. 어머니를 주된 관심의 대상으로 간주함으로써 자녀의 실패나 가족의 결손에 책임 있는 사람은 어머니라는 관습화된 사회적 관념을 재생산하는 역할을 한다. 여성만 적절하고 건강하면 모든 것이 잘될 것이라는 합리화를 통해 문제를 해결하려는 이른바, '악당'의 역할을 여성에게 맡기는 식이 사회복지 실천가들 사이에서 이루어진다는 것이다(Jordan & Parton, 1983).

그러나 한편으로 사회복지 실천가들이 자신과 클라이언트에 내면화된 이즘(*ism*)의 영향을 인식하여 의식고양의 필요성을 확인하는 것은 매우 힘든 과정이다. 그렇기 때문에 이에 대해 공감과 동정이 주어지기도 한다. 이런 점에서 여성복지 실천은 기존의 사회복지 실천에 도전적이라고 말할 수 있다.

> '행복한 아내'는 아내의 돌봄 행위가 미화되는 사회적 과정을 통해 이루어진다. 그런데 이러한 장치는 개인적 선택이 아닌 사회적 멘데이트로 이해해야 하는데 그러기는 쉽지 않다. 여성과 남성은 모두 이러한 사회적 멘데이트로 인해 부정적 영향을 받는다. 책임을 맡은 사람이나 요보호자가 사회적으로 안정된 생활방식이 해로운 영향을 끼친다는 사실을 듣고 싶어 하지 않는다(Burnard & Gottlieb, 1987).

(4) 비합리적 도구의 활용

사회복지 실천은 일반적으로 과학적 지식과 기술, 그리고 가치에 의해 조형되는 것으로 알려져 있다. 즉, 사회복지사는 핵심이 되는 사회적 가치에 기반해 과학적 방법에 의해 산출된 다양한 지식과 기술을 도구로 욕구를 가진 클라이언트를 돕는 전문가로 인식된다. 대부분의 사회복지 실천이 기술적이고 합리적인 접근을 한다고 얘기되는 것은 바로 이러한 바탕에 근거를 두기 때문이다(김인숙, 2004: 53~54 재인용).

그러나 사회복지 실천에 대한 이러한 과학적, 합리적 패러다임이 사회복지 실천의 모든 국면에 전적으로 적용되는 것은 아니다. 과학적 지식과 기술의 담지자로서의 사회복지 전문직에 이견을 가진 연구자들도 많다. 이들은 세계는 자신이 가진 신념이나 사회계급, 문화적 뿌리, 성격, 성을 초월하여 경험될 수 없기 때문에 지식의 구축이나 활용은 역동적이고 변화하는 정치적 과정으로 이해되어야 한다고 주장한다. 이러한 주장은 사회복지사는 사회복지 실천의 과정에서 전적으로 과학적 지식과 기술에만 의존하여 클라이언트를 돕는 것은 아니라는 견해와 맞닿아 있다. 즉, 사회복지 실천은 사회복지사가 과학적 지식과 기술을 기계적으로 적용함으로써만 이루어지는 것이 아니라는 것이다(김인숙, 2004).

여성복지 실천은 이러한 입장을 수용한다. 즉, 여성복지 실천은 합리성, 과학성, 효과성을 강조하는 기존의 사회복지 실천에 대안으로 제시되는 다양한 원리와 방법을 수용한다. 이를 여성복지 실천의 사정

과정에 적용하면, 여성 클라이언트의 문제를 사정할 때 합리적이고 과학적인 도구만을 사용해야 한다는 암묵적 전제에서 벗어나 비합리적, 비과학적인 것으로 간주되는 도구를 사용할 수 있다는 점을 수용하는 것이다. 사회복지 실천가가 가진 과학적 지식에 근거해 클라이언트의 문제를 사정하는 것이 아니라, 클라이언트가 말하는 꿈이나 환상, 내러티브 등 비합리적이고 비과학적으로 보이는 실마리들에 주목하여 클라이언트의 문제를 사정할 수 있음을 수용하는 것이다. 최근에 사회복지 실천에서 "구술사"(*oral history*)를 활용해 조사와 사정, 그리고 개입의 방법을 제시하고 있는 것은 그 한 예로서(이효선, 2005), 사회복지 실천에 다양성을 불어넣음으로써 클라이언트 문제에 대한 사정을 보다 풍부히 할 수 있다는 점에서 여성복지 실천의 방법과 맥을 같이한다.

사실, 클라이언트가 내비치는 비합리적이고 비과학적인 것들은 기존의 사회복지 실천에서는 무시되었다. 현대는 과학의 시내, 합리의 이성의 시대로 각인되었고, 그 결과 과학과 합리는 모든 것의 "중심"으로 자리잡았다. 여성주의는 이 "중심"이 "주변"을 대표하는 여성에게 행하는 폭력성을 통찰함으로써, 그리고 "주변"에 내포된 풍부한 의미들을 발견해냄으로써 "중심"에서 벗어난 다양한 "주변적" 방법을 "중심"으로 끌어들였다. 여성복지 실천은 여성주의가 획득한 이러한 성과를 적극 수용한다. 여성복지 실천에서 강조하는 클라이언트의 강점과 권력에 대한 인식을 보다 명확히 하기 위해 꿈이나 환상, 내러티브와 같은 비합리적 도구를 사용하는 것도 이러한 이유에서이다.

3) 지속적 개입 단계

여성복지 실천의 과정에서 젠더 이슈는 지속적 개입 단계에서도 적용된다. 가장 먼저 생각할 수 있는 것은 실천가의 개입역할에 대한 재검토이다. 일반적으로 사회복지 실천가는 실천과정에서 매개자, 촉진자, 훈련가, 치료가, 옹호자, 상담가, 교육자 등의 다양한 역할을 수행하게 되는데, 젠더에 대한 고려는 이러한 개입역할의 선택에 영향을 미친다. 예를 들어, 여성은 의존적이고 수동적이고 정서적이라는 정형화된 전제를 갖는 실천가는 여성 클라이언트에게 좀더 적극적이고 충고를 주고 보호적 역할을 하게 한다(Richey, 1987).

또한 개입 단계에서 젠더에 대한 고려는 개입모형의 선택에도 영향을 준다. 여성복지 실천에서는 개인적 접근보다는 집단적 접근을 선호하는데, 그 이유는 집단성원들의 공동경험을 이해하고 고립을 감소시키고 여성들의 관심사를 사회정치적 맥락에서 보며 현실적 변화를 성취하는 데 유효하기 때문이다. 개인치료와 같은 개별적 접근은 여성이 대인관계상의 불안이 고도로 높을 때 사용되며, 부부나 가족에 대한 개입 시 실천가의 역할이 고정화된 성역할을 강화할 수 있을지 모른다는 점을 유념할 것을 강조한다. 아울러 클라이언트를 수혜자, 치료를 받는 사람으로서가 아니라 파트너로 보도록 강조한다.

이처럼 여성복지 실천의 개입 단계는 기존의 사회복지 실천에서 강조하는 다양한 기법과 방법을 인정하고 수용하지만, 동시에 '젠더'라는 관점을 견지하여 개입과정에서 여성 클라이언트에 대한 새로운 이해와 그에 따른 기술을 증가시킬 것을 요구한다. 이를 위해 여성복지 실천가는 실천가의 다양한 개입역할 중 자신이 선호하는 기술(*skills*)이 어떤 의미를 가지는지 탐구해야 하고, 비성차별적 집단개입과 가족개입에 필요한 기술들을 익히고 향상시켜야 하며, 그러한 개입의 효과성을 구체적 지표를 가지고 평가해볼 필요가 있다. 여기서는 여성복지 실천의 개입 단계에서 강조하는 몇 가지 방법적 원리를 소개하고자 한다.

(1) 과정을 결과만큼 중시

사회복지 실천에서 "과정"을 강조하는 이론적 기반은 여성주의 이론과 임파워먼트 이론이다. 여성주의 이론과 임파워먼트 이론은 서로 다른 이론적 전통과 연구체계에서 발전되었지만, 그 가치와 전제에 있어 많은 부분이 같다. 그중의 하나가 결과만큼 과정을 중시한다는 것이다. 여성복지 실천은 지속적 개입과정에서 "과정"을 중시하는 방법적 원리를 채택한다.

사회복지 실천에서 임파워먼트는 "클라이언트가 지속적으로 자신이 원하는 것을 산출해낼 수 있도록 지지하는 하나의 대화과정"이다. 그러므로 임파워먼트를 지향하는 여성복지 실천은 파워(*power*)를 동원하는 데 초점이 있다. 즉, 개인과 가족, 지역사회가 자신들의 상황을 향상시키기 위한 조치를 취할 수 있도록 개인적, 관계적, 정치적 차원의 파워를 증가시키는 것이다. 이를 클라이언트와 실천가와의 관계에 적용하면, 클라이언트가 정의한 문제와 목표, 협동, 파워의 공유와 자원동원을 강조하고, 클라이언트는 자신들에게 영향을 미치는 모든 의사결정의 핵심이라는 점을 강조하는 것이다(Cohen, 1998). 따라서 여성복지 실천의 개입에서 과정을 중시한다는 것은 협동과 합의를 끌어내는 의사결정을 촉진하고, 파워의 공유와 자원동원 과정을 통해 클라이언트의 힘을 기르는 의미를 가진다.

여성복지 실천에서 "과정"은 임파워먼트의 과정과 마찬가지로 개인, 관계, 지역사회 수준에서 일어날 수 있는 것으로, 집단의식의 개발이나 자기비난의 감소, 사회변화에 대한 개인의 책임인식, 자기효율성의 증진으로 언급된다. 이를 위해 여성복지 실천가는 협동적이고 신뢰할 만하고 파워를 공유하는 원조관계를 형성하고, 소집단을 활용하고, 계급과 파워에 대한 클라이언트의 의식을 고양시키고, 변화과정에 클라이언트를 적극적으로 관여시키고, 원조관계에서 클라이언트가 파워 있다는 느낌을 경험하게 하는 등 다양한 접근을 시도할 수 있다(Gutierrez & Glan, 1995).

여성 클라이언트를 임파워시키는 "과정"에서는 참여시키기, 자아정체성 발전시키기, 동등한 파트너로 참여하기 등이 핵심적이다. 특히 "참여시키기"는 여성복지 실천이 클라이언트 중심적이고 클라이언트와 실천가의 파워를 공유하게 하는 중요한 방법으로서, "참여적 과정"이라 부를 만큼 과정을 중시하는 입장에서는 중요한 전략이다. 반면에 과정과 대비되는 "결과"란 이러한 임파워 과정의 결과를 말하는데, 통제력과 자원동원 기술을 획득한다든가, 관계망을 개발한다든가, 조직간 제휴를 획득한 상태를 가리킨다(Zimmerman, 1995).

이렇게 여성복지 실천의 "과정"에 주목함으로써 실천가는 여러 가지 이점을 얻을 수 있다. 첫째, 클라이언트의 관점과 목소리를 실천에 적극적으로 반영할 수 있다는 점이다. 즉, 실천가인 외부자의 시각으로 클라이언트의 문제에 개입하던 것에서 클라이언트인 내부자의 시각으로 개입하게 되는 이점을 갖는다. 둘째, 특정 실천적 개입의 역사성과 맥락성, 총체성을 보게 함으로써 보다 포괄적이고 섬세한 개입접근을 가능하게 한다는 점이다. 셋째, 실천적 개입의 과정이 단선적이거나 선형적이지 않고 반복적, 순환적일 수 있는 가능성을 보게 함으로써 개입계획과 행위를 보다 유연하게 적용하게 한다는 점이다. 여성복지 실천의 개입과정은 선형적일 수도 있지만, 많은 경우 순환적, 반복적 과정을 거친다. 과정을 중시함으로써 실천적 개입이 시간의 경과에 따라 진보만 거듭하는 것이 아니라 진보와 퇴보 혹은 퇴행의 과정을 순환, 반복하거나 특정과정을 건너뛰는 "점프"의 과정을 거친다는 점을 알게 되는 것이다. 마지막으로, 실천적 개입에서 과정을 중시하면 실천의 각 과정에 "의미"를 부여할 수 있게 되고, 이 "의미"는 클라이언트를 위한 개입의 방향을 모색하는 핵심 실마리가 될 수 있다(김인숙, 2008).

따라서 여성복지 실천은 그 개입 단계에서 결과에 집착하기보다 과정에서 어떤 일이 일어나고 있는지를 면밀히 관찰하고 분석하는 것이 요구된다. 그리고 이러한 과정분석의 결과를 개입 단계에서 끊임없이 적용하고 평가하며 다시 적용하는 순환적 과정이 이루어져야 한다. 그렇다고 여성복지 실천의 결과와 과정이 상호배타적인 것은 아니다. 이 양자는 상호보완적 관계로 이해되어야 한다.

(2) 여성의 고유성을 강조

여성은 타인과 공감하고 타인을 돌보는 정서적 개방성을 갖고 있고 협력과 직관을 중시하며 사람들간의 상호의존과 우호적 관계를 중시하는 고유성을 갖는다. 그런데 이러한 여성의 고유성은 사회적으로 평가절하되는 경향이 강하다. 또다른 측면에서 여성은 수동적이고 의존적이며 교묘하고 자기주장과 독립의 능력이 결여되어 있는 존재로 인식되기도 한다. 전통적 사회복지 실천은 여성 클라이언트가 갖는 이러한 고유성을 평가절하하고 거기에 낙인을 부여하는 역할을 한 것도 사실이다. 이미 사회 전체가 이러한 여성의 고유성을 가치 없고 개조되어야 할 그 무엇으로 인식하고 있기 때문이다.

여성에 대한 이러한 강한 사회적 압력은 여성에게 영향을 미치고 이는 악순환된다. 여성은 나름의 욕구를 가지고 있지만 그것을 표현하는 방법을 잘 모르며 그 욕구를 어떻게 충족시켜야 할지 모른다. 여성은 마치 조류에 밀려오는 돌고래처럼 떠밀리는 듯한 느낌과 자신의 욕구에 불안해 하고 좌절감을 느낀다. 또한 자신이 가진 욕구를 타인은 물론 자기 자신에게조차 드러내 보이는 것을 부끄럽게 여긴다. 남성과는 달리 여성은 자신의 부정적 감정을 표출하지 못하게끔 되어 있다. 분노, 격노, 증오와 같은 모든 인간의 보편적 감정이 여성에게는 금지되어 있다. 여성의 분노는 통제할 수 없음, 뉴로틱 혹은 히스테리한 것으로 간주된다. 따라서 여성에게 있어 '대처'는 원치 않는 감정을 숨기고 잘라버리는 것이다. 이 경우 사회복지사는 아동만 보호하려 할 뿐 여성(어머니)의 감정과 욕구는 무시한다(Lawrence, 1992).

이런 상황에서 여성복지 실천가는 무엇을 할 수 있는가? 클라이언트에게 무엇을 줄 수 있는가? 가족의 구조를 변화시키고 사회의 지배적 가치에 영향을 미치고 적절한 자원을 제공하는 등의 거시적 수준에서 일할 수 있는 범주는 그리 많지 않다. 그렇기 때문에 여성복지 실천가는 여성 클라이언트가 그 자신에 대해 갖고 있는 인식을 변화시키는데 기여할 수 있다. 물적 자원이 개인의 삶의 질에 중요한 것도 사실이지만, 긍정적 자아상을 갖는 것 또한 그만큼 중요하다. 여성억압의 가장 큰 비극은 여성들 스스로가 자신들이 열등하다는 것을 내재화하고 자신들에 대한 억압에 가담하고 사회구조 내의 자신들의 지위를 수용하는 것이다. 이러한 상황에서 여성복지 실천가는 여성 클라이언트와 일하는 데 있어서 그들이 가진 강점과 긍정적 고유성을 인식하고 강화하도록 도와주고 그들의 문제가 사회구조와 관련하여 일어나는 문제임을 인식하도록 도울 수 있다(Jordan & Parton, 1983).

그러나 여성복지 실천가는 여성이 가진 제반 고유성(우호적 관계, 정서적 개방성, 양육 등)을 귀히 여기지만 또한 이것들을 이상화하지는 않는다. 지나친 수동성이나 의존성과 같은 부정적으로 평가되는 여성적 특성은 자신의 욕구충족을 위해 타인에게 의존하는 부정적 결과로도 이해한다. 즉, 자기존중이나 자기책임, 자율적 개인으로서가 아닌 자신의 욕구만을 충족시키려는 시도로 간주한다. 여성의 본질에 대해 의문을 제기한 길리건(Gilligun, 1982)과 벤자민(Benjamin, 1984)은 여성은 극단적 자기규정, 자율성(자기 자신에 대한 배려), 그리고 연계(타인에 대한 배려) 사이의 균형을 찾는 것이 중요하다고 보았다. 과도한 의존성과 불안, 분노는 여성에 대한 편협한 사회적 규정의 결과이기도 하지만, 동시에 스스로가 부여한 자기규정의 결과이기도 하다는 것이다(Burden & Gottlieb, 1987).

이처럼 여성복지 실천의 개입 단계에서 여성의 고유성을 평가절하하지 않고 제대로 평가하는 것은 매우 중요하다. 이를 위해 실천가는 무엇보다 여성이 가진 개인적 고유성과 그로 인한 문화적 고유성을 인식하고 그것들의 강점을 명확히 할 필요가 있다. 또한 여성이 다른 여성과 맺는 관계를 중요시하고 여성이 스스로 여성을 긍정하는 문헌을 읽도록 장려해야 한다. 여성들이 스스로에 대해 갖는 이상적 모습을 발전시키는 데 도움을 주어야 하는데, 이를 위해 기존의 추상적 개념이 아닌 여성의 경험을 토대로, 그리고 여성의 이야기를 신뢰하는 방식으로 접근할 필요가 있다.

(3) 임파워먼트를 중시하고 강조

임파워먼트(*empowerment*)는 "힘 기르기"이다. 따라서 여성복지 실천에서 임파워먼트는 여성 클라이언트의 힘을 기르는 것이다. 임파워먼트는 당사자들의 자생적 힘과 잠재력에 대한 믿음을 기반으로 기존의 실천 패러다임에 도전한다는 점에서 매력적이다(Perkins & Zimmerman, 1995). 그러나 임파워먼트는 패러다임이나 관점으로 사용되기도 하며, 어떤 실천의 결과와 과정, 그리고 더 나아가 실천의 방법으로 사용되기도 하는 등 그 포괄범위가 광대하다. 여기서 말하는 임파워먼트는 여성 클라이언트의 힘을 기르기 위한 실천적 방법으로서의 임파워먼트이다.

원래 사회복지 실천에서 임파워먼트는 힘의 분배의 변화를 통해 클라이언트가 경험하는 문제의 악순환(자원접근에의 불공평성 → 무기력감 경험 → 지역사회나 가족에서의 역기능)을 역전시길 수 있는 것으로 제시되었다. 임파워먼트에서 "힘"은 자신이 원하는 것을 얻을 수 있는 능력, 타인의 사고, 느낌, 행동에 영향을 미칠 수 있는 능력, 그리고 가족이나 조직, 지역사회에서 자원의 배분에 영향을 미칠 수 있는 능력을 말한다(Gutierrez & Glan, 1995). 그러면 여성 클라이언트의 힘(*power*)은 어떻게 길러질까? 브라운(Brown, 1994)은 클라이언트와의 평등관계를 형성하고 파워를 동원 · 강화함으로써 가능하다고 하였다. 즉, 평등관계를 바탕으로 자신의 상황을 향상시키기 위한 행동을 취할 수 있을 정도의 개인적, 대인간, 정치적 파워를 증대시키는 것이다(Cohen, 1998).

여기서 클라이언트와 실천가의 평등관계는 클라이언트가 규정한 문제와 클라이언트가 설정한 목표를 수용하고 클라이언트와 모든 사안에서 협력하며 파워를 공유하는 것을 말한다. 그런데 한 가지 문제는 실천가가 평등관계를 유지하려고 하는지, 하지 않으려고 하는지와 상관없이 많은 클라이언트들이 실천가가 보다 강한 영향력을 행사하는 것에 편안해 한다는 것이다. 이는 파워와 통제력에 대한 중요한 질문을 제기한다. 클라이언트들은 개입과정에서 여성복지 실천가의 전문적 능력에 의존하는 것을 좋아하는지, 아니면 협력적 관계를 선호하는지가 그것이다. 그럼에도 불구하고, 임파워먼트는 실천가에게 영향을 미치는 모든 결정의 중심부에 클라이언트가 서 있다는 것, 그리고 사회복지사는 클라이언트 목표달성의 촉진자이지 설계자가 아니라는 점을 지향한다(Cohen, 1998).

이 과정에서 여성복지 실천가가 유의해야 할 것은 여성 클라이언트를 다룰 때 자기 자신이 가진 태도를 이해해야 한다는 것이다. 여성복지 실천가가 자기 자신을 "대처능력이 있는 사람"(*coper*)으로 인식하고 있는 경우, 어려움을 가진 여성 클라이언트를 무의식적으로 비난하고 처벌하게 된다. 여성은 곤궁에 처한 다른 여성을 다룰 때 쉽게 분노하고 흥분할 수 있기 때문이다. 물론 여성복지 실천가가 클라이언트에게 너무 많을 것을 기대하는 실수를 범할 수도 있다. 그러나 여성복지 실천가의 여성 클라이언트에 대한 이러한 무의식적 인식은, 예를 들어 심한 우울상태에 빠진 여성 클라이언트에게 그녀가 할 수 없는 것을 하도록 조장할 수 있다(Lawrence, 1992).

따라서 여성복지 실천은 임파워먼트의 실천원칙에 입각하여 그에 부응하는 다양한 방법들을 모색해야 한다. 말콤 페인(Malcolm Payne)에 의하면 임파워먼트의 실천원칙은 5가지이다. 첫째, 인간은 누구나 기술과 이해심, 능력을 가지고 있으므로 낙인보다는 그들의 강점이 발굴되고 인정되도록 해야 한다는 것, 둘째, 인간은 누구나 존중받고 자기 삶을 관장하고 참여여부를 선택하고 이슈를 정해 행동할 권리가 있다는 것, 셋째, 인간의 문제는 개인적 수준의 부적절을 포함하여 억압, 정치, 경제, 권력의 이슈를 반영한다는 것, 넷째, 집단적으로 행동하는 인간은 강력한 힘을 발휘할 수 있기 때문에 실천은 집단적 행동에 기초하여 수립되어야 한다는 것, 다섯째, 실천가는 선두에 서는 것이 아니라 촉진자로서 억압에 도전해야 한다는 것이다(서진환·이선혜·정수경, 2001).

이러한 실천원칙을 바탕으로 임파워먼트 중심의 개입이 이루어져야 한다. 그것은 클라이언트의 감정적, 인지적, 자원 측면의 강점을 강조하고 클라이언트의 능력을 확인시키고 발휘할 수 있는 기회를 제공하는 것을 말한다. 또한 클라이언트로 하여금 자원을 보게 하고, 자신을 자원으로 보게 하며, 희생자 비난이 아닌 환경의 영향을 검토하도록 지원하되 사회구조보다는 일상생활의 문제에 초점을 두고 이루어지도록 한다. 아울러 모든 사람은 무엇인가 할 수 있는 능력을 가지고 있고, 이는 스스로의 경험을 통해 고양된다는 것을 체험하도록 하며, 클라이언트를 긍정적 관점으로 조망하는 것 등이 주요한 방법으로 활용될 수 있을 것이다.

여성복지 실천의 개입 단계에서 임파워먼트를 중시하고 강조함으로써 여성 클라이언트는 자기 자신에 대해 좋은 감정을 가질 수 있고 좋은 직업에 종사하고 있다는 긍정적 느낌을 가질 수 있다. 또한 자신이 과거에 문제에 대처했던 성공적 노력을 새롭게 인식할 수 있고, 자신의 삶에 무엇인가를 만들 수 있는 능력이 있다는 믿음을 가질 수 있다.

(4) 선택의 다양성을 중시

여성복지 실천은 다양성을 중시하고 강조한다. 다양성에 대한 인식은 탈근대주의의 중요한 특징 중 하나로서, 인간의 다양한 경험과 다양한 삶의 형태, 그리고 다양한 선택의 가능성을 중시해야 한다는 것이다(Bricker-Jenkins & Hooyman, 1986). 여성복지 실천에서 다양성에 대한 강조는 여성의 삶이 남성과는 다를 뿐만 아니라, 전통적으로 부자연스럽게 인식되었던 문제해결 방법이 여성에게도 선택될 수 있다는 가능성을 열어놓았다. 이는 인간이 처한 각 상황마다의 특수성을 부각시키고, 그에 따른 다양한 선택이 전통과 관습으로 방해받아서는 안 된다는 점을 강조함으로써 여성복지 실천을 풍부히 하고 향상시킬 수 있는 단초를 제공한다(김인숙, 2000).

여성복지 실천이 다양성을 강조하는 것은 무엇보다도 여성의 삶과 관련하여 사회복지 실천에 새로운 함의를 제시한다. 다양한 가족형태와 성역할 변화를 거스를 수 없는 사회적 변화추세는 여성의 삶에 대한 새로운 인식을 요구하고 있고, 이는 여성 클라이언트에 대한 전통적 사회복지 접근의 변화를 필요로 한다. 즉, 여성 클라이언트의 문제를 사정하고 개입을 계획하는 과정에서 전통적 접근과는 다른 문제해석과 다양한 개입방법을 적용하는 것이 그것이다(김인숙, 2000).

사실, 사회복지 실천의 중요한 관심영역인 가족의 문제는 곧바로 여성의 문제로 인식되었는데, 그 저변에는 가족 내에서의 여성의 역할에 대한 전통적, 고정적 인식이 자리하였다. 그 결과 사회복지 실천 과정에서 가족문제의 근원을 여성으로 간주하여 여성을 희생시켰고, 개입방법 또한 여성에게 전통적 성역할을 부과하는 방식으로 문제해결을 도모하는 경향을 보였다. 그러나 여성복지 실천은 여성 클라이언트 혹은 그 가족의 문제를 새로운 시각으로 조망할 수 있음을 제시하며, 지금까지 부자연스럽고 거부감을 주었던 다양한 개입방법을 선택할 수 있게 해주었기 때문에 가족을 포함한 여성 클라이언트의 문제해결 모색을 새로운 차원으로 끌어올리는 역할을 하였다(김인숙, 2000).

이처럼 여성복지 실천은 모든 역할이 여성 클라이언트에 열려 있다는 여성주의 실천의 원칙을 수용한다. 모든 역할이 여성에게 열려 있다는 것은 여성에게 기대되는 전통적 역할을 넘어 여성은 삶에서 어떤 역할도 할 수 있다는 것이다. 이는 여성복지 실천이 도움을 받으러 오는 클라이언트에게 전통적 성역할에 근거해 개입을 진행해서는 안 된다는 의미를 내포한다(Radov, Masnick & Hauser, 1980). 이런 의미에서 여성이 무엇이든 선택할 수 있다는 것, 그리고 그러한 선택의 경험을 하도록 하는 것은 여성복지 실천의 개입방법으로 활용할 수 있다.

이 선택에는 여성에게 전통적으로 기대되는 것을 넘어서는 여타의 역할들, 예를 들면 직업을 선택하고 직업과의 관계에서 조화를 이루도록 하는 것들이 포함될 수 있다. 일반적으로 사회복지 실천에서 여성이 직업을 갖는 것은 돌봄 역할의 책임과 상충되는 것으로 간주되기

일쑤이다. 그래서 여성의 자아정체감은 가족을 최우선시하는 것에서부터 생겨난다고 여겨진다. 그러나 여성의 실직은 남성과 마찬가지로 경제적 보상감을 상실함은 물론 자신감, 독립성, 자율성, 자긍심 등을 상실하고, 고립과 권태에 직면하게 한다. 여기서 알 수 있듯이, 유급직업은 여성의 정체감에 긍정적 의미를 가지고 있다(Hammer & Stathan, 1989).

(5) 개인적인 것은 정치적인 것임을 중시

윌리엄 슈와츠는 "개인적 문제는 사회적 문제의 특별한 한 예에 불과하며, 사회적 문제는 많은 개인적 문제로 이루어져 있기 때문에 사회복지사의 업무는 공·사 영역 양쪽에서 클라이언트와 체계를 매개하는 것"이라고 하였다(Lee, 2001: 517). 그는 개인의 문제가 사회정치적 문제와 깊이 연결되어 있다는 사실, 즉 개인적인 것은 곧 정치적인 것이라는 통찰을 사회복지 실천에 끌어들였다. 여성복지 실천은 개인적인 것은 곧 정치적인 것이라는 여성주의의 입장을 적극 수용함으로써 개인문제의 사회적, 정치적 맥락을 특별히 강조하고 개인적 변화노력보다는 집단적, 사회적 변화노력을 지향하는 특성을 갖는다. 이러한 이유 때문에 여성복지 실천은 기존의 사회복지 실천보다 정치적 행동을 중요시하고, 물질적이고 이념적인 장애의 제거에 집중하며, 집단적 실천노력을 강조한다. 의식고양이나 자조집단, 풀뿌리 조직화 등의 방법을 선호하는 것은 여기서 연유한다(김인숙, 2000).

여성 클라이언트들이 곤궁에 처하게 되는 이유는 다양하다. 경제적 불안정, 정치적 경험의 결여, 정보에 대한 접근결여, 비판적이고 추상적인 사고에 대한 훈련의 부재, 신체적이고 정서적인 스트레스, 학습된 무기력, 가능성을 현실화시키지 못하게 하는 개인의 정서적, 지적 기질 등이다. 그런데 사회는 내적, 외적 힘을 가지지 못해 곤궁에 처한 것에 대해 "희생자를 비난"(*blames the victim*)하는 경향이 있는데, 이러한 희생자를 비난하는 것은 매우 교묘하게 이루어질 수 있다. 예를 들어, 공동의존자, 촉진자, 마조히즘, 사랑중독 등과 같은 라벨은 남녀관계에서의 파워의 이슈를 지워버리고 여성으로 하여금 자기를 비난하고 억압을 내면화하도록 하는 데 기여한다. 이러한 라벨은 억압을 유지시키는 사회경제적 현실이나 억압자에 관심을 돌리지 않은 채로 피억압자의 개인적 변화에 초점을 두게 한다(Lee, 2001). 사실, 가부장사회에서 여성은 그 낮은 지위로 인해 많은 손실을 경험하기 때문에 문제를 비개별화(*de-individualize*)하는 작업이 필요하다(Jordan & Parton, 1983).

그러나 이러한 개인적인 것의 정치적 속성은 클라이언트에게만 적용되는 것은 아니다. 이것은 사회복지 실천가의 개인적 실천행위에도 적용된다. 사회복지 실천은 그 효과성이 목표에 있어 불확실한 특성을 가지고 있고, 따라서 이를 정당화하기 위해 갖가지 노력을 하고 있다. 예를 들면, 기본원칙을 진술하거나 재구성하고 새로운 이론과 방법을 개발하는 것이 그것이다. 그러나 이러한 시도들은 사회복지 실천에서 이루어지는 활동들의 정치적 본질을 경험적 지식체계로 대체하려는 것으로 볼 수 있다. 사회복지 실천에서 이루어지는 활동의 본질이 정치적 활동이며 실천가 개인의 정치적 동기와 관련 있음을 명확히 하기를 꺼려하는 것은, 사회복지 실천에서 하고 있는 여러 노력들이 논란의 여지가 있고 어느 정도 효과적이고 통합적으로 기능할 수 있다는 것을 필요로 하기 때문이다. 또한 사회구와 특정조직에 의해 제한받을 수 있다는 불안정한 현실을 회피하는 것으로 볼 수 있다(Jordan & Parton, 1983).

이처럼 여성복지 실천은 클라이언트와 실천가 양쪽 모두 그들의 삶과 전문적 실천에서 개인적인 것으로 보이는 것이 사실은 정치적 본질을 가지고 있다는 인식을 수용한다. 일반적으로 개인적인 것 속에 내장된 정치적 본질을 알기 위해서는 성역할분석, 주장훈련, 의식향상집단, 재구성 등의 방법을 이용할 수 있다.

첫째, "성역할분석"은 사회의 성역할과 관련된 기대가 어떻게 그들에게 해로운 영향을 미치는지, 그리고 여성과 남성이 어떻게 다르며 사회화되는지에 대한 클라이언트의 각성을 증가시키는 것이다. 성역할분석은 클라이언트가 경험한 언어적, 비언어적 성역할 메시지를 찾아보고, 이것이 긍정적인지 부정적인지 그 결과를 알아보며, 이들 외부적 메시지를 클라이언트 스스로 어떻게 내면화했는지 알아봄으로써 변화시키고자 하는 메시지를 결정하고 이를 위한 계획을 수립하고 실행을 하는 일련의 과정을 통해 진행된다.

둘째, "주장훈련"은 성역할 사회화로 인해 단호하고 직접적으로 행동하는 것을 어려워하고 꺼려하는 여성에게 자신의 권리를 세우고 단호함을 배우도록 하는 것이다(김민예숙 · 강김문순, 2004).

셋째, "의식향상집단"은 여성들이 여성으로서 자신들의 삶을 토론하기 위해 정기적으로 만나는 집단으로 자조집단과 유사하다. 이를 통해 여성들은 자신들의 개인적 삶에 관한 정보를 나누면서 경험의 공통성을 알게 되고, 억압적 환경에서 삶과 그 자신들의 경험이 사회적 근원을 가지고 있다는 점을 자각한다.

마지막으로, "재구성"은 개인의 행동을 살펴보기 위해 참조체계를 바꾸는 기법이다. 여성복지 실천에서 "재구성"은 개인 내적이고 개인적인 것에서 사회적이고 정치적인 것으로 향하며, 개인문제에 대한 외부환경의 영향을 알아보는 것을 수반한다. 예를 들어, 여성이 많이 경험하는 것으로 알려진 우울은 개인의 역기능적 사고나 감정, 행동패턴의 결과가 아니라 종속적 권력지위에 있는 여성의 자연적 반응으로 재구성하는 것이다(김민예숙 · 강김문순, 2004).

(6) 집단적 실천을 중시

여성주의와 임파워먼트는 개별성보다 집단성을 중요시한다. 개인적 접근보다 집단적 접근이 클라이언트 개인의 소외감을 줄이고 클라이언트를 대인관계와 사회로 연결하기 때문이다. 또한 개인의 문제를 개인의 전유물이 아닌 집단의 공유물로 만드는 것이 중요하기 때문이다(서진환·이선혜·정수경, 2001). 구티에르즈(Gutierrez)는 집단작업을 임파워먼트 실천에서 중요한 것으로 보았고, 파슨스(Parsons, 1989)도 임파워먼트 실천에서 집단이 매우 중요함을 강조하였다. 특히 파슨스는 임파워먼트의 핵심 3가지(개인적 성장에서 시작하여 사회적 변화에 이르기까지의 발전과정; 자존감, 효율감, 통제감 등의 감정을 느끼는 심리적 상태; 힘없는 사람들에 대한 교육과 정치화로 시작하는 집단적 시도)가 집단적 접근과 친화력이 높으며 집단적 접근을 통해 효과를 극대화할 수 있다고 보았다(Lee, 2001).

여성복지 실천은 이러한 집단적 실천에 대한 중시를 적극 수용한다. 여성 클라이언트들은 집단 안에서 경험을 나누고 그 경험을 분석하고 나아가 집단 안에서 문제에 대처할 수 있는 대응방법을 생각한다. 그리고 이는 집단성원들로 하여금 대처방법을 시도하고 이슈를 잡아내게 한다. 이때 다른 집단이 사용한 전략을 사용할 수 있는데, 그러나 다른 집단이 사용한 전략은 자신의 성격과 상황에 맞아야 하기 때문에 때로 각색할 필요가 있다. 집단은 집단 속에 속한 여성을 지지할 수도 있고, 승진을 신청하라고 격려할 수도 있고, 직장에서 토로하지 못한 감정들을 집단에서 토로할 수도 있다. 또한 공통성을 가진 클라이언트 간에 연합을 형성하는 것도 좋고, 자신과는 다른 여성들과도 연합을 이루는 것도 좋다. 이처럼 지지집단은 연합을 형성할 수 있는 주요기반 중의 하나이다. 그러나 여성들이 항상 서로 지지하는 것은 아니다. 때로는 남성으로부터 지지받기를 원하기도 한다. 지지집단은 보다 넓은 관계망의 부분으로서 여성복지 실천에서 중요하다(Hammer & Stathan, 1989).

이상에서 언급한 여성복지 실천의 과정과 방법을 정리하면 〈표 7-1〉과 같다.

〈표 7-1〉 여성복지 실천의 방법 및 기법

단계	방법	기법
계약 및 관계형성 단계	클라이언트의 강점 확인	· 클라이언트가 가진 전문적 지식이나 기술을 확인한다.
	재명명(*renaming*)	· 바람직한 현실을 나타내는 언어를 사용한다.
	민주적이고 평등한 관계수립	· 사회복지사와 클라이언트 간의 지위상의 차이를 줄인다. · 클라이언트를 파트너로 보고 협력적 관계를 수립한다. · 관계의 상호성을 주지시킨다.
	사건에 대한 클라이언트의 의미(*meaning*) 확인	· 클라이언트 자신의 얘기로 말하게 한다. · 클라이언트가 한 말과 그가 경험한 사건의 의미를 탐구한다.
	여성 사회복지사와 여성클라이언트의 공통점 · 차이점 인식	· 공통점과 차이점을 실천의 과정에 의식적으로 끌어들인다.
조사 및 사정단계	클라이언트의 맥락(*context*)을 중시	· 조건과 환경에 초점을 맞춘다. · 사회학적 시각을 갖는다. · 이념적이고 물적인 장애요인과 기회를 조사한다. · 사회복지사와 클라이언트와의 관계, 클라이언트와 맥락과의 관계를 권력 차원에서 분석한다.
	강점과 건강성을 강조	· 강점의 개인적 패턴과 문화적 패턴을 확인한다. · 건강을 추구하는 인간 본래의 열망 및 노력과 연계하여 조사한다. · 추상적 개념보다 여성 경험을 검토한다. · 여성의 얘기를 신뢰한다.
	의식고양 필요성 확인	· 내면화된 '이즘'(*ism*)의 영향을 확인한다. · 모든 것이 서로 연결되어 있음을 주지한다.
	비합리적 도구의 활용	· 강점과 권력에 대한 명확하게 인식하기 위해 꿈, 환상, 이야기를 활용한다.

단계	방법	기법
지속적 개입단계	과정을 결과만큼 중시	· 합의를 끌어내는 의사결정을 가르친다. · 과정을 중시하고 분석한다.
	여성의 고유성을 강조	· 여성의 강점과 문화를 명확히 한다. · 다른 여성과의 관계를 중요시한다. · 여성을 긍정하는 문헌을 읽도록 장려한다. · 여성을 새로운 자아이상(*ego ideal*)으로 발전시킨다. · 기존의 추상적 개념보다 여성의 경험을 검토한다. · 여성의 얘기를 신뢰한다.
	임파워먼트를 중시하고 강조	· 개인의 책임과 집단적 행동을 장려하고 가르친다. · 자기를 규정하고 자신의 파워를 행사할 수 있는 기회를 만든다. · 지지집단이나 행동집단을 장려한다.
	선택의 다양성을 중시	· 직업(일)과의 관계에서 조화를 이루는 것을 (특히, 여성에게) 강조한다. · 선택하는 것을 실천의 목표로 삼는다. · 여성에게는 모든 역할이 열려있음을 강조한다. · 실천과정과 환경에 다양성을 끌어들인다.
	개인적인 것은 정치적인 것임을 중시	· 권력과 특권을 분석하고 공유하기 위해 남성에게 도전한다. · 자기옹호를 가르친다.
	집단적 실천을 중시	· 억압구조의 변화를 위해 협력과 집단적 행동을 통해 정치적 파워에 접근한다. · 팀과 집단의 형태로 실천한다. · 사람들간의 연계를 만들어낸다.

* 여성주의 사회복지 실천의 원리와 Bricker-Jenkins & Hooyman, 1986; Bricker-Jenkins, 1989; Radov, Masnick & Hauser, 1980; Hale, 1983; Lawrence, 1992의 여성주의 실천의 방법 및 기법에 대한 논의를 종합하여 재구성함.

지금까지 살펴본 여성복지 실천의 원리와 방법들은 아직은 총론적이고 시험적인 수준에 머무르고 있다. 또한 그 원리나 방법이 기존의 사회복지 실천에서 사용되는 것과 비교해 전혀 새로운 것들로 구성되어 있는 것도 아니다. 그러나 여성복지 실천은 기존의 접근과 뚜렷한 차이를 가지며 나름의 특성을 갖는다. 기존의 사회복지 실천의 경우와 비교할 때 그 우선순위가 다르던가, 강조점이 다르던가, 아니면 최근 대안으로 논의되는 사항들을 포괄하고 있는 것이 이를 말해준다. 그리고 무엇보다도 여성주의 시각의 도입으로 그동안 사회복지 실천에서 무시되었던 '성'의 영향과 중요성을 제시한 것은 가장 큰 기여로 인정받을 만하다.

여성복지 실천은 특히 사회복지 실천에 '성'이라고 하는 전혀 새로운 개념의 도입과 적용을 가능하게 하였다. 이것은 사회복지 실천에 새로운 시각과 방법을 제시했다. 특히 여성의 문제에 접근하는 방식은 이전의 전통적 접근과 비교할 때 혁명적이라 할 만큼 큰 변화를 가져왔다. 여성에 대한 재개념화와 여성문제의 정치 · 사회적 맥락을 강조함으로써 여성을 새로운 존재로 인식하게 하였고 기존 사회복지 실천에서 소홀히 다루었던 거시적 개입의 근거를 제공하였다.

여성복지 실천은 또한 합리성, 과학성, 효과성 등을 강조하는 기존 사회복지 실천에 대안으로 제시되는 다양한 원리와 방법을 수용하고 있다. '다양성'과 '의미', 과정, 비합리적 기법 등을 강조하는 것이 이를 말해준다. 사회복지 실천에서 '목표'나 '과업', '책임성', '효과성' 등을 강조하는 것은 사회복지에서의 보수적 분위기의 반영이다. 사회복지 실천은 '과학적 실천가'만을 강조하는 등 도구적 특성만을 추구해서는 안 된다(Collins, 1986: 218). 그러므로 여성복지 실천은 사회복지 실천의 보수화와 경직화에 대한 대안으로서 자리매김할 수 있는 특성을 가지고 있다.

우리나라의 여성복지 실천의 수준은 선진국의 경험과 비교해볼 때 초기 수준에 있다고 할 수 있다. 이제 급변하는 사회적 변화에 적절히 대응하기 위해서라도 사회복지계는 우선 여성주의적 관점에서 여성 클라이언트의 문제를 이슈화하고 제도화하는 노력에 적극적으로 관여하고 참여할 필요가 있다. 그리고 궁극적으로는 여성복지 실천이 사회복지 현장에 보급되어 활용될 수 있도록 여성주의를 적용한 사회복지 실천의 개념을 세련화시키고 그 실천접근의 효과성을 평가하는 데 도전해야 한다(NASW, 1995: 2537).

2. 여성복지 실천의 사례

여성복지 실천에 대한 이해는 사례에 대한 제시를 통해 보다 구체적으로 이해될 수 있다. 그런데 우리나라의 경우 사회복지 실천에 대한 여성주의적 접근을 시도하는 사회복지사가 일부 보고되기는 하였으나(김성천, 1992; 송성자, 1999), 불행하게도 그에 대한 구체적 사례보고는 없다. 따라서 여기서는 외국의 문헌에서 보고된 3개의 사례를 예로 들어 여성복지 실천에 대한 이해를 돕도록 하고자 한다.

1) 우울과 불안을 호소하는 재혼한 M 여성에 대한 사회복지사의 개입*

M은 30대 초반의 재혼여성이다. 이전 남편과의 사이에 2명의 자녀가 있고 현 남편과 2명의 자녀를 두고 있다. 전남편과의 사이에서 낳은 아이 중 하나는 위탁가정에서 많은 시간을 보냈는데, 현재 보호관찰명령 대상자로 가정재판에 계류 중에 있다. 재혼한 현재의 남편과의 관계는 비교적 안정된 상태이다.

사회복지사는 M에 관한 사회복지 개입의 과정을 기록한 파일을 검

* Hale, J. (1983), "Feminism and Social Work Practice", In Bill Jordan & Nigel Parton (eds.), *The Political Dimensions of Social Work*, Oxford: Basil Blackwell, pp. 172~176의 내용을 필자의 말로 재구성함.

토했다. 그 파일에는 M의 10대 시절에 관한 묘사들이 있었는데, 전체적 논조는 M이 병리적 성격을 가지고 있어서 자극적인 것과 쾌락을 추구하고 무책임하고 부적절한 여성이라는 것이었다. 사회복지사는 이 파일에 기록된 M에 관한 묘사에 의구심을 갖고 다른 관점을 갖고 재검토하였다. 즉, 사회복지사는 M을 다른 관점에서 재구성하였다.

사회복지사가 M의 기록을 재구성한 관점은 젠더 시각이었다. 이 관점에서 볼 때 M은 어린 시절의 제한된 양육의 희생자였고, 성인이 되어서는 사랑과 안정된 가정을 갖고자 했다는 것이었다. 사회복지사는 현재 M의 대처능력에 문제가 있었기 때문에 여러 번의 가정방문을 통한 면접이 필요하다고 보았다. 그러나 면접을 위한 가정방문은 강제침입의 의미가 있기 때문에 신중하게 접근하였다. 사회복지사는 가정방문을 M의 어린 자녀를 돌보고 놀아주기 위한 기회로 활용하였다. 왜냐하면 아이들은 M에게 무엇인가를 끊임없이 요구하면서 그녀를 쉬지 못하게 하는 귀찮은 존재였기 때문이다.

사회복지사가 보기에 M은 4명의 자녀를 돌보아야 하는 책임에도 불구하고 현 남편과의 관계를 잘 해나가고 있었다. 그러나 M의 이러한 건강한 대처노력에도 불구하고 그녀는 종종 자신을 비난하듯 말하고, 잦은 우울감을 그녀의 과거의 실패와 연관시키곤 하였다. M은 비록 자기가 다시 실패의 두려움에 잘 대처할지라도, 그녀의 자아 이미지는 낮았고 과거에 대해 상당한 죄책감을 갖고 있었다.

여기서 사회복지 개입의 초점은 가정방문을 활용하는 것이었다. 가정방문은 자녀(첫 남편의 자녀)와 따로 떨어져 사는 이유에 대해 이야기하고, 억압적인 가족배경이라는 맥락 내에 사건을 설정하고, 아동을 보호할 수 없게 한 남성과의 억압적이고 상처받은 관계와 연결시켜보는 기회로 활용하였다. 사회복지사는 현실과 정서 양 측면 모두에서 그녀가 얼마나 성공적으로 대처했는지를 강조하였다. 그러나 사회복지사는 낙관적으로 성공만을 강조하지는 않았다. M의 성공적 대처가 사실은 자녀들의 끊임없는 요구에 대한 스트레스로 인한 고립의 대가로

얻어진 것임을 분명히 하였다. 그녀는 자신이 느끼는 고립의 감정을 처진다든가 우울하다는 말로 표현하였는데, 이때 사회복지사는 그러한 감정이 비정상적인 것이 아니라 너무도 자연스러운 감정이라는 점을 강조하였다.

이처럼 사회복지사는 병리적 관점을 배제하는 방식으로 접근했다. 일례로 가정방문 중 한번은 M이 너무 처지고 우울하다고 호소해 의사를 찾아갔다. 그런데 이는 그녀가 젊은 시절에 경험했던 자신에 대한 병리적 규정을 다시 한번 경험하는 계기가 되었다. 의사는 항우울제를 처방해주었는데, M은 이 처방이 정말 자기에게 이로운지 사회복지사와 의논하였다. 과거 경험에 의하면 항우울제는 부작용이 만만치 않았는데, 이런 사실을 함께 검토한 결과 항우울제 처방이 M에게 도움이 되지 않는다는 결론을 내렸다. 이후 M은 항우울제 대신 비타민제를 먹게 되었다.

이러한 방식으로 접근하면서 M은 대처를 계속 잘 해나갔고, 우울감도 줄어들면서 자신감을 갖게 되었다. 그리고 그녀의 이러한 자신감은 사회적 접촉을 갖게 했고 대처능력을 향상시켰다. 현재 M은 미래에 대해 보다 낙관적으로 되었고 가정형편이 허락하면 밖에 나가 일할 것을 고려하고 있다.

이 M의 사례에서 사회복지사가 강조했던 또다른 측면은 M의 문제를 비개별화(*de-individualize*)하고 구조적 맥락 안에 설정해보려고 한 것이었다. M의 남편은 전통적 성역할 관념을 가진 사람이었지만 M에게 매우 보호적이고 지지적인 관계를 제공하였다. 그러나 바로 이 점이 M에게는 하나의 모순이었다. 즉, 그녀 남편의 강함이 그녀에게는 자신의 부적절감과 자존감의 결여, 그리고 그에게 과도하게 의존하게 하는 위험을 갖고 있었다는 점에서 하나의 모순이었다. 이것은 초기 면접 동안 M이 남편을 구원자로 보았지만, 동시에 자신은 항상 우울하고 긍정적 자아 이미지를 결여하고 있었다는 사실에서 밝혀졌다. 사회복지사는 M의 과거와 현재의 문제에는 제도화된 억압이 영향을 미치고 있다는 점을 알게 하였다. 이외에도 사회복지사는 그녀의 진짜 강점을 알도록 해주었다. 사회복지사는 그녀가 가족 내에서 정말 중요한 역할을 하고 있고, 그것이 바로 그녀의 강점이라는 사실을 알게 하였다. M은 이를 충분히 이해하였다.

이 M의 사례에서 개입전략의 방법은 의식고양과 강점강조, 클라이언트의 능력고취, 그리고 클라이언트의 상황을 재구성하는 것이었다. 이를 통해 여성이 가진 잠재능력을 최대화하고 그것을 볼 수 있도록 함으로써 자녀문제를 비롯한 가족의 문제를 완화하도록 하였다.

2) 우울과 식욕감소증을 갖고 있으면서 자녀를 학대하는 J 사례 *

가부장적 사회하에서 여성은 아이와 남편을 위한 보호자이고 양육자이다. 이 경우 사회복지사는은 이러한 보호자와 양육자의 경험을 가진 여성들을 많이 만난다. 이들 여성 클라이언트는 자신들의 모(母)로부터 경험한 거부와 무시의 패턴을 반복하는 자기 자신을 발견하지만 그래도 좋은 엄마가 되기를 간절히 원하는 여성들이다.

이러한 여성의 예로 J를 들 수 있다. J는 딸이 태어났던 10년 전부터 심한 우울증과 만성적 식욕장애로 고통받고 있는 40세 여성으로, 사회복지사와 정신과 의사에게 도움을 요청하였다. J는 이들의 도움을 받았지만 여전히 우울과 식욕장애, 그리고 자녀를 돌보는 것에 대한 거부증상은 여전히 그대로였다. J는 자기 딸을 돌보는 행위를 하려고 계속 노력했지만 딸에 대한 어떠한 따뜻함이나 보상감을 갖고 있지 않았다. J는 그녀의 딸이 아주 절박한 도움이 필요한 상태가 되거나 그녀에게 무엇인가를 요구할 때면 언제나 화가 치밀곤 하였다. 그녀는

---

* Lawrence, M. (1992), "Women's Psychology and Feminist Social Work Practice", In Mary Langan and Lesley Day (eds.), *Women, Oppression and Social Work*, A Tavistock / Routledge Publication, pp. 32~47에 소개된 사례를 필자의 말로 다소 재구성함.

분노를 통제할 수 없으며 살 희망이 없는 듯 느꼈다. 물론 J는 자기 어머니로부터의 스트레스가 자신에게 견딜 수 없는 압박이었다는 점을 알고 있었다. 그럼에도 그녀는 자기 딸을 신체적으로 학대했고 그것에 죄책감을 느끼고 있었다. J는 때로 자신을 상처내고 어린아이처럼 자기 남편에게 눈물을 흘리고 성질을 부리곤 하였다. 그 결과 현재 남편과의 관계도 좋지 않았다. 아니면 잠들기 위해 혼자서 방문을 잠그고 울곤 하였다. J의 식욕장애, 특히 심한 식욕감소증은 자기 딸을 무시하고 딸에게 못되게 구는 자기 자신에 대한 처벌의 한 방식이었다.

가난한 가정 출신인 J의 가족력을 보면, 아버지는 농부로서 많은 시간을 밖에서 일하면서 지냈고, 엄마는 통제하기 힘든 격렬한 분노에 휩싸여 우울에 빠지고 정신 나간 듯한 상태에 빠지곤 하였다. 이런 와중에서 J의 엄마는 J보다는 J의 여동생에 관심을 집중하였다. 그 결과 가족 내에서 J를 보호해줄 수 있는 사람은 아무도 없었다. 이러한 엄마의 모습과 태도는 J에게 마치 자기(J)를 상처내고 모욕하는 것을 즐기는 것처럼 비춰졌다. J는 엄마의 행동이 자신에게 얼마나 큰 상처를 주었는지 알고 있었지만, 바로 자신의 엄마가 했던 똑같은 것들을 자기 딸에게 하면서 무기력을 느끼는 것이야말로 J 삶의 모순이었다. J는 또한 요리사와 가정부로도 일했는데, 이 일터의 고용주는 J에게 어렵고 무리한 요구를 끊임없이 하였으나 그녀는 이를 인내하고 참았다. J는 직장에서조차 폭군적인 엄마를 달래는 “좋은 딸”이 되려고 하였던 것이다. 말하자면, J는 J 내부의 상처받고 격노하는 어린 소녀를 자기 딸과의 관계 속에서 경험하고 있었던 것이다.

여기서 J가 엄마로서 “대처”하는 것을 돕도록 한 접근은 사실상 실패하였다. 이 접근은 어린 시절 받았던 원래의 상처와 박탈을 강조하였다. 즉, 사회복지사는 J의 어린 시절의 상처를 강조하는 대신, J의 딸의 욕구와 엄마로서의 J의 책임이 무엇인지 지적하였다. 그러나 J는 이것들에 대해 너무도 잘 알고 있었다. 그녀의 문제는 그녀 내면에 있는 격노한 어린아이였다. J는 모든 상처와 분노를 재경험하는 것이 필요하였다. 그 재경험의 대상은 여성 사회복지사가 되었다. 사회복지사는 J로 하여금 자신의 딸도 정당한 욕구를 가진 하나의 분리된 인격체임을 알게 하면서, J를 상처받은 어린아이로 보고 그 어린아이와 함께 일함으로써 조금씩 나아지기 시작하였다.

이상에서 알 수 있듯이, J에 대한 사회복지사의 개입전략은 J로 하여금 J의 엄마에 대한 감정을 표현하게 하고, J가 좋은 딸이 되려는 강박을 어린 시절의 경험을 통해 확인하게 하였으며, 엄마와의 관계를 사회복지사를 통해 재경험하도록 한 것이었다. 이를 통해 J 자신에게 근본적 결함과 병리가 있다는 통념에서 벗어나 자신의 경험이 환경적 요인에 의한 것이었음을 확인하도록 하였다. 그리고 현재의 문제를 놓고 여성의 자녀에 대한 돌봄의 책임을 강조하거나 강요하는 것에서 탈피하도록 하였다. 아울러 같은 공통의 경험을 가진 여성 사회복지사와의 재경험의 과정을 통해 다른 여성과 공통의 의식을 공유하고 그것을 통해 자신의 힘을 키워낼 수 있도록 하였다.

3) 우울과 자살충동 때문에 삶에서 즐거움을 찾을 수 없는 S 사례*

S는 22세의 여성으로서 메이라는 만 2살짜리 딸이 있다. 메이는 S의 전부라고 할 만큼 그녀가 원했던 모든 것이라고 할 수 있다. 그럼에도 S는 우울과 자살충동을 느끼고 있어 자기 삶에서 즐거운 것을 찾을 수 없는 상태이다. 그러나 외양으로 보면 S는 아주 매력적이고 유능한 여자였다.

S는 8남매 중 셋째였다. S의 아버지는 하루 종일 일터에 나가 있었고, 엄마는 혼자 8명의 자녀를 키워야 했다. S의 엄마는 엄청난 양의

---

* Lawrence, M. (1992), "Women's Psychology and Feminist Social Work Practice", In *Women, Oppression and Social Work*, A Tavistock / Routledge Publication, pp. 32~47에 소개된 사례를 필자의 말로 다소 재구성함.

가사와 자녀양육 부담에 압도되곤 하였고, 그럴 때마다 어딘가로 훌쩍 떠나고 싶어 하였다. 이러한 상황에서 S는 엄마로부터 충분한 보살핌을 받지 못하였고, 설상가상으로 엄마 또한 S를 깡마른 매력 없는 아이임을 자주 지적하곤 하였다. S는 착한 딸이 되기 위해 노력하였다. 아버지가 없을 때는 엄마가 안정감을 갖도록 커피를 타주고 따뜻한 옷을 걸쳐주었고, 아버지가 있을 때는 항상 아버지를 기쁘게 하려고 노력하였다. S는 자신이 처한 박탈적 상황에 대처하기 위해 많은 노력을 했다.

S와 S의 남편과의 관계는 여러 가지 면에서 S와 엄마와의 관계를 투영하였다. S가 자신에게 아주 작은 보살핌의 느낌을 주는 사람에게 전적으로 의존하는 것이 그 대표적인 것이다. 남편이 비록 신뢰감을 주는 사람은 아니지만, S는 자신의 엄마에게 해야 했던 것처럼 남편을 기다려주었다. S의 남편은 저녁 늦게 집에 들어와 얘기도 전혀 안 하고 TV만 보는 사람이었지만, S와 남편과의 관계는 그럭저럭 유지되고 있었다.

S의 딸인 메이는 비록 2살(만)밖에 되지 않았지만 "착한 딸" 노릇을 하였다. 엄마인 S의 욕구에 민감하고 S를 걱정하였는데, 이는 메이가 자신의 관심사를 끊고 엄마의 감정에 관심을 갖는 것을 배웠기 때문이다. 이처럼 메이는 S가 원했던, 그러나 결코 가져본 적이 없는 이상적인 엄마였다. 그러나 이러한 메이의 태도에도 불구하고 S는 딸과의 관계에서 만족을 느끼지 못하였다. 일반적으로 볼 때 삶의 초기부터 좋은 엄마가 되기를 배웠던 S와 같은 자녀들은 성인이 되어서도 자신의 욕구를 충족시키는 것에 대한 신뢰를 갖지 못한다.

이 경우 여성복지 실천을 지향하는 사회복지사는 S의 "대처"를 바람직한 목표로 상정하지 않는다. 이는 기존의 사회복지 실천에서 S의 남편과 가족에 대한 "대처"를 강조하는 접근과는 다른 것이다. 그보다는 오히려 S의 정신건강 측면에서 "대처"의 대가에 도전한다. 왜 S는 그렇게 대처할 수밖에 없었는가에 질문을 던지고, 그 "대처"가 빈곤이나 실업과 같은 구조적 사회문제에 대한 개인적이고 개별화된 해결책이었음을 강조한다. 이렇게 되면 여성의 욕구와 아동의 욕구를 서로 갈등적인 것으로 정의하는 사회복지의 실천적 관행과는 달리, 가부장사회하에서 여성과 아동의 경험이 하나의 연장선상에 있는 것임을 알게 된다. 더 나아가 왜 여성이 아동을 보호하는 데 때로 실패하는지에 대한 새로운 이해와 접근을 가능하게 한다.

이 사례에서 여성복지 실천가가 접근할 수 있는 또다른 방법은 자신과 여성 클라이언트(S)와의 공통점과 차이점을 확인하고, 그에 기반해 개입하는 것이다. 여성이 여성 클라이언트를 다룰 때는 자기 자신이 가진 태도를 잘 이해해야 한다. 자기 자신을 "대처하는 사람"(*coper*)으로 보는 경우, 어려움을 가진 여성을 무의식적으로 비난하고 처벌하게 된다. 여성 사회복지사는 곤경에 처한 여성을 다룰 때 쉽게 화가 나기도 하며 클라이언트에게 너무 많은 것을 기대하는 실수를 범하기도 한다. 그러나 여성 클라이언트에 대한 무의식적 비난은 우울상태에 빠진 S와 같은 엄마들에게 그녀들이 할 수 없는 것을 하도록 조장한다. 이러한 실수를 피하기 위해서 사회복지사는 S와 같은 여성 클라이언트에게 그녀 속에 내재한 "상처받은 아기"에 대해 말하게 하고, 자신의 내면 속에 있는 가련한 소녀에 대해 슈퍼바이저에게 얘기하는 과정이 필요하다.

이들 사례에 대한 개입전략은 두 가지 측면에서 기존의 사회복지 실천 개입과 차별성을 가진다. 첫째, 여성의 정신건강 문제는 여성의 전통적 성역할 고정관념으로 인해 발생하며, 가부장제가 여성에 대해 만들어낸 신화나 잘못된 자아 이미지에 그 뿌리가 있다고 보고 개입전략을 선택한다는 것이다. 둘째, 여성 클라이언트에 적용한 전통적 접근인 가족보호자로서의 역할 및 모성역할에 대한 강조와 선택보다는 독립적인 한 인간으로서의 여성을 강조하는 개입전략을 선택하고 있다는 점이다. 자녀양육에 대한 죄책감을 줄이도록 관리능력을 강조하거나, 좋은 딸이 되려는 강박을 확인한 점이 그것이다(김인숙, 2000).

3. 여성복지 실천을 위해 사회복지사가 준비해야 할 것들*

사회복지사는 여성의 공평치 못한 파워, 지위, 특권 및 선택 이슈를 강조하면서 일하는 방법을 찾아야 한다. 또한 여성 클라이언트 문제의 다차원적 근원을 인식하면서 여성 클라이언트와 일하는 방법을 찾아야 한다. 이를 위해 필요한 작업은 아래와 같다(Hammer & Stathan, 1989).

① 자기 자신에 대한 준비하기
② 여성중심 실천의 토대가 되는 원칙을 모색하기
③ 젠더를 고려한 방법론 구축하기
④ 여성의 욕구충족을 위한 기관과 여성 클라이언트 간을 연계하기
⑤ 여성을 위한 자원을 확대하기
⑥ 기관의 의사결정과 정책결정 과정에서의 여성의 참여를 확보하기
⑦ 성차별적이지 않은 여성중심 실천을 위한 규약을 마련하기

또한 사회복지사 자신의 의식변화를 위해 준비해야 할 사항은 다음과 같다(Hammer & Stathan, 1989).

① 사회복지사 자신과 여성 클라이언트를 아내, 어머니, 보호자가 아닌 여성으로 수용하기
② 여성의 정체성은 시간의 흐름에 따라 변화할 수 있고, 여성들 간에 차이가 있음을 인지하기
③ 성역할 고정관념과 차별적 구조 등이 여성 개인에게 어떠한 영향을 미치는지 인식하기
④ 여성에 대한 자신의 태도와 성향을 탐구하고, 이를 클라이언트와 일하는 데 활용하기

---

* 이 부분은 Hammer & Stathan(1989)의 *Women and Social Work: Toward a Women-Centered Practice* 라는 책에서 저자가 말한 내용을 정리한 것이다.

⑤ 기관, 이론, 프로그램, 실천, 기술 등에서 구조화된 성차별주의를 인식하기
⑥ 사회화, 여성의 정체성, 성역할 행동 등이 서로 연관됨을 인식하고, 이것이 여성 생애주기 동안 어떻게 변화하는지 파악하기
⑦ 여성이 개발하고 활용한 생존전략의 본질을 인식하기
⑧ 사회적 규정이 어떻게 여성문제를 야기하는지 인식하고, 여성의 성격과 행동을 병리적으로 접근하는 것을 거부하기
⑨ 여성들 간의 공동의 연대를 권유하고, 이의 의미를 인식하기
⑩ 여성을 좋아하고 그들과 일하는 것을 즐기며 자기 자신을 아끼기

그리고 사회복지 실천 현장에서 여성 사회복지사들이 해야 할 일을 다음과 같이 제시하고 있다(Hammer & Stathan, 1989).

① 여성 자신의 경험을 활용하여 사정 시 자신과 여성 클라이언트 간의 공통점과 차이점을 찾는다.
② 여성 클라이언트를 믿는다. 그리고 그녀가 가져오는 문제를 수용한다.
③ 가능한 한 클라이언트와 비계층적 방식으로 일한다. 기관에서는 집단적 방법을 이용한다.
④ 대처를 위한 경험, 자원, 전략을 공유하도록 한다.
⑤ 작더라도 여성을 위한 공간을 만든다.
⑥ 여성들이 경험하는 감정을 인식하고 확인한다. 여성의 감정은 장애가 아니라 클라이언트에 대한 사정과 행동, 전략의 일부가 될 수 있다.
⑦ 클라이언트와 일할 때 개별적이고 미시적인 방법 외에 거시적 접근방법도 적극적으로 활용한다.
⑧ 여성중심적 접근을 어떻게 창출하고 실행할 것인지에 대해 모색한다.
⑨ 일하면서 배운 것을 다른 사회복지사와 나눈다.
⑩ 여성의 힘을 정당하게 인정하는 업무방식을 찾는다.

⑪ 여성을 위한 자원확대를 위해 다른 사람과 함께 일한다.

마지막으로, 버든과 고틀리에브(Burden & Gottlieb, 1987)는 *The Women Client* 라는 책에서 다음과 같이 말하고 있다.

> 우리 모두는 신화를 현실로 믿고, 사회질서를 유지하는 데 참여하고 있다. 베일을 벗기고 사실을 드러내고 문제를 제기하고 비밀을 폭로하는 것은 예의바르지 못하고 적의적이며 파괴적인 것으로 간주한다. 현상을 유지하고 현재의 사회적 가치를 유지하려는 제반행동은 기존의 사회규칙에 도전하고 사회구조를 손상시키는 것보다 더 좋은 것이고 더 수용할 만한 것이다. 이처럼 현상을 유지하고 차이를 일탈로 취급하는 것은 "희생자 비난하기"에 다름 아니다. 우리가 성차별주의의 실질적 영향을 분명히 알려면, 우리는 사회는 사회의 모든 구성원을 위해 존재하지 않는다는 점을 알아야 한다. 사회복지사와 사회복지 교육자들이 매일 사회문제를 다루고 있기는 하지만, 사회는 나름대로 운용되는 점을 믿을 필요가 있다는 것은 참으로 아이러니이다.

제3부

여성복지 정책

제8장 여성과 복지국가

1. 복지국가에서 여성의 이해

'복지국가와 여성'이라는 주제는 다음과 같은 문제제기를 한다. "복지국가는 여성을 배제하는가 혹은 포용하는가?" 다시 말하면 복지국가는 여성에게 적대적인가 혹은 친화적인가? 너무 흑백논리에 치우친 문제제기일 수 있겠다는 생각을 하겠지만, 이렇게 양 극단을 설정해놓으면 그 사이에서 여성과 복지국가 간 관계를 설명하기가 더 쉬울 수 있다.

이 장은 앞에서 제기한 문제의 답을 찾는 내용으로 이루어진다. 그런데 여기에서 생길 수 있는 의문이 있다. '여성과 복지국가'라고 하는데, 그럼 "여성은 어떤 여성이며 복지국가는 어떤 복지국가인가?" 왜냐하면 여성이라는 개념도 매우 다양한 사람(여성)들의 집합을 의미하고 복지국가 역시 영미식 복지국가, 유럽대륙식 복지국가, 스칸디나비아식 복지국가, 지중해 연안국식 복지국가 등 다양하게 분류할 수 있기 때문이다. 그러나 이러한 다양성에도 불구하고 복지국가체제라면 갖고 있는 공통적 특징을 제시할 수 있다.

복지국가를 구성하는 최소한의 혹은 필수 요소로서 먼저 적절한 수준의 사회복지제도가 있다. 이는 대체로 국내총생산(GDP) 대비 사회

분야 지출비용 수준을 의미한다. 예를 들어, 2008년 현재 한국을 복지국가라고 부를 수 없는 이유는 국내총생산 대비 사회분야 지출 정도가 10%에도 훨씬 못 미치기 때문이다. 비교적 복지후진국이라고 하는 미국의 경우에도 그 비율이 15% 정도는 되고 있는데 말이다. 두 번째 요소로서 일정 수준의 경제성장 혹은 산업화가 있다. 국내총생산 대비 사회분야 지출이 아무리 높은 국가라 할지라도 저개발국가를 복지국가라 부르지 않는다. 우리가 선진복지국가라는 용어를 사용할 때에 '선진'이라는 용어에서 이미 경제발전·국민소득 수준이 높은 국가를 의미하고 있는 것이다. 세 번째 요소는 정치체제로서 민주주의의 확립이다. 일인당 국민소득이 아무리 높은 국가라 할지라도 국민에게 정치적 자유가 보장되지 않은 국가는 복지국가라고 부르지 않는다. 중동 산유국의 경우 아무리 국민소득이 높아도 국민들의 정치적 자유가, 특히 여성의 정치적 자유가 매우 제한되어 있는 상황은 그 국가들을 복지국가로 표현하도록 허락하지 않는다. 네 번째, 사회구성원의 복지에 대한 국가책임이 사회규범 차원에서 명시되어 있어야 복지국가라고 할 수 있다. 독일의 경우 헌법에 독일연방공화국은 민주사회국가(*Ein demokratischer, sozialer Staat*)라고 명시하고 있고, 한국의 경우에도 헌법에서 국민의 생존권이나 행복추구권을 보장하고 있다. 굳이 헌법에서가 아니더라도 영국이나 미국 등 선진복지국가에서는 사회구성원의 일정 수준 생존권 보장이 사회규범으로서 받아들여지고 있다.

복지국가를 이상과 같이 이해한다면, 여성은 어떻게 이해해야 하나? 여성을 어떻게 이해하느냐에 따라 '여성과 복지국가' 간 관계를 보는 설명이 달라진다. 개인이 아닌 집단으로서 여성은 '부르주아 여성, 노동자 여성, 상류층 여성, 중산층 여성, 저소득층 여성' 등 다양하게 이해할 수 있기 때문이다. 즉, '여성과 복지국가'를 설명하고자 하는 사람이 '여성'을 '어떤 상황에 있는 여성'으로 주로 전제하느냐에 따라 "복지국가가 여성에게 무엇을, 얼마나 해주었는지"를 다르게 설명할 수 있다.

예를 들어, 요즘 들어 우리나라에서도 성차별 문제가 많이 사라졌다고 한다. 그러면서 "여자 살기 좋아졌다"는 이야기를 심지어 여성들조차도 하는 경우가 많이 있다. 이런 이야기가 나오는 이유는 과거에 비하여 사법고시나 행정고시에 합격하는 여성수가 늘어났기 때문이다. 그리고 초중등 교사 중 여성이 차지하는 비율이 매우 높아진 것도 사실이다. 이런 여성들의 이야기만 모아놓으면 우리나라에서도 국가가 여성의 성차별 상황 극복을 위하여 많은 일을 했다고 설명할 수 있다. 그러나 여성권한척도(GEM: *Gender Empowerment Power*)[1]를 보면, 2007년 현재 우리나라는 전 세계 국가 중 64위를 기록하고 있다(UNDP, 2007: 229). 여성 경제활동 참가율 역시 여전히 50%를 조금 상회하는 정도 수준을 보이고 있다. 더군다나 교사나 공무원일 경우에는 많이 좋아졌다고 하지만, 일반기업이나 사업장에서 일하는 여성이 출산휴직 · 육아휴직을 법대로 할 수 있는 경우가 많지 않은 실정이다. 여성의 이러한 상황을 본다면 국가는 여성에게 아직도 많은 것을 해주어야 한다는 주장이 나온다.

그러므로 여성문제를 어떤 여성문제로 이해하느냐에 따라 여성운동 혹은 여성주의의 갈래가 생긴다. 여성학 개론서들을 살펴보면 금방 찾을 수 있는 자유주의 여성주의, 사회주의 여성주의, 급진주의 여성주의, 복지 여성주의 등에서 분석하는 여성문제를 잘 살펴보면 '여성'을 '어떤 여성'으로 이해하고 있는지 알게 된다. 예를 들어, 자유주의 여성주의에서는 '자유인으로서 여성 혹은 자유인으로서 물적 토대를 가진 부르주아 여성'이다. 사회주의에서 주목하는 여성은 '가사노동과 취업노동을 이중으로 부담하는 노동자계급 여성'이다. 급진주의 여성주의

1) 여성권한척도(GEM)란 각국 여성의 국회의원 중 차지하는 비율, 고위 임직원 · 전문직 여성 비율, 남성 대비 여성 소득 비율 등을 토대로 정치 · 경제분야에서 성평등 정도를 지표화한 것이다. 유엔개발프로그램(UNDP)에서 매년 '인간개발보고서'(*Human Development Report*)를 발간하는데, 이 보고서에서 여성권한척도를 찾아볼 수 있다.

에서 전제하는 집단으로서 여성은 '남성과 생물학적으로 대비되는 모든 여성'이다. 복지 여성주의에서는 '가사노동과 취업노동을 이중으로 담당하는 여성'이다.

지금까지의 이야기를 정리해서 이 장에서 이야기하고자 하는 주제를 이해하도록 하자. 복지국가는 경제발전과 정치민주화를 바탕으로 하여 국가가 사회구성원의 생존권 보장책임을 받아들여서 구체적으로 사회복지분야에 상당한 수준의 재정지출을 하는 국가체제이다. 그리고 각 여성주의 관점에 따라 여성 혹은 여성의 문제는 다르게 강조되고 있다. 따라서 '여성과 복지국가'를 주제로 하여 이 장에서 설명하고자 하는 문제는 다음과 같이 정리할 수 있다. "복지국가는 어떤 여성을 대상으로 어느 정도 수준의 사회복지제도를 도입하여 시행하고 있는가?"

이 질문에 대해 여성주의는 각 관점에 따라 복지국가가 여성에게 친화적인지 적대적인지, 양 극단 사이에서 답을 하고 있다. 따라서 먼저 여성주의 갈래를 알아보고, 그 다음에 각 여성주의 관점에 따른 복지국가 분석·비판을 설명하도록 한다.

2. 여성주의: 국가역할과 성과

여성주의를 자유주의, 사회주의, 급진주의 등 명칭을 사용하면서 범주화하는 것이 반드시 바람직한 방법은 아니다. 그런 분류 자체가 여성주의가 갖는 복합적 성격에 어울리지 않기 때문이다(Freedman, 2001: 25). 또한 여성주의 분류 자체도, 앞서 언급한 것 외에 문화 여성주의, 포스트모던 여성주의, 블랙 여성주의 등이 더 추가될 수도 있다. 그러나 역설적으로 여성주의를 분류해봄으로써 여성주의가 갖는 복합적 성격을 더 구체적으로 이해할 수 있을 것이다. 또한 탈산업화 경향 속에서 나타나는 여성주의 갈래를 모두 반영하여 설명하는 것은 본서 내용 수준을 벗어난다고 판단하여 더 이상 하지 않도록 한다. 따라서 여기에서는 자유주의 · 사회주의 · 급진주의 · 복지 여성주의로 설정하여 여성주의의 전반적 흐름을 설명하도록 한다.

1) 자유주의 여성주의

여성주의라는 명칭을 붙일 수 있는 사상 · 운동의 흐름은 자유주의에서 그 뿌리를 찾을 수 있다. 영국에서 1792년에 메리 월스톤크라프트(Mary Wollstonecraft)가 《여권옹호론》(*A Vindication of the Rights of Women*)을 세상에 내놓으면서 요구하기 시작한 남녀평등 이데올로기는 존 스튜어트 밀(John Stuart Mill)이 《여성의 종속》(*The Subjection of Women*)을 이야기하면서 세상의 주목을 받기 시작하였다. 유럽대륙에서도 루이제 오토-페터스(Louise Otto-Peters)가 '여성에게도 자유로운 권리를'이라는 구호를 내세우면서 독일 최초의 여성신문(*Frauen Zeitung*)을 1849년에 발간하면서 남녀평등권을 주장하였다. 프랑스에서는 일찍이 대혁명(1789년) 과정에서 여성의 제권리(*Les Droits de la femme*)를 주장한 올랑 드 구쥬(Olympe de Gouges)를 자유주의 여성운동의 선구자로 볼 수 있다.

이렇게 시작한 여성운동의 물결은 20세기 초반 참정권 운동의 성공을 계기로 이른바 휴지기에 접어들었다가 1960년대 말 신여성운동(*The New Women's Movement*)으로 다시 등장하였다. 자유주의 사상은 베티 프리단(Betty Friedan)의 《여성의 신비》(*The Feminine Mystique*)를 거치면서 여성주의 전개에서 그 중요한 획을 긋고 있다. 이러한 의미에서 "자유주의는 분명 여성주의 사고의 개관을 시작한 곳이다"(Tong, 1998: 2)라는 주장이 가능하다.

(1) 기본전제

자유주의 여성주의는 유럽에서 18 · 19세기 산업혁명기를 거치면서 형성된 부르주아계급에서 그 뿌리를 찾을 수 있다. 노동계급 여성들이 일할 수 있는 권리를 찾기 이전에 살기 위하여 일할 수밖에 없었던 현실에 반하여, 안정된 경제생활을 바탕으로 취업노동을 하지 않아도 먹고살 수 있었던 현실이 오히려 부르주아 여성들의 사회진출을 가로막는 족쇄가 되어 있었다. 중상층 여성들은 가정교사 정도를 제외하면 변변히 일할 권리를 가질 수 없었다(Nave-Herz, 1997: 15).

따라서 19세기 유럽 각국의 부르주아 시민혁명의 물결 속에서 부르주아 남성들이 경제권력에 이어 정치권력도 장악하는 역사적 흐름 속에서 자신의 아버지와 오빠·동생들이 가지게 된 사회참여 기회를 여성들도 갖고자 하는 정치적 움직임이 자연스럽게 나올 수밖에 없었다. 이러한 맥락에서 자유주의 여성주의가 주장하는 남녀평등권은 부르주아 남성·여성 간 평등한 권리를 의미하는 것이었다.

부르주아 여성을 중심으로 하는 자유주의 여성주의에서 볼 때, '평등한 권리 확보→성차별 문제 해소'라는 등식을 내세우게 된 전제는 다음과 같이 정리할 수 있다. 합리성에 대한 신뢰, 양성적 특성을 지닌 인간, 독립된 존재로서 개인, 교육의 중요성, 천부인권설.

자유주의 여성주의의 사상적 원류는 18세기 계몽주의에서 찾을 수 있다. 계몽주의는 중세기 신본주의를 극복하고 이성을 토대로 세계를 이해할 수 있다는 신념을 갖고 있었다. 계몽주의의 이러한 경향이 이성적 세계로서 공적 영역(남성적 영역), 비이성적 세계로서 사적 영역(여성적 영역)을 분리하여 여성을 차별하는 데 이용된 한계에도 불구하고, 자유주의 여성주의에서 볼 때 이성은 신(神)을 대체하는 중요한 개념이다. 왜냐하면 이성은 여성과 남성이 공유할 수 있는 특성이기 때문이다. 이런 의미에서 남성과 여성을 구분하기 전에 인간은 '이성'이라는 양성적 특징을 갖는다. 이성이 있기 때문에 인간은 존엄성을 갖고 독립적으로 진리를 추구하는 존재가 될 수 있다. 그리고 독립된 존재로서 인간을 대상으로 한 교육을 통해 성차별 의식을 극복할 수 있다. 즉, 교육은 사회변화를 위한 매우 중요한 수단이 된다. 이러한 과정이 가능한 것은 인간은 태어날 때부터 평등하기 때문이다.

(2) 성차별의 원인

자유주의 여성주의에서 볼 때 성차별의 원인은 사회제도가 여성의 교육과 사회진출을 차단하고 있기 때문이다. 인간은 합리적·이성적 존재로서 남녀를 불문하고 동등한데, 여성은 사적 영역으로서 가정에 갇혀 있고 공적 영역 진출은 남성에게만 허용되고 있기 때문에 성차별이 생겨나는 것이다(Tong, 1998: 62). 메리 월스톤크라프트는 사적·공적 영역 분리가 성차별을 가져오는 현상을 이렇게 표현하였다:

> 경박하고 하찮은 쾌락이 여성들이 살고 있는 개인적인 영역에 제한되어 있는 반면, 세상의 중요한 일은 이성이 장악하는 공적인 장에서 이루어진다(Wollstonecraft, 1792: 118, Donovan, 1992: 27에서 재인용).

자유주의 여성주의에 따르면, 사회는 국가가 규제하는 공적 영역과 국가규제로부터 자유로운 사적 영역으로 분류할 수 있다. 정치·경제로 대변되는 공적 영역을 남성이 독점하고 선거권·재산권·교육권 등을 부여하지 않음으로써 여성의 공적 영역 진출이 차단되었다. 또한 동시에 사적 영역에서는 공적 영역에서 부여받은 권리를 남성 가장이 행사함으로써 사적 영역에서 남성에 대한 여성의 종속이 강화된다. 다시 한번 월스톤크라프트를 인용해보면, "여성과 이성 사이에 남성이 자리잡고 있어서, 여성은 이 조악한 매개자를 통해서만 사물을 보고 그들이 하는 대로만 사물을 받아들여야 한다"(Wollstonecraft, 1792: 142, Donovan, 1992: 29에서 재인용). 가정은 결과적으로 여성박해의 주요한 장소로서 기능한다고 존 스튜어트 밀은 보았다(Donovan, 1992: 29).

결국 여성의 공적 영역 진출을 가로막는 법적 불평등·교육기회의 불평등이 성차별의 원인이 된다. 즉, 남녀간 생물학적 차이는 자유주의 여성주의에서 봤을 때 성차별이 아니다. 또한 계급 역시 성차별 문제에서 중요하게 고려할 요소가 아니다.

(3) 성차별 철폐전략과 국가역할

자유주의 관점에서 볼 때 국가는 중립적 중재자로서 역할을 한다. 중립적 중재자로서 국가역할은 법치주의의 유지에 한정된다. 국가역할을 법치주의 유지에 한정시키는 전통은 자유주의 형성 역사에서 찾아볼 수 있다.

종교와 절대군주에 대한 투쟁의 역사 속에서 자유주의이념은 형성되었다. 프랑스의 경우에는 프랑스대혁명을 거치면서도 19세기까지 절대군주제 형태가 유지되었지만, 잉글랜드에서는 이미 찰스 1세(Charles I) 때 프랑스 군주들의 영향으로부터 벗어나기 위한 보통사람들(*ordinary people*)의 투쟁이 시작되었다. 따라서 자유주의에서 추구한 이상적 국가상은 절대군주의 자의에 따른 통치가 아니라 일정한 규칙에 토대를 둔 법치국가였다. 여기에서 일정한 규칙은 법과 도덕(*laws and morals*)을 의미하였다(Green, 2003: 72). 이때 법은 하나님의 법이 아니라 인간의 이성에 바탕을 둔 자연법(*law of nature*)임을 1765년에 "Commentaries on the Laws of England"(1765)라는 글을 통해 윌리엄 블랙스톤(William Blackstone)은 강조하였다(Green, 2003: 72).

법치주의에 기초한 사회·경제질서 유지에 국가역할을 한정하는 자유주의적 전통은 특히 2차 세계대전을 전후로 하여 독일 나치즘과 이탈리아 파시즘, 소비에트 공산주의를 경험하면서 더욱 강화되었다고 할 수 있다. 나치 박해를 피하여 망명한 칼 포퍼(Karl Popper)와 프리드리히 하이에크(Friedrich Hayek)는 자유주의 이데올로기 계승과정에서 중요한 역할을 한 인물이다.

자유주의 전통을 이어받은 여성주의에서 볼 때, 성차별 철폐전략에서 국가역할은 법치주의에 기초한 권리보장, 다시 말하면 평등권 보장에 국한된다. 국가는 분명히 성차별을 해소할 수 있는 수단이다. 공적 영역에서 국가는 교육이나 정치참여에서의 평등권 실현을 통해 성평등을 이룰 수 있다.

월스톤크라프트와 같은 초기 자유주의 여성주의자들은 공적 영역에서의 평등권 실현 외에 별다른 전략을 제시하지 않았지만, 자유주의 여성주의의 일반적 흐름은 사적 영역에서의 성차별 문제 역시 평등권 보장을 통해 가능하다고 본다. 공·사적 영역을 분리하는 문화적 규범이 여성의 공적 영역에 대한 진출을 가로막고 있으며, 따라서 사회화, 정치적 충원과정, 가족관련 관습, 남녀 정체성 및 역할에 대한 기존 가치체계 등 모든 영역에 걸쳐 문화적 변화가 이루어져야 하는데, 이러한 변화는 사적 영역에서의 평등권 확보로 가능하다고 여긴다. 가족법 영역에서 여성에게 불리한 이혼조항, 자녀양육 조항 등을 개정하고 여성이 완전한 시민적·정치적 평등권을 갖게 되면 성차별은 해결될 수 있다.

물론 성차별 철폐전략은 국가의 역할만으로 이루어지지는 않는다. 자유주의 여성주의는 여성운동의 전략을 제시하고 있다. 먼저, 여성운동은 합법적으로 전개되어야 한다. 둘째, 여성운동 이슈는 점진적이고 온건해야 한다. 셋째, 여성운동은 기존 정책결정 과정 참여 주체와 연대할 수 있어야 한다. 넷째, 문화적 변화를 위하여 여성운동은 상징조작을 위한 투쟁을 할 수 있는 능력을 가져야 한다(남윤주, 1994: 168~169).

(4) 성 과

자유주의 여성주의의 성과는 무엇보다도 여성문제를 인류역사상 처음으로 제기했다는 데에 있다. 부르주아 여성계급의 이해관계 반영이라는 한계에도 불구하고 참정권 획득, 교육기회 확대, 직업선택의 자유, 가족 관련법 개정 등은 자유주의 여성주의의 요구가 관철된 결과라고 볼 수 있다.

자유주의 여성주의는 전통적 자유중심적 자유주의(*libertarian liberalism*) 혹은 고전적 자유주의에서 시민의 자유에만 초점을 두고 동등한 경쟁기회 획득을 강조하면서 차별적 법률과 정책 제거 외에는 다른 관심을 보이지 않았던 한계에서 벗어나 불평등을 보완한 적극적 조치를 강조하고 역차별을 인정하는 복지 자유주의적 변화도 보이고 있다

(Tong, 1998: 20).

(5) 한계

자유주의 여성주의는 엘리트주의적 오류로 인한 다른 계급 여성 성차별 문제에 대한 무관심, 국가의 억압적 성격 간과, 성차별 구조에 대한 심층적 분석의 결여 등과 같은 한계를 남겼다.

여성의 공적 영역 진출이 집단으로서 여성의 지위개선을 의미하는 것이 아님에도 불구하고 자유주의 여성주의는 성차별 문제 분석범위를 공적 영역에 한정하였다. 그 결과는 자유주의 여성주의 전략이 특정 여성집단, 즉 고등교육을 받은 중산층 여성집단에게만 유리하게 적용되는 것이었다. 하지만 자유주의 여성주의자의 관심사와 달리, 프롤레타리아계급 여성이나 흑인여성들은 취업노동의 자유보다는 '참된 여성다움'(*true womanhood*, Donovan, 1992: 51)을 실현할 수 있는 생활여건을 더 갈망하였다. 이런 의미에서 자유주의 여성주의자들은 엘리트주의적 오류를 범했다고 볼 수 있다.

자유주의 여성주의는 국가가 자본축적의 한계에 직면할 때 피지배계급을 향한 억압적 성격을 드러낸다는 점도 간과하였다(남윤주, 1994: 169~170). 복지국가 재정위기가 올 경우에는 대체로 지배계급의 고통분담보다는 복지비 삭감이 우선되면서 특히 복지급여 수급자의 대부분을 구성하는 여성들이 고통분담에서 큰 몫을 차지하는 현실을 자유주의 여성주의 관점에서는 설명하기 어렵다. 이런 의미에서 자유주의 페미니스트 국가관은 고지식하고 단순하다. 국가가 자본주의적이면서 남성지배적인 현실을 간과하고 있기 때문이다(George & Wilding, 1994: 175).

더 나아가 자유주의 여성주의는 성차별에 대한 분석을 공적 영역에 한정해서 한다. 따라서 '개인적인 것은 정치적'이라는 통찰이 부족하다. 자유주의 여성주의는 남성의 관점에서 평등을 보장받으려고 한다. 성별 노동분업 이데올로기에 기반하여 여성이 가사노동과 보살핌 노동을 전담하기 때문에 겪는 문제에 대한 언급이 없다.

요약하면 자유주의 여성주의는 성차별을 언급하면서 두 가지 논의를 생략하였다. 첫째, 계급으로서 여성이 갖는 불리함. 둘째, 남성과 여성 간 존재론적 차이에 대한 해명.

이 두 가지 논의를 하지 않음으로써 자유주의 여성주의는 공적 영역과 사적 영역의 분리, 사실과 가치의 간격, 세속적인 것과 종교적인 것 사이의 간격, 남성의 세계와 여성의 세계 사이의 분리 등을 극복할 수 있는 방안을 제시하지 못했다(Donovan, 1992: 64).

2) 사회주의 여성주의

사회주의 여성주의의 기원은 18·19세기 서구사회 산업혁명기에 남성·여성 가릴 것 없이 생존을 위하여 일을 해야만 했던 노동계급의 현실에서 찾을 수 있다. 자유주의 여성주의에 토대를 둔 부르주아 여성운동이 제안한 동등한 취업권 보장이 프롤레타리아 여성들에게는 주요관심사가 될 수 없었다.

사회주의 여성주의의 이론적 출발은 맑스(Karl Marx)와 엥겔스(Friedrich Engels)가 함께 작성한 《공산당 선언》(*Das Manifest der kommunistischen Partei*, 1848)에서 출발한다. 엥겔스는 1884년 《가족, 사유재산, 그리고 국가의 기원》(*Der Ursprung der Familie, des Privateigentums und des Staats*)이라는 저서를 통해 성차별의 기원이 사유재산제도와 그 제도를 옹호하는 국가에 있음을 서술하여 맑스주의 관점에서 여성주의 이론을 확고히 하였다. 아우구스트 베벨(August Bebel) 역시 엥겔스의 성차별 원인분석을 기초로, 19세기 유럽사회에서 자본주의 발달이 성차별 문제에 어떻게 투영되는지를 《여성과 사회주의》(*Die Frau und Der Sozialismus*, 1909)라는 저서를 통해 잘 보여주고 있다.

엥겔스가 볼 때 성차별은 여성이 처한 계급적 위치에 따라 다르게 나타나는 문제이다. 자산이 없는 프롤레타리아가 형성하는 가족관계와 자산이 있는 부르주아가 형성하는 가족관계가 같을 수 없고(Marx &

Engels, 1848: 472), 따라서 성차별 문제의 양상 역시 프롤레타리아와 부르주아 사이에서 다르게 나타난다. 부르주아계급은 가족관계를 순전히 금전적 관계로 변질시켰고(Marx & Engels, 1848: 465), 무자비한 착취과정에서 프롤레타리아계급의 가족관계는 파괴되고 말았다. 왜냐하면 생존을 위하여 프롤레타리아 여성은 성매매로 내몰리고 있기 때문이다(Marx & Engels, 1848: 478).

이러한 설명은 물론 서구사회에서 산업혁명이 본격적으로 진행된 반면, 복지국가적 개입이 제대로 이루어지지 않았던 19세기 초·중반 현실을 근거로 한 것이다. 따라서 엥겔스가 19세기 유럽을 배경으로 설명한 성차별 문제 양상이 현재에는 생경하게 보일 수도 있다. 하지만 성차별 문제를 자본주의체제 모순에서 찾은 엥겔스와 베벨 등의 관점은 사회주의 여성주의가 태동하게 된 단초가 되었음을 부인할 수 없다.

(1) 기본전제

사회주의 여성주의 관점에서 볼 때 성차별은 인간의 노동을 자본이 지배하면서 시작되었다. 즉, 생산양식의 변화로 인한 잉여가치를 남성이 차지하게 되면서 여성에 대한 남성의 지배가 시작된 것이다. "모권이 무너진 것은 여성의 세계사적 패배였다"(Engels, 1884: 61).[2)]

문명사회에서 어떻게 사유재산 소유권이 모권영역에서 부권영역으로 넘어왔는지를 설명하고 있지 않은 한계에도 불구하고, 엥겔스는 남성이 사유재산권을 가지고 남성 일인을 중심으로 하는 가족을 형성하기 시작하면서 여성과 아동은 남성의 소유물과 같은 존재로 전락하기 시작하였다고 보는데, 가부장제 가족형태의 출현이 바로 그 좋은 예이다(Engels, 1884: 61).

가족(*Familie*)이란 단어의 로마시대 원개념 'familia'는 오늘날 우리가

---

2) "Der Umsturz des Mutterrechts war die weltgeschichtliche Niederlage des weiblichen Geschlechts"(Engels, 1884: 61).

알고 있는 것처럼 낭만적 관계를 지칭하는 것이 아니었으며 부부나 자녀를 뜻하는 개념도 아니었다. 'familia'는 한 명의 가내 노예를 의미하는 'famulus'의 복수형으로서 '한 남성에 속한 전체 가내 노예'를 의미하였다. 이러한 의미가 로마 가이우스(Gajus) 황제 시대(284~305년)에 재산소유 및 상속을 위한 새로운 사회조직을 표현하기 위하여 공식적으로 쓰여지기 시작하였다. 이 개념에는 부인과 자녀, 일정 수의 노예, 그리고 이들의 생살여탈권을 모두 갖고 있는 가부장이 포함되어 있었다(Engels, 1884: 61).

이러한 시각에서 볼 때 모든 사회적 종속과 억압은 피압제자의 압제자에 대한 '경제적 종속'에 기초하고 있다. 경제적 종속관계에서 상대적으로 억압받고 있다는 점에서 여성과 노동자는 같은 입장에 있다. 그런데 자유주의적 부르주아 여성운동은 자신들이 가진 우월한 지위에 안주하여 프롤레타리아 여성이 경제적 종속 때문에 갖게 되는 문제를 제대로 보지 못하고 있고, 결국 여성운동 내에서도 자본가계급과 노동계급 간 계급대립이 생겨나게 되는 것이다(Bebel, 1909: 42).

초기 맑스주의 경제결정론 시각을 바탕으로 남성에 대한 여성의 종속을 설명하는 이론은 사실 사회주의 여성주의라기보다는 맑시스트 여성주의라고 불러야 할 것이다. 그러나 사회주의 여성주의는 가족 내 여성 지위가 국가에 의해 어떻게 유지되었는가를 분석하는 정치결정론 요소를 더함으로써 경제결정론만으로 성차별 원인을 분석하는 한계에서 벗어나고 있다.

국가는 자본주의의 모든 단계에서 자본축적의 조건을 생산, 재생산하는 데 중요한 역할을 했다. 자본의 이해관계를 대변하는 국가가 담당하는 역할 중 하나가 자본주의적 임금체계 내에서 생계유지가 불가능한 가족을 보조금이나 사회복지제도를 통해 유지시키는 것이다. 따라서 국가는 생계부양자로서 남성과 가사노동 담당자로서 여성으로 구성된 특정 가족형태를 지원한다. 결국 가족은 자본주의체제 유지에 기여하는 사회제도이면서 정서적 만족감을 주고 노동윤리를 강화시킴으로써 노동계급의 저항을 감소시키는 역할을 한다.

가족 내 남성에 대한 여성의 경제적 종속이 성차별의 중요한 원인이 되었는데, 국가는 '생계부양자로서 남성과 가사노동 담당자로서 여성'이라는 가족구도를 유지하는 데 중요한 역할을 함으로써 자본주의체제에 의한 성차별 구도 유지에 결정적 역할을 한다는 것이다. 결국 사회주의 여성주의 시각에 따른 성차별 원인은 자본주의제도와 가부장적 성격을 가진 국가로 요약할 수 있다.

(2) 성차별의 원인

사회주의 여성주의 관점에서 성차별 원인은 기능주의 차원, 이념적 차원, 그리고 계급적 차원으로 나누어 설명할 수 있다.

사회주의 여성주의 관점에서 기능주의(*functionalism*) 입장을 대변하기 시작한 대표적 인물로는 메리 맥킨토시(Mary McIntosh)가 있다. 이 관점은 우선 자본주의사회 유지를 위한 가족기능과 여성역할 간 관계에 주목한다(McIntosh, 1978). 가족은 자본주의체제 유지를 위하여 안정적 노동력을 공급하는 원천이다. 취업근로자가 다음날 일하기 위한 노동력을 재충전하는 장소로서, 또한 미래의 노동력으로서 2세대를 생산·양육하는 장소도 가족이다. 그런데 가사노동이 사회화되지 않은 자본주의사회에서 노동력 재생산 과정을 주로 여성이 무보수로 담당하고 있다. 더 나아가 여성은 필요한 경우에 가계소득을 보충하기 위하여 저임금으로 노동시장에 진출하기도 한다. 이런 의미에서 여성의 역할을 '산업예비군'(*industrial reserve army*)의 역할과 동일시할 수 있다. 결국 여성이 무보수 재생산 노동을 담당하면서 동시에 시장이 필요로 할 때 저임금 노동자로서 일함으로써 자본주의체제 유지에 순기능적 역할을 한다. 따라서 성차별 원인을 무보수 재생산 노동 담당자·산업예비군으로서 여성의 역할로 볼 수 있다.

맥킨토시가 자본주의체제 유지를 위한 가족 내 여성역할이 갖는 기능에 주목했다면, 긴스버그(Ginsburg, 1979)는 자본주의적 사회관계를 창출해내는 이념에 관심을 가졌다. 사회구성원은 생산과 소비활동에서 대체로 외부비용(*external cost*)을 고려하지 않고 개인적 비용(*private cost*)만 고려하여 욕구를 충족시키려는 경향을 가진다. 즉, 생산·소비 활동을 통해 발생할 수 있는 사회적 영향(=외부비용, 예를 들어, 자동차를 사서 운행할 때 생기는 환경오염 문제)을 고려하기보다는, 생산·소비활동을 함으로써 개인적으로 지불해야 하는 비용(예를 들어, 자동차 가격)만 고려하게 된다.

이러한 경향은 가족 내 여성역할에도 적용할 수 있다. 자본주의체제를 통해 가족은 계급관계에 따른 투쟁의식을 약화시키는 조절판이다. 가족은 자본주의체제가 주는 일련의 보상(=임금)을 받으면서 생산·소비활동에서 가족이 지불하는 개인적 비용에만 관심을 갖는다. 자본주의체제는 '가장으로서 남성, 가족 돌봄 담당자로서 여성' 이데올로기를 유지함으로써 계급관계를 가족 내 남성과 여성의 개인관계로 변질시킨다. 이렇게 생산된 남녀성별 노동분리 이데올로기는 '남성 가장에 대한 여성의 종속과 무보수 가사노동'을 정당화시키는 각종 정책들을 받아들이도록 하는 기능을 한다.

사회주의 여성주의의 세 번째 차원의 관심은 '계급 내 생물학적 차이'에 있다. 자넷 세이어스(Janet Sayers)가 제기한 이 관점의 핵심은 남녀간 생물학적 차이가 계급에 따라 어떤 식으로 다르게 해석되고, 이렇게 다른 해석이 어떠한 성차별 양상을 나타내고 있는가에 있다(Sayers, 1982). 중산층 내지 부르주아계급에서는 여성의 섬세하고 부드러운 성격과 체질이 고액의 임금을 받는 전문직에는 어울리지 않는다는 주장이 있다. 그러다가 필요하면 지도력에서 여성의 섬세함이 강조되면서 일부 여성을 채용하기도 한다. 여성의 연약한 신체와 모성은 작업환경이 거칠면서도 상대적으로 임금수준이 높은 직종에서 여성을 몰아내기 위하여 노동계급에서 통용되는 주장이다. 반면 저임금 직종에서는 신체적 특성이나 모성에 관계없이 필요에 따라 여성을 고용한다. 이러한 예들은 성에 기초하여(*gender-based*) 부르주아계급 이익이 추구되는 과정을 설명한다. 계급에 따라 성차를 다르게 이용하는 양상이라고 볼 수 있다.

이상 논의를 종합해보면, 사회주의 여성주의에서 설명하는 성차별 원인은 서로 배타적 관계가 아니라 보완적 관계이다. 기능주의 관점에서 가족 내 여성역할이 자본주의에 순기능적인 측면에 초점을 맞추었다면, 이데올로기 관점은 여성의 역할 순응을 창출해내는 이데올로기 분석에 초점을 두었다. 이 두 가지 관점의 초점은 성차별 원인으로서 자본주의체제 유지와 가족, 가족 내 여성역할에 있다. 세 번째 관점은 성차별 원인으로서 계급 내 생물학적 차이를 강조하는 현상을 덧붙였다는 점에서 의미를 찾을 수 있다.

(3) 성차별 철폐전략과 국가의 위상

사회주의 여성주의에서 주목하는 성차별 원인은 자본주의 생산관계를 유지시켜주는 여성의 무보수 가사노동·노동력 재생산, 계급적 이해에 따른 성차이 강조 등으로 제시할 수 있다. 이러한 성차별 원인은 복지국가 정책의 비효율성, 통제적 이데올로기(Offe, 1982: 12~13)와 깊은 관계를 갖는다. 따라서 생산관계, 재생산관계, 남녀관계 구조에서의 변혁이 사회주의 여성주의 입장에서 제시하는 성차별 철폐전략의 지향점이다. 이러한 지향점은 정책의 비효율성과 통제적 이데올로기를 극복하는 투쟁으로 나타난다.

성차별 철폐전략 대상이 되는 정책의 비효율성은 여성의 무보수 가사노동·재생산 노동을 제대로 보상해주지 못하는 사회제도와 정책에서 나타난다. 복지국가체제 발전을 통해 소득재분배 구조가 갖추어진 것을 부인할 수는 없지만, 소득재분배의 주요양상은 수직적 재분배보다는 수평적 재분배라고 볼 수 있다. 사회보험제도 등을 통한 노동자계급 내 수평적 재분배 구조의 확립은 다음과 같은 한계를 갖는다. 첫째, 노동자계급 내 수평적 재분배 구조는 산업재해, 질병, 노령, 사고와 같은 사회적 위험의 결과에 대한 보상은 될 수 있지만 사회적 위험의 원인을 근본적으로 제거하려는 노력과는 거리가 멀다. 둘째, 수평적 재분배 구조는 주로 취업활동을 하는 남성근로자간 재분배이지 여성은 배제된 분배구조이다. 따라서 여성의 무보수 가사노동·재생산노동을 보상해주기에는 효율적이지 않은 분배구조가 되는 셈이다.

정책의 비효율성과 더불어 성차별을 지속시키는 양상은 '복지제도의 통제적 이데올로기'로 나타난다. 복지급여를 받기 위하여 클라이언트는 자신의 욕구를 증명해야 할 뿐 아니라 기존 사회규범에 비추어볼 때 급여를 받을 가치가 있는 클라이언트임도 증명해야 한다. 즉, 욕구를 가진 집단이 기존 사회규범에 순응함을 전제로 급여제공이 이루어지는 것이다. 클라이언트를 기존 사회규범에 순응하도록 통제하는 기능은 특히 여성관련 급여에서 많이 발견할 수 있다. 여성이 급여 수급자가 되는 경우는 대체로 취업노동자로서가 아니라 가사·돌봄노동 담당자로서이다. 각종 유족연금이나 연금분할 수급권 등 사회보험에서의 파생적 수급권은 미망인이나 재혼하지 않고 혼자 사는 여성을 전제로 지급된다. 결국 복지제도가 '남성에게 경제적으로 의존하는 존재로서 여성'이라는 사회적 규범을 반영함으로써 남녀성별 역할분리 이데올로기를 지속시키는 통제역할을 하고 있는 것이다.

정책의 비효율성과 남녀성별 노동분리가 지속되는 상황에서는 수평적 재분배 구조보다는 수직적 재분배 구조, 여성의 무보수 가사노동·재생산 노동 보상, 여성의 취업노동시장 진출이 이루어져야 한다. 그와 더불어 19세기 산업혁명기를 통해 형성된 유일한 가족형태 규범으로서 부르주아 가족, 즉 일부일처제 핵가족 이데올로기가 변화해야 한다. 부르주아 가족형태에서 여성은 자본의 이윤창출을 위하여 단지 생산도구로서 역할을 할 뿐이다. 자본주의 발달은 핵가족의 이상화(理想化) 과정과 맥락을 함께하였다. 따라서 자본주의체제 안정에 긍정적 역할을 하는 제도로서 혼인과 핵가족을 중시하는 국가정책 기조가 변화해야 성차별 문제가 해소될 수 있다는 해석을 사회주의 여성주의에서 할 수 있다. 물론 맑시스트 입장에 가까운 사회주의 여성주의에서 볼 때, 국가는 본질적으로 경제적 지배계급의 이익을 대변하고 있기 때문에 궁극적으로 자본주의 국가체제가 붕괴하는 것이 성차별의 해소에 이르는 길일 뿐, 자본주의 유지를 전제로 한 국가역할이 성차별 해소를 가져온다고 보지는 않는다.

(4) 성 과

사회주의 여성주의는 여성문제를 처음으로 역사적·사회구조적 관점에서 분석했다는 점에서 먼저 그 성과를 찾아볼 수 있다. 성차별의 기원을 역사적 사건으로서 사유재산제도 도입으로 보고 있으며, 따라서 성차별은 개인적 기회 불평등의 문제가 아니라 사회구조적 불평등 문제임을 보여주었다. 더 나아가 계급에 따라 다르게 나타나는 성차별 양상을 제시함으로써 계급을 성차별 분석단위로 부각시켰다.

(5) 한 계

사회주의 여성주의는 자본의 이해라는 도식에 국가의 모든 행위를 짜맞춘다(남윤주, 1994: 180)는 비판을 받는다. 이른바 자본주의체제 유지에 긍정적 수단으로서만 작용하는 도구주의 국가론을 제시함으로써 국가간 다양성이나 국가정책 결정과정에서 관찰할 수 있는 갈등구조를 무시하는 한계를 보인다. 성차별이 모두 계급 이해관계만을 반영한 것처럼 논의하는 계급환원론의 성격을 가지게 된다. 또한 복지국가 제도발달을 통하여 향상된 여성지위를 제대로 설명하지 못하는 한계도 있다. 자본주의체제가 존재함에도 불구하고 정치·경제·사회·문화분야 등에 여성진출이 활발해진 점을 제대로 설명하지 못한다는 의미다.

3) 급진주의 여성주의

급진적 여성해방론, 즉 급진주의는 자유주의 여성주의가 제도상 결함에 초점을 맞춘다든지, 사회주의 여성주의가 여러 가지 사회제도 중

계급에 주로 초점을 맞추는 것에 반하여 사회체제 전체를 문제 삼는다는 점에서 특징을 갖는다. 급진주의 여성주의는, 또한 여성억압의 근원성을 강조한다는 특징도 함께 갖는다. 사회주의 여성주의가 계급억압의 부산물로서 여성억압을 설명하는 반면, 여성억압 자체가 계급에 영향을 받지 않고 독자적으로 생겨난 근원을 설명한다는 점에서 근원성을 갖는다는 것이다. 급진주의 여성주의는 크게 두 가지 흐름으로 분류한다. 첫째, 《성의 변증법》(*the dialectic of sex*)이라는 저서로 유명해진 슐라미스 파이어스톤(Schulamith Fireston)의 생물학적 급진주의가 있다. 둘째, 케이트 밀레트(Kate Millet)가 《성의 정치학》(*sexual politics*)에서 제시한 심리·문화적 차원의 급진주의가 있다.

(1) 기본전제

급진주의 여성주의는 여성 특유의 경험을 중시한다. 급진주의 여성주의의 인식론은 "남성은 모르는 것을 여성은 안다"라는 신념에 토대를 둔다. 여성만이 갖는 인식능력은 여성 특유의 직관력인데, 이 직관력을 통해 여성은 타인의 감정을 남성보다 더 잘 이해할 수 있다. 따라서 여성의 직관력은 급진적 여성주의자들이 자부심을 갖는 능력이다. 직관력 외에 여성이 갖는 지식의 근원이 되는 능력은 타인이나 전체 우주와의 신비스러운 연계감·동일시를 경험할 수 있는 영적 능력이다. 또한 '정신의 확장' 같은 초능력을 여성은 계발시킬 수 있다고 믿는다(Jaggar, 1983: 169~174).

이러한 믿음은 앎의 대상이 아니라 주체로서 여성의 입장과 능력을 강조하려는 의도에서 나온 것으로 이해할 수 있다. 여성주의 자체가 어떤 사회제도가 갖는 한계나 자본주의체제 모순에서 파생된 것이 아니라 여성의 고통스럽고 분노하는 삶의 경험을 여성이 스스로 폭로하고 구체화하는 과정에서 나왔다는 점을 강조한다는 의미이다. 따라서 급진적 여성주의는 여성의 입장을 가장 근본적으로 대변하는 여성주의라고 여겨진다.

(2) 성차별의 원인

급진주의 여성주의에서 볼 때 여성억압의 핵심고리는 남녀간 생물학적 차이이다. 여성은 임신과 출산을 하기 때문에 남성에게 의존할 수밖에 없었고, 이 의존관계가 남성이 여성의 성과 출산을 통제하는 성차별로 발전했다는 인식이다. 즉, '남성-여성-자녀'로 구성되는 생물학적 가족 자체가 의존과 지배구조의 표상이다. 생물학적 가족 내 의존과 지배구조의 특징은 다음과 같이 요약할 수 있다(Firestone, 1970: 20). 첫째, 안전한 피임방법이 도입되기 전 여성은 월경, 폐경, 여성병, 출산, 수유, 양육 등으로 생기는 육체적 생존능력의 약화 때문에 남성에게 삶의 안전을 의존하였다. 둘째, 다른 동물에 비하여 인간은 오랜 성장기간을 필요로 하기 때문에 자녀와 (자녀 돌봄을 담당하는) 여성은 남성에게 오랜 기간 생존을 의존해야 했다. 셋째, 최초의 노동분업은 남녀간 생물적 차이에 따른 가내 노동분업이었다.

생물학적 가족에서 남성이 여성의 출산과 성을 통제하면서 생겨나기 시작한 가부장제는 여성에 대한 남성의 지배를 합리화하는 이데올로기를 발전시켰다. 남성에게는 일부다처주의가 허용되었지만 여성에게는 엄격한 일처일부제를 요구하는 역사적 과정에서 여성은 남성에 대한 심리·문화적 차원의 종속을 받아들이기 시작하였다. 그리하여 남성의 가부장적 권위에 여성은 자발적으로 복종하게 되었다.

생물적 차이가 역사적 과정을 통해 가부장제로 제도화하면서 국가는 강제와 권위를 통해 남성의 이익을 대변하도록 사회를 구조화한다. 남녀성별 노동분리를 권장하고 여성의 출산책임을 강조하고 가족법을 통해 남성에게 유리한 상황을 조성하는 움직임이 바로 그것이다. 그러나 국가는 이러한 행위가 객관성, 합리성, 중립성에 바탕을 두고 있는 것으로 가정한다. 국가가 노골적으로 남성 개개인의 이익을 추구하지 않지만, 역사적으로 형성한 남성성이 국가 성격 자체를 남성적으로 만듦으로써 남성의 이익을 대변하는 국가를 형성한다(남윤주, 1994: 172).

(3) 성차별 철폐전략과 국가역할

급진주의 여성주의 관점에서 볼 때 생물학적 차이가 차별로 이어지는 가족구조가 존재하는 한 성차별 문제는 사라질 수 없다. 또한 여성적 특질·여성성을 남성성에 비교하여 열등한 것으로 보는 인식이 사라지고 여성성을 적극적·긍정적으로 받아들이는 사고의 전환이 이루어져야 한다.

생물학적 차별이 존재하는 가족을 변화시키기 위하여 다음과 같은 전략을 급진주의 여성주의에서는 제안한다(Firestone, 1970). 첫째, 모든 가능한 방법을 동원하여 여성을 생물학적 생식의 지배로부터 해방시켜야 한다. 출산·양육의 부담을 여성이 일방적으로 담당하는 현실은 남성과 다른 사회제도가 담당하는 현실로 바꾸어야 한다. 둘째, 남성의 취업노동에 여성과 아동이 의존하는 구조가 바뀌어야 한다. 취업노동을 하지 않는 여성과 자녀도 삶에 있어서 완전한 자결권을 행사할 수 있는 구조가 되어야 한다. 셋째, 여성은 남성이 누리고 있는 성적 자유를 누려야 한다. 여성의 성적 자유는 자녀의 부성(父性)을 의심하게 할 것이고 따라서 가족 내 상속체제를 위협할 것이다. 이것은 결국 가부장제의 기초가 흔들릴 수 있는 계기가 될 것이라고 급진주의 여성주의는 본다. 결국 급진주의 여성주의에서는 기존 남녀관계를 배격하고 가족개념을 재구성할 것을 제안한다고 할 수 있다.

기존 남녀관계를 배격하는 입장에서는 여성이 경제적으로 자립함과 동시에 결혼제도에서 벗어나 자유롭게 동거하는 삶을 제안한다. 이때 동거는 결혼으로 향하는 중간과정이 아니라, 현재 결혼이 사회제도로 받아들여지는 것처럼 동거 자체를 결혼의 대안으로서 사회제도화해야 한다는 주장이다. 가족개념의 재구성은 가족(*family*)을 가구(*household*)로 대체함을 의미한다. 가족은 지속적인 친족관계, 성별 분업, 세대간 의존관계로 구성된다. 그러나 가구는 관계의 지속기간 자체에 관심을 갖지 않는 사람들이 사회적·경제적 필요에 따라 함께 사는 공동체일 뿐이다. 주거를 함께하는 사람들끼리 본인의 의지에 따라 바꿀 수 있는 계약을 토대로 공동양육, 권리의 공동소유 및 행사, 가사노동 분담 등이 가구생활의 특징을 이룰 것이다(Firestone, 1970: 225~227).

초기에 급진주의 여성주의에서는 국가를 중요한 정치적 장(場)으로 보지 않았다. 사적인 것으로 취급되는 성(*Sexuality*), 대화, 가사노동, 모성성, 낙태와 같은 문제가 남녀간 세력관계에서 더욱 핵심적인 역할을 한다고 보았기 때문이다. 결국 사회 내에 존재하는 공적·사적 영역 간 구분, 정치적·비정치적 영역의 구분을 무시한 관점은 정치적 투쟁을 방기하게 된다는 한계에 직면하여 국가문제를 다루지 않을 수 없게 되었다. 급진적 여성해방론은 이 과정에서 낙태·강간관련 법률, 포르노 규제 등 문제와 관련하여 국가의 가부장제적 성격규명을 추구하였다(남윤주, 1994: 170~171).

(4) 성과

급진주의 여성주의의 성과는 남성중심적 문화의 역사성을 들추어냈다는 점에서 의미를 갖는다. 또한 '개인적인 것이 정치적인 것이다'라는 모토하에 애정, 출산, 육아 등 사적 문제를 정치화하여 사회담론으로 만들었다. 그리고 '가부장제'라는 용어가 일반화하는 데 공헌하였다. 결국 급진주의 여성주의는 이른바 비정치적 문제의 정치적 이슈화에 성공했다고 할 수 있다.

> 사생활의 문제로만 다루어져왔던 가족 내 폭력, 강간, 포르노, 낙태 등의 문제가 여성억압에서 차지하는 중요성을 밝히고 이를 정책과 연결시킴으로써 이런 이슈를 정치화시키는 데 성공하였다(남윤주, 1994: 172).

급진주의 여성주의는 더 나아가 여성운동·여성중심 접근을 함으로써 2차 세계대전 이후 복지국가에서 전통적으로 제공하던 국가와 전문가 중심 복지급여 전달체계의 변화를 가져왔다. 1970년대 초반 특히 가정폭력, 강간, 낙태 등을 이슈화하는 과정에서 여성운동이 주체가 된 자립적·대안적 서비스를 구축하였다. 이는 여성쉼터운동(*women's refuge movement*)으로 나타났다. 여성쉼터운동은 다른 여성주의에서 관심 갖지 않았던 강간과 가정폭력 문제를 제기하였다. 또한 여성이 주체가 되어 여성에게 제공되는 서비스를 강조하였고 도입하였다. 여성병원, 자조집단, 여성전용 상담서비스 제공 등이 바로 그 예이다. 더 나아가 여성종속이 단순히 자본주의의 산물이라는 맑스주의적 설명이 갖는 단순화 경향을 극복하였다. 개인적인 것은 정치적이며, 여성의 위치는 가족관계 내에서 남성과의 성적 관계로만 이해할 수 있다는 여성주의자 논쟁에 핵심적 동력을 제공하였던 것이다(George & Wilding, 1994: 177~178).

(5) 한계

급진주의 여성주의는 사회 전반에 걸친 남성지배 현상에 대한 상세한 기술에 성공한 반면, 지배현상의 원인과 본질에 대한 설명제시를 지나치게 남녀간 생물학적 차이에 치중한 한계를 보인다. 또한 남성적 헤게모니의 영향력을 지나치게 확대 묘사함으로써 여성운동의 좌절을 미리 전제하는 결과를 낳는다(남윤주, 1994: 173). 가부장제의 보편성과 강고함을 지나치게 강조하다 보면 여성운동 자체가 패배주의적 경향으로 흐를 수 있기 때문이다. 또한 모든 사회현상을 남녀대립이라는 틀로써 설명하다 보니, 모든 사회현상을 계급대립으로 설명하는 사회주의 여성주의가 갖는 문제의 단순화라는 한계를 함께 보인다. 사회주의 여성주의가 경제결정론의 한계를 벗어나지 못했다면, 급진주의 여성주의는 생물학적 결정론의 한계를 벗어나지 못하였고, 그 결과 특히 21세기 들어 첨예하게 등장하는 상이한 인종·문화집단 간 대립과 그런 대립에서 발생하는 억압관계를 설명하지 못하는 한계를 드러낸다.

4) 복지 여성주의

자유주의 여성주의는 기회의 평등과 시장자유주의에 대한 믿음, 사회주의 여성주의는 자본주의체제 계급관계, 급진주의 여성주의는 남녀 간 생물학적 차이에 토대를 둔다는 의미는 복지국가체제 성립과 관계없이 각각 여성주의가 시작되었음을 의미한다. 반면 복지 여성주의는 명칭에서도 알 수 있듯이, 복지국가 발전과 그 맥을 함께한다. 용어로서 복지 여성주의(*welfare feminism*)는 영국 복지국가 발전과정에서 등장하였다(Banks, 1981: 174).

1차 세계대전이 막을 내리는 시기(1918년)를 전후하여 자유주의 여성주의의 대세를 이끌었던 '참정권 운동' 역시 목표를 달성하면서 마무리되는 단계에 접어들었다. 동등한 정치·사회참여 기회를 가지게 되면서 부르주아 여성을 중심으로 한 자유주의 여성운동이 일단 휴지기에 들어간 반면, 노동계급 문제에 주목한 일단의 여성들 중 국가주체 복지개혁을 통한 문제해결을 시도한 집단을 복지 여성주의자라고 부를 수 있다. 이중 메리 스톡(Mary Stock)은 노동계급 여성이 사용할 수 있는 피임법 보급에 앞장섰고, 실비아 판크허스트(Sylvia Pankhurst)는 독신모 처우개선, 엘레노어 라스보운(Eleanor Rathbone)은 모성수당 도입 등 과정에서 선구자적 역할을 하였다.

(1) 기본전제

복지 여성주의에서는 차별의 원인이 어디 있는지에 대한 근본적 문제제기 그 자체보다는 여성이 처한 불리한 상황을 현실로 받아들이고 이 상황을 개선하기 위한 전략에 관심을 더 기울인다. 산업혁명이 본격적으로 진행되면서 부르주아 여성과 달리 노동계급 여성은 취업노동을 하지 않으면 먹고살 수 없는 혹독한 현실 속에서 취업노동과 가사·돌봄노동을 모두 해야 하는 이중부담 문제를 갖고 있었다. 여성이 이중부담에 시달리면서 유아사망률은 매우 높았고 임신·출산은 매우 위험한 일이 되었다. 태어난 아이들의 경우에도 상당수가 영양실조 등 문제에 시달렸다. 자본주의 생산관계는 여성이 돌봄노동으로만 먹고살 수 있는 상황을 허락하지 않았고, 따라서 취업·돌봄노동에서 오는 이중부담을 여성이 해야 하는 현실을 복지 여성주의는 전제로 한다.

이런 현실을 놓고 엥겔스는 자본주의적 생산관계가 가족관계를 파괴한다고 진단하였다. 복지 여성주의는 엥겔스의 이런 진단과 인식을 함께하지만, 해결책 제시에 있어서는 엥겔스류의 사회주의혁명보다는 여성만이 갖는 문제를 해결하기 위한 사회개혁에 중점을 두었다. 이런 의미에서 볼 때 복지 여성주의는 형평(*equity*)을 또 하나의 기본전제로 한다. 남성이 갖고 있지 않은 이중부담 문제를 여성이 갖고 있다면, 문제해결을 위한 개입에서도 여성이 남성보다 우선 보호를 받아야 형평원칙에 맞는다는 관점인 것이다.

(2) 성차별의 원인

복지 여성주의 관점에서 성차별 원인은 주요관심사가 아니다. 여성이 왜 이중부담을 가져야 하는지를 사회주의 여성주의에서는 자본주의 체제 유지를 위해, 급진주의 여성주의에서는 가부장적 관계유지를 위해 등으로 해석하고 있지만, 복지 여성주의에서는 이중부담 때문에 모성보호가 제대로 되지 않는 현실 그 자체가 중요하다.

참정권 획득 이후 여성운동의 주요목표가 사라진 현실에서 1920년대 평등시민권사회단체연합(the National Union of Societies for Equal Citizenship)과 같은 여성주의 단체는 '새로운 여성주의'(*a new feminism*)를 제안하면서 모성에 기초하여 여성만이 갖는 욕구를 사회적으로 해결할 방법을 찾았다. 여성운동의 이러한 움직임은 전통적 부부관계나 가족관계에서가 아니더라도 자녀양육 여성이 실질적으로 경제적 독립을 할 수 있는 길을 모색했던 엘레노어 라스보운(Eleanor Rathbone)의 제안에 영향을 받은 것이었다. 모든 여성주의자가 라스보운의 '새로운 여성주의' 제안에 동의한 것은 아니었으며, 상당수 여성주의자는 라스보운의 주장이 가족책임의식을 약화시킬 것으로 우려하였다(Banks, 1981: 167~168).

그러나 자선조직협회(Charity Organization Society) 활동을 통해 노동계급 여성의 삶을 접하고 있었던 라스보운은, 사회는 자신의 재생산비용을 좀더 직접적으로 지불할 대안을 형성시켜야 한다고 보았다. 그리고 이 대안으로서 자녀양육 여성에게 직접 지급하는 모성급여(*endowment of motherhood*)를 제안하였고 이를 여성운동의 주요주제로 삼고자 하였다. 라스보운은 "새로운 여성주의에서는 남성의 성취 수준을 기준으로 한 여성의 욕구측정을 구시대적이며 여성에게 치욕적이고 견딜 수 없는 것으로 여긴다"라고 하였다. 남성의 성취 수준을 기준으로 했다는 것은 남성이 가졌던 참정권을 여성운동이 요구했던 것을 의미한다. 여성 역시 이미 참정권을 가졌기 때문에 참정권 요구는 시대적으로 낡았고, 따라서 여성운동은 여성의 욕구를 중심으로 하여 새로운 운동모델을 만들 과제를 가졌다. 참정권 획득 이후 자족하는 부르주아 여성주의자를 비난하면서 동시에 노동계급 여성들의 고달픈 삶에 대한 관심을 촉구했던 것이다(정재훈, 1988: 15).

(3) 성차별 철폐전략과 국가역할

복지 여성주의에서 추구하는 성차별 철폐전략의 주요골자는 긍정적 차별(*positive discrimination*) 원칙에 따라 여성의 문제를 우선 부각시키면서 국가개입을 통한 점진적 개혁을 추구하는 것이다.

복지 여성주의의 이러한 원칙은 기회의 평등을 보장하면 평등성취가 될 것이라는 자유주의 여성주의의 단순한 전략에서 벗어나 있으면서, 또한 자본주의·가부장제 철폐 등 거대담론에서도 벗어나 있다. 그러면서 자녀양육 여성에게 독자적 급여를 제공한다는 복지 여성주의의 전략은 자본주의체제에서 여성의 독자적 소득을 평등성취 전략으로 본 사회주의 여성주의와 연결되어 있다. 또한 모성보호와 보상을 위한 모성수당, 피임지식 보급, 산아제한 등은 모성의 우월성과 보호를 강조한 급진주의 여성주의 전략과도 연결되어 있다. 복지 여성주의는 자유주의 여성주의가 하지 않았던 모성보호의 담론화를 이끌어냈다. 동시에 복지 여성주의는 사회주의 여성주의와 급진주의 여성주의의 거대담론적 접근을 출산수당, 아동상담, 의료보호, 학교급식 등과 같은 제도로 구체화하였다. 이런 의미에서 복지 여성주의는 국가를 매개체로 한 개혁주의적 여성정책을 성차별 철폐의 주요전략으로 삼았다고 볼 수 있다.

(4) 성과

복지 여성주의는 복지국가 발달과 더불어 여성이 갖는 취업·돌봄노동의 이중부담을 실질적으로 덜어주는 데 다른 어떤 여성주의보다도 실질적인 요구를 하였고, 이 요구를 관철시켰다는 데에서 성과를 찾아볼 수 있다. 복지국가체제 자체의 역할에 대해 관심을 덜 보였던 자유주의 여성주의나 복지국가체제 자체가 갖는 성차별적 요소에 주목하는 사회주의·급진주의 여성주의와 달리 복지 여성주의는 성차별 문제해결에서 복지국가체제가 필수적이라는 점을 보여주었다. 즉, 복지 여성주의는 복지제도가 개선되면 될수록 여성의 삶의 상황이 나아지고 성차별 문제가 해결될 수 있다는 가능성을 주장하고 이를 어느 정도 입증하였다. 복지 여성주의의 이러한 성과는 사회적 여성주의(*social feminism*)로 이어지면서 복지국가 발달과 여성 삶의 상황개선이 비례할 수 있는 단초를 지속적으로 보여주고 있다.

(5) 한계

복지 여성주의 관점에서 국가는 남녀관계를 정책형성의 주변 주체가 아닌 중심 주체화하여야 한다. 초기 복지 여성주의 등장 시기에 모성보호를 강조한 것은 가족 내 여성역할을 강조하는 보수주의 관점과는 거리가 있다. 라스보운이 주장한 모성수당은 '남성의 아내이자 자녀의 엄마로서 여성'이 아니라 '자녀의 엄마로서 여성'에게 가족형태와 관계없이 지급하는 형태였기 때문이다.

〈표 8-1〉 여성주의의 입장 정리

	자유주의 여성주의	복지 여성주의	급진주의 여성주의	사회주의 여성주의
기본 전제	동등한 인간형, 남녀간 생물학적 차이는 중요하지 않음	여성의 이중부담 현실	남녀의 생물학적 차이	자본주의 생산관계
성차별 원인	법적 차별, 기회의 불평등	모성에 대한 저평가	가부장제; 여성의 재생산 능력과 성에 대한 남성의 지배	여성의 무보수 가사노동·재생산 노동
성차별 철폐 전략	기회의 평등; 사적·공적 영역 간 분리 강조; 공적 영역에서의 변화 강조; 사적 영역에서 성평등한 사회화 과정	사적 영역에서 변화 강조; 가족형태와 관계없는 모성보호 및 가족지원 정책	사적인 것은 정치적이므로, 두 영역간 연결 강조	생산과 재생산 관계 간 조직의 재구성
성 과	각종 기회평등 조치의 도입	보편적 억압 현상 인정; 노동계급 여성의 삶의 질 향상	억압의 보편성 강조	계급에 따른 차별의 보편성 부각
한 계	계급, 인종에 따른 불평등 인정에 소극적; 국가의 억압적 성격 간과; 구조적 원인 분석 결여	여성적 주제의 주변화에 능동적으로 대처하지 못함	생물학적 결정론	경제결정론

그러나 복지 여성주의의 모성보호 요구는 '전업주부로서 여성의 역할수행'과 비례하여 구체화되었으며, 이는 베버리지 보고서에서 강조한 전통적 여성역할에서도 잘 드러나고 있다(Beveridge, 1942: 52~53). 결과적으로 복지국가체제 발달과 더불어 가족형태와 관계없이 모성보호의 독자성을 강조했던 복지 여성주의의 요구는 여성에게 '약간의 급여를 주어 아동과 함께 정책대상의 주변집단'으로 묶어버리는 흐름 속으로 사라지게 되었다. 복지 여성주의가 기대했던 국가역할이 현실에서는 여성을 주변집단화하는 수준에 머물고 말았는데, 복지 여성주의가 운동의 성격으로 내걸었던 점진주의·개혁주의가 이러한 결과를 낳는 부메랑 효과를 가져왔다고 볼 수 있다.

이상의 논의를 바탕으로 하여 자유주의 여성주의, 사회주의 여성주의, 급진주의 여성주의, 복지 여성주의의 특징을 요약하면 〈표 8-1〉과 같다.

3. 복지국가와 여성

1) 여성주의에서 본 국가

여성주의는 대체로 복지국가를 여성친화적으로 보지 않는다. 여성주의가 갖는 공통적 속성 때문이다. 그럼에도 불구하고 복지국가가 혹은 복지국가를 통해 성차별 문제를 해결할 수 있는 가능성은 여전히 존재한다. 복지제도 발달과 더불어 여성에게 더 이상 남성에게 의존하지 않고 자율적으로 살아갈 수 있는 새로운 가능성이 생겨났기 때문이다.

지금까지 살펴보았듯이, 여성주의는 여러 가지 갈래로 분류할 수 있다. 따라서 여성주의 입장에서 국가를 어떻게 보느냐 하는 것 역시 여성주의 갈래별로 다르게 나타날 수 있다. 그런데 자유주의 여성주의, 사회주의 여성주의, 급진주의 여성주의, 복지 여성주의 등 여성주의가 바라보는 국가의 모습은 대체로 긍정적이라고 볼 수 없다. 자유주의 여성주의는 자유주의이념이 갖는 특성상 국가가 기회의 평등만 보장한다면 그 이상 역할을 안 했으면 하는 입장이다. 사회주의 여성주의에서는 국가가 자본의 이해관계를 대변하고 여성의 무보수 가사·재생산 노동을 유지하는 역할을 한다. 급진주의 여성주의에서도 국가는 가부장적 속성을 지니고 있다. 국가의 모습을 가장 긍정적으로 평가한다는 복지 여성주의 관점에서도 국가는 남성적 관점을 반영하여 모성보호를 주변적 이슈로 몰아낸 것으로 본다.

여성주의 입장에서 국가를 여성친화적으로 보기 어려운 이유는 무엇일까? 그것은 아마도 다양한 여성주의 관점에도 불구하고 여성주의간에는 몇 가지 공통점이 존재하기 때문일 것이다(Woodward, 1997: 99). 그 공통점을 정리하면 다음과 같다. 첫째, 여성주의는 정책분석 단위로서 우선 젠더를 고려한다. 정책대상으로서 사회문제를 정의하는 데 젠더는 어느 정도 고려되는지, 정책영향이 젠더별, 즉 남녀별로 어떻게 다르게 영향을 미치는지, 정책결정 과정에서 남성적 시각과 여성적 시각은 어떻게 반영되었는지 등에 주목한다. 둘째, 여성의 목소리에 귀 기울인다. 즉, 여성이기 때문에 더 갖게 되는 문제, 예를 들어 성폭력이나 성매매 문제 등에서 파생하는 성차·성불평등에 관심을 갖는다. 셋째, 여성주의는 변화전략을 추구한다. 기존 젠더 질서에 대한 도전을 하는 여성주의는 당연히 현상태를 고수하려는 보수전략보다는 변화를 추구하는 진보적 성향을 갖게 된다. 넷째, 여성주의는 국가의 위계적 조직에서 지배와 특권적 위치를 남성이 차지하고 있는 현실을 거부한다.

여성주의의 이러한 공통입장은 국가실체에 대한 논쟁에서 다음과 같은 두 가지 대립하는 경향을 낳는다. 첫째는 국가를 남성적 이익을 대변하는 남성적 국가로 보는 견해이다. 낙태, 강간관련 법률, 포르노 규제 등 문제와 관련하여 국가가 갖는 역할에 대한 관심에서 출발한 여성주의자 비판은, 복지국가체제가 여성 삶의 조건에 끼친 영향을 남녀 권력관계 유지라는 측면에서 파악하였다. 여성주의 관점에 의하면, 복지국가는 가부장제의 현대화된 모습이다. 따라서 복지국가는 여성의 자주성 실현을 방해하고 여성운동의 정치화를 방해한다(Langan & Ostner, 1991: 303).

복지국가의 양면성에 대한 인식, 복지국가의 능력에 대한 회의, 사회를 통제하는 권력의 실체에 대한 인식 등에서 여성주의는 다양한 분류에 관계없이 공통된 관심을 보인다(George & Wilding, 1994: 182~188). 여성주의 관점에서 복지국가는 남성에 대한 여성의 의존과 성별 노동분리를 강화한다(George & Wilding, 1994: 184). 또한 복지국가는 여성적 욕구를 해결하지 못한다(George & Wilding, 1994: 185~186). 빈곤의 여성화가 그 대표적 예이다. 복지국가는 취업노동과 가사·돌봄노동을 공평하게 대우하는 데 실패하였으며, 임신·출산, 가사·돌봄노동에 여성이 지불하는 비용을 보상해주시 못하고 있다.

여성주의의 이러한 입장은 국가인식의 변화를 가져왔다. 국가는 불편부당한 중립체가 아니며 이해관계가 있는 정치적 실체이다. 여성주의 비판은 또한 정책과정에서 젠더를 분석요소로 만들었다. 더 나아가 여성주의는 보살핌 노동의 중요성을 부각하였고 가정폭력이나 혼인 내 강간 등 지금까지 용납된 사회적 행동을 사회문제화하는 데 성공했다.

둘째, 오히려 복지국가 위기 및 빈곤의 여성화에 직면하여 1980년대 이후 여성들은 자신들이 근본적으로 비판했던 복지국가의 옹호자가 되는 경향이 있다(Kulawik, 1996: 27). 복지국가가 축소되면서 남성보다는 여성이 복지국가 급여축소의 피해자가 되는 경우가 더 많았기 때문이다. 따라서 역으로 복지국가를 여성 임파워먼트 기제와 자원(*Welfare State as a resource and mechanism of empowerment for women*)으로 활용할 수 있는 가능성에 여성주의는 주목하기 시작하였다.

2) 여성주의에서 본 복지국가

복지국가 발달 이전에는 대부분의 경우 전업주부인 여성은 남성에게 경제적으로 전적으로 의존하며 살아갈 수밖에 없었다. 따라서 가정폭력 문제가 발생하더라도 인내하며 살아가는 것 외에 다른 방법을 찾기 어려웠다. 또한 남편의 실직, 사망, 사고로 인한 장애 등 여러 가지 문제가 발생하더라도 여성이 자기 스스로 어려움을 헤쳐나갈 길이 없었다. 그러나 복지국가 발전과 더불어 사회적 위험에 처했을 때 여러 가지 급여를 받을 수 있는 가능성이 생기면서 여성이 더 이상 개인적으로 남성에게만 의존하지 않아도 되는 상황이 생겨났다. 남편의 폭력을 피할 수 있는 쉼터, 유족연금, 아동수당 제도 등은 완벽하지는 않지만 여성이 독자적으로 삶을 설계할 수 있는 자율성 실현의 단초를 제공하게 되었다.

이러한 변화를 여성주의 관점에서는 어떻게 받아들일 수 있을까? 개인 차원에서 보면 자율성 실현의 물적 토대라고 볼 수도 있겠지만, 그렇다면 여성주의가 비판하는 가부장제적 속성이 혹은 남성적 이익을 대변하는 복지국가의 속성이 사라지기 시작한 징후로 보아야 하나? 이러한 변화를 여성주의에서는 '사적 가부장제에서 공적 가부장제로의 전환'이라는 개념으로 설명한다.

(1) 사적 가부장제에서 공적 가부장제로의 전환

'사적 가부장제'는 가족 차원의 가부장제를 의미한다. '공적 가부장제'는 가족범위를 벗어나 사회적 차원에서 작동하는 가부장제도이다. 사적 가부장제의 기반은 가족이며 개별 가부장, 즉 남성이 여성노동의 결과를 소유한다. 여성의 취업·가사·재생산노동의 결과는 가족단위 안에서 남성의 이름으로 평가된다. 반면 공적 가부장제의 기반은 국가나 고용시장이다. 국가와 시장은 여성노동의 결과를 집합적으로 소유한다.

'사적 가부장제 → 공적 가부장제'로의 변화는 남편이나 가족에게 의

존했던 여성의 삶이 사회나 국가에 의존하는 삶으로 변화하는 것을 의미한다. 사적 가부장제에서 공적 가부장제로 바뀌는 동인은 복지정책이다. 복지정책을 통하여 개별 남성에 대한 여성의 의존형태가 국가에 대한 의존으로 변하기 때문이다(홍승아, 1998: 463). 가족 가부장(*Familien-Patriarchat*)에서 국가 가부장(*Staats-Patriarchat*)으로의 변화(McIntosh, 1978, Kulawik, 1996: 39에서 재인용)를 통해 국가는 가족영역에 개입함으로써 가족 내 가부장적 관계를 약화시켰다.

그러나 사회적 차원에서 가부장적 구조는 그대로 남아 있다. 복지국가가 발전하면 할수록 여성은 남성보다 국가정책과 제도적 서비스에 더 의존하게 되는 현상이 그 증거가 될 수 있다. 여성의 사회참여나 취업활동이 늘어나는데, 여성참여가 늘어나는 분야는 복지국가 발전에 비례하여 확대되기 때문이다. 건강, 교육, 사회서비스 등 복지분야 피고용인의 대부분은 여성이다. 복지정책 수혜자나 공공복지 서비스 이용 소비자도 대부분 여성이다. 따라서 공공영역이 가부장제적 속성을 그대로 유지하는 한 다음과 같은 우려가 가능하게 된다. "따라서 공적 영역에서의 남성지배가 강화되어가고, 보다 구조적인 차원에서 행해지게 된다"(홍승아, 1998: 465).

그렇다면 공적 가부장제가 변화할 가능성은 어떻게 볼 수 있나? 그리고 그러한 변화가 가능하다면 여성의 삶은 어떻게 변할 수 있을까?

(2) 공적 가부장제도의 가능성

공적 가부장제도는 그 자체로서도 일단은 여성이 더 이상 개별 남성에 의존하지 않고 자립과 경제적 독립의 가능성을 가질 수 있는 토대를 제공한다(홍승아, 1998: 467). 국가 가부장의 존재를 지나치게 강조하는 것은 복지국가가 여성에게 제공하는 가능성을 간과하는 결과를 가져온다(Hernes, 1987; Piven, 1987, Kulawik, 1996: 40에서 재인용). 또한 여성이 갖는 주체적 능력보다는 여성의 피해자 지위(*Opferstatus*)를 부각시킨다(Kulawik, 2005: 4). 급여수급자로서 여성이 국가제공 급여를 삶의 방향을 전환할 수 있는 기회로 삼지 못하고 사회적 위험의 피해자로서 그냥 국가급여에 의존해서 살아가는 식으로 묘사한다는 의미이다. 더 나아가 복지국가가 가부장적 성격을 극복하는 양상, 즉 공적 가부장제도의 변화양상을 관찰해볼 수 있다.

먼저, 복지급여 수급자 개념이 재정립되는 경향을 볼 수 있다. 복지급여 수급자가 남성 혹은 여성으로 분류되었다면, 이제는 그러한 분류가 사라지는 추세라는 의미이다. 예를 들어 육아휴직이나 양육수당 수급자는 아이를 낳은 '여성'으로 명백히 규정되어 있었다면, 이제는 아이를 함께 키우는 남성도 수급자가 될 수 있다.

둘째, 복지의 사회적 관계가 재편성되는 양상을 볼 수 있다. '복지의 사회적 관계'는 사회복지급여를 결정하고 전달하고 또한 수급하는 관계를 의미한다. 이 과정에서 수급자는 남녀를 떠나 단순한 수혜자 입장이었다면, 이제는 복지의 사회적 관계에서 수급자가 결정이나 전달과정에서도 일정 정도 역할을 하는 경우를 찾아볼 수 있다. 이런 의미에서 수급자로서 여성이 복지의 사회적 관계를 재편성하고 자율적 삶의 토대로서 복지급여를 이용할 수 있는 가능성도 높아진다.

공적 가부장제도의 이러한 변화 가능성은 국가 여성주의(*state feminism*)와 연결된다. 국가 여성주의는 국가를 기본적으로 부정적으로 인식하는 여성주의 경향이 변화하면서 국가의 여성친화적 측면을 부각시키는 관점이라고 할 수 있다.

4. 국가 여성주의

복지국가가 전통적 여성영역인 재생산활동에 개입함으로써 여성이 복지제도의 대상에서 주체로 전환할 수 있는 가능성이 열렸다고 본다(Hernes, 1987: 44). 이러한 입장을 국가 여성주의(*state feminism*)라고 분류한다. 국가 여성주의는 다음 견해를 전제로 한다. 복지국가가 가부장제를 유지하는 도구에 지나지 않는다고 보는 입장에서 복지국가는 은밀하게 혹은 노골적으로 성차별 상황을 유지하는 유용한 도구로서 역할을 수행한다고 본다(McIntosh, 1978). 그러나 복지국가와 여성, 정확히 말하면 복지국가 발달과 여성의 지위 간 관계를 주로 포용의 관점에서 볼 때, 복지국가는 정치·경제·사회·문화 등 모든 삶의 영역에서 객체에 지나지 않았던 여성이 주체로 등장하는 계기를 만들어 준다(Hernes, 1986). 복지국가는 이런 의미에서 '여성친화적 국가'(*a woman-friendly state*, Leira, 1993: 67)이다.

국가 여성주의는 스칸디나비아 국가 사례를 통해 알려지기 시작한 용어이다. 그러나 그밖의 국가에서도 국가 여성주의 경향을 살펴볼 수 있다.

1) 국가 여성주의 전개방향

스칸디나비아 사회민주주의 복지국가체제 경험을 바탕으로 볼 때, 국가 여성주의 전개방향은 다음과 같이 제시할 수 있다. 높은 여성 취업률, 시간제 노동에 대한 수준 높은 법적·사회적 보호, 남녀 임금격차의 감소, 높은 수준의 공공 아동보호시설, 높은 수준의 출산·육아휴직 급여, 아버지 출산 휴직제·탄력 근무제와 같은 남성의 육아활동 참여를 위한 제도적 지원.

국가 여성주의 전략은 "평등 대 차이"(*equality vs. difference*)의 논쟁구도 속에서 "평등기회전략"(*equal opportunity strategy*)이라고 볼 수 있다. 즉, 완전고용정책의 틀 속에서 노동시장 참여를 통한 양성평등을 추구하였고, 그 결과 여성노동의 가치가 상승하고, 이 현상은 재생산노동의 더 높은 가치 인정으로 연결되었다(O'Connor, 1996: 107). 재생산노동의 가치상승은 복지국가가 재생산노동 영역에 개입함으로써 더욱 그 가치를 높이게 된다. 그 결과는 가사·돌봄노동의 사회화로 이어진다. 평등의 성취와 가사·돌봄노동의 사회화는 여성의 자주적 삶을 가능하게 하는 요소라고 할 수 있다.

2) 평등전략

국가 여성주의의 평등전략은 특히 노동시장에서의 성별 노동분리를 없애려는 시도이다. 고용평등, 남녀 임금격차 해소 등의 이슈는 이른바 여성 취업직종, 남성 취업직종이라는 분리가 존재하는 한 해결되기 어렵다. 여성의 노동시장 참여율 증가와 성별 노동분리 극복이 함께 이루어지지 않는다면, 여성은 취업시간, 임금, 결정권한, 돌봄노동에서 여전히 불리할 수밖에 없다.

전통적으로 여성적 취업직종은 전형적 산업예비군으로서 여성을 대상으로 하였다. 여성 취업직종에서 나타나는 고용의 비연속성, 낮은 수준의 임금 등은 이른바 'M자형 곡선'으로 나타나는 여성적 생애주기를 전제로 하는 것이다. 'M자형 곡선'은, 사회진출 초반기에 대부분 여성이 취업했다가 첫 아이를 출산하고 양육부담이 늘어났을 때 취업활동을 그만두고 다시 자녀 돌봄노동 부담이 줄어드는 시기에 취업활동을 재개하는 양상을 나타내는 용어이다. 이러한 취업활동 양상으로 인하여 여성은 남성에 비교하여 상대적으로 적은 취업시간, 낮은 임금수준 문제를 갖게 된다. 이러한 문제는 여성의 노후빈곤으로도 이어진다.

취업노동과 돌봄노동 중 어느 하나를 선택할 수 있는 권한도 대부분의 경우 여성 독자적으로 갖지 않는다. 성별 노동분리 양상 가운데 남성보다 임금수준이 낮은 여성이 돌봄노동의 필요성이 생겼을 때, 취업노동을 그만두도록 당연히 선택할 수밖에 없는 상황이 생기기 때문이다. 이런 의미에서 성별 분리가 존재하는 노동시장 구조에서 여성은 취업노동과 돌봄노동 선택에서 결정권한을 갖는다고 보기 어렵다.

노동시장에서 성별 노동분리를 없애려는 시도, 즉 전형적 여성·남성 취업직종 간 경계를 허무는 시도가 국가의 인위적 개입만으로 이루어질 수는 없다. 취업시장 구조 자체가 변화해야 가능한 일이다. 또한 이러한 시도는 취업시장 구조 자체만을 대상으로 할 뿐만 아니라 사회 구성원의 교육·사회화 과정도 변화대상으로 해야 한다. 이런 의미에서 볼 때 국가 여성주의는 단순히 복지급여를 여성친화적으로 제공하는 것 이상의 의미를 가진다.

거시적 차원의 평등전략에서 국가 여성주의는, 그러나, 더 구체적으로 전개되어야 하는 과제를 갖는다. 이러한 과제수행의 대표적 양상이 가사·돌봄노동의 사회화이다. 가사·돌봄노동의 사회화는 성별 노동분리 극복을 향한 매우 중요한 첫걸음이기도 하다.

3) 가사·돌봄노동의 사회화

복지국가 발전은 특히 사회서비스 분야에서 일자리를 대량으로 창출함으로써 가사·돌봄노동을 사적 영역에서 공적 취업영역으로 확대·발전시켰다. 가족구성원을 돌보고 사회화하는 일이 예전에는 가족 안에서 일어나는 사적 노동이었지만, 이러한 사적 노동을 사회서비스 차원에서 행해주기 시작하면서 일자리가 창출되기 시작한 것이다.

이러한 일자리 창출은 동시에 여성이 더 이상 가사·돌봄노동에 얽매이지 않고 취업노동시장에 진출할 수 있는 조건을 만들어줌으로써 오늘날 높은 여성 취업률로 이어지고 있다. 여성의 높은 취업률은 여성이 남성의 소득에 의존해서 살아가야 하는 삶의 모습을 변화시키는 결정적 계기가 된다. 이러한 의미에서 복지국가는 성차별 문제를 해소하고 여성을 포용하는 국가체제로서 긍정적 기능을 하는 것이다. 또한 돌봄노동 주요주체가 '엄마·아빠'에서 '보육교사'로 점차 변화하는 현상을 볼 수 있다.[3)]

여성의 취업노동시장 진출은 기존 정치권력 구조에 대한 여성참여와 병행하여 나타난다. 즉, 집단으로서 여성이 독자적 소득을 갖기 시작했다는 것 외에 독자적 정치권력을 갖는 현상이 복지국가 발전과 더불

---

3) 물론 스칸디나비아 국가에서조차도 '보육교사'의 대부분이 여성이라는 한계는 여전히 존재한다.

어 나타나는 것이다. 정치엘리트 집단에서 여성이 차지하는 비율이 증가하는 양상이 그 대표적 예이다. 행정부, 입법부, 사법부, 기업, 사회단체 등 각 분야에서 결정권을 가진 여성이 차지하는 비율이 과거에 비하여 현저하게 증가하고 있음을 볼 수 있다.

취업노동에서 독자적 결정권을 갖게 된 여성의 삶은 과거와 달리 자주적 모습을 보일 수 있게 된다.

4) 자율적 인생설계

자율적·개인적 인생설계 논리는 인생을 자주적이고 자발적인 의지에 의해 개인 스스로 계획하고 그에 따른 책임을 감당할 준비가 되어 있음을 의미한다(Beck-Gernsheim, 1994: 39 이하; Strohmeier, 1993: 12). 자율적으로 인생을 설계하기 위한 작업의 전제조건은 파트너 관계를 둘러싼 기존 사회규범에 종속되지 않는 데 있다.

취업노동시장에서의 평등, 가사·돌봄노동의 사회화는 특히 여성이 '남성 = 취업활동·가족부양 담당, 여성 = 전업주부'라는 등식에서 벗어나 취업에 따른 잦은 거주지 이동, 자유로운 파트너 선택, 파트너 관계에서 문제가 생겼을 때 인내보다는 이혼·별거 선택 등을 선택 가능하게 한다.

국가 여성주의는 전통적인 혼인·가족관계를 전제하지 않으면서 여성이 삶의 관계를 개인화(*Individualisierung*)하는 시도를 용이하게 만들어준다. 이른바 정상취업을 못하더라도 더 이상 자신의 경제적 안정을 위해 남편에게만 의존하지 않아도 되기 때문이다. 사적 가부장제에서는 '취업노동과 가사·돌봄노동의 조화'는 여성의 사적 책임영역이었다. 이 영역에 국가 여성주의 차원의 개입이 이루어지면서 여성은 자신의 삶을 남성에게 의존하지 않고 설계할 수 있는 계기를 가지게 되었다.

복지국가 발전과 여성 제9장

앞 장에서 복지국가의 공통적 요소를 언급하였다. 그러나 복지국가는 각국이 경험한 역사적 성향, 정치·사회·경제·문화 조건에 따라 다양한 양상을 나타낸다. 이렇게 다양한 복지국가를 연구하는 경향은 두 가지로 분류할 수 있다. 이른바 주류학문 관점과 비주류학문 관점이다.

복지국가 연구 주류학문 관점은 근대화론, 네오맑스주의, 권력자원론으로 분류할 수 있다. 복지국가 발전을 산업화와 시민권 개념발달의 결과로 보는 경향을 근대화론으로, 자본주의의 이익유지를 위한 결과로 보는 경향을 네오맑스주의로, 노동운동과 사회민주주의 발전의 결과로 보는 경향을 권력자원론으로 우선 이해할 수 있다. 그런데 이러한 전통적 복지국가 연구에서는 젠더 문제를 간과하고 있다는 비판에서 출발한 것이 복지국가를 성인지적 관점에서 연구하는 경향이다.

그러면 먼저, 복지국가 발달 연구의 주류경향을 알아보도록 하자. 그리고 이러한 주류연구의 몰성적 성격을 비판하는 성인지적 관점의 복지국가 연구경향을 살펴본다.

1. 복지국가 발전 이론: 주류학문 경향

복지국가 발전을 설명하는 이론은 크게 근대화론, 네오맑스주의, 권력자원론으로 분류할 수 있다. 근대화론은 복지국가 발전동인을 산업화에서, 네오맑스주의는 자본의 이익유지에서, 권력자원론은 노동운동과 사회민주주의 발전에서 찾는다. 근대화론은 산업화와 정치적 민주화 등 복지국가 발전에서 나타나는 공통적 특성에 주목하는 점에서 일종의 '국가발전 경로' 연구라 할 수 있다. 반면에 네오맑스주의와 권력자원론은 복지국가 발전 중심에, 전자는 자본의 이익유지, 후자는 노동운동의 정치세력화를 자리매김한다는 점에서 일종의 정치경제학 연구이다.

1) 근대화론

근대화론은 일종의 구조기능주의 관점을 갖고 있다. 산업화와 경제발전, 사회문제, 정치적 역동 등이 복지국가 형성 및 발전과정에서 구조화된 요소로서 기능한다고 보기 때문이다. 산업화의 결과 생활수준은 높아졌는데 혹은 자원은 풍부해졌는데(경제발전), 가족·지역사회·종교 등 전통적 주체가 행하던 보호기능이 약화되고 각종 사회문제가 발생한다. 그리고 사회문제 해결을 요구하는 정치적 움직임이 일어남에 따라 시민권을 보장하기 위한 차원에서 복지제도가 도입되고 발전된다는 논리이다. 즉, 근대화론은 복지국가 발전을 설명하는 산업화론과 정치발전론(시민권론)을 포함하는 개념이다. 이때 '근대화론'이라는 명칭을 부여하는 이유는, 정치·경제발전 정도를 기준으로 하여 과거와 현재 사이를 구분할 수 있는 시기가 정치·경제·사회영역에 존재한다고 가정하기 때문이다.

(1) 산업화론

산업화론은 사회적 차원과 경제적 차원에서 복지국가 발달을 설명한다. 사회적 차원에서는 산업화 과정에서 가족·인구구조 변화로 인하여 발생하는 사회문제에 주목한다. 이러한 사회문제가 복지국가 발전의 중요한 요인이 된다. 산업화는 이전 사회에서는 볼 수 없었던 산업재해, 대량실업사태, 도시화에 따른 주택, 범죄, 빈민문제 등의 문제를 가져온다. 이러한 문제들은 전통적으로 보호기능을 담당했던 가족, 친족, 지역사회, 종교조직이 감당할 수 없는 차원에서 구조적이며 대규모로 발생한다. 따라서 국가적 차원의 대응이 필요하게 된다(김태성·성경륭, 2000: 130).

그러나 산업화가 문제만 가져다주는 것은 아니다. 산업화, 즉 경제성장을 이룩한 국가는 사회문제를 해결할 수 있는 자원도 풍부하게 확보하게 된다. 산업화로 인한 자원축적은 사회복지에 사용할 수 있는 자원규모 증가도 가져오게 되는 것이다. 물론 사회문제 해결을 목적으로 하는 자원동원이 자동적으로 이루어지지 않는다. 경제발전 정도만으로 복지국가 발전을 설명할 수는 없다. 자원동원은 정치적 역동에 따라 그 수준과 규모가 달라질 수 있기 때문이다.

(2) 정치발전론

복지국가는 경제발전 정도에 따라 발전한다는 주장이 이른바 복지국가 비교론의 산업주의 논리라고 한다면, 정치발전론은 정치적 요인이 복지국가 발전과 갖는 상관관계에 이론적 관심을 집중하고 있는 시민권론이라 할 수 있다.

시민권 개념확대는 복지국가 발달의 핵심 원동력이었다. 1980년대까지 복지국가 비교연구가 사회지출(*social expenditure*) 구조만 중요시하였다면, 사회적 시민권 개념은 교육, 사회적 서비스, 소득보장, 건강 등에 대한 시민적 권리개념을 확립하고, 시민적 권리를 보장하는 정도에 따라 복지국가 발전을 설명하고 있다(O'Connor, 1996: 2).

〈표 9-1〉 근대화론

<table>
<tr><th colspan="3">구조기능주의 접근</th></tr>
<tr><th rowspan="3">복지국가
발전동인</th><th>산업화 관점</th><th>정치발전 관점</th></tr>
<tr><td>산업화로 인한 사회문제</td><td>시민권 개념발전이
사회권으로 귀착</td></tr>
<tr><td>사회문제를 해결할 수 있는
자원의 축적</td><td>노동계급의 정치세력화</td></tr>
<tr><td>의 미</td><td colspan="2">복지국가 발전의 전제조건으로 정치·경제발전의 중요성
제시</td></tr>
<tr><td rowspan="3">한 계</td><td>경제·기술결정론적 시각</td><td>정치결정론적 시각</td></tr>
<tr><td colspan="2">여성문제를 가족문제 담론으로 단순화</td></tr>
<tr><td colspan="2">성차별 문제해결을 수렴론적 시각에서 전망</td></tr>
</table>

(3) 의미와 한계

근대화론은 복지국가 형태가 무엇이든지 경제발전과 산업화는 복지국가 발전의 전제조건이라는 점을 분명히 했다는 점에서 의의를 갖는다. 또한 복지국가는 정치·경제·사회적 차원의 분화의 결과라는 발전론적 시각을 제공한다는 의미도 있다. 그러나 근대화론은 다음과 같은 점에서 한계를 갖는다.

첫째, 근대화론은 연구방법론으로서 논리적 한계를 갖는다. 근대화론 관점에서 논증은 "… 이면 … 이다"라는 구조로 이루어진다. 즉, "경제가 발전하면 복지제도도 발전한다" 혹은 "노동조합의 요구가 강하면 사회보험제도가 확대될 것이다"라는 논리구조를 갖게 된다(Kulawik, 1996: 31). 그러나 이러한 가정은 실제 역사적으로 발생하는 상황이나 인과관계를 탈정치화, 탈역사화시켜서 경제발전이나 노동운동 수준이 유사하다면 복지국가 발전도 유사하게 전개될 것이라는 일종의 수렴론적 오류에 빠지게 한다.

근대화론의 두 번째 한계는 근대화론이 갖고 있는 '기능상실의 가설'이다. '기능상실의 가설'은, 산업화와 시민권 개념발달로 인하여 전통적으로 보호기능을 수행하던 주체들의 기능이 사라졌고 이를 대체하기 위하여 복지제도가 발달했다는 입장이다(Kulawik, 1996: 32). 그러나 이러한 입장은 사적 가부장의 보호로부터 공적 가부장의 보호에 의존하게 된 여성들의 상황을 긍정적으로만 묘사하는 결과를 낳게 된다. 또한 산업화 과정이 상당 수준 진행됐음에도 불구하고 여전히 가족범위에서 보호·돌봄 기능을 수행하고 있는 여성의 문제 역시 간과하는 결과를 가져온다.

세 번째, 근대화론 틀에서는 성차별이 갖는 의미가 매우 협소하다(Kulawik, 1996: 32). 정치·경제·사회참여에서 여성이 겪는 불평등한 상황은 '아직 도달하지 않은 현상'일 뿐이다. 경제발전이 지속되고 여성이 남성과 같은 시민권을 갖는다면 이러한 현상을 극복할 수 있다고 보는 것 외에 다른 전망을 제시하지 않기 때문이다.

2) 네오맑스주의

네오맑스주의의 관심은 평등과 보편성을 추구한다는 복지국가체제가 자본주의적 생산방식과 계급지배 관계를 어떻게 유지하는가에 집중하고 있다(Kulawik, 1996: 33). 이러한 관심은 결국 자본의 이해관계 유지에 국가가 어느 정도 역할을 하는 상황을 전제로 한다. '어느 정도 역할'이라는 표현은 자본을 상대할 때, 국가가 자본의 이해관계에 좌지우지되는 모습을 보이느냐 혹은 자본을 통제할 수 있는 힘을 갖고 있느냐 라는 두 가지 상황을 양 극단에 설정할 수 있다.

우리 현실에서 볼 때 재벌총수가 저지른 비리에 비하여 결국 가벼운 형량을 선고받거나 무죄 등 각종 명목으로 풀려나는 모습을 보면 자본의 이해관계에 국가가 별 힘을 쓰지 못하는 것으로 볼 수 있다. 반면, 어찌됐든 비리를 저지른 재벌총수가 법정에 서는 모습을 보면 국가가 자본을 통제할 수 있는 힘을 갖고 있는 것처럼 보이기도 한다.

전자의 모습에 중점을 두는 네오맑스주의 관점을 도구주의 국가론이라 하며, 후자의 입장을 구조주의 국가론이라고 한다.

(1) 도구주의적 관점

도구주의적 관점은 밀리반트(Milliband, 1973)가 대표한다. 이 관점이 갖는 가장 큰 특징은 정치적 다원주의를 부정한다는 점이다. 정치보다는 경제가, 즉 자본이 정치를 결정한다고 보기 때문이다. 이때 국가는 단지 자본과 지배계급의 이해관계를 대변하는 도구에 불과하다. 자본가는 경제조직을 독점하고 이렇게 경제조직을 독점한 힘으로 정치조직에 대한 강력한 영향력을 행사한다. 경제는 다른 체제에 대하여 적대적 헤게모니를 갖는다. 그리고 국가는 자본의 이익을 유지하는 도구일 뿐이다. 이런 의미에서 도구주의 관점은 체계결정론(*system-determinism*)적이다.

자본의 이해관계에 어울리지 않는 복지정책은 대공황 등 자본축적의 위기발생 시에 혹은 열악한 수준의 삶을 견디다 못해 노동이 대규모 폭동 등을 통해 자본에 대한 위협적인 도전을 할 때 잠시 등장할 뿐이다. 국가정책은 본질적으로 자본이 가진 권력관계의 변화를 초래하지 않는다. 다만 자본의 이익을 반영하고 손해를 예방하려고 한다. 결국 복지국가 개입은 자본주의적 지배관계의 표현일 뿐이다.

(2) 구조주의 관점

구조주의 관점은 오코너(O'Connor, 1987), 구프(Gough, 1979), 오페(Offe, 1984) 등이 제시한다. 국가와 자본 사이 관계에서 국가가 갖는 자율성을 강조하는 입장을 보인다. 이 관점에서 볼 때 자본은 단기적·경제적 이익만 추구하는 본성을 갖는다. 기업의 입장에서 하루아침에 문을 닫을 수 있는 현실에서 수십 년에 걸친 장기적 전망을 갖고 투자를 하거나 영업이익을 제쳐두고 적자를 감수하면서 사회봉사 차원의 사업을 하기는 쉽지 않다.

그러나 자본(기업)이 당장 눈앞의 이익만 추구한다면 당장 사회적 차원에서 부작용이 나타날 수 있다. 특히 자본의 무자비한 착취로 인하여 노동자들은 비참한 생활을 하게 되고 그 결과 노동자가 계급의식을 갖고 조직화되면서 자본의 이익유지에 위협적인 존재가 된다. 이는 국가의 입장에서 볼 때 바람직하지 않다. 따라서 국가는 당장 자본의 이익에 반한다 하더라도 노동을 위한 조치를 취하게 된다. 근시안적인 자본 때문에 생겨나는 문제를 국가는 자본주의 유지를 위한 장기적 안목을 갖고 해결하려고 시도한다는 것이다.

그러나 국가는 본질적으로 자본의 편이다. 다만 자본주의 유지에 위협적인 노동의 움직임을 자본이 통제하며 조절한다. 국가 사회복지정책의 기능은 상품으로서 노동력의 재생산을 원활하게 유지하는 것, 노동시장영역에서 해결할 수 없는 사회적 위험을 해결하는 것, 노동력의 양적 공급과 수요 조절을 보장하는 것 등이다. 결국 복지국가 개입은 자본의 무정부주의적 축적과정을 조절하는 역할을 한다고 볼 수 있다.

이런 기능을 수행하기 위하여 국가는 자본에 대하여 '상대적 자율성'을 갖는다. 궁극적으로는 자본의 이해관계 관철이 국가의 본질적 기능이긴 하지만, 필요할 경우에는 자본의 반대를 무시하고 노동의 이익을 보장하는 정책을 도입하기 때문이다. 자본 역시 다른 체제에 대한 적대적 헤게모니를 갖지 않는다.

(3) 의미와 한계

근대화론은 복지국가 형성과정에서 사회적 합의를 중요한 토대로 본 반면, 네오맑스주의는 사회갈등과 모순을 주요토대로 보았다는 점에서 의미를 갖는다. 네오맑스주의 관점에서 볼 때 사회정책이 갖는 사회불안요인 통제와 기득권 정당화 기능이 그 모습을 드러낸다. 이러한 의미와 함께 네오맑스주의는 다음과 같은 측면에서 한계를 갖는다.

첫째, 네오맑스주의는 취업노동시장 중심의 분석을 하고 있다. 이것은 여성이 재생산노동을 책임지고 있는 현실에 대한 분석이 모자라는 것을 의미한다. 국가가 자본의 이해관계를 어떤 모양새를 갖고 대변하든지 간에, 복지국가 발전의 토대는 '자본 - 노동' 간 관계에 대한 국가개입이다. 이때 '노동'은 (대체로) 남성의 '유급'노동을 의미하는 것일

〈표 9-2〉 네오맑스주의 접근

유물론적 접근		
	도구주의	구조주의
복지국가 발전동인	자본주의적 지배관계의 표현	자본의 무정부주의적 축적과정을 조절하는 역할
	경제의 적대적 헤게모니	국가의 상대적 자율성
의 미	복지국가 발전의 사회통제와 기득권 유지 기능 제시	
한 계	경제를 제외한 사회변화 동력의 영향력 무시	
	남성적 취업노동시장 중심 분석	
	사회적 관계의 다양한 양상을 경제적 관계로 단순화	

뿐, 여성의 '무보수 가사노동'을 의미하지는 않는다.

둘째, 특히 도구주의 관점에서, 복지국가적 개입을 자본의 이해관계를 대변하는 일방적 지배행위로만 인지하고 있다. 사회정책을 '국가주의적 조절도구'(Kulawik, 1996: 35)로만 보고 있는 것이다. 이렇게 보면 사회적 현실은 모두 국가가 생산하는 것처럼 보인다. 시민운동이나 노동운동 등이 자율적으로 만들어가는 사회적 현실은 이런 관점에서 볼 때 모두 사라진다. 아니면 국가 외 다른 사회적 주체가 하는 행위는 국가로부터 오는 억압에 대한 저항으로서만 의미를 갖게 된다.

셋째, 네오맑스주의는 기본적으로 유물론에 기초하고 있다. 따라서 유물론이 갖는 일반적 한계를 드러낸다(Kulawik, 1996: 35). 사회현실을 경제적 관계로만 설명하고 있기 때문에, 성·인종·문화적 특수성에 기초한 사회적 관계 설명은 불가능해진다.

3) 권력자원론(*power-resource model*)

복지국가 발전을 설명하는 '권력자원론'의 요지는 "복지국가 발달은 노동운동의 업적이다"(Kulawik, 1996: 36)라는 것이다. 이런 의미에서 볼 때 권력자원론은 복지국가 발전을 설명하는 '사회민주주의론'의 다른 표현이다. 노동운동의 정치적 영향력이 복지국가 발전의 주동력이라고 보기 때문이다.

(1) 권력자원으로서 노동운동

권력자원론 관점에서 복지국가 발전동인은 사회민주주의 성향을 보이는 노동운동의 영향력이다. 네오맑스주의 관점이 자본의 영향력을 지나치게 강조한 것과는 대조되는 면이다. 국가를 상대로 한 자본의 영향력은 우리 일상에서도 흔히 볼 수 있는 현상이다. 재벌그룹 회장 한 사람이 갖는 정치에 대한 영향력은 일반적으로 우리 개개인이 갖는 영향력과는 비교가 안 된다고 볼 수도 있다. 이런 점을 강조한다면 네오맑스주의 관점에 가깝다. 시장기제가 가져오는 자원배분의 불평등을 기초로 사회의 지배구조가 이루어질 수 있기 때문이다. 경제적 계급관계를 기초로 한 사회지배 구조는, 그러나, 노동운동의 정치적 조직화 정도에 따라 다르게 구성될 수 있다(Kulawik, 2005: 5). 예를 들어, 선거 때 행사하는 권리는 재벌그룹 회장이나 우리 개개인이나 모두 한 표로서 동등하기 때문이다. 그리고 우리 개개인이 의견을 모은다면 재벌그룹 회장 한 명보다 더 많은 영향력을 행사할 수 있다. 노동자의 수적 우세가 곧 권력자원의 확보로 이어지는 것이다.

권력자원론은 소수 자본이 갖는 권력보다 다수 노동자가 갖는 참정권에 기초한 정치권력의 위력에 주목한다. 권력의 원천이 소수 자본보다는 민주정치 과정에서 행사하는 다수 노동자에 있다는 것이다. 권력자원론은 이런 점에서 복지국가 발전동인을 노동운동의 조직수준, 사회민주주의 성향 정부의 구성 정도에서 찾는다. 이런 의미에서 복지국가는 정치적 투쟁의 결과이다.

(2) 경제권력 대 정치권력

권력자원론 관점에서 시장과 정치권력은 그 근원부터 다르다. 시장권력의 근원은 불평등한 자원배분과 그러한 자원배분 과정에서 유리한 입장에 서 있는 자본가계급에 있다. 반면, 정치권력의 근원은 민주주의사회에서 평등하게 분배되어 있는 참정권, 그리고 정치참여를 조직할 수 있는 능력에 있다. 참정권과 정치참여 조직력을 대다수 취업노동자가 어떻게 활용할 수 있느냐에 따라 정치권력의 규모와 질이 결정되는 것이다(Kulawik, 2005: 5).

권력자원론 이론의 핵심은, 따라서, "복지국가를 정치적 권력관계와 사회정책적 조절유형 사이의 관계로 파악하여 경험적으로 비교 연구하고 유형화"(Kulawik, 1996: 36) 하는 데 있다. 국가별, 시기별, 계급별로 다양한 사회적 권리, 노동시장에서 발생하는 손실을 보상하는 국가복지제도, 평균적 시민(의존적 배우자와 두 자녀를 가진 평균 노동자)이 상실한 소득을 대체하는 급부의 질을 평가하는 것이 권력자원론 관점에서 복지국가 분석의 초점이 된다. 분석결과에 따라 나타나는 복지국가 발달과정의 차이를, 예를 들어, 자유주의·보수주의·사민주의 복지국가 유형으로 분류하여 제시한다(Esping-Andersen, 1990).

(3) 의미와 한계

권력자원론은 노동운동의 조직화 및 정치참여 정도가 복지국가 발전에 미친 영향을 잘 설명해준다. 근대화론에서는 국가의 역할을, 네오맑스주의 관점에서는 자본의 역할을 강조함으로써 간과했던 노동운동의 역량을 복지국가 발전과 연결시켰다는 점에서 의미가 있다. 노동자를 중심으로 한 대중의 집단행위에 국가와 자본이 순응하는 과정을 설명할 수 있는 이론으로서도 역시 중요한 의미를 갖는다. 그러나 권력자원론은 다음과 같은 점에서 한계를 갖는다.

첫째, 노동운동의 다양성이나 정략적 이해관계를 지나치게 단순화 혹은 이상화시킨다. 노동운동이 제시하는 사회적 연대는 각 노동운동 분파의 정략적 이해관계를 대변하기 쉬우며, 따라서 그리 보편적이지 않을 수 있다.

〈표 9-3〉 권력자원론

복지국가 발전동인	사회민주주의 이념에 기초하여 조직화된 노동운동
	좌파정부의 존재
	복지개입 유형
의 미	노동계급 조직화가 복지국가 발전에 미친 영향 분석
	자본 외에 다른 형태의 권력이 갖는 의미 제시
한 계	노동운동 외 다른 요소가 복지국가 발달에 미친 영향 간과
	노동자의 이해관계를 지나치게 단순화
	정치권력으로서 노동운동의 모습을 지나치게 단순하게 묘사
	남성적 생애 중심으로 노동력의 상품화·탈상품화 과정 이해

둘째, 산업사회의 산물로서 혹은 산업사회 흐름을 주도한 주체로서 노동운동은 후기산업사회에 들어 그 위상을 잃어가고 있다. 사회운동의 주체로서 노동계급이 분열하거나 해체하면서 동시에 사회운동 주체 결정요인으로서 성·인종·문화·종교 등 다양한 요인이 등장하고 있다. 복지국가 변화에 미치는 영향을, 노동운동 외에 다양한 사회운동을 요인으로 하여 설명할 수 있게 된 것이다. 게다가 복지국가 발달은 사민주의 노동운동 이념을 반영하지 않았던 기독교식 연대의식을 반영하는 보수주의 정부 집권기간에도 이루어졌고, 오히려 이 기간에 더 활발하게 복지국가 발전이 이루어졌다는 역사적 사실을 영국, 프랑스, 독일 등에서 볼 수 있다.

셋째, 권력자원론의 기초는 시장권력과 정치권력의 이분법적 분류이다. 그러나 이분법 분류를 통하여 권력의 개념을 축소하게 되면 사회정책이 갖는 효과를 과대평가하게 된다(Kulawik, 1996: 37~38). 노동운동에 기초한 정치권력이 만드는 사회정책의 혜택에서 제외되는 사회집단이 성·인종·문화·종교 등을 이유로 하여 다양하게 존재하기 때문이다. 더군다나 노동운동의 조직화가 정치권력으로서 자동적으로 사회민주주의 정권과 이해관계를 함께한다고 단순하게 말할 수 없다.

마지막으로, 무엇보다도 권력자원론 역시 근대화론이나 네오맑스주의와 마찬가지로 몰성적 접근을 한다는 한계를 벗어나지 못하고 있다. 노동운동이 남성중심적으로 진행된 점, 복지국가적 대응으로서 제시되는 탈상품화 개념이 여성에게는 적절하게 적용될 수 없다는 점을 간과하고 있는 것이다.

근대화론 관점에서 복지국가는 산업화 과정에서 발생하는 사회문제 해결을 위한 사회적 합의를 형성하는 과정에서 발달하였다. 네오맑시스트주의에서 제시하는 복지국가 발전은 자본의 이해관계 유지를 위하여 '국가 - 자본' 사이에서 발생하는 역학의 결과이다. 권력자원론에서 복지국가 발전동인은 노동운동의 조직화와 정치세력화이다. 이른바 주류 복지국가 발전 이론이 갖는 이러한 이론적 설명력에도 불구하고, 그 한계는 이들 이론이 모두 성차별 문제를 부수적으로 취급하고 있거나 간과한다는 점이다.

이러한 한계를 극복하고자 하는 움직임이 '젠더 관점에서의 복지국가 분석'이다. 이 분석은 복지국가 발전양상 자체를 '젠더'를 중심으로 분석한다. 그리고 복지국가 유형 자체도 젠더를 중심으로 시도한다.

2. 복지국가 유형과 젠더

복지국가를 젠더를 중심으로 분석하는 움직임은 먼저, 국가 여성주의에 대한 비판에서 출발한다. 왜냐하면 '여성친화적 복지국가' 발전이 언젠가는 성차별 문제를 해소할 것이라 기대할 수 있을지 모르지만, 복지국가 발전의 틀 자체가 여성을 배제하는 요소를 포함하고 있다고 보기 때문이다. 여성배제 요소를 내재하는 복지국가 발전은 시간이 아무리 지나더라도 성평등에 도달할 수 있는 전망을 제시하지는 않는다. 이런 의미에서 '스칸디나비아 발전의 역설'(Kulawik, 1996: 41)을 이야기할 수 있다. 스칸디나비아 국가에서 관찰할 수 있는 탈가족화, 유급

여성노동인력 증가가 여성의 독자적 집단정체성으로 연결되지 않는 것은 이들 국가에서조차도 여성배제가 국가정책에서 구조화되어 있는 증거라고 본다.

배제의 관점에서 볼 때 다음과 같은 명제를 제시할 수 있다. 국가정책은 여성의 일상적 삶을 규정하고 통제하는 구조를 갖는다. 특히 사회정책, 가족정책 영역에서 국가는 여성의 임신·출산·양육을 통제한다. 여성의 취업생활 주기가 이른바 'M자형'[1]을 보이는 것은 국가정책의 의도적 결과라고 배제적 관점에서 볼 수 있다. 물론 여성배제 양상은 국가마다 다르게 나타난다. 예를 들어, 스칸디나비아 국가들의 경우에는 다른 국가에 비하여 비교적 여성배제 양상이 덜하다. 그럼에도 불구하고 전형적 여성 취업직종이 존재하고 남녀 임금격차가 있는 등 배제양상은 여전히 존재한다.

복지국가 유형과 젠더를 연결시키려는 노력은 여성배제의 정도와 다양성에 주목한 결과이다. 각국마다 나타나는 젠더 질서와 복지국가 유형을 연결시키는 연구는 '비교 여성주의자 연구'(*eine vergleichende feministische Forschung*)로서 의미가 있다(Kulawik, 2005: 4). 젠더 관점 복지국가 비교연구는 복지국가 유형에 따라 젠더 위계가 어떻게 강화되는지에 대한 관심에서 출발한다.

1) 젠더 위계 양상

개인차가 있을 수 있지만, 남성적 삶은 성년이 되어 취업생활을 시작하고 가족을 이루어 살면서 은퇴할 때가지 지속적으로 취업소득 활동자로서 살아가는 모습으로 묘사할 수 있다. 즉, 남성적 삶을 구성하는 요소는 아버지, 남편, 지속적 취업활동, 시민이다. 반면 여성적 삶

---

1) 취업연령기 초기에 여성취업이 증가하다가 임신·출산·양육기에 취업률이 떨어지고 자녀가 성인이 된 시기 이후에 여성 취업률이 다시 높아지는 변화를 의미한다.

은 성년이 되어 취업생활을 시작했다가 가족을 이루어 살면서 임신·출산기를 거치면서 취업활동을 중단하는 모습으로 묘사할 수 있다. 이 중 점점 많은 여성이 자녀양육 부담이 사라진 후 재취업을 하는 경향을 보인다(M자형 취업활동). 따라서 여성적 삶을 구성하는 요소는 어머니, 부인, 중단되는 취업활동, 시민이다.

귀속적 지위로서 아버지, 어머니, 남편, 부인은 논외로 하더라도, 사회적 지위로서 취업활동자와 시민의 양상이 여성과 남성에게서 다르게 나타난다. 취업활동 영역에서 지배적 지위를 갖고 있는 남성은 가부장적 권위로써 여성의 삶을 통제하고 강제할 수 있는 힘을 갖는다. 반면 여성은 경제적 보상을 받지 못하는 재생산노동 담당자로서 자신의 삶을 자주적으로 설계할 수 있는 기회를, 남성에 비교할 때 상대적으로 덜 갖게 된다. 시민으로서 지위는 남성과 여성 간, 이런 의미에서 이원화되어 있다. 이것이 젠더 위계 내지 젠더 서열이다.

그렇다면 국가는 어떤 식으로 젠더 위계를 강화하는가? 이에 대해 두 가지 방식을 언급할 수 있다(Orloff, 1993: 72). 첫째는 무급노동자, 시간제 노동자, 가사·돌봄노동자보다 전일제 취업노동자에게 더 많은 혜택을 준다. 따라서 전자의 대부분을 차지하는 여성집단은 후자의 대부분을 차지하는 남성집단보다 젠더 위계에서 아래에 위치하게 된다. 둘째, 이러한 젠더 위계는 '남성 = 유급 취업노동자, 여성 = 무급 가사·돌봄노동자'라는 등식을 순환하여 강화하는 결과를 낳는다.

그런데 이러한 젠더 위계가 국가마다 어떻게 다르게 나타나는지에 대한 연구가 비교 여성주의자 연구에서 관심사로 떠오르기 시작하였다. 모성을 사회적으로 반영하고 조직하는 양상이 국가마다 서로 다르게 나타나기 때문이다. 예를 들어, 사회보험 조직원리가 기존 노동시장의 성별 노동분리 현상을 그대로 반영할 뿐 별다른 국가개입이 없는 경우가 있다. 어떤 경우에는 그 원리가 성별 노동분리 현상을 적극적으로 반영·장려하는 방향으로 실천되는 경우도 있다. 어느 국가에서는 성별 노동분리 현상을 없애기 위한 수단으로서 사회보험제도나 각종 수당제도를 활용하기도 한다.

따라서 여성을 어머니, 아내, 취업노동자, 시민으로서 국가가 복지제도를 통해 대하는 방식에 따라 복지국가 유형을 분류하는 연구가 진행되었다. 이러한 연구에서는 국가가 돌봄노동을 어느 정도 규모와 수준에서 사회서비스 영역으로 끌어들이는지, 돌봄노동 담당자(대부분 여성)를 대상으로 하는 국가지원 규모와 형태, 그리고 수준은 어느 정도인지 등을 지표로 삼아 복지국가 유형을 제시한다.

2) 젠더 관점에 따른 복지국가 유형 분류

서구 복지국가 발전경향을 보면 국가마다 보여주는 차이에도 불구하고, 돌봄노동을 사회적 위험의 하나로 보면서 국가개입 대상으로 받아들였다고 할 수 있다. 복지국가체제와 관계없이 공통적으로 관찰할 수 있는 변화양상은 돌봄을 중심으로 한 사회서비스 분야에서의 일자리 창출이다. 더 나아가 돌봄노동 대상 복지국가 지원이 확대되었다. 물론 돌봄노동 자체만으로써 독자적 생존권을 확보하기에는 어느 복지국가에서도 지원수준이 높다고 볼 수는 없다(Kulawik, 2005: 11~12).

(1) 이중체계론

젠더 관점에 따라 복지국가를 설명하는 입장의 가장 기본적 형태는 이중체계론이다. 이중체계론은 유급 취업노동과 무급 돌봄노동을 차별적으로 취급하는 방식에 따라 복지국가 발전을 이중체계(*two-tier*)로 설명하는 방식이다. 유급 취업노동자로서 남성은 복지국가제도 중 사회보험의 지배적 수혜자이고 무급 돌봄노동자로서 여성은 공공부조의 지배적 수혜자로 보는 입장이다(Skocpol, 1992). 이 경우 여성은 공공부조 혜택을 받기 위해 "자신이 살림을 잘한다"는 것을 보여주어야 한다. 따라서 똑같이 공공부조를 받는 남성에 비교할 때, 여성이 아동양육을 소홀히 한다거나 독신모가 새로운 파트너를 만났을 경우 공공부조 혜택이 중단되는 경우가 대부분이다. 이중체계론은 국가간 비교보다는 복지국가 발전의 남성적 토대로서 사회보험, 여성적 토대로서 공공부조를 제시했다는 점에서 의미가 있다.

그러나 이중체계론은 남성의 복지욕구를 사회보험에서, 여성의 복지욕구를 공공부조에서만 찾는 등 매우 단순화된 논리를 펴고 있다는 한계를 갖는다. 왜냐하면 현실에서는 대부분 여성이, 전업주부일지라도, 남성의 독자적 수급권에 근거한 파생적 수급권에 기초하여 사회보험제도의 혜택을 받고 있기 때문이다(Orloff, 1993: 73).

이중체계론의 한계에서 더 나아가 가족부양의 주체와 객체, 성별 노동분리 양상 정도에 따라 복지국가간 유형을 분류하는 경향을 살펴보도록 하자.

(2) 부양자 모델

제인 루이스(Jane Lewis)와 일로나 오스트너(Ilona Ostner)가 중심이 되어 복지국가가 어느 정도 수준으로 남성부양자 중심 가족생활을 강조·지원하느냐를 분석하여 제시한 연구결과가 부양자 모델이다. 분석기준은 여성·자녀양육 여성 취업률, 공공보육시설 규모 및 수준, 사회보장제도의 독자적 수급권자와 파생적 수급권자에서 남녀가 차지하는 비율 등이다(Lewis, 1992; Ostner, 1995). 분석 결과, 가족지원 양상이 국가마다 차이가 나며 이러한 차이를 전제로 복지국가의 다양한 형태를 '강한 부양자 모델(*das starke Ernährermodell*), 온건한 부양자 모델(*das moderate Ernährermodell*), 약한 부양자 모델(*das schwache Ernährermodell*)'로 분류한다(Ostner, 1995).

여성 취업률, 특히 자녀양육기 여성 취업률이 낮고 공공보육시설 규모가 작으며 여성이 주로 파생적 수급권을 통해 사회보험 혜택을 받는 영국, 독일, 네덜란드 등이 '강한 남성부양자 모델 국가'로 분류되었다. 반면 자녀양육기 여성 취업률이 높고 공공보육시설 규모가 크며 사회보험에서 여성의 독자적 수급권 비중이 높은 스웨덴, 덴마크 등은

'약한 남성부양자 모델 국가'로 분류되었다. 사회보험에서 여성의 독자적 수급권 비중은 상대적으로 작지만 높은 수준의 자녀양육기 여성 취업률과 공공보육시설 규모를 보이는 프랑스는 '온건한 남성부양자 모델 국가'로 분류되었다.

부양자 모델의 의미는 젠더 관점에서는 처음으로 국가간 비교연구가 가능한 점을 보여주었다는 것이다. 또한 부양자 모델을 제시하기 전까지 사회정책 분석에서 중요한 비중을 차지하지 못하고 있었던 보육서비스 전달체계, 출산·양육휴직제도 등 모성관련 사회정책이 복지국가 유형 분류에서 갖는 중요성을 부각시켰다는 의미도 갖는다. 더 나아가 다양한 가족형태와 가족의 삶을 복지국가 비교연구 대상으로 제시한 의미도 있다.

그러나 부양자 모델은 성별 노동분리 현실을 지나치게 남성중심으로 분석한다는 한계를 보인다. 남성이 부양자로서 어느 정도 역할을 하고 있느냐에 지나치게 초점을 맞추었다는 의미이다. 부양자 모델의 이러한 한계를 극복하고 여성·남성을 분석의 주체로 설정한 시도가 '부양자 모델과 개인적 모델'의 비교이다.

(3) 부양자 모델 대 개인적 모델

'부양자 모델'과 '개인적 모델'을 비교하면서 복지국가 유형 분류를 시도한 대표적 인물이 다이안 세인즈베리(Diane Sainsbury)이다. 세인즈베리는 루이스와 오스트너가 제시한 부양자 모델이 지나치게 단순하다고 비판하면서 가족 이데올로기 유형, 가족 이데올로기가 사회정책에 미친 영향, 복지혜택과 기여의 단위, 권리의 본질, 가족 내 성별 노동분리를 강화하는 다른 정책의 영향, 공적/사적 영역 간 경계, 여성이 행하는 돌봄노동의 유급 또는 무급의 정도에 따라 복지국가 유형을 '부양자 모델'과 '개인적 모델'로 분류하였다(Sainsbury, 1996: 34).

부양자 모델이 추구하는 가족 이데올로기는 엄격한 성별 노동분리에 기초하고 있다. 취업노동은 남성영역이고 돌봄노동은 여성영역이며, 여성은 취업남성의 독자적 수급권에 기초하여 파생적 수급권을 갖는 것이 이상적이다. 따라서 사회보장 급여수급 주체는 가장으로서 남성이며, 조세정책의 기조 역시 피부양자 공제를 전제로 하는 부부공동조세 방식이다. 돌봄노동은 당연히 무급으로 여성이 담당한다(Sainsbury, 1996: 42).

반면 개인적 모델에 따른 가족 이데올로기는 특별한 가족형태를 전제로 하지 않으며 가족 내 역할도 공평하게 분배되어 있다고 본다. 성인이라면 각자 생계유지 책임을 갖고 있으며 부모는 자녀를 재정적으로 지원하고 양육할 공동책임을 갖는다. 사회보장제도 수급권은 시민권 혹은 영주권에 기초한다. 개인은 다양한 삶의 과제를 갖고 있으며 이러한 과제는 단지 유급노동에만 국한되어 나온다고 보지 않기 때문이다. 따라서 돌봄노동과 취업노동 간 차별도 두지 않는다. 조세부과 단위도 개인이다(Sainsbury, 1996: 42).

더 나아가 부양자 모델을 세분하여, 세인즈베리는 '남성 생계부양자 모델'과 '분리적 성역할 모델'을 제시하였다. 두 모델은 가족 이데올로기로서 성별 역할분리를 강조한다든지, 돌봄노동 영역을 가족 차원의 사적 책임으로 보는 경향에서 공통점을 갖는다. 그러나 전자의 경우에 사회보장 수급권의 주요근거를 남성적 취업활동에만 두고 수급단위도 가족·가구로 한정하는 데 반하여 후자는 사회보장 수급권의 주요근거로서 남성적 취업활동뿐만 아니라 여성의 돌봄노동도 인정한다는 차이를 보인다. 따라서 돌봄노동이 사적 책임이기 때문에 적절한 보상을 하지 않는 전자와 달리, 후자에서는 성별 노동분리에 입각한 전통적 가족형태를 좀더 잘 유지하도록 하기 위하여 돌봄노동 담당자에게 돌봄노동에 상응하는 적절한 보상을 국가가 해주는 형태를 보인다(Sainsbury, 1999, 백진아, 2002: 244에서 재인용). 전자의 대표적 경우가 영미권, 특히 미국이라면 후자의 경우는 독일을 들 수 있다.

〈표 9-4〉 사회정책의 부양자 모델과 개인적 모델

차 원	부양자 모델	개인적 모델
가족 이데올로기	엄격한 성별 노동분리 남편 = 취업노동 부인 = 돌봄노동	역할 공유 남편 = 취업 · 돌봄노동 아내 = 취업 · 돌봄노동
수급권	부부간 차이	부부간 동일
수급권의 근거	부양자	시민권 · 영주권
수급단위	가 구	개 인
기여단위	가구 또는 가족	개 인
조 세	부부공동조세 피부양자 공제	부부분리조세 동일한 조세감면
돌봄노동 책임 소재	가 족	국 가
돌봄노동 보상	무 급	수급권을 통한 보상

＊출처: Sainsbury(1996: 42).

"부양자 대 개인적 모델"로 복지국가의 사회정책을 유형화함으로써 이른바 "이중복지체제"(*Dual Welfare System*)의 실체를 알 수 있게 된다. 사회보험과 공공부조로 이루어지는 복지체제가 이중적 의미를 갖는 이유는, 사회보험은 개인적 권리(개인적 노동)에 의해 수급권을 갖는 남성적 체제이며, 공공부조는 자산조사에 근거하여 남성보다 많은 수의 여성이 받는 여성적 체제로 분류하기 때문이다. 자산조사에 근거한 급여에 여성이 의존하는 정도와 여성 개인이 갖는 욕구보다는 가족의 욕구에 기초한 공공부조라는 기준으로써 복지국가 유형을 구분할 수 있게 된다. 또한 남성이 가진 권리에 의해 사회보험 혜택을 받는 것은 여성의 완전한 자주성을 대변하는 것이 아니라, 단지 부양자인 남편의 권리로부터 이양받은 권리행사(*abgeleitete Ansprüche*)에 불과하다는 점도 알 수 있다. 결국 가족이나 부부를 복지단위로 삼는 것에 대한 문제제기를 하고, 복지제도가 가족 내 경제적 의존관계를 심화시키는 기제에 대한 관심을 불러일으킨다.

"부양자 대 개인적 모델"은, 그러나, 가족 이데올로기를 지나치게 단순화한 한계를 보인다. 가족구성 요건으로서 혼인관계나 동거관계에 따라 복지수급권의 근거, 복지혜택 수여단위 또한 다를 수 있는데, 이러한 다양성을 부양자 개념으로 일관되게 설명할 수 없다. 또한 많은 국가에서 남성 생계부양자 모델을 신봉하고 있는 현실에도 불구하고, 순수한 남성 생계부양자 모델이 존재할 수 있는가라는 의문을 제기할 수 있다. 여성도 언제나 취업노동에 종사했음에도 불구하고, 부양자 모델은 "여성은 평생 전업주부다"라는 허구적 현실을 받아들이는 결과를 낳음으로써, 부양자 모델로 분류되는 국가간 다양한 여성 취업률의 차이를 설명할 수 없는 한계를 보인다. 예를 들어, 영국과 아일랜드는 전형적 부양자 모델 국가에 속하지만, 영국 여성의 경제활동 참가율은 높은 편이며 아일랜드나 독일 여성의 경제활동 참가율은 낮은 편이다 (O'Connor, 1996: 67).

(4) 가부장제 모델

기본적으로 모든 복지국가 유형은 가부장제에 기초하고 있다는 관점에서 슌터-클레만(Schunter-Kleemann, 1992: 26~34)은 다섯 가지 복지국가 유형 분류를 하고 있다. 평등지향적 노동·사회구조 가부장 국가(*Patriarchale Länder mit Ansätzen zu egalitären Arbeits-und Sozialstrukturen*), 시장지향적 가부장 국가(*Länder des marktförmigen Patriarchalismus*), 혼인중심 가부장 국가(*Länder des ehezentrierten Patriarchalismus*), 가족중심 가부장 국가(*Der Familienzentrierte Typus des Patriarchalismus*), 농경·종교중심 가부장 국가(*Die Länder des ausgeprägt agrarisch-klerikalen Patriarchalismus*) 등이 바로 그것이다.

복지국가 유형을 이런 식으로 분류하는 기준은 노동시장에서 남성과 여성의 지위 비교, 가족 내 여성 삶의 양상, 임신·출산·양육 관련 가족정책 현황, 사회보장제도에서 여성의 지위, 복지국가 급여의 성격, 여성의 사회참여 정도, 여성 지위 관련 대내외 정책기조 등이다 (Schunter-Kleemann, 1992a: 145 이하).

노동시장에서 여성과 남성 지위 비교근거는 시간제 노동 참여규모, 실업률, 임금수준, 여성 취업노동에 대한 사회적 인식, 여성이 자주적으로 살아갈 수 있는 가능성 등이다. 가족 내 여성 삶의 양상 비교근거는 가족구조 변동과 관련되는 내용으로서 출산율, 혼인율, 이혼율, 독신부모 비율, 1인 가구 비율, 낙태관련 정책기조 등이다. 가족정책 현황은 사회적 보육 및 수발 서비스 제공시설 규모, 가사 · 돌봄노동에 대한 보상 정도, 남녀성별 노동분리를 극복하려는 정책적 지향, 다양한 가족형태 인정 여부 등을 근거로 비교한다. 사회보장제도에서 여성 지위 비교근거는 사회보험에서 여성 독자적 수급권 현황, 공공부조에서 전형적 성역할 강조 여부 등이다. 복지국가 급여의 성격은, 급여가 대인서비스 지향적인지 혹은 현금서비스 중심인지를 통해 비교한다. 여성 사회참여 정도 비교근거는 의회, 정당, 노동조합, 각종 사회조직에서 결정권한이 있는 지위에 여성이 어느 정도 진출해 있는가이다. 여성 지위 관련 대내외 정책기조는 국제사회에서 정한 여성 지위 척도를 국내 정책에서 반영하는 정도를 비교하는 것이다.

'평등지향적 노동 · 사회구조 가부장 국가'는 공공서비스 영역 발달을 기반으로 하여 여성 취업률이 높은 국가이다. 돌봄노동의 사회화가 높은 수준에서 이루어졌다고 할 수 있다. 이 국가형태에서는 조세정책을 사회연대에 기반을 두고 실천하고 있으며(누진세 위주), 사회보장제도 혜택을 모두 받는 시간제 노동 규모가 크다. 높은 수준의 복지국가 급여가 여성 지위 향상에 중요한 역할을 했다는 특징도 갖는다. 스칸디나비아 국가들이 이러한 유형의 예이다. 그러나 이 국가들에서도 권력정치에서 여성이 차지하는 비중, 즉 결정권한을 가진 지위에서 여성이 차지하는 비중이 낮다는 의미에서 가부장 국가라는 명칭을 부여할 수 있다고 본다. 이러한 특징은 다른 국가형태에서도 모두 공통적일 뿐만 아니라 스칸디나비아 국가에 비교할 때 더 낮은 수준에서 나타난다는 의미에서 결국 다른 모든 국가형태에도 '가부장적'이라는 표현을 부여할 수 있다(Schunter-Kleemann, 1992: 27).

'시장지향적 가부장 국가'는 자유주의적 전통에 따라 취업여성 가족에게 국가 차원에서 별다른 개입을 하지 않는다. 따라서 (비정규직) 여성 취업률은 비교적 높은 반면, 돌봄노동의 사회화를 위한 공공 보육서비스 인프라 구축 수준은 낮은 편이다. 사회보험은 대체로 정규직 남성을 대상으로 발전하였으며 여성은 주로 공공부조 대상자가 된다. 이러한 유형의 대표적 국가로서 영국이나 아일랜드가 있다(Schunter-Kleemann, 1992: 29).

'혼인중심 가부장 국가'에서는 전통적 남녀성별 역할분리에 기초하면서 동시에 이러한 성별 역할분리를 강화하는 사회보장 급여가 특히 발전하였다. 배우자 소득공제에서 볼 수 있듯이, 취업시장에서 남성보다 소득이 적은 여성의 경우 취업활동을 하는 것보다는 혼인신고를 전제로 하여 가사·돌봄노동을 담당하는 것이 경제적으로 유리하도록 정책 기조가 형성되어 있다. 또한 여성이 가사·돌봄노동이라는 '전형적 여성영역'에 종사하는 한 이에 근거하여 급여수급을 할 수 있지만, 취업활동에 뛰어들려고 할 경우에 필요한 정책적 차원의 지원이 다른 국가에 비하여 덜 발달되어 있다. 돌봄노동 담당자가 수령할 수 있는 아동수당, 아동양육수당, 돌봄노동 기간을 인정하는 연금 크레디트 제도 등은 발달하였지만, 보육의 사회화 조치는 상대적으로 덜 발달했다는 의미이다. 이런 형태의 대표적 국가가 독일, 네덜란드, 룩셈부르크 등이다(Schunter-Kleemann, 1992: 30).

'혼인중심 가부장 국가'가 법률혼에 기초한 남녀성별 노동분리를 유지하는 형태라면, '가족중심 가부장 국가'는 혼인신고 여부와 상관없이, 또한 배우자 중심보다 가족중심 조세와 사회보장 혜택을 제공하는 점에서 차이를 갖는다. 이 형태의 국가에서는 가족대상 사회정책적 지원이 상당한 수준으로 발전하였고, 가족의 아동양육 부담을 적극적인 보육서비스 정책으로 덜어주는 경향을 보인다. 따라서 '혼인중심 가부장 국가'에 비교할 때 여성 취업률과 출산율이 높은 편이다. 이런 형태의 대표적 국가는 프랑스, 벨기에 등이다(Schunter-Kleemann, 1992: 32).

'농경·종교중심 가부장 국가'에는 산업화에도 불구하고 농경사회적 전통이 상대적으로 높은 수준에서 존재하고 있다. 이러한 상황을 야기하는 주요요인으로서 가톨릭 문화의 영향을 들고 있다. 따라서 가족문제나 가족부양 부담은 국가·사회적 차원의 개입보다 가족 안에서 해결하는 것이 바람직하다고 보는 분위기가 지배적이다. 이런 형태의 국가에서는 돌봄노동 부담을 덜어주는 사회보장제도 발달수준이 낮으며, 여성 취업률과 출산율도 매우 낮은 편이다. 대표적인 국가로는 스페인, 포르투갈, 이탈리아, 그리스 등이 있다(Schunter-Kleemann, 1991: 81).

결국 모든 국가형태에서 가부장적 사회관계는 존재하고 있다. 다만 평등지향적 스칸디나비아 국가에서는 그 수준이 낮은 편이다. 전통적 성역할은 스칸디나비아 국가를 제외하면 모두 높은 수준이다. 여성 취업률은 혼인중심 국가와 농경·종교중심 국가에서 비교적 낮은 편으로 나타나며 이는 낮은 출산율과도 연결된다. 돌봄노동에 근거한 수급권

〈표 9-5〉 가부장 모델에 따른 주요지표 비교

	평등 지향	시장 지향	혼인 중심	가족 중심	농경·종교 중심
전통적 성역할 강조	낮음	높음	높음	높음	높음
여성 취업률	높음	높음	낮음	높음	낮음
출산율	높음	높음	낮음	높음	낮음
돌봄노동에 근거한 수급권 수준	높음	낮음	높음	높음	낮음
공공 보육서비스 수준	높음	낮음	낮음	높음	낮음
다양한 가족형태 인정	높음	낮음	낮음	높음	낮음
가부장적 사회관계	존재하고 있음				
	낮은 수준	높은 수준	높은 수준	높은 수준	높은 수준

수준은 시장지향 국가와 농경·종교중심 국가에서 낮은 편이다. 공공보육서비스 수준과 다양한 가족형태 인정 분위기는 평등지향 국가와 가족중심 국가에서 높게 나타나며 이는 높은 출산율과 연계된다.

(5) 성인지적 관점에서 복지국가 유형 분류의 출발: 문화적 요소

슌터-클레만(1991, 1992)식의 유형 분류의 의미는 모든 국가에서 여전히 사라지지 않고 있는 가부장제적 요소에 주목했다는 것이다. 그러나 가부장제적 요소 제시의 근거를 정치·경제·사회영역에서 결정권한이 어떻게 분포되어 있느냐에 한정하고 있다. 그 결과 여성 취업률은 공통적으로 높은 반면에 전통적 성역할을 강조하는 분위기가 다른 경우를 설명하지 못한다. 즉, 성별 노동분리 정도가 높은 시장지향적 국가나 가족중심 국가에서나 그 수준이 낮은 스칸디나비아 국가에서나 모두 여성 취업률이 높은 상황을 설명하기 어렵다는 것이다. 또한 같은 스칸디나비아 국가에서라도 핀란드가 스웨덴보다 성별 노동분리 극복을 위한 적극적 정책개입을 하는 상황도 설명할 수 없는 한계를 보인다(Kulawik, 2005: 10).

이러한 한계를 극복하기 위하여 복지국가 유형을 '가부장제 문화와 정책적 틀의 상호작용'이라는 관점을 바탕으로 분류하는 작업의 필요성이 생긴다. 이러한 작업의 결과가 파우에핑어(Pfau-Effinger, 1996)의 가족·성모델(*Familien-und Geschlechtermodell*)에 기초한 복지국가 유형 분류이다.

파우에핑어는 여성과 남성의 중심 노동영역에 대한 사회적 인식, 여성과 남성 간 의존관계 형성의 종류와 방법, 여성적·남성적 노동영역(가사·돌봄노동과 취업노동)에 대한 사회적 평가, 아동양육의 주책임 소재에 대한 사회적 인식(Pfau-Effinger, 1996: 14~15)을 토대로 가족경제 모델(*Das familienökonomische Familien-und Geschlechtermodell*), 남성부양자 모델(*Das Modell der männlichen Versorgerehe*), 평등-개인주의 모델(*Das egalitär-individualistische Familien-und Geschlechtermodell*), 평등-가

족주의 모델(*Das egalitär-familienbezogene Familien-und Geschlechtermodell*)로 유형 분류를 하였다.

가족경제 모델에서는 가족경제 틀에서 성별 노동이 갖는 가치를 동등하게 인정한다. 이 모델은 대개 산업화 이전 농경사회에서 존재한 모델이다(농가경제 모델). 가족이 개별 독립 경제단위이며 성별 노동분업이 존재하기는 하지만, 가족경제 유지에 여성과 남성이 기여하는 비중이 같다(남녀 상호의존 관계). 따라서 여성과 남성이 갖는 권력자원의 가치 역시 같다. 아동기에 대한 강조가 없고 육체적 능력이 갖춰지는 일정 연령이 되면 어린이도 노동을 한다. 지중해 연안 국가에서 아직도 부분적으로 관찰할 수 있는 형태이며 국가적 차원의 지원을 받지 않으면서도 가사·돌봄노동을 담당하는 여성이 가족 내 의사결정 과정에서 결정권한을 갖고 있는 경우를 설명할 수 있는 모델이기도 하다(Pfau-Effinger, 1996: 15~16).

남성부양자 모델은 가족경제 모델에 이어 산업화 이후 생성된 모델이다. 산업화 이후 공적 영역과 사적 영역이 분리되면서 남성은 공적 영역을, 여성은 사적 영역을 담당하기 시작했다. 이 가운데에 아동기의 중요성이 강조되면서 아동기를 책임지는 여성의 역할이 강조되었다.

남성부양자 모델에서는 남성의 독자적 사회보장 수급권에서 파생하는 권리를 여성이 갖는다. 따라서 시민사회에서 전제하는 평등한 시민적 인간상과 여성이 혼인관계에서 받는 차별적 삶 사이에서 모순이 드러난다. 여성은 가사·돌봄노동에 근거하여 독자적 생존을 할 수 없다. 영국, 네덜란드, 벨기에, 독일, 프랑스가 전형적인 남성부양자 모델을 나타낸다(Pfau-Effinger, 1996: 16~17).

평등-개인주의 모델은 남성과 여성이 취업노동과 가사·돌봄노동 영역에서 성별 노동분리를 극복한 상태를 전제로 한 모델이다. 혼인관계 내에서 여성과 남성은 개별적 인격체이며 돌봄 책임은 가족에 있는 것이 아니라 복지국가에 있다. 이러한 모델을 나타내는 나라로서 핀란드를 들 수 있다(Pfau-Effinger, 1996: 17).

〈표 9-6〉 성별 역할에 근거한 유형 분류

	가족경제	남성부양자	평등-개인주의	평등-가족주의
성별 역할 분리 수준	높음	높음	낮음	낮음
돌봄노동의 주책임 소재	가족(여성)	가족(여성)	국가	가족 (남성과 여성)
여성의 경제적 지위	높음	낮음	높음	높음

평등-가족주의 모델은 취업·가사·돌봄노동 간 균형과 동일한 가치를 전제로 한 남녀의 사회통합을 추구한다. 그러나 평등-개인주의 모델에서는 돌봄의 국가적 책임을 특히 강조하는 반면, 이 모델에서는 돌봄은 사적 영역에 속한다고 본다. 다만 돌봄노동을 남녀가 취업노동과 함께 공평하게 분담할 의무를 강조한다. 따라서 국가는 취업노동과 가사·돌봄노동을 이중으로 책임져야 할 부모의 부담을 취업노동시장에서 덜어주는 데 주력한다. 이 모델의 대표적 국가로서 스웨덴, 덴마크, 노르웨이 등을 들 수 있다(Pfau-Effinger, 1996: 17~18).

3) 복지국가 유형의 의미와 한계

젠더 관계를 중심으로 복지국가 유형 분류를 시도하는 작업은 그동안 주류 복지국가 연구에서 간과한 성차별 현실을 반영했다는 점에서 의미를 갖는다. 복지국가 발전을 설명하는 기존 이론이 갖는 이른바 '몰성적'(*sex-blind*) 한계를 극복하기 때문이다. 그러나 주류 복지국가 유형 분류 연구가 갖는 일반적 한계를 젠더 관계에 따른 복지국가 유형 분류 연구도 역시 갖게 된다. 왜냐하면 유형화는 사회과학적 구성으로 현실이 갖는 복합성을 단순화하기 때문이다. 하나의 유형으로 단순화되어 같은 유형에 속하는 국가 사이에도 개별 제도 시행에서는 상당한 편차를 보이는 경우가 많다. 게다가 개별 제도가 변화하면서 기존 유형 분류틀과는 맞지 않는 양상을 보이는 경우를 설명할 수 없는 한계를 보인다.

예를 들어, 독일은 성별 노동분리와 전통적 가족형태 강조에 토대를 둔 혼인중심 국가, (강한 남성) 생계부양자 모델 국가 등으로 분류된다. 하지만 2000년대 들어 다양한 가족형태를 국가가 공식적으로 인정하기 시작한 움직임, 남성의 돌봄노동 참여를 위한 적극적 개입조치 등을 유형 분류틀에서는 설명하기 어렵다. 즉, 유형화는 다양한 복지국가 개입의 한 단면을 분석하게 되는 한계를 갖게 된다.

젠더 관점에서 이루어진 기존 복지국가 유형 분류는 연구소재 선정에서 한계를 갖는다. 연구의 초점이 주로 성별 노동분리와 소득보장 문제에 맞추어져 있기 때문이다. 이는 여성주의의 주 연구주제인 신체권리(*Körperrechte*) 문제를 소홀히 하는 경향을 보인다(Kulawik, 2005: 17). 그 결과 성매매 여성, 약물중독집단, 난민 등 사회 주변집단이 연구대상에서 제외되는 한계를 보인다. 성평등 관점에서 여성취업을 장려하고 남녀성별 노동분리 극복을 시도하는 국가에서는 대체로 사회 주변집단 대상 정책도 활발하게 도입할 것이라는 기대는 일종의 환상(*Trugschluss*)일 수 있다(Kulawik, 2005: 17~18).

사회보장제도와 여성 제10장

앞서 다룬 내용을 통해 여성주의 관점에서 바라보는 복지국가의 성격과, 성인지적 관점에서 보았을 때 복지국가 유형을 어떻게 분류할 수 있는지를 알아보았다. 그러나 이러한 유형 분류에서는 어떤 형태의 서비스와 급여가 젠더 관계를 반영하고 또 그 관계에 영향을 미치는지 구체적으로 제시하지는 않고 있다. 따라서 이번에는 복지국가의 구체적 제도로서 사회보험, 공공부조, 수당, 대인서비스가 성차별 문제와 관련하여 어떤 의미를 갖는지 살펴보기로 하자.

복지국가를 구성하는 필수요소로서 적절한 수준의 사회복지제도를 이미 언급하였다. 사회복지제도는 소득보장과 대인서비스 분야로 나눌 수 있다. 이 분야의 대표적 제도가 사회보험, 공공부조, 수당, 사회복지서비스이다. 이중 사회보험, 공공부조, 수당은 소득보장 성격이 강하다. 따라서 소득보장제도와 사회복지 서비스로 분류하여 이들 제도의 특징을 간략히 살펴보도록 한다. 이어서 이들 제도가 젠더와 어떤 관계를 갖고 있는지 알아보도록 하자.

1. 사회보장제도의 구조와 특성

1) 사회보험

사회보험은 보험 원리를 바탕으로 하되, '사회적' 의미를 추가한 소득보장제도이다. 따라서 사회보험 이해는 보험 원리 이해와 사회적 차원의 이해를 동시에 요구한다.

보험 원리의 내용은 다음과 같다. 먼저, 위험 이전(*risk transfer*)의 원리이다. 보험 가입자에게 위험, 즉 문제가 발생해서 보상을 해주더라도 보험 운영이 지속될 수 있도록 보험가입집단 규모가 충분히 커야 하고, 보험제도 유지를 위하여 충분한 보험료 납부와 보험료 지불이 이루어져야 한다. 두 번째, 보험 사고, 즉 보험에서 설정해 놓은 위험은 '우연히' 일어나야 한다. 누구나 위험을 예측하고 보험 가입을 하지만, 개인적 차원에서 위험 발생이 충분히 예측될 경우에는 보험 가입이 되지 않는다. 세 번째, 보험 조건이 구체적이어야 한다. 예를 들어, '심리적 고통'은 보험에서 보상하는 위험 범주에 들어가지 않는다. 보험 적용 범위, 급여, 재정 등과 관련한 모든 조건이 구체적이어야 하며, 급여 수급 자격 여부와 수준이 엄격한 수리적 계산에 따라 나와야 한다. 네 번째, 보험금 수준은 피보험자의 경제적 안정 제공을 할 수 있을 정도로 충분해야 한다.

보험의 일반적 원리에 더하여 사회보험이 갖는 '사회적' 성격은 다음과 같다. 첫째, 강제 가입의 원칙이 적용된다. 보험 목적 및 계약 조건에 대한 의견 불일치가 존재한다 하더라도 누구나 가입해야 하는 것이다. 사회적 위험에 충분히 대비할 수 있을 만큼 보험 집단의 규모가 크려면 사회 구성원 개개인의 기회주의적 행위를 허용하지 않는 강제 가입 원칙이 적용될 수밖에 없다. 둘째, 보험 가입이 개인적 위험 발생도와 관계없이 이루어진다. 강제 가입 원칙이 적용되는 만큼 개인적 차원에서 위험 발생 정도가 높더라도, 민간보험에서와는 달리, 보험 가입을 할 수 있다. 예를 들어 이런 저런 병력(病歷)이 있다면 민간의료보험 가입은 거부당할 수 있지만, 병력과 관계없이 보험 가입이 가능하다. 셋째, 보험료 납부 수준은 개인적 위험 발생 가능성이 아니라 소득 수준에 따라 정해진다. 어떤 병력에도 불구하고 가입이 가능할 경우에도 민간의료보험에서는 병력에 따라 보험료를 비싸게 부과한다. 그러나 사회보험에서는 소득의 몇 %식으로 보험료를 부과하지 해당 개인이 어떤 병을 앓았느냐가 문제 되지 않는다. 넷째, 사회보험은 취업활동을 하는 사람을 강제가입 대상으로 한다. 취업활동 소득이 지나치게 적다든지 취업 활동의 형태(정규직, 비정규직, 일용직 등)에 따라 강제가입 대상 예외가 있을 수 있지만 원칙적으로 취업활동자는 모두 가입대상이 된다. 그러므로 사회보험의 재분배 효과는 취업 활동집단 내에서 수평적으로 나타난다. 다섯째, 취업활동자가 가입을 하게 되면 그의 가족은 추가 보험료 부담없이 함께 보험 가입 혜택을 보게 된다. 이를 취업활동자의 독자적 수급권에 기초하여 그의 가족은 파생적 수급권을 갖는다고 표현한다. 민간보험의 경우에는 가입 단위가 개인이 되지만, 따라서, 사회보험에서는 가입 단위가 가족 내지 가구라고 볼 수 있다.

사회보험의 특징을 요약하면, 사회 연대 원리에 기초하면서 취업활동자 중심 운영을 하는 것이라고 할 수 있다. 따라서 대부분 취업활동자가 남성이고 여성은 그의 가족으로서 가사·돌봄노동을 토대로 파생적 수급권을 갖는 양상을 특히 사회보험에서 관찰할 수 있다.

2) 공공부조

공공부조는 사회 구성원이라면 곤궁한 상황에 처했을 때 사회적 기여·공헌, 보험료 납부 실적 여부와 상관없이 국가가 기본 생계를 보장해 주는 제도이다. 이것은 다른 관점에서 볼 때 부조를 청구할 권리는 있지만, 부조의 종류나 수준에 대한 권리는 없다는 의미도 된다.

달리 표현하면, 공공부조에서 정해진 급여를 받기는 해도 어떠어떠한 급여를 이 정도 수준에서 달라는 요구를 할 수는 없다. 물론 사회운동 차원에서 일정 정도 요구를 할 수 있는 가능성이 있기는 하지만, 사회보험에서처럼 일정 정도 기여를 전제로 했을 때, 급여 내용이나 수준을 보험 가입자 입장에서 권리로서 요구할 수 있는 것과는 거리가 있다는 의미이다. 그러므로, 사회보험 급여는 가입자의 신청이 있어야 지급되지만, 공공부조 급여 신청은 본인이 아니더라도 담당 공무원이 직권으로 할 수 있는 경우도 있다. 이상의 설명을, 사회보험에는 존재하는 응능성(應能性)[1]과 응익성(應益性)[2]이 공공부조에는 없다는 의미로 요약할 수 있다.

따라서 공공부조 종류나 수준은 국가 담당부서에서 결정하게 되며, 재정은 조세로 조달된다. 이런 의미에서 공공부조의 재분배 효과는 조세를 많이 부담하는 계층에서 조세를 적게 부담하는 계층으로 수직적으로 나타난다.

공공부조 수급 자격 여부는 욕구조사를 통해 결정한다. 욕구조사를 구성하는 요소로는 자산조사와 상태조사가 있다. 자산조사를 통해 소득과 자산 보유 수준이 부조를 받을만한 수준인지, 상태조사를 거쳐 도움을 받을만한 다른 가족 구성원이 존재하는지 근로능력은 있는지 등을 파악한다.

이러한 조사를 근거로 최저생계 보장, 자활 지원, 일시적 곤궁에서의 탈출과 같은 목표 달성을 위한 공공부조 제도 개입이 이루어진다. 공공부조제도 존재 이유는, 따라서, 최후의 사회 안전망(*safety net*)으로서 역할이다. 사회보험은 사회적 위험 상황에 대비하는 예방적 의미를 가진다면 공공부조는 이미 발생한 사회적 위험 상황에서 오는 고통을 완화한다는 의미를 갖는다. 공공부조는 취업활동을 정상적으로 할

1) 능력에 따라 부담액이 달라짐.
2) 많이 부담하면 그만큼 더 많은 급여를 받게 됨.

수 없는 사람들을 주 대상으로 한다. 따라서 사회보험과 비교할 때, 공공부조 대상자 집단의 주류는 여성이라고 볼 수 있다.

우리나라에 존재하는 공공부조제도는 2000년 10월 1일 이후 시행되고 있는 국민기초생활보장제도이다.

3) 수당

수당(*Demogrant*)의 어원은 'Demo(대중, 군중) + Grant(지급, 수여)'에서 찾을 수 있다. 따라서 수당은 '불특정 다수인 군중에게 지급하는 것'으로 이해할 수 있다. 물론 현실에서 해당 사회 모든 구성원이 수당의 수급자가 되는 것은 아니다. 불특정 다수이면서도 해당 사회 시민으로서 일정 정도 인구학적 조건을 갖추어야 한다. 예를 들어, 노인경로수당을 받으려면 국적이나 영수권을 가진 65세 이상 노인이이야 한다는 규정이 있다고 전제할 때, 일단 65세 이상 노인이라면 자산조사, 상태조사를 받지 않고 노인경로수당 수급 자격을 갖게 되는 것이다.

수당의 재원은 공공부조와 마찬가지로 조세로 충당한다. 따라서 수당제도를 실시했을 경우 재분배 효과는 수직적으로 나타난다고 볼 수 있다. 고소득층이 더 많이 부담하는 조세를 재원으로 하면서 특정 인구집단 모두에게 혜택이 돌아가기 때문이다.

수당이 추구하는 목적은 사회적 위험 상황이 야기하는 문제 예방 혹은 해결이라기보다는 해당 사회 시민으로서 갖는 권리, 즉 시민권을 인정하는 것 그 자체라고 할 수 있다. 해당 사회 시민으로서 인간답게 살아갈 수 있는 권리를 인정하고 그러한 생활 조건을 창출해 주는 것이 수당의 목적인 것이다. 개별 수당제도는 수급자가 수당을 받았기 때문에 최소한 그 수당 목적에 해당하는 인간다운 생활을 할 수 있는 가능성을 가질 수 있기 때문에 존재한다.

아동수당을 지급하는 이유는 수급자로서 모든 아동이 성인이 될 때까지 필요한 의식주 수준을 보장받을 수 있도록 하기 위해서이다. 수당의 이러한 목적이 달성되기 위해서는, 물론, 단일한 수당제도로만은 부족하다. 따라서 수당제도를 도입하는 국가는 아동수당, 주거수당, 출산수당, 보육수당, 수발수당, 의료수당 등 여러 제도를 동시에 운영하는 경향을 보인다. 물론 복지국가 유형에 따라 수당제도 도입의 폭이나 수준이 차이가 나는 현상도 관찰할 수 있다. 대인서비스 제공에서 가족 책임을 강조하는 경향이 강한 보수주의 복지국가에서는 아동수당, 보육수당, 수발수당 지급을 통해 가족 부양 능력을 강화하는 것에 정책 우선순위를 둔다. 반면, 대인서비스 제공에서 국가 책임을 강조하는 스칸디나비아 국가에서는, 각종 수당제도를 운영하고는 있지만, 수당 지급을 통한 국가 책임 강조는 정책 우선순위라고 보기 어렵다.

수당제도는 취업활동 여부에 따라 수급권을 부여하지 않는다는 의미에서, 그리고 아동수당, 보육수당, 출산수당 등이 제도의 주류를 이룬다는 점에서 여성의 가사·돌봄노동 가치를 독자적으로 인정해 주는 중요한 수단으로 인정받기도 한다. 물론 그러한 인정 자체가 남녀성별 노동분리를 고착시킨다는 비판적 시각도 동시에 존재하고 있다.

〈표 10-1〉 사회보험, 공공부조, 수당제도 비교

	사회보험	공공부조	수당
급여의 성격	보편적	선별적	보편적
자산조사 유무	없음	있음	없음
상태조사 유무	있음	있음	없음
재원	보험료	조세	조세
재분배 효과	수평적	수직적	수직적
목적	사회적 위험이 야기하는 문제 상황 예방	사회적 위험이 야기하는 문제 상황 해결	보편적 시민권 인정
가사·돌봄노동 가치 인정 형태	파생적 수급권 부여	뚜렷하지 않음	독자적 수급권 부여

4) 사회복지서비스*

사회복지서비스는 비물질적 보장에 초점을 맞추면서 개인이나 가족의 특수하고 구체적이며 개별적인 문제 해결을 시도한다. 사회정책을 실천하는 전략으로서 소득보장과 달리 사회복지서비스가 갖는 특징은 대인서비스라는 것에 기인한다. 대인서비스로서 사회복지서비스가 갖는 특징은 다음과 같이 제시할 수 있다.

- 서비스 전달 주체와 객체로서 구체적 인간의 모습을 전제
- 비물질적 성격
- 저장이 불가능
- 생산과 소비의 동시성
- 서비스 공동생산자로서 대상자의 역할
- 경험재로서 사회복지서비스
- 도움을 주는 행위

사회복지서비스의 특징은 첫째, 사회복지서비스는 인격체로서 구체적인 인간 자체가 서비스 전달의 대상과 주체가 된다. 따라서 사회복지서비스에서는 인간으로서 서비스 전달자와 수급자 간 상호관계 및 작용이 서비스의 질을 결정하는데 있어 매우 중요한 역할을 한다.

둘째, 대인서비스로서 사회복지서비스는 비물질성(*Immaterialität*)을 갖고 있다. 비물질성은 "눈에 보이지 않는 무엇인가 정신적인 것"을 의미한다. 또한 눈으로 관찰할 수 있는 재료로 구성되어 있지 않은 그 무엇인 것이다. 따라서 대인서비스로서 사회복지서비스는 육안으로 관찰할 수 있는 형태의 급여가 아니면서 서비스 전달 주체와 대상 사이에 일어나는 정신적인 상호 작용이라고 할 수 있다.

---

* '정재훈(2007: 48~54)' 내용 요약.

셋째, 비물질적 성격을 지닌 사회복지서비스는 저장이 불가능하다. 급여로서 서비스가 육안으로 관찰할 수 있는 하나의 외형적인 형태를 가지고 있지 않기 때문에 그 형태 자체로서 저장 불가능하다는 의미이다. 현장에서 사회복지서비스가 전달되는 상황을 관찰할 수 있기는 하지만, 현금이나 현물급여처럼 변하지 않은 일정한 형태를 사회복지서비스는 갖고 있지 않다. 따라서 보관을 한 상태에서 비교적 동일한 형태로 제공할 수 있는 현금이나 현물급여와 달리 사회복지서비스는 저장해 두었다가 늘 같은 형태로 제공할 수 없다. 서비스 제공자의 육체적·정신적 상태, 서비스를 제공하는 시점을 둘러싼 물리적 환경 등에 따라 다양한 형태로 제공된다는 특징을 사회복지서비스는 갖고 있다.

넷째, 비물질적이면서 저장이 불가능한 특징 때문에 대인서비스로서 사회복지서비스는 생산과 소비가 동시에 진행되는 특징을 갖는다(*uno-actu-Prinzip*). 즉 서비스 제공자와 소비자가 서비스가 진행될 때 한 장소에 있어야 한다. 제공자가 상담이나 보호, 치료, 수발 등 서비스를 제공하려고 할 때 서비스 대상자가 그 자리에 없다면 서비스 제공 자체가 불가능해질 것이다.

다섯째, 똑같은 형태로 저장이 불가능한, 비물질적 서비스를 제공자와 소비자가 동시에 존재하는 상황에서 전달하기 때문에 서비스 제공과정에서 서비스 수급자 혹은 대상자의 협력이 없다면 서비스 전달 자체가 불가능한 상황이 발생할 수 있다. 서비스 수급자가 서비스 제공에 어떻게 반응하느냐에 따라 서비스 제공의 효과와 효율성이 결정된다. 서비스를 제공받을 때 대상자가 자신에 대한 정보를 적극적으로 제공한다든가 자신이 처한 상황을 분석하는 데 있어서 진지하게 참여한다면 전문가가 제공하는 서비스의 양적·질적 수준이 높아질 것이다. 이런 의미에서 서비스를 제공받는 사람은 서비스를 공동으로 생산하는 역할도 하게 된다.

여섯째, 대인서비스로서 사회복지서비스는 경험재(*Erfahrungsgüter*)이기도 하다. 경험재는 일단 한 번 겪어봐야 가치를 알 수 있는 재화를 의미한다. 똑같이 정해진 절차에 따라, 같은 사람이 같은 사람을 대상으로 서비스를 제공한다 할지라도 그 서비스의 질을 미리 예상하고 객관적으로 평가하기는 어렵다. 서비스 제공자와 수급자가 인지하는 상황이나 육체적·정신적 조건 등에 따라 서비스의 질은 서비스가 제공된 다음에야 비로소 평가할 수 있게 된다. 더 나아가, 경험재로서 사회복지서비스가 갖는 특징은 클라이언트가 사회복지서비스의 질을 인지할 때 서비스 제공 환경과 과정이 갖는 영향의 비중을 더욱 크게 한다. 사회복지서비스에 대한 평가나 만족도가 긍정적으로 나오는 경우는, 서비스를 제공받을 때 클라이언트와 가족이 경험한 서비스 환경의 질이 우수할 때이다.

일곱째, 대인서비스이면서도 사회복지서비스의 가장 중요한 특징은 결국 '도움을 주는 행위(*helfendes Handeln*)'이다. '도움을 주는 행위' 개념이 전제하는 것은 사회복지서비스를 통해 개인이 겪는 긴급하거나 문제가 되는 상황의 개선이나 해결이다. 특히 이러한 전제로 인하여 사회복지서비스는 다른 대인서비스와 차이를 보인다. 사회복지서비스는 인간이 갖는 기본적 욕구 해결을 전제로 하는 반면, 대인서비스는 상대적으로 더 높은 수준의 욕구 해결을 전제로 한다고 볼 수 있다. 사회복지서비스를 통해 개입해야 하는 긴급한 문제 상황은, 일반대인서비스가 해결해야 하는 문제 상황보다 더 복잡한 특징을 갖는다.

저소득 모자가족 문제에 개입하는 사회복지서비스 전문가는 저소득 문제뿐만 아니라, 가족이 갖는 교육·주거·대인관계 등 각종 문제에 대해 통합적인 접근을 해야 할 과제를 갖는다. 이러한 상황은 사회복지서비스 전달주체는 기관이나 시설이, 다른 대인서비스 체계와 달리, 클라이언트가 갖는 복합적 욕구를 충족시킬 수 있는 통합적인 서비스 전달체계를 구축할 과제를 가져다준다.

2. 여성의 입장에서 본 사회보장제도

소득보장제도로서 사회보험은 취업시장 구조를 반영한다. 취업시장 구조는 대체로 남성 위주로 구성되어 있기 때문에 사회보험에서 여성의 수급권은 파생적 수급권으로 상징된다. 공공부조는 사회보험이나 다른 제도들의 실패를 전제로 한 최후의 사회적 안전망으로서 역할을 하기 때문에 공공부조 수급권자 집단은 여성으로 상징된다. 수당은 보편적 시민권을 전제로 하기 때문에 여성의 무보수 가사·돌봄노동이 보상을 받는 상징적 의미를 갖는다. 그렇다면 사회복지서비스는 여성과 관련하여 어떤 의미를 갖는가?

대인서비스로서 사회복지서비스의 특징은 결국 서비스 제공자와 수급자의 태도와 가치가 서비스 제공 과정에서 서비스 내용과 질을 결정하는 중요한 요소가 된다는 것을 알 수 있다. 그러한 태도와 가치는 개인적 신념·이데올로기를 반영하는 것인데, 개인적 신념과 이데올로기에는 사회의 지배적 가치와 이데올로기가 영향을 준다. 그러므로 사회의 가부장적 가치가 서비스 제공자와 수급자 간 상호작용에 어느 정도 반영되어 있느냐가 사회복지서비스 제공의 내용과 질을 결정하는 중요한 요인이 될 것이다.

소득보장제도에서 남녀성별역할 분리 구도가 어떻게 형성되어 있는지를 식별하는 것은 비교적 쉬운 일이다. 그러나 사회복지서비스에서 여성이 성차별 문제를 갖고 있다고 인식하기는 상대적으로 어려운 일이다. 가부장적 가치가 사회화 과정에서 내면화된 상황에서 사회복지서비스 제공 과정에서 나타나는 가부장적 가치를 식별해 내고 이를 성차별 문제와 연결시키는 것은 매우 분석적·비판적 시각을 요구하기 때문이다.

남성으로서 역할, 여성으로서 역할을 자연스러운 것으로 받아들이도록 사회화된 구조에서 가사·돌봄노동을 담당하는 여성이 당장 필요로 하는 사회복지서비스를 제공하는 과정에서 성차별 문제를 찾아내기란 쉽지 않은 일이다. 사회복지서비스는 대체로 가족을 수급 단위로 이루어지고 있으며, 여성이 가족 안에서 행하는 가사·돌봄노동은 하나의 '직업'이라기보다는 선천적으로 해야 하는 혹은 할 수 있는 일로 이해하기 때문이다. 그러나 다른 어떤 제도에서보다 사회복지서비스 전달과정에서는 성차별 문제 혹은 남녀성별역할 분리 현상을 고착화하는 시도가 노골적이지 않으면서도 은밀하게 진행된다는 전제를 할 수 있다.

사회복지서비스 전달과정에서 여성은 어머니로서, 사회복지서비스 수급 대상자 혹은 수급 대상자의 대리인으로서 여겨진다. 어머니로서 여성의 역할은 강제가 아닌, 억압적이지 않은, 자발성을 전제로 형성된 것이다. 여기에서 여성은 가사·돌봄노동 담당자, 남성의 피부양자로서 역할을 정당한 것으로 받아들인다. 여성이 가사·돌봄노동 담당자로서, 그리고 남성의 피부양자로서 적합한 역할을 수행하는 것을 전제로 사회복지서비스 제공이 이루어진다. 서비스 제공 과정에서 수급자로서 여성이 자신에게 주어진 가사·돌봄노동 담당자로서 역할을 부정할 경우에는 불이익이 주어진다고 할 수 있다. 국가는 그리 억압적으로 보이지 않는 기제로서 사회복지서비스를 이용하여 여성에게 가부장제적 가치를 지속적으로 전달하고 있다.

사회복지사의 역할을 이런 의미에서 '사회적 경찰(Wilson, 1977:13)'로 보기도 한다. 경찰의 공권력 행사는 쉽게 식별 가능하지만, 사회복지사의 가부장제적 가치 전달은 서비스 제공자와 수급자 본인들도 쉽게 의식하지 못한 채 진행된다. 이렇게 보존·전달되는 대표적 가치를 다시 한 번 요약하면 다음과 같다. 이성애(*heterosexuality*)에 기초한 파트너십 형성, 가사·돌봄노동 담당자로서 여성, 취업노동자로서 남성, 남성의 피부양자로서 여성, 정숙한 여성, 이상적 가족 형태로서 핵가족, 자녀를 위한 희생의 상징으로서 모성 등이다.

3. 소득보장제도와 젠더

앞서, 소득보장제도와 사회복지서비스의 의미, 그리고 그것들이 여성의 삶과 갖는 전반적 의미를 살펴보았다. 이제는 사회보험, 공공부조, 수당 등 소득보장제도에서 젠더 관계가 어떻게 반영되어 있는지 자세히 알아보도록 하자.

1) 사회보험제도와 젠더

사회보험제도는 취업노동시장 구조를 충실히 반영하고 있다. 따라서 사회보험제도에서 대부분 여성은 독자적 수급권을 갖기 어렵다. 다만 파생적 수급권을 가질 수 있을 뿐이다. 그러나 취업활동에 근거하지 않더라도 사회보험을 통해서 여성이 독자적 수급권을 갖게 되는 경우가 있다. 그 내용을 살펴보고, 개선 방안을 생각해 보도록 하자.

일반적으로 사회보험에서 가사·돌봄노동을 통한 독자적 수급권을 인정하는 조치에는 임의가입제도, 연금 크레디트 제도와 연금분할수급권 제도 등이 있다.

(1) 임의가입제도

기본적으로 연금 수급권은 취업을 해서 보험료를 납부했을 때 갖게 된다. 이럴 경우 전업주부에게는 연금 수급권을 독자적으로 가질 수 있는 기회가 없다. 임의가입제도는 취업활동에 기초하여 독자적 연금 수급권을 가질 수 없는 경우에 본인이 원하면 연금가입을 가능케 한 제도이다. 국가마다 차이는 있겠지만, 대체로 5년 이상 등 특정 기간 이상 연금보험료를 납부하면 노후 연금 수급 자격을 갖게 된다.

2008년 현재 우리나라에서는 '사업장가입자와 지역가입자가 아닌 18세 이상 60세 미만으로서 의무가입대상은 아닌 자' 즉 취업활동을 하지 않아서 독자적 소득이 없는 사람은 60세 이전에 본인이 신청하여 국민연금에 가입할 수 있도록 되어 있다(국민연금법 10조 2). 이 경우에 취업활동을 하지 않는 전업주부가 해당된다.

임의가입제도를 활용하려면 전업주부라 할지라도 자신이 처분할 수 있는 소득이나 자산이 있어야 한다는 한계를 갖는다. 자신의 소득과 자산을 동원하지 않을 경우에 연금 혜택을 받을 수 없다는 의미이다. 반면 연금 크레디트와 연금분할수급권은 취업활동에 근거를 두지 않고도 독자적 수급권을 받을 수 있는 제도이다. 연금 크레디트는, 우리나라의 경우, 출산 크레디트와 군복무 크레디트로 분류된다. '크레디트(*credit*)'란 용어에서 알 수 있듯이, 취업활동이 아니더라도, 전자는 임신·출산을, 후자는 군복무 기간을 근거로 연금 수급권을 부여하는 제도이다.

(2) 연금 크레디드 제도

출산 크레디트 제도는 2008년 1월 1일 이후 자녀를 둘 이상 낳은 기존 국민연금 가입 여성의 가입 기간을 '추가로' 인정해 주는 제도이다. 두 번째 자녀를 출산한 경우 12개월의 연금 가입 기간을 인정해주고, 세 번째 자녀부터는 1명 출산마다 18개월 국민연금 가입 기간을 인정해 주는 것이다(국민연금법 19조).[3] 따라서 취업활동을 하면서 자녀를

---

3) 제 19조 (출산에 대한 가입기간 추가 산입) ① 2명 이상의 자녀가 있는 가입자 또는 가입자였던 자가 노령연금수급권을 취득한 때(이 조에 따라 가입기간이 추가 산입되면 노령연금수급권을 취득할 수 있는 경우를 포함한다)에는 다음 각 호에 따른 기간을 가입기간에 추가로 산입한다. 다만, 추가로 산입하는 기간은 50개월을 초과할 수 없으며, 자녀 수의 인정방법 등에 관하여 필요한 사항은 대통령령으로 정한다.

1. 자녀가 2명인 경우 : 12개월
2. 자녀가 3명 이상인 경우 : 둘째 자녀에 대하여 인정되는 12개월에 2자녀를 초과하는 자녀 1명마다 18개월을 더한 개월 수

② 제 1항에 따른 추가 가입기간은 부모가 모두 가입자 또는 가입자였던 자인 경우에는 부와 모의 합의에 따라 2명 중 1명의 가입기간에만 산입하되, 합

3명 출산하였고, 그 기간 동안 육아휴직을 하여 국민연금 보험료를 납부하지 않았을 경우, 2008년 이전에는 보험료 미납 기간만큼 국민연금 가입 기간이 줄어들고, 따라서 노후 수령 연금액도 줄어드는 문제, 즉 취업여성의 출산·경력 단절에 따른 노후 소득 감소 문제 해결을 출산 크레디트 제도는 시도한다고 보겠다. 예를 들어, 직장 생활을 하면서 국민연금 가입자로서 자녀를 3명 출산한 경우, 첫째·둘째 2명 자녀 출산 몫으로 12개월, 셋째 자녀 출산 몫으로 18개월을 합쳐 모두 30개월 국민연금 보험료를 납부하지 않아도 그 비용은 국가에서 전부 혹은 일부를 부담하여 가입 기간이 유지된다.

군복무 크레디트는 2008년 1월 1일 이후 병역의무를 수행할 경우 군복무 기간만큼 국민연금 가입 기간을 인정해 주는 제도이다. 출산 크레디트와는 달리 소요 비용을 국가가 전액 부담하고 있다(국민연금법 18조).[4]

의하지 아니한 경우에는 균등 배분하여 각각의 가입기간에 산입한다. 이 경우 합의의 절차 등에 관하여 필요한 사항은 보건복지가족부령으로 정한다. 〈개정 2008. 2. 29〉

③ 제1항에 따라 가입기간을 추가로 산입하는 데 필요한 재원은 국가가 전부 또는 일부를 부담한다.

4) 제18조 (군 복무기간에 대한 가입기간 추가 산입) ① 다음 각 호의 어느 하나에 해당하는 자가 노령연금 수급권을 취득한 때(이 조에 따라 가입기간이 추가 산입되면 노령연금 수급권을 취득할 수 있는 경우를 포함한다)에는 6개월을 가입기간에 추가로 산입한다. 다만, '병역법'에 따른 병역의무를 수행한 기간이 6개월 미만인 경우에는 그러하지 아니한다.

1. '병역법' 제5조 제1항 제1호에 따른 현역병
2. '병역법' 제2조 제1항 제9호에 따른 공익근무요원

② 제1항에도 불구하고 다음 각 호의 어느 하나에 해당하는 경우에는 제1항을 적용하지 아니한다.

1. '병역법'에 따른 병역의무를 수행한 기간의 전부 또는 일부가 '공무원연금법'·'사립학교교직원 연금법' 및 '별정우체국법'에 따라 재직기간에 산입되거나 '군인연금법'에 따라 복무기간에 산입된 경우
2. '병역법'에 따른 병역의무를 수행한 기간 중 연금보험료를 납부하여 가입

(3) 연금분할수급권 제도

연금분할수급권 제도[5]에 따라서 5년 이상 혼인 관계를 유지한 후 이혼하게 될 경우 가입자인 배우자와 유지한 혼인 기간과 동일한 국민연금 가입 기간에 해당하는 연금액을 분할하여 배우자가 수령할 수 있다. 취업활동에 근거하여 독자적 수급권을 갖고 있는 배우자가 연금 수령을 할 나이가 될 때까지 혼인 관계를 유지한다면 별 문제가 없을 것이다. 그러나 중간에 이혼을 하게 될 경우 파생적 수급권만을 갖는 배우자의 노후소득보장 문제가 생길 수 있다. 따라서 독자적 연금 수급권을 갖고 있지 않은 배우자가 연금 수령을 할 수 있는 연령[6]이 되었을 때, 독자적 수급권을 갖는 배우자가 받는 연금의 절반을 수령할 수 있는 권리를 갖는다는 의미이다. 연금분할수급권은 민법 제839조

기간으로 인정된 경우. 다만, 당해 가입기간이 6개월 미만인 경우를 제외한다.

③ 제1항에 따라 가입기간을 추가로 산입하는 데 필요한 재원은 국가가 전부를 부담한다.

5) 제57조의 2 (분할연금수급권자 등) ① 혼인기간(배우자의 가입기간 중의 혼인기간에 한한다. 이하 같다)이 5년 이상인 자가 다음 각호의 1에 해당하게 되는 때에는 그때부터 그가 생존하는 동안 배우자이었던 자의 노령연금을 분할한 일정한 금액의 연금(이하 "분할연금"이라 한다)을 지급받을 수 있다.

1. 노령연금수급권자인 배우자와 이혼한 후 60세가 된 때
2. 60세가 된 이후에 노령연금수급권자인 배우자와 이혼한 때
3. 60세가 된 이후에 배우자이었던 자가 노령연금수급권을 취득한 때
4. 배우자이었던 자가 노령연금수급권을 취득한 후 본인이 60세가 된 때

② 제1항의 규정에 의한 분할연금액은 배우자이었던 자의 노령연금액(가급연금액을 제외한다)중 혼인기간에 해당하는 연금액을 균분한 액으로 한다.

③ 분할연금수급권자가 재혼한 때에는 그 재혼기간동안 해당 분할연금의 지급을 정지한다.

④ 분할연금을 청구할 권리는 제1항 각호의 1에 해당하는 때부터 3년을 경과한 때에는 소멸한다.

6) 2008년 현재 우리나라의 경우는 60세.

의 2 재산분할청구권 개념을 도입한 것이다.

남성 배우자는 취업활동을 근거로 독자적 수급권을 보장받지만, 여성 배우자는 전업주부로서 혹은 취업활동을 하였더라도 임신·출산 등 이유로 경력단절이 생겨서 파생적 수급권에 의지하는 경우가 현실 상황이다. 이 상황에서 이혼을 할 경우 남성의 취업노동과 독자적 수급권을 가능케 한 여성의 무보수 가사·돌봄노동의 가치를 연금 분할 수급을 통해 인정해 준다는 개념일 것이다.

그런데 분할연금수급권자가 재혼했을 경우에는 재혼 기간만큼 분할연금 지급을 정지한다는 조항이 2007년까지 존재하였다.[7] 여성의 무보수 가사·돌봄노동 가치를 인정해 준다는 취지에서 만든 조항이면서도 "재혼한 여성은 남성이 먹여 살리는 존재이므로 소득 보장을 해 줄 필요가 없다"는 전형적인 가부장적 이데올로기가 반영된 것으로 볼 수 있다. 이러한 관점의 문제 제기 결과 2007년 국민연금법 개정에서 '분할연금 지급 정지' 조항은 없어졌다. 재혼 여부와 관계없이 분할연금을 계속 받을 수 있으며, 또한 이혼 후 취업활동을 하여 수령하게 된 자신의 노령연금에 분할연금을 합쳐서 받을 수 있게 된 것이다.

2) 사회보험제도와 젠더

사회보험제도가 젠더 문제와 관련하여 갖는 태생적 한계는 취업노동시장 구조를 그대로 반영한다는 점이다. 취업노동시장 구조 자체가 남녀성별노동분리를 전제로 구성되었기 때문이다. 그 결과 집단으로서 여성은 집단으로서 남성과 비교할 때 고용·임금·승진·근무 조건 및 환경 차원에서 차별과 불이익을 받고 있다. 취업조건과 연결된 젠더 질서의 중요한 단면으로서 차별과 불이익이 사회보험에 그대로 반영된

---

7) 제57조의 2 (분할연금수급권자 등) ③분할연금수급권자가 재혼한 때에는 그 재혼기간 동안 해당 분할연금의 지급을 정지한다.

다는 의미로 볼 수 있다.

여기에서 더 나아가, 사회보험 내 차별적 젠더 질서를 극복하고자 하는 시도가 앞서 알아본 취업노동 외 다른 조건들, 특히 출산·가사·돌봄노동을 근거로 하는 독자적 수급권 보장이다. 사회보험 체계에서 독자적 수급권을 보장하는 제도들은 차별적 젠더 질서 극복에 긍정적 역할을 할 것이다. 그렇지만 여전히 이러한 제도들이 기존 젠더 질서를 반영하는 내용을 갖고 있음도 볼 수 있다. 그 내용을 살펴보도록 하자.

임의가입제도는 취업활동을 하지 않는 사람들의 연금가입 기회를 주었다는 것 외에 특별히 전업주부의 가사·돌봄노동 가치를 보상해 주지는 않는다. 보험료 자체를 전적으로 본인 부담으로 납부해야 하기 때문이다.

연금 크레디트 제도는, 취업활동을 하는 여성들의 출산으로 인한 경력 단절이 야기하는 연금 수령 수준 하락을 방지한다는 점에서 의미가 있다. 또한 출산 자체를 사회적 공헌으로 보아 연금제도에서 보상해 준다는 의미도 있다. 그러나 군복무 크레디트 제도가, 원칙적으로, 군복무 기간 중 보험료 부담을 국가가 모두 하는데 반하여, 출산 크레디트 제도는 국가가 일부분만 부담한다는 한계를 갖는다. 출산의 중요성을 과거에 비하여 인정하긴 했지만, 군복무에 비교할 때 여전히 저평가한다는 추론도 가능하게 한다.

연금 크레디트는 전업주부를 제외하는 한계도 갖는다. 저출산·고령화라는 인구학적 변동에 직면하여 여성의 출산에 대한 사회적 인정 차원에서 실시되는 제도라면, 전업주부이기 때문에 연금 가입자가 아니라서 혜택을 받지 못하는 상황은 개선되어야 한다. 기존 가입자인지 아닌지 여부를 떠나 여성이 출산을 하면 그것에 근거하여 연금 혜택을 줌으로써 출산·양육노동의 가치를 사회제도 차원에서 인정해야 한다.

더 나아가, 두 명 이상의 자녀 출산일 경우에만 연금 크레디트를 주는 상황도 개선되어야 한다. 연금 크레디트 제도의 중요한 기능 중 하나가 출산에 따른 경력 단절로 인한 노후소득수준 저하 방지라면, 한 명의 자녀 출산 경우에도 연금 크레디트를 주어야 할 것이다. 두 명 이상 자녀 출산으로 연금 크레디트 범위를 한정한 것은, "여성의 중요한 사회적 역할이 (다)자녀 출산이지 사회 참여는 아니다"라는 가부장적 가치를 반영하는 결과이다.

연금분할수급권은 여성의 가사·돌봄노동 가치를 인정한다는 가능성을 보임에도 불구하고 결국 배우자의 독자적 수급권을 기초로 한 제도라는 한계를 갖는다. '재혼시 분할연금 지급 정지' 규정이 없어짐으로써 가사·돌봄노동에 기초한 보상을 한다는 의미를 살리긴 했으나, 분할연금 청구 권리 시한을 3년으로 못 박음으로써 취업활동에 기초한 독자적 수급권과 차이를 두고 있다.

또한 이혼 후 60세 이상 노인이 되었을 때 연금 수령을 하는 배우자를 찾아내어 분할연금 수급 신청을 해야 한다는 점도 결국 이 제도가 배우자의 독자적 수급권에 기초한 제도라는 의미를 담고 있다. 이럴 경우 현실에서는 수년 혹은 수십 년의 세월이 흐른 후에 분할연금 신청을 할 사례가 얼마나 될 수 있을까 하는 의문을 갖게 한다. 따라서 이혼한 시점을 기준으로, 혼인 기간만큼 배우자의 연금 계좌를 만드는 조치가 필요하다. 이런 조치를 통해 혼인 기간 동안 행한 가사·돌봄노동의 가치를 직접적으로 인정해 줄 수 있을 것이다. 예를 들어, 전업주부로 7년을 살다가 이혼을 했다면, 이혼 후 즉시 연금계좌 개설 조치가 이루어지고 향후 7년 동안 취업활동을 하는 남편의 연금보험료 절반은 이혼한 배우자 계좌로 납부되는 조치를 취할 수 있다.

3) 공공부조제도와 젠더

공공부조제도와 젠더 관계를 언급할 때 먼저 등장하는 개념이 '빈곤의 여성화(*feminization of poverty*)'이다. 최후의 사회적 안전망으로서 공공부조제도는 취업노동시장에서 밀려났거나 애초부터 진입하지 못하는 사회 집단을 대상으로 하다 보니, 아무래도 남성보다는 여성이 공공부조제도와 더 많은 관계를 갖게 되기 때문이다. 그래서 '이중체계 복지국가(*two-tier welfare state*)' 개념이 등장하기도 한다. 복지국가 제도로서 사회보험은 남성 중심, 공공부조는 여성 중심으로 발전했다고 보는 견해이다(Orloff, 1993: 72).

이중체계론은 남성과 여성의 복지 욕구를 매우 단순화하고 있고, 현실에서는 많은 여성이 남편의 독자적 수급권에 근거하여 사회보험 체제에 간접적으로 통합되어 있는 점도 간과하는 경향을 보인다. 파생적 수급권자라 할지라도 일단 급여 수급 상황에서는 권리를 인정받고 있기 때문이다. 그럼에도 불구하고 공공부조제도를 빈곤의 여성화와 연결시키는 매우 흥미로운 주제임에 틀림없다. 그런데 빈곤의 여성화 개념은 다른 장에서 설명하고 있으므로 개념 자체를 설명하는 작업은 생략한다. 다만 빈곤의 여성화 현상을 극복하기 위한 '여성중심' 제도로서 공공부조의 가능성과 한계를 살펴보도록 한다.

빈곤의 여성화 현상을 가져오는 원인은 여러 가지가 있을 수 있다. 취업활동을 하던 배우자와 사별·이혼·별거, 취업노동시장에서의 여성 배제, 빈곤에 대응하는 사회복지정책의 부재 등이다. 이 중에서 공공부조제도와 관련된 논의 대상은 관련 사회복지정책의 부재라고 할 수 있다.

비슷하게 관찰할 수 있는 배우자와의 사별·별거·이혼, 취업노동시장에서의 성차별이 존재함에도 불구하고 사회마다 혼자 아이를 키우는 여성의 삶의 질과 수준이 다르게 나타나는 이유는 무엇일까? 결국 언급한 문제들에 대응하는 사회복지정책의 양상이 다르기 때문이라고 할 수 있다. 여기에서 빈곤의 여성화에 대응하는 공공부조제도의 가능성을 찾아볼 수 있다.

생계를 위협받는 상황이 되었을 때 소득보장·사회복지서비스 수급권 근거가 취업노동 뿐이라면 특히 독신모의 경우에 빈곤에 빠질 가능성이 높아진다. 아동양육으로 인하여 취업활동 자체가 어렵기 때문이다. 이때 공공부조제도의 역할이 중요해진다.

여성 가구주 빈곤율이 영미권 국가에서보다 스칸디나비아 국가에서 낮은 이유는, 스칸디나비아 국가에서 취업노동시장 구조가 영미권 국가에서보다 좀 더 성평등적으로 구성된 원인도 있다. 여기에서 더 나아가 공공부조제도가 여성 가구주에게 사회적 낙인을 찍고 주변화하기보다는 사회적 자활을 도모할 수 있는 방향으로 발전해 가고 있기 때문이라고도 표현할 수 있다(정미숙, 2001: 41).

공공부조제도는, 사회보험과 마찬가지로 젠더 관계를 반영하고 있으며 젠더 관계 유지에 기여한다는 주장을 할 수 있다.

사회보험의 경우에는 취업시장에서의 성차별 구도 내지 젠더 관계를 그대로 제도에 반영함으로써 기존 성차별적 젠더관계 유지에 기여한다는 설명을 하였다. 기존 젠더관계를 극복하기 위한 방안으로서 취업노동이 아닌 가사·돌봄노동에 기초한 사회보험 급여 제공의 가능성과 개선 방향을 제시하기도 하였다. 이런 맥락에서 공공부조제도 역시 기존 젠더 관계를 반영하고 있으며, 이러한 흐름 속에서 성차별 문제가 지속된다고 주장할 수 있다. 이러한 주장의 근거는 무엇일까? 공공부조가 가족 내 불평등한 분배 관계를 고려하지 않고 '가족·가구 단위'로 제공되고 있기 때문이다.

대체로 가족 내에서 남성은 개인적 관심사에, 여성은 가족의 관심사에 더 많은 지출을 한다. 경제적으로 곤란해졌을 때 남성보다는 여성이 소비 지출을 더 줄인다. 가족 단위 소득 수준은 같을 수 있지만, 가족 내 구성원들 간 소득 수준은 다를 수 있다. 예를 들어, '가'와 '나' 가족 소득 수준은 같을 수 있지만, '가' 가족 여성의 가처분 소득은 '나' 가족 남성이나 여성의 가처분 소득과 다를 수 있다.

결국, 가족 혹은 개인에 따라 차이가 있을 수 있지만, 돌봄노동 담당자로서 여성은 소득, 자산, 급여, 의식주, 여가생활 등 모든 면에서 남성이나 다른 가족 구성원에 비해 자기희생을 감수하며 살아간다. 반면, 이른바 '아내·어머니로서 희생정신, 모성애의 실천' 등으로 찬양

되는 '여성적 삶'을 공공부조제도에서는 고려하지 않는다. 가족을 대상으로 제공된 급여는 '여성적 삶'을 반영하여 돌봄노동 담당자로서 여성을 제외한 남성이나 자녀들에게 더 많이 분배되는 현실을 가족 단위 급여 제공 공공부조제도에서는 고려하지 않고 있는 것이다.

동일할 것 같은 빈곤 경험 역시 가족 구성원에 따라 다르게 나타난다. 가족 구성원이 모두 같은 빈곤문제를 경험할 것이라는 전제는 젠더 질서를 무시한 것이다. 가사·돌봄노동 담당자로서 여성은 공공부조에서 제공하는 급여를 가족 내에서 재분배하는 부담과 모성 이데올로기 사이에서 다른 가족 구성원에 비하여 더 많은 빈곤문제를 겪고 있다.

공공부조제도의 또 다른 전제는, 급여를 통해 가족 기능을 강화할 수 있다는 것이다. 가족 기능은 자녀 출산·양육·사회화, 정서적 안정 등 여러 가지를 생각할 수 있다. 그런데 이러한 기능을 수행하는 주체를 '가족'으로 보는 전제 자체가 기존 젠더 질서를 무시하는 것이라고 할 수 있다. 가족 구성원이 필요로 하는 대인서비스를 주는 주체는 가족 그 자체가 아니라 돌봄노동 담당자로서 여성이기 때문이다. 가족은 그 자체로서 아무 것도 생산하지 않는다. 가족 내에서 무엇인가를 생산하는 주체는 가족 구성원으로서 개인이다(Pahl, 2007: 184). 대개의 경우 이 개인은 여성이 된다.

공공부조제도가 이상에서 언급한 한계를 보이는 이유는 여성이 아내와 어머니로서 가사·돌봄노동을 무보수로 하는 현실을 자연스럽게 받아들이기 때문이다. 이러한 현실은 이른바 '가장'으로서 역할을 제대로 하지 못하더라도 급여 수급 주체가 남성이 되는 것에서 잘 드러난다. 특히 현금급여 수급자 명의가 대부분의 경우 자녀를 돌보는 여성이 아니라 '가장으로서 남성'이 되고 가장이 급여를 마음대로 처분할 경우 마땅한 제재 수단이 없기 때문에 가족 단위 제공 공공부조제도 급여 효과가 제대로 발휘되지 못한다고 볼 수 있다.

그렇다면 공공부조제도의 이러한 한계를 극복할 수 있는 가능성을 어디에서 찾아볼 수 있을까? 이는 바로 공공부조제도 급여의 개별화라고 할 수 있다.

가족을 단위로 하는 현실 생활 속에서 급여의 개별화는 간단하게 실천할 수 있는 방법은 아니다. 하지만, 다음과 같은 차원에서 급여의 개별화는 충분히 시도해 볼 수 있을 것이다. 첫째, 사례 관리를 통하여 남성 가장이 수급자로서 급여의 가족 내 효율적 분배 능력이 없다고 판단할 경우 급여 제공 담당자 직권으로 돌봄노동 담당자인 여성에게 직접 급여를 제공할 수 있을 것이다. 둘째, 급여 제공의 일반적 원칙으로서 부부일 경우 아예 급여 수급자를 여성으로 설정하는 방법도 있다. 현실적으로 여성이 돌봄노동을 책임지고 있기 때문에 자녀 양육 등에 필요한 비용을 자신의 이름으로 수급하도록 하고, 예외 상황이 있을 경우 신청에 따라 남성으로 수급자 명의 변경을 할 수 있을 것이다. 셋째, 돌봄노동으로 인한 여성의 부담을 덜어주기 위한 돌봄 관련 사회복지서비스 전달체계를 확대하는 방안이 있다. 장애자녀나 수발을 필요로 하는 가족 구성원을 돌보는 역할을 가족이 아닌 '여성' 개인이 부담하는 현실을 고려할 때 돌봄노동 부담을 덜어줄 수 있는 이용·수용 시설을 중심으로 한 사회복지서비스 전달체계 확대가 필요하다.

4) 수당제도와 젠더

수당제도는 여성의 무보수 가사·돌봄노동의 가치를 시민권적 차원에서 인정한다는 의미가 있는가 하면 남녀성별노동분리를 고착화하는 역할을 한다는 비판도 받는다. 시민권 인정 수단으로서 제도의 상징적 의미를 감안하면서도 그런 비판을 받는 이유는 수당 수준 자체가, 취업노동에서 얻을 수 있는 소득에 비하여, 가사·돌봄노동 가치를 인정한다고 할 수 있을 정도로 높지 않기 때문이다. 따라서 수당제도를 통하여 성별노동분리를 극복할 수 있는 가능성은 그리 높지 않은 것으로 평가할 수 있다. 출산율을 높이기 위하여 아동수당, 출산수당, 육아휴직

수당 등을 도입한 서구 복지국가의 경우 수당 제도로 인한 소득 대체율이 높게 나타나는 저소득층 여성의 출산율은 높아지는 경향을 보인다. 반면 고소득 · 고학력 여성은 수당제도로 인한 소득 대체율보다 출산으로 인한 기회비용이 높기 때문에 출산을 기피하는 경향을 보인다.

이러한 문제를 해결하고 수당제도를 통한 성별노동분리 극복의 가능성을 찾기 위해서는 기존 수당제도가 돌봄노동 등에 필요한 최소한의 비용을 대체해 주는 개념에서 소득대체 개념으로 전환할 필요가 있다. 소득대체 수준에서 수당을 받을 경우, 기존 수당제도를 구성하고 있는 돌봄노동 영역에 대한 남성 참여가 확대될 수 있을 것이기 때문이다.

실제로 독일에서는 아동양육비용을 대체해 주는 수준의 수당으로는 연평균 2% 수준에 머무르는 남성의 저조한 육아휴직 사용률을 높일 수 없고, 결과적으로 저출산 문제를 해결할 수 없다는 사회적 공감대가 형성되면서 소득 대체 수준의 수당제도 도입이 2007년부터 시도되었다. 2007년 1월 1일을 기하여 기존 수당제도 중 아동양육수당(*Kindererziehungsgeld*)이 부모수당(*Elterngeld*)으로 바뀌었고, 자녀 출산 후 휴직을 할 경우 월소득의 67% 혹은 최고 월 1,800 유로까지 지급하였다. 부모수당 지급기간은 14개월인데, 이 중 부나 모 한 명이 수당을 받을 수 있는 최장 기간은 12개월이다. 부모수당제도가 보장하는 14개월 동안 모두 수당을 받으려면 부모 중 한 명이라도 최소한 2개월은 휴직을 하고 아이를 돌보아야 한다는 의미가 담겨져 있다. 소득 대체 수준으로 남성의 육아휴직을 유도하면서 동시에 14개월 중 두 달은 '아버지 출산 휴직제(*paternity leave*)'로 활용하는 의도도 있는 것이다.

부모수당제도는 기존 수당제도가 아동양육비용을 최소한의 수준에서 대체해 주던 개념이었다면, 이제는 소득의 상당 부분을 보충해 주는 개념으로 변화하였다. 따라서 수당제도를 통하여 성별노동분리 고착이 아니라 분리 극복을 할 수 있는 가능성을 볼 수도 있게 되었다. 실제로 새로운 부모수당제도가 시행된 2007년 한 해 동안 모두 약 571,000건의 부모수당 신청이 있었는데, 그 중 10.5%에 해당하는 비율이 남성이었다.[8] 아동양육수당 시기에 연 2% 정도에 머물렀던 남성 육아 참여율이 거의 5배 이상 증가한 결과이다. 이런 효과가 어떤 양상으로 지속될 지는 지켜볼 일이긴 하지만, 수당제도와 젠더 질서의 변화가 상관관계를 가질 수 있는 가능성은 일단 확인했다고 볼 수 있다.

5) 사회복지서비스와 젠더

복지국가 사회복지서비스의 발전은 젠더와 어떤 관계가 있을까? 사회복지서비스 발전은 서비스 제공자로서 여성의 일자리와 서비스 수급자로서 여성의 지위라는 두 가지 화두를 던져준다.

(1) 사회복지서비스와 여성 일자리 창출

사회복지서비스 분야 여성 일자리 창출은 다음 양상으로 나타난다. 첫째, 사회복지서비스 분야 취업자의 대다수는 여성이다. 둘째, 따라서, 사회복지서비스 분야는 전형적인 여성 취업 양상을 보인다. 이러한 양상은 출산·양육으로 인한 근무 시간 단축 및 조기 퇴직, 잦은 경력 단절, 낮은 임금 수준 등으로 나타난다.

① 여성적 일자리로서 사회복지서비스

복지국가 체제와 관계없이 공통적으로 관찰할 수 있는 변화 양상은 사회복지서비스 분야에서의 일자리 창출이다. 사회복지서비스 발전은, 우선, 서비스 제공자로서 여성 일자리 창출로 이어진다. 가족 내 돌봄노동 담당자로서 여성의 사회 참여는 돌봄노동이 사회화된 영역으로서 사회복지서비스 혹은 넓은 의미에서 사회서비스 분야에 집중되는 경향을 보인다.

예를 들어 독일에서 사회보험 적용을 받는 정규직 취업자 수가 2006년 6월 현재 26,354,336명인데 이 중 보건·사회서비스 분야 취업자

---

8) Tagesschau 보도 자료(2008년 2월 29일 8시).

수가 3,130,639명(11.9%)이다. 기타 공사 서비스 분야 종사자 수는 1,181,744명(4.5%)이다. 그런데 보건·사회서비스 분야에 취업하고 있는 여성 수는 2,519,464명으로 이 분야 전체 취업자 수의 80.5%를 차지한다. 기타 공사 서비스 분야 취업 여성 수도 684,019명으로서 이 분야 전체 취업자 수의 57.9%를 차지한다(StBA, 2007: 86).

의료·수발서비스, 아동·청소년복지, 가족복지, 노인복지, 장애인복지 등 좁은 의미의 사회복지서비스 전달체계 취업자 수는 약 140여만 명 이상을 헤아리는데, 이 중 80% 이상이 여성이다(BAWFG, 2002: 99). 취업활동인구 중 여성이 차지하는 비율이 대체로 45% 정도인 것을 감안한다면 사회복지서비스 분야의 여성 고용 효과는 다른 분야의 거의 두 배 수준이라고 할 수 있다.

② 사회복지서비스 분야 취업 형태

사회복지서비스 분야 고용의 또 다른 특징은 남성보다 여성의 근무시간이 짧다는 점이다. 여성의 상당수는 시간제 근무를 하기 때문이다. 이는 사회복지서비스 분야에서 상대적으로 남성에 비하여 여성 취업 지위가 더 불안정한 것을 의미한다.

2004년 현재, 예를 들어, 독일 노동자복지회(Arbeiterwohlfahrt), 독일 카리타스 연합회(Deutscher Caritasverband), 기독교 봉사회(Diakonisches Werk), 독일 복지단체연합회(Deutscher Paritätischer Wohlfahrtsverband), 독일 적십자사(Deutsches Rotes Kreuz), 유대인 중앙복지회(Zentrale Wohlfahrtsstelle der Juden) 등 6대 단체로 구성되어 있는 연방 비영리 복지단체연합회(die Bundesarbeitsgemeinschaft der Freien Wohlfahrtspflege) 소속 정규직 취업자 수는 1,414,937명이며, 이 들 중 47%가 시간제 근무를 하고 있다(표 〈10-2〉). 이는 다른 산업 분야의 시간제 근무 비율이 20% 선임을 감안할 때 매우 높은 수치이다. 또한 시간제 근무자의 대부분은 여성이다. 최근 몇 년 사이 추세는 시간제 근무는 증가하지만 종일제 근무는 감소하고 있다(BAWFG, 2004: 11~12).

〈표 10-2〉 사회복지서비스 분야별 근무 형태

분야	종일제 근무	시간제 근무
보건 · 건강서비스	231,792	136,575
아동 · 청소년복지	146,037	129,023
가족복지	20,040	47,017
노인복지	166,474	200,829
장애인복지	133,157	109,673
긴급 구호	15,157	10,882
서비스 제공자 교육	8,218	7,854
기타	30.375	21,834
자조 · 시민참여 조직	2,363	4,419
합계	753,613	668,106

* 출처: "연방 비영리복지단체연합회 소속 근무자 현황", BAWFG(2004: 14).

대부분 여성이 시간제 근무를 하는 현실에서 남녀 간 임금 격차가 어떻게 나는지, 이직률은 어떤지 등에 대한 연방 비영리복지단체연합회 차원의 자료는 아직 없다. 그러나 현장에서 일하는 사회복지사와의 인터뷰를 통해 그 실상을 짐작해 볼 수는 있을 것이다.

독일의 한 중소도시 여성 쉼터(*Frauenhaus*)에서 일하는 당시 35세 여성 사회복지사와 2004년 2월 인터뷰할 기회를 가졌는데, 시설 근무 사회복지사의 근무 조건을 토대로 여성적 취업 양상을 추론해 볼 수 있다.

> 21명의 가정폭력 피해 여성이 아이들을 데리고 와서 임시 거처로 삼고 있는 쉼터에 2명의 여성 사회복지사와 1명의 보육사, 그리고 쉼터장이 일하고 있는데, 쉼터장을 제외하면 모두 시간제 근무를 한다. 특별한 일이 없는 한, 1인 1일 4시간 근무를 하면서 한 달에 1,400 유로(약 210만원)를 받는데, 실제 사회보험료 등을 제외하면 배우자의 소득이 없는 한 자녀 양육을 하면서 살아가기가 매우 힘들다. 유급 휴가는 1년에 27일을 사용할 수 있다. 쉼터장의 경우에는 업무 스트레스에 비하여 대우가 좋지 않기 때문에 몇 년 일하지 못하고 교체되곤 한다.

이 내용이 사회복지서비스 분야 여성 고용의 일반적 양상으로 속단하기는 어렵다. 하지만, 사회복지서비스 분야 고용이 좁은 의미에서도 이미 100여만 명을 넘어선 독일의 현실에서도 여성적 취업 양상 문제가 지속되고 있다는 점에 주목할 필요가 있다. 100만 명 이상 서비스 제공자 비율에서 여성이 압도적 다수를 차지하는 현실에도 불구하고 남성보다는 여성의 취업이 여전히 불안정한 독일 현실은 우리나라에서도 전형적인 여성 취업 분야로 부상한 사회복지서비스 분야 실태 점검을 위한 문제제기 역할은 할 수 있을 것이다.

(2) 서비스 수급자로서 여성

사회복지서비스 분야는 여성이 서비스 제공자로서 다수를 차지한다는 의미 외에, 여성이 서비스 수급자가 되기 위하여 전제로 하는 가부장적 이데올로기로 그 특성을 보여준다. 앞서, 서비스 제공자로서 사회복지사의 역할을 '사회적 경찰(Wilson, 1977: 13)'로 보는 관점을 제시하였다. 그렇다면 서비스 수급자로서 여성의 모습은 어떻게 그려볼 수 있을까?

서비스 수급자로서 여성의 모습은 두 가지 차원으로 나누어 볼 수 있다. 직접 서비스를 받는 경우와 서비스를 받는 가족 구성원을 돌보는 입장에서이다.

① 서비스 직접 수급자로서 여성

직접 서비스를 받는 여성의 모습은 대부분 부정적으로 묘사되곤 한다. '복지여왕(*welfare queen*), 10대 미혼모와 모자가족'이라는 개념에서 유추할 수 있듯이, '게으름이나 정상에서 벗어난 상태' 등과 연결시키는 시도가 일상에서 이루어지고 있다.

'복지여왕(*welfare queen*)'은 미국에서 유래한 개념이다. 사기나 조작을 통해 복지수표(*welfare checks*)를 모으거나 과도한 급여를 받은 여성을 지칭하면서 생겨난 용어이다. 〈리더스 다이제스트〉(*Readers Digest*)

같은 보수적 성향의 잡지에서 1960년대부터, 그리고 1976년 대통령 선거 기간 동안 당시 레이건 후보가 시카고 남부 지역의 한 사례를 거론하면서 보편적으로 사용하기 시작하였다. 복지급여를 받는 여성의 '사생아(*illegitimate children*) 출산, 마약 복용, 취업 거부' 등 부도덕한 행동을 남성 혹은 익명의 기고가들이 집중적으로 문제 제기 하였고, 레이건이 대통령 선거 기간 중 다음과 같은 주장을 함으로써 전국적 반향을 불러일으켰다. "그녀는 80개의 이름, 30개의 주소, 12개의 사회보장카드를 가졌고 존재하지도 않는 4명의 전몰용사 남편 이름으로 유족급여를 받는다. 여기에 더하여 의료보호(*Medicaid*)도 받고 있으며, 식품권(*food stamps*)도 사용한다."[9]

레이건은 직접 그 여성의 실체를 밝히지 않았으나 그 후 〈뉴욕 타임스〉가 유사한 사례를 보도하였고, 그 사례에 해당하는 여성은 사기죄로 유죄판결을 받았다. '복지여왕'이라는 용어는 그 후 사회복지제도 반대 캠페인 및 복지개혁 과정에서 단골 메뉴로 사용되었다.

'복지여왕' 사례 규모가 근거도 없이 과장된 가운데 이 용어는 개인주의적 개척정신에 토대를 둔 이른바 미국적 가치(*American value*)에 어긋나는 사례로서, 그 중에서도 특히 '게으르고 사생활을 통제할 줄 모르는 (흑인) 여성' 이미지를 강화하는 데 이용되었다고 본다.

10대 미혼모 혹은 미혼모(未婚母)는 용어에서 알 수 있듯이 혼인 관계를 정상으로 보았을 때 아직 혼인하지 않은 상태 혹은 혼인 관계 밖에서 출산한 경우를 뜻한다. 그래서 한부모가족지원법에서 사용하는 한부모가족이라는 용어와도 분류하여 사용하고 있다. 그래서 자녀를 양육하는 '미혼자'와 '한부모가족'을 서비스 대상 집단으로서 분류하고 있다.[10] 한부모가족복지시설 역시 모부자보호시설과 미혼모자시설을

9) http://en.wikipedia.org/wiki/Welfare_queen(2008년 6월 20일 내려받음).

10) 한부모가족지원법 제4조 (정의) 이 법에서 사용하는 용어의 뜻은 다음과 같다. 〈개정 2008. 2. 29〉

1. "모" 또는 "부"란 다음 각 목의 어느 하나에 해당하는 자로서 아동인 자녀

분류하고 있다.[11)]

예전의 모부자 가족이라는 표현에서 변화한 한부모 가족은 부모가 존재해야 정상인 가족 상태에서 '약간' 이탈한 정도의 의미라면, 미혼자(未婚者)는 정상 상태로서 언젠가 해야 할 혼인을 하지 않은 비정상적 상황에서 자녀를 낳은 사람이라는 의미를 갖고 있다. '결혼도 하지 않고 아이를 낳은 철부지' 정도 인식을 갖고 있다는 해석도 가능하다. 다만 '미혼자'라는 용어를 사용함으로써 남성도 대상에 포함시켰다는 변화 정도는 볼 수 있다. 혼인 관계를 정상으로 보지 않는 의미에서 '독신부모(獨身父母)'라는 개념 사용도, 따라서, 고려해 볼 필요가 있다.

② 서비스 수급자를 돌보는 입장의 여성

서비스를 받는 가족 구성원, 특히 장애 자녀, 요보호 노인 등을 돌보는 여성의 돌봄노동 부담에 대해서는 많은 연구 결과가 있다. 그러나 돌봄 부담 자체에서 더 나아가 돌봄노동 담당자로서 여성은 가족 구성원이 받는 사회복지서비스를 파악하고 적절하게 대응해야 하는 부담까지도 갖게 된다.

사회복지서비스 전달체계가 발전하면 발전할수록 오히려 돌봄노동 담당자로서 여성의 부담은 또 다른 차원에서 커지게 된다. 서비스 제공 규모가 커지고 질적 수준이 다양해지면서 자신의 가족에게 알맞은 서비

를 양육하는 자를 말한다.

가. 배우자와 사별 또는 이혼하거나 배우자로부터 유기(유기)된 자

나. 정신이나 신체의 장애로 장기간 노동능력을 상실한 배우자를 가진 자

다. 미혼자{사실혼(사실혼) 관계에 있는 자는 제외한다}

라. 가목부터 다목까지에 규정된 자에 준하는 자로서 보건복지가족부령으로 정하는 자

2. "한부모가족"이란 모자가족 또는 부자가족을 말한다.

11) 한부모가족지원법 제 19조 (한부모가족복지시설) 5. 미혼모자시설: 미혼 여성의 임신·출산 시 안전 분만 및 심신의 건강 회복과 출산 후 아동의 양육 지원을 위하여 일정 기간 보호하는 것을 목적으로 하는 시설.

스를 찾아내고 선택하며 이용해야 하는 과제가 생겨나기 때문이다. 제공되는 서비스 체계가 단순할 경우에는 그것을 있는 그대로 이용하면 되지만, 서비스 전달체계가 다양해지면 그 가운데 가장 적절한 것을 선택해야 하는 부담이 생긴다. 그리고 선택한 결과가 좋지 않다고 판단할 수밖에 없는 상황이 생기면 더욱 큰 부담감이나 죄책감을 돌봄노동 담당자로서 갖게 될 것이다. 사회복지서비스 전달체계 관련 정보의 홍수 속에서 여성이 갖는 새로운 차원의 부담이라고 할 수 있다.

이러한 부담이 생기는 중요한 원인은 "돌봄노동은 남성보다 여성이 더 잘 할 수 있고, 또 더 기꺼이 잘 하려고 한다"라는 편견 혹은 가부장적 가치 때문이다. 그러나 설혹 여성 개인이 돌봄노동을 천부적으로 자신에게 주어진 것으로 내면화시켰다 하더라도, 개인·가족·사회 상황에 따라 돌봄노동을 늘 일정한 수준을 유지하면서 책임진다는 것은 불가능한 일이다. 그럼에도 불구하고 "여성의 돌봄노동은 늘 일정한 수준을 유지할 것이다"라는 편견이 여성의 부담을 내외재적 차원에서 더 가중시킨다고 할 수 있다.

돌봄노동에 대한 또 다른 편견은 "여성은 돌봄노동을 기꺼이 수행할 것이다"라는 것이다. 이러한 편견은 여성이 자기 가족을 돌보는 과정에서도 '착한 사람의 딜레마'[12]에 빠질 수 있다는 상황을 무시하는 데에서 나온다. 아무리 자기 자녀이고 부모라도 이 사람에게 헌신적으로 쏟은 돌봄의 노고를 나중에 어떤 식으로 보상받을 수 있을 것인가에 대해 생각할 수 있다. 그런데 이러한 생각 자체를 모성애 이데올로기

12) "학생들은 협동을 통해 공부를 더 재미있게 많이 할 수 있지만, 한 학생이 늦게 나타나서 다른 학생들이 다 해 놓은 것을 그냥 베껴 갈까 두려워한다. 그것을 착한 사람의 딜레마라고도 부를 수 있을 것이다. 내가 다른 사람을 돕기 위해 무엇인가를 한다. 다른 사람이 되갚으면 둘 다 이득을 보지만 그렇지 않으면 착한 사람이 잃는다. 착한 사람은 경주에서 맨 꼴찌로 들어간다. 그런 딜레마는 낯선 사람들보다 서로 잘 아는 사람 사이에서 해결이 더 잘 되는 문제라고 학자들은 관찰해 왔다(Folbre, 2001: 63)."

로 부인하는 사회적 분위기로 인하여 돌봄노동 담당자로서 여성은 죄책감과 부담감을 가질 수 있게 된다.

제 4 부

여성복지의 사례

서비스 전달체계와 여성운동* 제11장

소득보장체계로서 사회보험과 공공부조, 대인서비스로서 사회복지서비스 전달체계 구축 과정에서 젠더 질서가 어떻게 표현되고 있는지 살펴보았다. 그 가운데 사회보험과 공공부조, 그리고 수당 등 소득보장제도에서 젠더 질서를 극복할 수 있는 가능성과 한계를 알아보았다. 그렇다면, 이러한 젠더 질서에 도전하는 의미에서 여성복지서비스 전달체계는 어떻게 구축할 수 있을까? 이 질문에 대한 답을 서비스 전달체계 구축 과정에서 나타난 여성운동의 영향에서 찾아볼 수 있다.

서유럽과 미국을 중심으로 1960년대 말 이후 등장한 이른바 '신여성운동'(*New Women's Movement*)은 가정폭력 문제를 사회 이슈화하면서 여성주의 시각에서 폭력 피해 여성 대상 쉼터운동(*women's refugee movement*)을 전개하였다. 시간이 흐르면서 여성쉼터운동은 폭력피해여성 대상 사회복지서비스 전달체계 구축 모델이 되었다. 여성운동의 주요 흐름이 제도권으로 편입되면서, 즉 여성운동의 이념과 지향이 국가정책에 반영되면서 여성 대상 사회복지서비스 전달체계가 구축된 것이다.

---

* 이 장의 내용은 정재훈(2007), "사회복지정책으로서 탈성매매 여성 지원대책 도입에서의 여성운동 역할 연구", 〈사회복지정책〉 30 (2007. 9.) pp. 393~422의 내용을 토대로 재구성하였음.

그렇다면 우리나라에서는 여성운동의 이념과 지향이 여성 대상 사회복지서비스 전달체계 구축에 어떻게 반영되었다고 할 수 있을까? 그 사례를 찾아봄으로써 여성주의 시각에 따른 사회복지서비스 전달체계 구축 전략의 내용, 가능성, 한계를 살펴보도록 한다.

1. 국가 역할에 대한 여성운동의 입장

서구사회를 기준으로 볼 때 여성운동은 1960년대 말 이후 급격한 사회변화의 중요한 동인 중 하나로서 역할을 하였고, 성차별 감소에 많은 기여를 하였다. 이 과정에서 국가 체제 역시 여성운동의 요구를 수용하면서 체제 내에 존재하는 가부장제적 요소를 해소하고 성차별 문제를 해결하는 주요한 주체로서 역할 변화를 해왔다. 그렇다면 서구사회에서 볼 수 있는 이러한 양상이 우리나라에서도 나타난다고 볼 수 있는가? 다시 말해, "여성운동의 이념과 지향점을 국가가 수용하면서 정책으로 제도화시킨 양상을 볼 수 있는가"라는 질문을 던질 수 있다.

민주화 운동 과정에서 성장의 단초를 찾기 시작한 한국 여성운동은 1980년대 이후 육아문제와 가정폭력 문제 이슈화를 통해 여성주의 시각에서 사회복지서비스 전달체계 구축을 요구하였다. 1983년 활동을 시작한 '여성의 전화' 등 정부 비등록 여성단체는 여성주의 시각에서 문제를 제기하면서 육아와 가정폭력 문제 해결을 위한 정부 대응을 촉구하는 방향에서 운동을 전개하였다. 이러한 비등록 여성단체들은 1987년 2월 18일 '한국여성단체연합(이하 '여연')'으로 조직화하면서 여성주의 시각에서 성차별을 사회적 이슈화하는 노력을 하였다.

여성운동 초기 국가 체제를 가부장적으로 보고 불신하면서 비제도적·자주적 사회서비스 전달체계 구축, 예를 들어, 자주적·독립적 여성쉼터 운동을 시도하였던 서구 여성운동과 달리 여연을 중심으로 한 여성운동은 여성문제 해결을 위하여 단체 산하에 '법개정특별위원회'를 만들어 성차별에 대한 국가의 제도적 대응을 이끌어내려는 시도를 하였다. 육아문제를 사회적 이슈화하였던 1980년대 말 만들어진 '탁아입법공동대책위원회'의 '탁아소설치 및 운영에 관한 법' 청원 활동은 1997년 '가정폭력방지및 피해자 보호 등에 관한 법률'에 이어서 이른바 '성매매특별법'이라 부르는 '성매매 알선 등 행위의 처벌에 관한 법률'과 '성매매 방지 및 피해자 보호 등에 관한 법률'을 제정하는 과정에서 지속적으로 나타났다. 이러한 활동 양상은 법에 근거한 여성복지서비스 전달체계 구축을 하는 기본적 토대가 되었다.

여기에서는 여성주의 시각을 반영한 성차별 문제를 국가가 정책 대상으로 제도적으로 수용하고 여성복지서비스로 발전시킨 예로서 탈성매매 여성 자활지원 서비스 전달체계 구축 과정을 알아본다. 한국 사회에서 여성운동은 국가를 상대로 한 정책 요구를 비교적 활발히 해온 경향을 보이고 있으며 여성운동의 정책 요구는 국가정책이 가졌던 가부장적·성차별적 요소를 변화시키는 긍정적인 기능을 하는 것으로 판단할 수 있기 때문이다.

여성운동이 국가정책에 미친 영향을 긍정적으로 판단한다는 주장을 뒷받침하는 하나의 근거로서 '윤락행위' 혹은 '(매)매춘'으로 규정되어 왔던 '성매매'를 여성운동이 사회운동 전략의 일환으로서 사회 이슈화하였고 더 나아가 여성복지서비스 대상으로 일정한 결과를 이끌어내었다는 점을 제시하고자 하는 것이다. 그렇다면 여성운동의 어떠한 모습이 국가 주도 탈성매매 여성복지서비스 전달체계 구축에 반영되었다고 볼 수 있는가? 이 질문에 답하기 위하여 여성운동의 성격과 정책 과정에서의 역할을 살펴보기로 하자.

2. 여성운동의 성격

여성운동이 갖는 성격을 한 마디로 정의하는 것은 불가능할 수 있는 작업이다. 그러나 사회운동으로서 여성운동이 갖는 성격을 정리하는 작업은 정책 결정 과정에서 여성운동의 어떤 흐름이 어떤 역할을 하였는지 이해할 수 있는 길잡이가 될 수 있다. 사회운동으로서 여성운동이 갖는 성격을 알아보기 위한 작업은 사회운동의 일반적 성격을 파악하는 작업을 전제로 한다.

사회운동을 설명하는 이론은 집단행동이론(*collective behaviour theory*), 신 사회운동이론(*New Social Movement Theory*), 자원동원론(*Resource Mobilisation Theory*)으로 분류할 수 있다. 첫 번째, 집단행동이론은 구조기능주의 관점에 기초하여 사회운동을 설명하고 있다. 집단행동이론에서 볼 때, 주요 사회제도가 제대로 기능하지 못해서 비정상적인 상태나 사회구조 간 긴장 상태가 생기게 되면 그러한 상황에 대한 반응으로서 사회운동이 생겨난다. 즉 사회운동은 제대로 기능하지 못하는 사회가 갖는 일종의 증상(*symptom*)으로 볼 수 있다(Smelser, 1962). 두 번째, 신 사회운동이론은 사회운동의 근원을 거대관료화된 현대사회구조와 자율적 삶을 추구하는 인간의 욕구 간 갈등, 그리고 후기산업사회의 도래에서 찾는다. 이 관점에서 볼 때 물질적 재생산을 추구해 온 기존 가치는 거부되고 새로운 문화의 재생산, 사회통합, 새로운 가치에 따른 사회화 등을 추구하게 된다. 기존 국가나 사회가 유지하고 사회 구성원에게 의식적·무의식적으로 주입해 온 가치와 행동 양식을 거부하게 되는 것이다. 이러한 관점은 하버마스(Habermas, 1981), 오페(Offe, 1985) 등이 대표하고 있다. 세 번째, 신 사회운동론이 가치지향적인 반면, 자원동원론은 사회운동을 전개하는 구체적 방법론에 주목한다. 자원동원론 관점에서 볼 때 사회운동은 사회에서 전개되는 새로운 상황에 대응하는 합리적인 적응 양식이다. 따라서 새로운 사회를 만들어내기 위하여 사회운동은 정치적 자원을 창조하고 사회 참여를 조직화한다. 사회운동은 이러한 과정에서 압력단체로서의 기능을 한다(MaCarthy & Zald, 1987).

위와 같은 사회운동의 차원이 여성운동의 관점에서 볼 때 어떻게 수용될 수 있을까? 먼저, 집단행동이론은 '제대로 기능하지 못하는 사회'를 전제로 한다는 점에서 거부될 수 있다. 여성운동에서 볼 때 사회는 제대로 기능하지 못하는 것이 아니라 가부장적 가치를 제대로 구현해 왔고 이에 따라 여성에게 억압적인 젠더 질서가 형성되었다고 볼 수 있기 때문이다. 반면, 신 사회운동이론은 신 사회운동의 발생 자체가 여성운동의 기원이 될 수 있다는 점, 국가·사회가 유지해 온 기존 가치를 거부하고 새로운 가치를 추구하는 점이 기존 가부장제적 가치를 거부하고 여성주의 가치를 추구하는 여성운동의 성격과 맥락을 같이 한다. 이러한 점에서 신 사회운동으로서 여성운동의 성격을 구성해 볼 수 있다. 셋째, 자원동원론의 경우, 신 사회운동론에서 설명력이 부족한 동원된 조직으로서 여성운동의 실체를 설명해 준다. 또한 가부장제 사회를 극복하고 새로운 사회를 만들기 위한 대응으로서 여성운동의 모습을 제시해 준다.

물론 일정한 경향을 보이기는 하겠지만, 하나의 사회운동을 신 사회운동이나 자원동원론으로써 일관되게 설명하기는 어렵다. 사회운동이 신 사회운동론에서 강조하는 일정한 정치·경제·사회·역사적 맥락을 떠나 존재하기 어려우며 동시에 자원동원론에서 강조하는 대로 조직화하지 않을 경우에 운동으로서 흐름을 파악하기 어렵기 때문이다. 결국 여성운동의 경우에도 한국 사회가 갖는 일정한 조건을 배경으로 성매매 이슈를 제기하기 위한 조직으로서 일정한 흐름을 보여주었다는 의미에서 신 사회운동과 자원동원론의 두 가지 관점에서의 분석을 필요로 한다고 볼 수 있다.

그렇다면, 한국 사회에서 여성운동이 성매매 이슈와 관련하여 어떤 흐름을 드러냈는지 알아보기 위한 전초 작업으로서 신 사회운동이론과 자원동원론에서 설명하는 사회운동의 특징을 서술해 보기로 한다.

1) 신 사회운동이론(*New Social Movement Theory*)

신 사회운동이론은 사회운동의 출현과 전개를 거시적 차원과 미시적 차원으로 분류하여 다음과 같은 특징을 보이고 있다. 거시적 차원에서 신 사회운동은 계급정치에서의 탈피, 근대성·합리성에 대한 비판, 체제 변화와 새로운 정치(*new politics*) 추구, 역사 발전 동인으로서 사회적 힘에 대한 믿음, 사회에 대한 새로운 이해를 가능하게 한다. 그리고 미시적 차원에서 신 사회운동의 결과는 집합적 정체성(*collective identity*) 형성으로 나타난다(Melucci, 1985).

먼저, 신 사회운동이 추구하는 가치는 계급갈등에 기초하고 있지 않다. 따라서 신 사회운동이 추구하는 가치는 노동운동이 추구하는 가치와 구별된다(Melucci, 1985: 335). 신 사회운동의 사회적 기반은 중간계급이다. 신 사회운동 역시 이런 의미에서 계급정치(*politics of a class*)라고 볼 수 있지만 계급정치 그 자체(*on behalf of a class*)는 아니다(Offe, 1985: 833). 신 사회운동의 주체는 서비스 산업이나 공공분야 종사 전문가들이며 비교적 높은 교육 수준을 갖고 있다. 신 사회운동의 요구는 계급에 기초하여 분파적이지 않기 때문에, 이슈에 따라 어느 경우에는 보편적이기도 하고 어느 경우에는 분파적(*particularistic*)이기도 하다(Charles, 2000: 32).

둘째, 신 사회운동은 경제성장, 생산성 향상, 생활수준 향상 등 산업자본주의 사회와 노동운동이 추구해온 가치를 거부한다는 의미에서 근대성·합리성에 대한 비판적 태도를 취한다. 따라서 재생산이나 생존을 위한 욕구와는 거리가 먼 문화 생산(*a cultural production*)을 중요시한다. 근대적·합리적 사고체계에서 중요시했던 물질적 생산을 기호·사회적 관계 생산이 대체하게 되는 것이다. 이런 의미에서 신 사회운동은 탈 물질적 가치를 반영한다고 볼 수 있다(Offe, 1985: 804~805). 물론 이에 대하여 신 사회운동이 물질적 가치(*material value*)를 비물질적 가치로 대체한다는 주장은 지나치게 극단적이며, 다만 물질적 가치를 지나치게 강조하는 경향을 거부하는 것으로 받아들여야 한다는 주장도 있다(Inglehart, 1990). 어쨌거나 신 사회운동이 물질적 가치보다 비물질적 가치를 더 중요시한다는 것은 일반적인 경향으로 받아들일 수 있을 것이다.

셋째, 탈 물질적 가치 추구는 체제 변화와 새로운 정치를 추구하는 운동의 모습을 보여준다. 신 사회운동은 이런 면에서 후기산업사회로 가기 위한 운동이고(Touraine, 1981), 탈 근대성의 출현을 의미한다(Melucci, 1985). 이전의 정치가 경제성장, 사회보장, 안보 등을 주요 가치로 추구했다면, 탈 근대성을 보이는 후기산업사회에서 추구하는 새로운 정치의 주요 가치는 사회통합, 삶의 질, 개인의 자아실현 및 사회참여 기회 보장, 인권 등이다(Habermas, 1981: 33).

따라서 신 사회운동은 국가와 자본이 주도하는 생산과 분배 관계 통제에 대한 관심보다는 시민사회에서 관찰할 수 있는 실제 삶의 모습이 어떻게 재생산되느냐에 관심을 갖는다고 볼 수 있다. 그렇다고 해서 신 사회운동이 이전과는 단절된 전혀 새로운 정치를 지향한다고 보는 것은 무리이다. 즉 신 사회운동은 근대성에 바탕을 둔 이전 정치가 추구하는 가치 전부를 부인하지 않고, 다만 그러한 가치 중 일부를 강조하여 새로운 정치 지향의 중심에 배열한다고 볼 수 있다. 신 사회운동에서 추구하는 새로운 정치가 강조하는 가치로서 사회통합, 삶의 질, 자아실현 등이 이전에는 존재하지 않았던 완전히 새로운 것이라고 보기는 어렵기 때문이다. 결국 신 사회운동에서 시도하는 새로운 정치는 기존에 강조되어 왔던 가치체계에 대한 대안을 제시함으로써 기존 국가 체제가 더욱 민주화되는 변화를 추구하는 것이라고 볼 수 있다. 현존하는 지배적 권력 구조에 대항하기 위한 문화투쟁(*cultural struggle*)에서 국가를 이용하지 않을 경우에 새로운 정치 실현은 불가능하다는 인식을 신 사회운동에서도 하고 있는 것이다(Charles, 2000: 38).

넷째, 신 사회운동은 역사발전 동인으로서 사회적 힘(*social forces*)에 대한 믿음을 나타낸다. 앞서 신 사회운동이 추구하는 가치는 계급갈등에 기초하지 않고 있다고 하였다. 따라서 역사발전 동인 역시 자본과 노동의 대립으로 신 사회운동은 보지 않는다. 역사발전의 동인은 여러 종류 사회적 힘 사이의 갈등과 투쟁이라고 볼 수 있다. 사회적 힘은 사회 구성원의 집합적 행위(*collective behaviour*)에서 나오는 일종의 집단적 압력과 같은 것이다. 따라서 사회적 힘은 사회운동을 구성하는 전제 조건이라고 할 수 있다.

특정 집단이 특정 사안을 둘러싸고 이해관계를 갖게 되면 이 집단은 이해관계를 관철하기 위하여 집합적 행위를 시도한다. 집합적 행위를 하는 과정에서 사회적 힘이 형성된다. 그런데 이렇게 형성된 사회적 힘은 반드시 집단의 분파적 이익과 반드시 일치하지는 않는다. 집단의 분파적 이익에 사회적 차원이 더하여지기 때문이다. 따라서 사회적 힘은 하나의 집단이익으로부터 자율성을 갖고 형성된다고 볼 수 있다.

정치운동이 국가 권력을 얻고자 추구하는 움직임이라면 계급 갈등에 기초하지 않는 사회적 힘을 바탕으로 한 사회운동이 추구하는 것은 특정 사회에 존재하고 있는 문화 양식을 결정하는 권한이다. 즉 다양한 사회적 힘이 정보·이미지·상징성 등을 생산하는 주체가 되기 위하여 갈등하고 경쟁하는 가운데 사회운동의 흐름이 형성되고 이러한 흐름이 역사 발전의 동력이 된다고 보는 것이다.

거시적 차원에서 볼 때, 마지막으로, 신 사회운동은 사회에 대한 새로운 이해를 시도하는 흐름이다. 신 사회운동에서는 사회변화를 가능하게 하는 새로운 수단으로서 지식과 기술이 갖는 중요성에 주목한다. 또한 기존의 지배적 문화 양식에 도전함으로써 권력 관계가 단순히 '노동 대 자본' 혹은 '노동 - 자본 - 국가' 간 관계가 아니라는 점을 지적한다. 즉 계급정치 틀에서는 관찰할 수 없는 보이지 않는 권력주체로서 지식·기술·정보를 생산하는 집단의 역할에 주목한다. 이들 집단은 지식을 사회·정치적 믿음으로 변환시킬 수 있는 능력을 갖고 있다. 예를 들어 환경문제를 제기함으로써 이미 존재하고 있던 사회발전 패러다임에 대한 사회 구성원의 믿음에 문제 제기를 한다. 이런 점에서 볼 때 신 사회운동은 기존 정치 질서를 변화시킬 수 있는 잠재 능력을 갖는 새로운 패러다임을 제시한다(Charles, 2000: 34).

신 사회운동의 특징을 이상과 같이 거시적으로 설명할 때 이어지는 의문은 운동의 결과가 개인적 차원에서, 즉 미시적 차원에서는 어떻게 되느냐는 것이다. 이 질문에 대한 대답은 개인의 관점, 즉 미시적 차원에서 볼 때 신 사회운동이 갖는 특징은 일종의 행위체계(*action system*)라는 데에 있다(Melucci, 1985). 신 사회운동은 개인이 사회현상을 인지하고 정의를 내리며 그에 상응하는 행위를 하는 준거가 된다. 이때 이러한 행위가 한 개인에게서만 일어나는 것이 아니라 여러 개인에게서 동일한 유형으로 일어나도록 하는 역할을 신 사회운동이 하게 된다. 신 사회운동을 통해 개인이 집합적 정체성(*collective identity*)(Melucci, 1985: 793)을 갖는 계기가 생겨나는 것이다.

집합적 정체성은 상호작용, 타협, 의사결정 등 사회적 관계를 토대로 형성된다. 또한 사회 환경 속에서 주어진 기회와 한계를 개인이 어떻게 인식하느냐도 집합적 정체성 형성의 주요인이 된다. 따라서 집합적 정체성은 사회적 관계와 개인적 인지가 작동한 결과라고 볼 수 있다. 집합적 정체성을 형성함으로써 사회 구성원은 사회운동의 목적, 목표, 수단 등에 대한 공감대를 형성한다. 또한 집합적 정체성은 형성·변화·퇴조·재형성 등의 과정을 반복하는 성질을 갖는다. 신 사회운동은 개인이 갖는 집합적 정체성 형성을 유발함으로써 거시적 차원에서의 사회 변화를 추구한다고 본다(Charles, 2000: 35).

2) 자원동원론

1970·1980년대 미국 사회를 배경으로 등장한 자원동원론은 사회운동이 갖는 특징을 조직화 수준 정도에서 찾는다. 따라서 사회운동이 갖는 실체를 파악하는 과정에서 중요한 요소를, 신 사회운동에서는 이념과 가치 체계 등으로 보는 것과 달리, 운동 조직 능력, 구성원 동원

규모 및 방법, 운동 과정에서 활용 가능한 자원, 운동 전략 등으로 본다. 이러한 면에서 볼 때, 자원동원론은 사회운동이 유지·발전하는 과정을 설명하는 작업에서 신 사회운동론에 비하여 더 설득력이 있는 이론이라고 하겠다(이혜숙, 2002: 199).

자원동원론은 조직으로서 사회운동이 갖는 속성에 주목한다. 따라서 자원동원론이 갖는 특징은 조직을 중심으로 사회운동을 설명하는 관점, 운동의 전제로서 합리적 사고방식, 자원·정치기회 구조에 대한 관심, 운동 조직으로서 추구하는 목표 등으로 분류하여 설명할 수 있다.

첫째, 자원동원론은 이념이나 가치체계가 아닌, 조직을 근거로 하여 사회운동을 설명한다. 그러므로 자원동원론 관점에서 주관심사는 "어떻게 사람들이 동원되느냐?"에 있다. 이런 맥락에서, 자원동원론에서 규정하는 사회운동은 사회구조의 변화와 보상적 분배(*reward distribution*)를 추구하는 특정 인구 집단이 갖는 의견과 믿음의 집합(MaCarthy & Zald, 1987)에서 출발한다. 여기에서 인구 집단(*a population*)은 조직된 인구 집단을 의미한다. 이 집단은 종교단체, 지역사회, 사회집단·네트워크 등 제도로서 조직되어서 운동의 주체 역할을 한다. 따라서 사회운동은, "특정 사회 내 엘리트 집단, 의견을 달리하는 집단, 공권력 주체 등과 끊임없이 상호작용하는 가운데 공통의 목표와 연대의식을 가진 사람들이 행하는 집합적 도전 행위를 의미한다(Tarrow, 1994: 3~4)."

둘째, 자원동원론 관점에서는 운동의 전제로서 합리적 사고방식을 강조한다. 합리적 사고방식을 가진 주체는 운동을 조직하는 구성원이다. 사회운동이 조직되는 형태는 두 가지로 나누어 볼 수 있다. 전형적인 형태로서 사회운동의 결과로부터 직접적인 혜택을 가질 수 있는 사람들이 직접 운동을 조직하는 경우이다. 이 경우 구성원의 운동 참여도는 매우 높으며, 구성원을 이른바 수혜적 지지자(*beneficiary adherents*)로 표현한다. 반면, 사회운동이 성공했을 경우 그 결과로부터 직접적 혜택을 받을 수 없는 전문가들이 조직하는 운동의 형태가 있다. 이러한 운동 전문가를 이른바 양심적 지지자(*conscience adherents*)로 표현하는데, 이 경우 조직 구성원의 참여도는 전체적으로 높지 않은 편이다(Charles, 2000: 40). 전자와 후자의 경우 모두에 있어서 운동 참여 주체는 도구적 합리주의에 바탕을 두고 행동한다. 운동 참여자는 운동 실천에 앞서서 운동의 결과가 가져오는 비용과 편익을 계산하고 일정 정도 인센티브를 얻을 수 있는 전망이 있을 때 행동하게 된다는 것이다. 이 때 인센티브는 구체적·물질적 이익에서부터 정치적 이해관계 관철, 추구하는 신념·가치·이데올로기의 실현 등 다양한 형태로 존재한다고 볼 수 있다.

셋째, 자원동원론에서는 운동의 동력으로서 자원과 정치기회 구조에 대한 관심을 높은 수준에서 갖는다. 이는 자원동원론 관점이 자원에 관심의 초점을 두는 경향과 정치기회 구조에 관심을 두는 경향으로 분류할 수 있음을 의미하기도 한다. 운동 동력으로서 자원을 강조하는 입장에서는 인적 자원, 재정, 운영 프로그램, 네트워크와 연대 능력을 중시한다. 이것은 사회운동 주체로서 조직이 갖는 내부 능력을 중시하는 입장이라고 볼 수 있다.

사회운동에 대한 자원동원론적 해석이 내부 운동조직에 대한 관심에서 출발했다면, 운동동력으로서 외부에 존재하는 '정치기회구조(*political opportunity structure*)'를 상대적으로 더 중요시하는 관점이 있다. 사회 구성원의 집합적 행위를 촉진하는 매개체로서 자원보다 자원 활용을 가능하게 하는 정치적 구조가 갖는 기능을 더 강조하는 입장이다. 이러한 정치 구조의 예로는 선거 과정 및 절차의 안정성, 엘리트 집단의 역할 분화, 정책 변화 과정, 기존 사회운동이 가져다 준 성공적인 결과, 국가 조직 형태 등이 있다(Tarrow, 1994: 18). 결국 운동 동력으로서 운동 조직이 갖고 있는 자원보다 조직이 위치하고 있는 사회 환경을 더 중요시하는 관점이다.

타로우(Tarrow)의 이러한 설명은 자원동원론이 운동 조직 역량으로서 자원에 초점을 맞춘 결과 소홀히 하기 쉬운 정치적 의미를 보충해 주는 역할을 한다. 즉 사회운동이론으로서 자원동원론이 갖는 정치적 차원을 정치기회구조 개념이 부각시키고 있는 것이다. 이에 따라 자원동원론 관점에서는 사회운동의 주체로 보기 힘든 '느슨한 연합동원구조에 토대를 둔 자율적·상호의존적 사회 연결망(*autonomous and interdependent social networks linked by loosely coordinated mobilising structures*)'(Charles, 2000: 44) 역시 합리적·관료주의적 조직과 마찬가지로 운동 목표 추구의 필요조건으로서 존재 가치를 인정받게 된다. 또한 사회운동의 결과가 조직 내부 관점에서만 평가되는 것이 아니라, 국가와 정책결정 주체로서 엘리트 집단이 중재하는 정책 변화 그 자체가 될 수도 있게 된다. 즉 운동 조직이 의도하지 않았더라도 환경으로서 정치구조가 만들어낸 결과 역시 운동의 간접적·비의도적 결과로서 평가 대상이 될 수 있다.

넷째, 자원동원론 관점에서 볼 때 사회운동 조직이 추구하는 주요 목표는 조직 자체의 생존이다(Charles, 2000: 41). 그리고 조직의 생존, 즉 조직 유지와 발전을 위해 조직 운영 체계의 관료화가 필요하다. 자원동원을 사회운동이 성공적으로 하면 할수록 조직으로서 사회운동은 더욱 전문화된다. 또한 조직 유지와 발전을 위하여 로비, 자금동원을 효율적으로 할 수 있는 기술을 발전시켜 나가는 특징을 보인다. 따라서 자원동원론 관점에서 사회운동이 성공했다고 볼 수 있는 기준은 사회운동 조직이 전문화·관료화되어서 지속적 활동을 하느냐라고 할 수 있다(Charles, 2000: 41).

3) 사회운동으로서 여성운동의 특징

앞서 언급하였듯이, 여성운동이 갖는 특징을 신 사회운동이나 자원동원론 중 하나로써만 설명하기는 어렵다. 추구하는 목표와 이데올로기를 중심으로 여성운동을 설명한다면 신 사회운동론이 유용한 설명도구가 될 수 있는 반면, 여성운동이 전개되는 과정을 설명하기 위해서는 자원동원론이 더 적절한 틀을 제공해 주기 때문이다.

신 사회운동으로서 여성운동이 갖는 특징은 계급갈등에 우선하여 젠더 질서에 초점을 두고 젠더정치를 추구하는 것으로 볼 수 있다. 여성운동의 대상으로서 젠더 질서는 남성이 갖는 권력 때문에 젠더 불평등이 생기는 현상이다. 이는 뿌리 깊고 조직화된 사회의 역사적 관행이며 관계이다(Connell, 1995). 젠더 질서에서 남성다움은 상위 질서에 속하고 여성다움은 하위 질서를 구성한다. 이러한 질서 위계에 따라 남성다움은 여성다움을 결정하는 기준이 된다.

젠더정치는 남성다움에 대한 여성다움의 종속성과 성별 차이의 차별화 극복을 목적으로 하는 정치적 움직임이다. 젠더정치에서는 전통적인 성별역할분리를 반대한다. 이러한 젠더정치의 결과 정치 엘리트 집단에서 증가하는 여성 비율, 교육 · 취업노동 분야 여성 진출 확대, 여성의 경제적 · 사회적 자율성 확대 등 현상이 나타난다.

젠더정치가 가져오는 이러한 결과는 가부장제에 기초하여 형성되어 온 기존 사고체계가 붕괴되고 새로운 가치체계가 형성되며 이러한 가치에 토대를 둔 체제 변화를 가져온다. 따라서 젠더정치는 기존 가부장제 가치 및 권력 구조에 대항하는 일종의 문화투쟁으로 볼 수 있다. 이러한 투쟁 과정에서 젠더정치는 국가가 갖는 긍정적 역할을 부인하지 않는다. 즉 중요한 정치 주체의 하나로서 여성운동은 젠더정치를 통하여 노동이나 자본의 이해관계에서 벗어나 국가와 협상하여 새로운 사회적 패러다임을 제시하는 노력을 한다. 여성운동은 젠더정치 과정을 수단으로 하여 가부장적 사회구조가 갖는 문제를 인지 · 해결을 위한 사회 구성원의 집합적 정체성 형성을 추구한다.

여성운동은 젠더정치 실현을 위하여 구체적으로 운동 과정을 조직해야 하는 과제를 갖는다. 여기에서 여성운동이 갖는 특성을 자원동원론 관점에서 부각시킬 수 있다. 여성운동은, 먼저, 기존 젠더 질서에 저항하고 젠더정치를 추구하는 공동 목표와 연대의식을 갖는 사람들이 조직하여 행하는 집합적 행위로 볼 수 있다. 더 나아가 여성운동은 젠더 질서 변화로 인하여 당장 이해관계가 변하는 당사자뿐만 아니라 운동 전문가로서 이른바 양심적 지지자(*conscience adherents*)가 구성하는 조직으로서 모습을 갖는다. 조직으로서 여성운동은 인적 자원, 재정, 운영 프로그램, 네트워크와 연대를 토대로 활동한다. 이러한 여성운동의 활동은 외부에 존재하는 정치기회구조(*political opportunity structure*)의 영향을 받는다. 기존 젠더 질서 변화를 추구하는 젠더정치의 중요한 주체로서 여성운동은 조직화·전문화·관료화되면서 지속적인 활동을 전개해 나간다.

사회운동으로서 여성운동이 갖는 이러한 특성은, 그렇다면, 사회복지정책과 어떤 관련이 있을까? 이러한 질문을 탈 성매매 여성 자활지원정책과 관련시켜 한다면, "탈 성매매 여성 자활지원정책 결정에서 사회운동으로서 여성운동이 갖는 특성이 어떻게 부각되었는가?"로 요약할 수 있다.

3. 탈성매매 여성 자활지원정책과 여성운동의 역할

1) 신 사회운동론적 특성

신 사회운동론적 특성은 여성운동이 성매매를 이슈로 하여 젠더 질서에 도전했다는 것에서 찾을 수 있다. 그리고 이러한 여성운동의 이러한 도전이 정책결정과 선언에 반영되었다고 보겠다.

(1) 젠더 질서에 대한 도전

여성운동은 전통적으로 성매매를 사회 이슈화하는 역할을 해왔다. 성매매는 여성인권보호·신장 차원에서 여성운동의 주요 관심사 중 하나였다. 1980년대 이후 본격적으로 등장하기 시작한 여성운동의 흐름은 민주화운동이라는 커다란 사회적 흐름 속에서, 친 정부적 성향을 가졌던 당시 기존 여성단체들과 달리, 성매매가 갖는 가부장적·사회구조적 문제를 적극적으로 제기하는 역할을 하였다(엄혜진, 2006: 40). 물론 1960년대 말에서 1970년대 초를 거치면서 이미 한국교회여성연합회를 중심으로 하여 성매매 여성 문제에 대처하려는 사회적 움직임이 일어나고 있었다. 이러한 동향이 토대가 되어 1980년대부터 성매매 문제에 대한 여성운동의 적극적인 문제 제기가 시작되었다고 볼 수 있다.

1980년대 중반 인신매매 문제가 사회적 이슈가 되었을 때, 향락문화의 만연에서 그 원인을 찾았던 도덕주의적 관점과 달리, 여성운동에서는 인신매매를 여성에 대한 성폭력의 한 형태로 보면서 성매매 역시 가부장적 사회구조의 결과로 보는 새로운 시각을 제시하는 분파가 생겨났다. 성매매의 원인은 남녀 간 불평등, 남녀에게 다르게 적용되는 이중적인 성규범 등에 있다고 본다. 젠더 질서에 기초한 성매매를 보는 관점은 1980년대 초 '한국여성의 전화'가 활동을 시작하면서 사회적 담론으로 형성되기 시작하였다. 그리고 1986년에 성매매 여성을 위한 쉼터운동에서 출발한 '성매매 근절을 위한 한소리회(이하 한소리회)'가 여성주의 시각을 점차 대변하는 역할을 하고 있다.

여성주의 시각에서 볼 때 성매매는 성판매 여성을 학대하는 행위이며 일종의 강간이다. 즉 성매매는 젠더 질서에 따른 여성에 대한 폭력의 표현이기 때문에 법적으로 완전히 금지시켜야 한다. 성매매는 성평등 개념과 갈등 관계에 있다. 여성의 몸을 사는 것을 허용하면서 어떻게 평등 가치를 주장할 수 있느냐는 문제 제기를 하는 것이다. 또한 성매매의 합법화는 성매매 감소가 아니라 증가에 기여할 것이라고 본다. 더 나아가 성매매에서 파생하는 질병·범죄 등 사회적 비용이 크기 때문에 성매매는 금지되어야 한다고 보는 것이다(윤문자, 2004: 4~5). 성매매를 성폭력의 일종으로 보는 관점은 성매매 자체를 독자적 사회문제 영역으로 보지는 않는다. 성폭력은 크게 강간, 성매매, 인신매매로 범주화되는데, 따라서 성판매 여성이나 가정폭력에 시달리는 여성이나 모두 성폭력의 피해자로서 단일집단에 속하게 된다(엄혜진, 2006: 61). 이러한 의미에서 여성운동의 요구는 성매매가 갖는 젠더정치적 특성을 부각시키고 이러한 정치·가치 체계에 대한 도전을 시도했다는 의미에서 신 사회운동적 성격을 갖는다고 볼 수 있다.

(2) 정책결정과정 결과로서 새로운 개념의 법

젠더 관계를 둘러싼 기존의 가치에 조직화된 도전의 형태로 나타난 여성운동의 움직임은 성매매를 금지하고 성매매 여성을 사회적 보호가 필요한 피해자로 보는 관점을 정책결정과정에서 관철시키는 토대가 되었다. 법을 제정하고 해석하는 정책결정과정에서 여성운동이 미친 영향은 여성운동 진영에서 제출한 법안 내용과 제정된 법 내용의 유사성에서 찾아볼 수 있다.

여연을 중심으로 한 여성운동이 2001년 11월에 제안한 '성매매 알선 등 범죄의 처벌 및 방지에 관한 법률안'[1]은 성매매 문제에 대한 인식과 문제 해결 방법에서 기존 윤락행위 등 방지법과 전혀 다른 내용을 포함하고 있으며, 이 법률안이 2004년 이른바 '성매매 특별법' 제정의 토대가 되었다.

성매매 행위자 처벌과 관련하여 기존 윤락행위 등 방지법과 여성운동 제안 2001년 법률안은 다음과 같은 새로운 개념을 도입했다는 점에서 차이를 보인다. 성매매로 인한 피해자, 인신매매, 불법 수익 환수, 불법 채무 불인정, 성매매 광고 처벌, 성매매 행위 신고 보상금 또한 성매매 여성 보호와 자활 지원 내용이 매우 구체적이 되었다는 점에서 여성운동 제안 법률안은 당시 윤락행위등방지법과 차이를 보였다.

여성운동에서 제안한 법률안은 2001년 11월에 제안한 법률안은 총칙, 성매매 행위자 처벌 및 성매매 여성 보호 규정 등 모두 85조로 구성되어 있다. 성매매 행위자 처벌과 보호·자활 지원을 모두 포함하고 있는 여성운동 제안 법률안은 2004년 9월에 '성매매알선 등 행위의 처벌에 관한 법률'에서는 주로 성매매 행위자 처벌을, '성매매방지 및 피해자

1) 한국여성단체연합 발간 자료.

〈표 11-1〉 여성운동 제안 법률안(2001년 11월)과 성매매 방지 및 피해자보호 등에 관한 법률 비교

구 분	여성운동 제안 법률안	성매매 방지법
목적	성매매 처벌·방지, 성매매 여성 보호·사회복귀 지원	성매매 방지, 성매매 피해자·성매매 여성 보호·자립 지원
성매매 주체	성판매자와 성구매자 모두를 의미	성판매자와 성구매자 모두 의미
성판매자	처벌 (1년 이하의 징역이나 300만 원 이하의 벌금, 구류 또는 과료)	처벌 (1년 이하의 징역이나 300만 원 이하의 벌금·구류 또는 과료)
성구매자	1년 이하 징역 또는 300만 원 이하 벌금	1년 이하 징역 또는 300만 원 이하 벌금
성매매피해자	성매매피해자로서 '성매매된 자' 개념 도입	'성매매피해자' 개념 도입
인신매매	인신매매 개념 도입	인신매매 개념 도입
성매매로 인한 수익 환수	성매매 수익 몰수, 추징	성매매 수익 몰수, 추징
성매매 관련 채무관계 무효화	채권 관계 무효 상황을 구체적으로 기술	채권 관계 무효 상황을 구체적으로 기술
성매매를 위한 광고 처벌	5년 이하의 징역 또는 5억 원 이하의 벌금	3년 이하의 징역 또는 3천만 원 이하의 벌금
신고 보상금	있음	있음
지원시설 개념	· 긴급보호시설 · 자립지원시설 · 청소년시설	· 일반지원시설 · 청소년지원시설 · 이국인여성지원시설 · 자활지원센터
지원프로그램의 구체성	시설 종류별 프로그램 명시.	시설 종류별 프로그램 명시
수사기관 협조	해당기관 요청시 경찰협조 의무화	특별한 사유가 없을 때 협조

보호 등에 관한 법률'은 성매매 여성 보호·자활 지원을 목적으로 시행된 형태로 나타난다. 2002년 9월에 새움터, 매매춘 근절을 위한 한소리회 등 개별 단체와 여성단체연합이 2001년 11월 제안 법률안을 '성매매알선 등 범죄의 처벌 및 방지에 관한 법률안'과 '성매매방지 및 피해자보호 등에 관한 법률안'으로 분리하여 청원함으로써(지은희, 2002: 140~141) 2004년 '성매매방지법' 시행에 대한 여성운동의 영향은 더욱 뚜렷하게 드러난다. 두 법률안의 핵심 내용은 탈성매매 과정을 촉진하기 위한 성매매 여성의 부채 무효 처리, 성매매에 근거한 이윤 실현의 불법화, 성매매 시설 폐쇄, 탈성매매 여성 자활 지원 등이었다.

여성운동 제안 법률안은 성매매방지법이 갖는 목적으로서 성매매 처벌과 방지에서 더 나아가 성매매 여성을 보호하고 사회복귀를 설정하였다. 이러한 내용은 그대로 성매매방지법에 반영되었다. 성매매의 주체를 보는 관점에 있어서도 여성운동 제안 법률안과 성매매방지법은 성판매자와 성구매자를 모두 의미하는 내용을 포함하였다. 성판매자와 성구매자를 모두 처벌한다는 점에서 여성운동 제안 법률안과 성매매방지법이 기존 윤락행위등방지법 내용을 그대로 담고 있었고 따라서 특히 성판매 여성에 대한 처벌적 내용이 한계로 지적되기도 하였다. 그러나 에서 존재하지 않았던 성매매 피해자로서 '성매매된 자'라는 개념을 여성운동 제안 법률안에서 포함하였고, 이 내용이 성매매방지법에서는 '성매매피해자'라는 표현으로 도출되었다. 더 나아가 에는 존재하지 않았던 성매매 피해자로서 인신매매된 자의 개념을 여성운동 제안 법률안에서 포함하였고 인신매매 개념이 그대로 성매매방지법에 반영되었다.

윤락행위등 방지법에 없었던 성매매에서 발생한 이익 환수 규정을 여성운동이 법률안에서 제안하였고, 성매매방지법에 이 내용이 포함되었다. 이에 따라 성매매로 인한 수익을 국가가 몰수·추징할 수 있는 법 근거가 마련되었다. 또한 기존 에서 구체적으로 명시하지 않았던 성매매 관련 채권 무효화 규정을 여성운동 제안 법률안에서는 구체적으로 기술하였고 이 내용이 그대로 성매매방지법에 반영되었다. 성매매를 위한 광고를 했을 경우 처벌 규정 역시 에는 없었으나 여성운동 법률안에서는 5년 이하의 징역 또는 5억 원 이하의 벌금으로 제안하였으며 성매매방지법에는 3년 이하의 징역 또는 3천만 원 이하의 벌금으로 내용이 반영되었다. 성매매를 신고할 때 보상금 지급 규정 역시 기존에 존재하지 않았으나 여성운동 제안 법률안을 바탕으로 성매매방지법에 반영되었다. 성매매 여성 보호를 위한 수사 기관의 협조 의무가 에는 규정되어 있지 않았으나 해당 기관이 요청할 경우 경찰 협조를 여성운동 제안 법률안에서는 의무화하였고 이는 '특별한 사유가 없을 때' 경찰이 협조해야 하는 내용으로 반영되었다.

탈성매매 여성을 지원하기 위한 조치에서 에서는 보호·선도의 개념이 강하였다. 반면, 여성운동 제안 법률안에서는 보호와 자립을 강조하고 특히 미성년 성매매 여성 보호에 강조점을 두었다. 이러한 내용은 성매매방지법에서 지원시설 개념을 일반지원시설, 청소년지원시설로 분류하는 토대가 되었다.

(3) 새로운 내용의 정책 선언

성매매방지법 중에서 특히 탈성매매 여성 자활지원정책의 토대가 되는 것은 '성매매방지 및 피해자보호 등에 관한 법률'이다. '성매매알선 등 행위의 처벌에 관한 법률'이 성매매를 처벌하고 성매매를 목적으로 하는 인신매매를 근절하기 위한 법이라는 의미에서 형법적 의미가 강하다면, '성매매 방지 및 피해자보호 등에 관한 법률'은 성매매된 피해자로서 여성을 보호하고 그의 자립 지원을 목적으로 한다는 점에서 사회복지법적 성격이 강하다.

'성매매방지 및 피해자보호 등에 관한 법률'에 근거한 탈성매매 여성 자활지원정책은 2003년 6월 국무총리 산하에 생긴 성매매방지 기획단이 중심이 되어 성매매방지법 제정 이후 수립한 '성매매방지종합대책(2004)'의 일부로 볼 수 있다. 성매매방지법이 2004년 3월 2일 제정된 것을 계기로 같은 달 31일에 '성매매방지종합대책'을 성매매방지기획단에서 발표하였다. '성매매방지종합대책'에서 내세운 2대 정책 목표를 보면 첫째가 성매매 목적의 알선·인신매매의 대폭 축소이며, 둘째가 탈성매매를 위한 자립·자활 지원 강화인데, 이 중에서 후자를 사회복지정책 영역의 정책 선언으로 볼 수 있다.

2) 자원동원론적 특성

자원동원론적 특성은 정책결정과정 중에서도 특히 정책 요구와 산출과정에서 잘 나타난다. 여성운동이 성매매 불법화를 위하여 어떻게 자원을 동원하고 어떤 움직임을 보였으며, 여성운동의 이러한 움직임이 어떤 정치기회구조 속에서 정책결정과정에 반영되었는지 살펴볼 수 있다. 또한 정책산출과정에서 여성운동의 역할을 알아보도록 한다.

(1) 여성운동의 조직화

여성운동은 성매매를 둘러싼 기존 젠더정치 및 가치체계에 대한 문제 제기를 했을 뿐만 아니라 성매매 이슈를 정책 어젠다로 만들기 위하여 조직화된 움직임을 보였다. 여성운동의 조직화는 정치기회구조의 영향을 받아 성매매방지법 제정을 이끌어내는 결과를 가져왔다. 조직으로서 여성운동은 1970년대와 1980년대를 거치면서 전통적인 여성단체를 중심으로 한 여성운동이 가졌던 한계를 점차 극복하는 양상을 보였고, 이러한 양상은 성매매를 사회적 이슈화하는 데에 토대가 되었다.

1959년 한국여성단체협의회가 발족한 이후, 여성운동은 조직으로서 정부 등록 여성단체를 중심으로 전개되었다고 할 수 있다. 여성운동은 1960년대를 거쳐 1970년대로 들어오면서 각종 사회적 이슈를 제기하면서 운동의 영역을 확장하였다. 그러나 이러한 여성운동 전개 과정에서 관찰할 수 있는 조직으로서 여성운동 내 인적 자원, 재정, 운영 프로그램, 네트워크 등은 성매매의 사회적 이슈화와는 비교적 거리가 멀었다고 할 수 있다. 왜냐하면 여성운동이 주로 제시한 이슈가 소비자보호운동, 성인교육, 가족법 개정, 가정문제 상담, 자원봉사활동, 국제교류, 사교 및 친목 활동, 여성 지도자 양성 등이었기 때문이다(한국여성개발원, 1985: 270~276).

1980년대에 들어서 조직으로서 정부 등록 단체를 중심으로 한 전통적 여성운동에서 비등록 여성단체가 가세한 여성운동에서는 성매매를 폭력·퇴폐문화 추방 차원에서 접근하는 흐름을 보였다. 대한YWCA연합회, 한국부인회총본부, 한국여성에림회, 가톨릭여성연합회, 한국여성단체연합 등이 인신매매, 성매매, 가정폭력 등을 사회 이슈화하는 운동을 전개하였다(한국여성개발원, 1991: 243). 여성운동의 이러한 흐름은 막달레나의 집(1985), '한소리회(1986)'가 결성되면서 성매매를 독자적 주제로 하는 여성운동 조직의 탄생으로 연결되었다고 할 수 있다.

막달레나의 집, 한소리회, 한국여성단체연합 등 조직으로서 여성운동은 성매매의 사회적 이슈화를 위하여 1988년부터 집창촌 지역 화재사건 진상 조사, 주한미군 상대 성매매 여성 인권문제 제기, 성매매 여성 자활지원사업 등을 활발하게 전개했다. 성매매방지법 제정 이전의 여성단체 활동은 그 자체로서 정책요구 기능을 했다고 볼 수 있다. 여성단체 활동 유형과 성매매 방지 및 탈성매매 여성 자활지원정책 내용이 상관관계를 갖고 있기 때문이다. 성매매 방지 및 탈성매매 여성 자활지원을 위한 여성단체 활동 유형은 다음과 같이 분류할 수 있다.

· 성매매 금지를 위한 구체적인 법안 제안
· 상담·쉼터 제공 등 대인복지서비스
· 성매매 방지를 위한 사회적 여론 조성
· 성매매 종사 여성 인권 보호를 위한 활동

먼저 성매매 금지를 위한 구체적 법안 제안을 위하여 여성단체들의 공동 입법청원이 조직되었다.[2] 2000년 군산 성매매 집결지 화재 참사

이후 본격화된 입법청원운동은 한국여성단체연합을 중심으로 하여 회원단체인 한국성폭력상담소, 한국여성의 전화 연합, 한국여성민우회, 한국여성장애인연합, 새움터, 한소리회 등이 수십 차례에 걸친 모임과 토론회로 진행되었다. 법안 구성 과정에서 여성단체들은 법률과 정책 전문가들을 참여시켰고 1950년 제정된 '인신매매 금지 및 타인의 매춘행위에 의한 착취금지법', 1979년 제정된 '유엔여성차별철폐협약' 제 6조, 그리고 '1995년 채택된 '북경여성선언문과 그 행동강령'의 내용을 반영하였다. 또한 각국의 성매매 관련 입법사례 등을 조사 · 연구하였고, 성매매 여성들을 대상으로 하는 면접도 실시하여 그 결과를 법안에 포함시켰다. 따라서 법안 내용이 종전의 성매매 여성을 규제하고 단속하던 행태에서 벗어나 성매매 여성의 인권을 보호하고 사회적 자활을 돕는 방향으로 구성될 수 있었다.

둘째, 상담 · 쉼터 제공 등 대인복지서비스를 여성단체가 중심이 되어 성매매방지법 제정 이전에 이미 본격적으로 제공함으로써 탈성매매 여성 자활지원정책의 단초를 이미 제시하고 있었다. 1997년에 한소리회가 주체가 되어 '성매매 여성과 가출청소녀를 위한 24시간 상담전화'가 개설되었다. 주요 상담 내용은 탈성매매 · 의료 · 생활 · 전업 · AIDS / HIV 상담, 성폭행 등이다. 그 외에도 외국인 성매매 여성 대책위원회 결성, 성매매 여성과 가출청소녀의 심리치료를 위한 집단상담 훈련 및 캠프가 열렸고 성매매 피해여성의 치유와 사회복귀 지원을 위한 집단상담 프로그램이 각 여성단체 별로 진행되었다. 2001년에는 막달레나의 집이 주관하여 장기쉼터 건립 사업이 시작되어 2002년부터 쉼터 운영이 본격화되었다. 또한 전 · 현직 성매매 여성의 전업을 위한 훈련시스템 운영 및 모형이 막달레나의 집 주도로 개발되었다.

셋째, 여성운동단체가 주관하는 정책토론회, 심포지엄이 지속적으로

---

2) 한국여성단체연합, 성매매방지법 제정을 위한 토론회, 2001년 10월 19일 보도 자료.

열리고 성명서 및 건의문 발표가 잇따르면서 성매매 방지 및 탈성매매 여성 지원을 위한 사회적 여론이 조성되었다. 이러한 활동은 한소리회나 막달레나의 집 등 개별 단체가 주관하는 경우와 이들 개별 단체들이 여성단체연합과 함께 조직화되어 활동하는 두 가지 양상을 보였다.

성매매 방지법 제정과 탈성매매 여성 자활지원대책을 촉구하는 여성운동의 여론조성활동은 먼저 2000년 군산시 대명동 성매매 집결지 화재 참사의 실상을 밝히면서 국가의 배상 책임을 추궁하는 것에서 출발하였다. 이 과정에서 여성단체활동은 성매매 업소 피해 여성들의 인권유린 실태, 경찰·공무원·여성복지상담원·소방서 등 관계 당국의 직무 유기 및 미온적 태도 등을 밝혀내고 국가의 정당한 배상 책임을 추궁하는 방향으로 이루어졌다. 더 나아가 '새움터'가 중심이 되어 전국 성매매 종사여성 실태를 '성매매 피해자로서 여성'을 부각시키는 관점에서 조사하고 공개하였다. 일련의 조사 연구를 발표하면서 성매매 여성이 경제적으로 포주로부터 착취당하는 과정, 성매매 과정에서 발생하는 폭력의 양상 등이 집중적으로 부각되었다. 또한 성매매에서 벗어나서 사회적 자활을 하기 위하여 상담·보호·법률지원·의료서비스·직업훈련 등에 대한 욕구를 성매매 여성이 갖고 있음을 알리는 여성단체 활동도 활발하게 전개되었다.[3)]

넷째, 성매매 종사 여성 인권 보호가 전국적으로 결성된 '매춘여성 인권지킴이' 활동을 통하여 전개되었다. 특히 성매매방지법 제정 및 성매매 여성 지원서비스에서 상대적으로 이른바 진보적 여성단체가 활발한 활동을 했다면, '인권지킴이' 활동은 전국적으로 다양한 여성단체가 참여한 형태로 전개되었다. 이른바 진보적 여성단체의 집합체로서 여성단체연합 관련 단체뿐만 아니라, '매춘여성 인권지킴이' 활동에는 대한주부클럽, 한국여성단체협의회, 전국주부교실중앙회 등 전통적인 보수여성단체들도 함께 참여하였다. '매춘여성 인권지킴이' 활동은 서울

3) 한국여성단체연합, 정책토론회 자료, 2002년 7월 16일.

경찰청을 위시하여, 전국의 성매매집결지 36개소 관할 11개 지방경찰청과 31개 경찰서에서 여경, 여성단체 회원, 의사, 변호사, 종교인 등을 조직하여 2002년부터 시작하였는데, 성매매 여성을 방문·면담하여 인권유린실태를 파악하고, 이들이 필요로 하는 법률·의료·보건서비스를 제공하였다.[4]

여성운동의 이러한 움직임은 성매매방지법이 2004년에 제정된 이후에는 여성운동이 중심이 되면서도 여성운동의 외연을 넘어서는 전국적 규모의 시민사회 네트워크로 발전하여 '성매매 없는 사회 만들기 시민연대'가 한국여성단체 연합 등 여성단체 외에 전교조, 민주노총, 참여연대 등 모두 124개 단체가 참여하여 결성되었다.

(2) 정치기회구조

성매매 근절을 위한 여성운동의 조직적 노력에 정치기회구조로서 역할을 한 것으로서 2000년 이후 여러 차례에 걸쳐 일어난 집창촌 화재사건과 여성(가족)부의 출범을 들 수 있다.

2000년 군산 대명동 성매매집결지 화재로 인하여 5명의 성매매 여성이 사망한 사건은 여성운동의 반성매매 운동이 동력을 획득하는 데에 중요한 계기가 되었다. 성매매 여성이 비인간적인 대우를 받고 살아오던 집창촌에서 화재가 발생했지만 잠금장치 때문에 제때에 대피하지 못하여 일어난 참사는 2001년 2월 부산 완월동에서 4명 사망, 2002년 1월 군산에서 다시 한 번 14명 사망 등의 결과로 이어지면서 성매매 근절을 위한 여성운동의 움직임이 새로운 차원으로 전개되는 계기가 되었다(양현아, 2006: 72; 원미혜, 2006: 128).

먼저, 여러 차례에 걸친 집창촌 화재사건으로 성매매 여성이 희생된 상황은 여성운동이 당시까지 벌여온 성매매 근절운동이 성매매 여성이

---

4) 인터넷한겨레 2002년 2월 23일.
(http://www.hani.co.kr/section-005000000/2002/02/005000000200202230820020.html)

겪는 구체적 삶의 상황을 등한시했다는 반성을 여성운동이 하는 계기가 되었다. 화재가 발생한 상황을 계기로 하여 성매매 단속 및 예방 업무를 담당하고 있는 경찰과 성매매 업주 간 유착관계가 확인되면서 성매매 여성착취 구조가 더욱 선명하게 드러났기 때문이다. 성매매 여성의 삶에 대하여 여성주의적 시각에서 비판과 문제 제기에 주력하였던 여성운동 방향이, 성매매 여성을 착취와 폭력의 고리에서 벗어나도록 하기 위해서는 구체적인 법적 장치와 국가정책이 필요하다는 쪽으로 선회하는 움직임을 보이게 되었다(원미혜, 2006: 128). 여성운동의 이러한 움직임은 일회성에 그치지 않고 화재사건 유가족이 국가를 상대로 제기한 손해배상청구소송 과정의 동행자 역할을 통해 지속적으로 이어져 나갔다. 또한 한국여성단체연합을 중심으로 하여 '성매매알선 등 범죄의 처벌 및 방지에 관한 법률안'을 제출하고 성매매 근절을 위한 사회적 지지를 얻는 지속적인 입법 청원으로 이어졌다.

여성운동의 이러한 움직임에 정치권이 반응하면서 국회 여성위원회에서 "성매매방지 및 피해자보호 등에 관한 법률안, 성매매알선 등 행위의 처벌 및 방지에 관한 법률안"이 본격적으로 논의되기 시작하였다(박숙자, 2002: 10). 2002년 9월 11일 국회의원 86명과 더불어 조배숙 의원이 '성매매방지 및 피해자보호 등에 관한 법률안'을 대표 발의한 것이다. 집창촌 화재 사건이 여성운동 성매매 근절 움직임의 정치기회구조로 작용한 측면은 특히 '성매매방지 및 피해자보호 등에 관한 법률안' 발의 당시 국회 내 반응을 통해 잘 나타나고 있다.

법률안 자체가 '고양이 목에 방울달기'식으로 여겨졌을 정도로 누구도 적극적으로 입법을 추진하기 어려운 사안이었던 반면, 화재 사건을 계기로 여성운동이 중심이 되어 조성한 사회 여론 및 로비 활동이 국회의원들로 하여금 "아무도 드러내놓고 반대할 엄두를 못 내고 만장일치로 법을 통과시키는" 상황을 만들었던 것이다.[5]

---

5) 매일경제홈페이지.

그러나 집창촌 화재 사건만으로 여성운동의 정치기회구조를 설명하는 것은 한계가 있다. 성매매 여성 관련 화재 사건은 2000년 이전에도 여러 번 발생하였기 때문이다. 1988년 속칭 미아리 텍사스촌 화재가 있었고, 1995년에는 당시 이른바 '매춘 여성' 직업훈련을 담당하던 경기여자기술학원 화재사건이 있었기 때문이다. 특히 경기여자기술학원 화재 사건은 성매매에 종사하던 여성 대상 직업훈련을 하는 과정에서 너무 엄격한 학원 규칙에 반발한 학원생의 방화, 학원 기숙사 출입구가 봉쇄되어 있던 반인권적 상황 등이 복합적으로 작용하여 37명의 사망자를 발생하게 한 대규모 화재 참사였다. 이러한 일련의 사건과 여성운동의 개입에도 불구하고 2004년에 제정된 '성매매방지법'과 같은 대응이 정책결정주체로부터 나오지 않았다.

따라서 여성운동의 입장에서 볼 때 정치기회구조의 하나는 1998년 김대중 정부 수립과 동시에 설치되었던 여성특별위원회를 모체로 한 여성부에서 찾을 수 있다. 국가 차원에서 여성정책을 다루는 부서의 출발은 1988년 설치된 정무장관(제2)실이라고 할 수 있다. 그러나 여성정책을 종합적으로 기획·조정하는 업무가 본격적으로 시작된 것은 여성부 출범 이후부터라고 볼 수 있다. 2001년 1월 29일 여성부는 1실 3국 2관 11과(정원 102명)의 규모로 업무를 시작하였다. 여성부는 기존 여성특별위원회 업무에 더하여 보건복지부가 관장하던 가정폭력, 성폭력 피해자의 보호, 윤락행위 등의 방지업무 및 일제하 일본군 위안부에 대한 생활안정지원 사무를 이관 받았다. 초대 그리고 두 번째 장관까지 모두 여성운동 출신이었던 여성부 입장에서는 '윤락행위' 방지업무 범위를 벗어나 성매매의 근본적 근절에 더 많은 관심을 가질 수 있었다고 본다(한국여성단체연합, 2006: 75). 이에 따라 국무총리 산하에 성매매방지기획단이 구성되고(2003년 6월) 여성부가 주관부처가 되어,

---

(http://news.mk.co.kr/newsRead.php?sc=40000008&cm=%BC%BA%B8%C5%B8%C5%C6%AF%BA%B0%B9%FD+&year=2006&no=408196&selFlag=&relatedcode=)

이전과 비교해 볼 때, 상대적으로 종합적이고 체계적인 성매매 방지 대책을 수립할 수 있었다.

(3) 여성주의 시각에서 서비스 전달체계 구축

정책산출은 정책결정 · 선언에 따른 서비스 전달체계 구축으로 이루어진다. 성매매 피해 여성 혹은 탈성매매 여성을 지원하는 여성운동의 노력은 이른바 '성매매방지법' 제정을 이끌어내는 과정에서 결정적 역할을 하였을 뿐만 아니라 정책대상 집단으로서 탈성매매 여성이 급여를 받는 체계, 즉 정책산출로서 서비스 전달체계에서도 중요한 역할을 하고 있다.

탈성매매 여성복지서비스 전달체계에서 탈성매매 여성을 지원하는 현장의 여성운동 단체가 물적 토대 확보와 전문성 강화를 이루어가고 있다. 이런 과정에서 핵심 역할을 하고 있는 여성운동 네트워크가 '성매매 문제 해결을 위한 전국연대(이하 '전국연대')'라고 할 수 있다(한국여성단체연합, 2006: 76). '전국연대'는 2000년 군산 대명동 집창촌 화재를 계기로 하여 성매매 관련 여성운동단체가 2004년 6월에 결성한 전국적 차원의 네트워크이다.

'전국연대'의 여성운동 차원 움직임이 국가정책과 연결되어 탈성매매 여성 자활지원정책 산출과정에 대한 여성운동의 조직적 개입으로 나타나는 좋은 예가 '여성인권중앙지원센터(이하 '중앙지원센터')' 활동이다. '중앙지원센터'는 성매매 여성 인권보호 및 자활지원을 위한 여성운동 차원의 전국 네트워크를 효율적으로 통합하고 여성운동의 효율성 · 전문성 향상을 위한 중심 기능을 수행하기 위하여 2005년 11월 당시 여성가족부의 재정 지원을 토대로 설립되었다. 따라서 '중앙지원센터'는 자원동원론 관점에서 여성운동이 국가정책결정과정에 직접 개입하여 정책산출과정에서 역할을 하는 좋은 예로 볼 수 있다.

'중앙지원센터'는 성매매 여성 보호 및 탈성매매 여성 자활지원정책 산출과정에서 크게 다음과 같은 역할을 하고 있다.

· 현장단체 협력체계 구축 및 네트워크 강화
· 성매매방지 활동과 역량강화를 위한 교육 프로그램 개발 및 운영
· 전문적이고 체계적인 성매매 방지 상담원 양성교육 과정 운영
· 성매매 · 여성인권 관련 정보 수집 및 제공
· 성매매 방지 정책 모니터링 및 대안 모색
· 성매매 방지 여론 확산을 위한 대국민 홍보활동[6)]

현장단체 협력체계 구축 및 네트워크 강화 영역에서 '중앙지원센터'는 성매매방지 및 피해자 지원시설 간 연계망 구축, 탈성매매 여성 자활지원 네트워크 구축, 지역별 성매매 피해여성 지원 사업단체 간 교류, 국제 네트워크 구축 등 활동을 한다. 성매매방지 활동과 역량강화를 위한 교육 프로그램 개발 및 운영 영역에서는 성매매 방지 전문 상담원 양성 및 심화교육, 성구매 예방 · 방지 교육 프로그램 및 교재 개발과 보급을 하고 있다. 성매매 / 여성인권 관련 정보 수집 및 제공 영역에서는 성매매, 인신매매, 여성인권 관련 국내외 자료 수집 및 분석, 지원시설 활동 및 국내외 성매매방지 활동 홍보, 여성인권자료실 운영을 한다. 성매매방지 정책 모니터링 및 대안 제시 영역에서는 국내외 관련 정책 모니터링, 성매매방지 정책 논의 및 대안 제시, 성매매방지 여론 확산을 위한 대국민 홍보활동 및 캠페인, 성매매 관련 언론 보도 모니터링 및 가이드라인 제시 등 활동을 한다.

4. 여성복지서비스 전달체계와 여성운동

여성주의 시각에서 여성복지서비스 전달체계 구축 예로서 탈성매매 여성복지서비스 전달체계가 갖는 의미와 한계는 다음과 같이 요약할

---

6) http://www.stop.or.kr/htm/sub_01_03.asp (여성인권중앙지원센터 홈페이지: 2007년 5월 31일 내려받음).

수 있다.

먼저 의미를 살펴보면, 여성운동이 성매매 처벌과 방지를 통한 젠더 질서 변화를 시도하였다고 볼 수 있다. 젠더 질서 변화를 위한 여성운동의 요구는 성매매 방지 및 처벌 대책, 탈성매매 여성 보호 조치를 국가가 이전과는 달리 적극적으로 도입하는데 중요한 역할을 하였다. 또한 정책 결정 과정에서 여성운동은 법률안을 성매매 처벌과 탈성매매 여성 보호·자립 지원 차원으로 나누어 제출함으로써 정책결정과정에서 정책 요구자로서 중요한 역할을 하였다. 여성운동의 이러한 요구는 성매매방지법에 그대로 반영되어 성매매방지종합대책의 토대가 되었다. 이에 따라 피해자로서 탈성매매 여성을 위한 다양한 보호·지원 시설이 신설되거나 확대되었다. 그리고 중앙여성인권지원센터를 중심으로 하여 조직화된 여성운동이 정책산출과정에서도 중요한 역할을 하고 있다.

탈성매매 여성복지서비스 전달체계 구축과 여성운동이 갖는 관계는, 더 나아가, 다음과 같은 의미도 갖는다. 여성운동과 국가가 성매매 금지라는 목표를 공유하면서 구체적으로 여성운동이 제안한 요구를 국가가 받아들였다는 것이다. 운동세력 형성 초기에 국가와 여성운동 간 관계를 적대적·배타적으로 보았던 서구 여성운동과 달리 한국에서는 민주화 운동의 한 줄기로서 출발한 여성운동이 운동 성장 초기부터 사회 변화의 동력을 국가와의 협력 관계를 통해 모색한다는 점을 보여주고 있다. 국가의 가부장제적 속성에 강조점을 둔 결과 초기에 국가를 적대적 상대로 설정하였던 서구 여성운동과는 다른 양상을 한국 여성운동은 보여주었다. 한국 상황에서 여성운동의 중요한 파트너로서 국가가 하는 역할이 크다고 볼 수 있는 것이다.

그렇지만, 새로운 개념의 성매매방지법이 도입되었다고 해서 한국 사회 젠더 질서가 하루아침에 바뀌지는 않는다. 탈성매매 여성 자활지원 정책 서비스·급여 전달체계나 방법, 그리고 수준도 지속적인 개선을 필요로 한다. 더 나아가 여성운동 외에 탈성매매 여성 자활지원 정책 도입에 정적 영향을 준 다른 요인들도 있을 것이다. 여성가족부 관료의 역할과 성매매를 부도덕의 결과로 보는 전통적인 보수주의 운동 등이 바로 그런 요인들의 예이다.

우울 여성 제12장

1. 우울의 특징과 여성의 취약성 *

우울(*depression*)은 여성들이 가장 많이 경험하는 것이고, 가장 흔한 여성의 심리적 장애로 알려져 있다. 이러한 우울을 한 마디로 정의하는 것은 쉽지 않은데, 그 이유는 범위가 매우 넓을 뿐만 아니라 학자에 따라 다양하게 사용하고 있기 때문이다. 가장 널리 사용되는 DSM-IV에 의하면, 우울에 관련된 장애를 주요 우울장애(*major depression*)와 기분부전장애(*sdysthymic disorder*), 그리고 달리 분류되지 않는 우울장애의 세 가지로 구분하고 있다. 아울러 DSM-IV의 부록에는 앞으로의 연구를 위한 진단기준으로서 "가벼운 정도의 우울장애(*minor depressive disorder*)"와 "재발성 단기 우울장애(*recurrent brief depressive disorder*)"를 제안하고 있다(이근후 외 14인, 1995).

우울은 또한 임상적 우울(*clinical depression*)과 우울 무드(*depressive mood*)로 혹은 정상적 우울과 병리적 우울로 분류되기도 하지만 그 구분은 불분명하다. 그렇기 때문에 이와 유사한 정신병적 우울(*psychotic*

* 이 부분은 필자의 1996년도 연구인 "여성 우울에 대한 사회사업적 접근에 관한 연구"의 내용을 바탕으로 보완하였음.

depression)과 신경증적 우울(*neurotic depression*)이라는 구분이 우울에 관한 기존 연구들에서 더 많이 사용되었다. 여기서 정신병적 우울이란 환각이나 망상, 분노, 지체, 체중감소, 아침에 기분이 나쁨 등의 증상을 보인다. 신경증적 우울은 주로 저녁에 기분이 나빠지고, 울음이 많고, 근심과 걱정이 많고, 어떤 일을 결정하기 힘들어하는 등의 증상을 보인다. 이러한 신경증적 우울은 반응적 우울(*reactive depression*)[1]로 이해되기도 한다(Brown & Harris, 1978: 20~24).

이 외에도 우울에 대한 이해를 돕기 위한 구분은 다양하다. 예를 들며, 중한 우울(*severe depression*)과 경한 우울(*mild depression*)로 구분하는 것이라든가, 무드(*mood*)로서의 우울, 증상(*symptom*)으로서의 우울, 증후군(*syndrome*)으로서의 우울로 구분하는 것이 그것이다. 여기서 무드로서의 우울은 정상인이 흔히 경험하는 슬픈 느낌 및 울적한 느낌으로서, 지속기간이 짧고 환경적 요인이 그 원인인 경우가 많다. 증상으로서의 우울은 다른 정신의학적 장애에 수반되는 비정상적인 것으로 간주된다. 증후군으로서의 우울은 일군의 증상들과 기능적 장애를 가진 별개의 정신의학적 실체로 설명된다(Richard, 1985: 2).

벡(Beck)은 자신을 무가치하게 보는 것과 외부세계를 무의미하게 보는 것, 그리고 미래에 희망을 갖지 못하는 것을 우울의 핵심이라고 하였다. 영국 여성의 우울에 관한 방대한 연구를 한 브라운과 해리스(Brown & Harris, 1978)는 이러한 벡의 주장에 동의하면서 다음과 같은 것을 우울로 보았다.

- 사소한 일에도 쉽게 우는 것
- 지속적인 슬픈 감정

1) 반응적 우울은 상실이나 스트레스와 같이 삶에서 경험하는 사건이나 외상 때문에 일어난다. 반면, 이와는 다른 내성적 우울(*endogenous depression*)은 인간의 뇌에서 발생하는 생화학적 변화 때문에 일어나는 것으로 알려져 있다.

- 사람과 사물에 대한 관심의 상실
- 자그마한 문제도 해결하거나 결정할 수 없을 것 같은 느낌
- 안절부절 못하는 것
- 쉽게 피곤을 느끼는 것
- 자기비난과 절망감으로 자살을 생각하는 것
- 죄의식
- 수면 및 식욕장애
- 사회적 위축
- 분노

우울의 여러 양상 중 행동상의 문제와 신체화적 증상들은 우울 그 자체라기보다는 기분장애인 우울이 다른 모습으로 전환된 것이라 하여 이를 "가상된 우울(*masked depression*)"으로 불린다.

이처럼 우울은 한 마디로 정의하기에는 그 범위가 넓고 복잡하다. 그러나 이들 논의에서 알 수 있는 것은 우울은 그 정도에 있어 하나의 연속선상에서 이해할 수 있다는 것이다. 즉, 우울의 증상은 사람마다 다양하게 경험하나 그 증상의 정도에서는 이를 연속선 개념으로 파악할 수 있다는 것이다. 아울러 우울이라고 하면 일반적으로 무력감이나 좌절감, 자기혐오, 슬픔, 관심이나 흥미의 상실 등과 같은 정서적 측면의 장애로만 이해하는데, 우울은 정서적 측면 외에도 인지적 측면과 행동적 측면 그리고 신체적 측면을 포함한다. 즉, 우울은 자기 자신에 대한 부정적 평가와 낮은 자존감과 같은 인지적 측면, 활동력의 감소와 같은 행동적 측면, 그리고 식욕부진이나 불면증, 피곤함, 두통과 같은 신체적 증상을 동반한다는 것이다. 일반적으로 반응적, 신경증적, 경한 우울로 간주되는 클라이언트는 약물복용보다는 환경에 대한 접근이 필요한 것으로 알려져 있다.

주목할 것은, 여성이 남성에 비해 우울에 취약하다는 사실이다 (Brown & Harris, 1978; Belle, 1982). 이 사실은 우울증으로 치료받는 여성만이 아니라 치료를 받지 않는 일반 여성들에게서도 마찬가지이다

(Gottlieb, 1980). WHO(2003)에 의하면, 여성의 우울증은 신경정신질환의 41.9%를 차지하고, 남성은 29.3%를 차지하는데, 이로써 여성 우울은 여성의 가장 일반적인 정신건강 문제로 되었다. 아울러 여성의 우울은 남성보다 더 지속적이라는 특징을 가진다. 우리나라에서도 이와 마찬가지로 여성의 우울이 남성의 우울보다 거의 두 배 가까이 높다고 보고하고 있다(한경혜 외, 2002).

이처럼 병원과 지역사회 모두에서 여성이 남성보다 우울의 경향이 높게 나타나고 있는데, 그 배경에 대해서는 상반된 주장이 제기된다. 한쪽에서는 여성이 남성보다 우울의 경향이 높게 나타나는 것은 여성들이 남성들보다 우울을 더 많이 인정하기 때문이라거나, 우울에 대한 의료적 도움을 남성보다 여성이 더 많이 구하기 때문이라는 점을 주장한다. 이들에 의하면, 남성의 우울은 알콜중독이나 범죄와 같은 형태로 표현되기 때문에 여성의 우울이 더 많은 것처럼 보인다는 것이다. 그러나 다른 한쪽에서는 이러한 주장을 반박한다. 이들은 여성이 남성보다 우울을 더 인정하는 것이 그로 인해 낙인이 덜 되기 때문은 아니라는 점, 병원을 제외한 지역사회에서 여성 우울의 우위는 자명하다는 점, 그리고 알콜중독과 범죄로 방향을 전환한 남성들이 과연 우울에 빠진 것인지는 논란이 된다는 점을 들어 반박하고 있다(Corob, 1987).

이와 관련해 여성이 남성보다 왜 우울에 취약한지에 대한 이론적 설명은 다양하다. 과거에 상실을 경험했기 때문이라거나, 사건을 왜곡되게 인지했기 때문이라든가, 무기력이 학습되었다든가, 강화가 부족했기 때문이라든가, 가족 내의 여성의 역할이 부적절했다든가, 어려서부터의 성역할에 대한 잘못된 사회화 때문이라든가, 여성을 둘러싼 생활상의 사건과 조건들 때문이라는 것 등이 그것이다. 그러나 여성우울의 다양한 관점이 이들 여성을 지원하는 현장에서 다양하게 적용되고 있지는 못한 실정이다. 따라서 여기서는 여성 우울에 대한 다양한 이론적 관점을 소개하고, 현재 여성 우울에 대해 이루어지는 주된 개입을 소개하면서, 우리나라 실천현장에서 결여된 여성 우울에 대한 여성주의적 접근(혹은 여성복지 실천적 접근)을 소개한다. 그리고 마지막으로, 현재 사회복지 실천 현장에서 제공되는 서비스를 개괄해 보고 앞으로의 대책을 가늠해 볼 것이다.

2. 여성의 우울을 이해하는 이론적 관점들*

우울은 매우 복잡한 현상으로서 정신과 의사들 사이에서도 논쟁이 되고 있는 주제이다. 과연 여성들을 고통스럽게 만드는 우울은 무엇 때문에 발생하는 것일까? 우울에 대한 원인 모델은 다양하다. 정신분석적, 인지적, 행동적 모델과 같은 심리학적 모델에서부터 사회학적, 실존주의적, 생물학적 모델에 이르기까지 각 모델은 우울의 원인을 다르게 설명하고 있다.

첫째, 의료적 관점으로서, 우울에서의 성차가 유전과 호르몬에 기인한다는 것이다. 이들은 출산후나 생리기간 중 혹은 피임약을 복용하는 기간 중에 우울이 증가되는 현상을 보면 여성의 우울이 생물학적 요인에 의해 발생한다는 것을 알 수 있다고 한다. 그러나 이에 대한 반론 또한 만만치 않다. 출산 후나 생리기간 중 혹은 피임약을 복용하는 기간 중에 우울이 증가되는 것은 아주 미미할 뿐이며, 갱년기와 임신중에도 어떤 경우는 우울이 오히려 감소하는 경향도 보인다는 것이다. 따라서 여성 우울의 성차를 설명하는 유전과 호르몬에 의한 설명은 설득력이 미약하며, 오히려 심리사회적 요인으로 설명하는 것이 설득력을 얻어가고 있다.

둘째, 정신분석적 관점에서 보는 여성의 우울은 남성의 성징에 대한 부러움과 자기 열등감, 그리고 어린 시절의 사랑에 대한 대상의 상실

* 이 부분은 필자의 1996년도 연구인 "여성 우울에 대한 사회사업적 접근에 관한 연구"의 내용을 바탕으로 보완하였음.

에 기인한다고 본다. 즉, 어린 시절의 열등감과 상실감이 스스로에 대한 존중감을 갖지 못하게 하여 그 결과 정신내적 갈등을 유발하고, 이러한 정신내적 갈등이 표출되어 우울 상태에 처하게 된다는 것이다(김연옥, 1990; Corob, 1987). 그러나 여성 우울에 대한 이러한 설명은 여성이 사회적 존재라는 현실을 도외시하고 있을 뿐만 아니라, 어린 시절의 박탈 경험을 결정론적 요인으로 간주함으로써 여성을 극히 수동적인 존재로 보고 있다는 점에서 한계가 있다.

셋째, 여성 우울에 대한 인지·행동적 관점은 여성들 스스로가 자신들을 의존적이고 무기력하고 억압되어 있는 존재로 내재화시켜 인지하거나, 긍정적 보상과 강의 결여로 인한 부정적 반응양태로 본다(윤진·조긍호, 1990; 김연옥, 1990). 이 관점은 여성의 우울이 인지구조나 무력감, 보상을 끌어낼 수 없음 등과 같이 개인적 특성만을 강조할 뿐, 정작 이들을 낳게 만드는 외부의 사회적 근원에 대해서는 아무런 설명을 해주지 못하는 한계를 가진다.

넷째, 여성의 우울에 대한 사회학적 접근 중의 하나인 사회역할(*social role*) 관점은 여성이 가정에서 행하는 역할 자체가 여성을 우울에 취약하게 만든다는 전제하에, 남녀 각각이 사회 내에서 차지하는 역할 또는 지위가 다르기 때문에 일어나는 현상으로 이해한다(권경희, 1985). 따라서 이 관점에서는 여성이 사회 내에서 가정을 제외한 다른 사회적 역할을 수행하고 있는지의 여부와 그 여성이 사회 내에서 차지하는 사회적 지위가 여성의 우울 정도에 영향을 미친다는 것이다. 그러나 이에 관한 연구들은 일치된 결과를 보이고 있지 않다. 즉, 여성의 취업으로 인한 사회적 지위의 획득이 우울과 관계가 있다는 연구(Perlin, 1975; Kessler & McRae, 1982)와 관계가 없다는 연구(Wright, 1978)가 동시에 존재하고 있다. 이 관점 또한 여성과 남성에 대한 사회화와 역할기대를 동일한 것으로 보았을 뿐만 아니라, 취업이라는 요인을 강조함으로써 여성보다는 남성의 우울을 설명하는 데에 더 적합하다(김연옥, 1990). 이러한 한계에도 불구하고 이 관점은 우울 여성을 돕는 사회복지 전문직에 시사하는 바가 있다.

다섯째, 여성의 우울에 관한 성역할(*gender role*) 관점은 여성에게 기대되는 역할이 남성에게 기대되는 역할과는 다르기 때문에 여성이 우울에 취약하다고 본다. 따라서 이 관점에서의 관심사는 육아나 가사 등의 가정내 역할과, 성역할에 대한 사회화가 여성의 우울에 영향을 미치는가 하는 것이다. 특히, 성역할 중에서도 육아와 가사에 대한 역할분담의 양상이 전통적인지 비전통적인지에 관심이 집중되고 있다. 기존의 여러 연구 결과에 의하면, 가정 내에서 전통적인 성역할분담이 이루어지는 여성일수록 우울에 취약하며, 아동양육과 여성의 우울이 깊은 관계가 있음을 보여준다.

여섯째, 여성의 우울에 대한 사회스트레스(*social stress*) 관점은 여성을 둘러싸고 있는 환경적 여건 즉, 생활사건(*life events*)이나 만성적인 생활조건(*life conditions*)에 대한 인지와 사회적 지지 등이 여성의 우울에 결정적인 영향을 미친다고 본다. 이 관점은 여성 우울의 원인으로서 환경에 대한 인지와 지지적 환경의 정도를 강조하고 있고, 과거가 아닌 현재의 생활환경을 강조하는 특징을 갖는다. 이 관점은 기존에 다른 이론적 관점에 비해 환경적으로 열악한 처지에 있는 빈곤여성의 우울에 대한 설명에 보다 적합한 것으로 여겨지고 있다.

이처럼 여성의 우울을 설명하는 이론적 관점은 다양하다. 이들 다양한 관점이 우리에게 시사하는 것은 크게 두 가지이다. 하나는, 여성의 우울이 기존의 지배적인 의료적 관점으로만 설명되지 않기 때문에, 약물투여 이외의 다른 환경적 접근이 요구된다는 점이다. 즉, 여성 우울은 심리치료사나 사회복지사와 같은 심리, 사회적 차원에서의 접근이 동시에 이루어질 필요를 시사해 준다.

다른 하나는, 여성들이 처한 일상적 삶의 조건 속에 우울을 촉진하고 지속시키는 상황들이 많다는 것이다. 여성의 우울은 일반적으로 여성이 경험하는 삶의 단계에 따라 달라 질 수 있다. 사춘기 여성에게는 자신에 대한 사회와 가족으로부터의 기대를 받아들여야 하는 점과 적절한 역할 모델의 부재로 인해 우울에 취약할 수 있다. 또한 중년기에는 그 동안 가졌던 역할들이 상실되면서 정체감과 목적을 상실하게 되고, 이로 인해 우울의 증상을 경험하게 된다. 그 외에도 결혼으로 인한 가사노동과 아동보호, 엄마로서의 역할, 한부모가 되는 것, 직업을 갖지 못하는 것, 유산이나 강간, 학대와 같은 생활사건과 여성에 대한 폭력 등이 우울을 더 촉진시키고 지속시키는 요인으로 작용할 수 있다(Corob, 1987). 결국, 여성은 사회가 그들에게 요구하는 기대는 물론 일상의 삶의 조건들 대부분이 우울에의 취약을 촉진하는 환경 속에서 살아가고 있다고 말 할 수 있다. 이는 어떤 특정 이론적 입장을 견지하지 않더라도 여성이 우울에 얼마나 취약할 수 있는지를 보여준다 하겠다.

3. 여성 우울에 대한 전통적 개입들 *

우울 여성에 대한 가장 대표적이고, 전통적인 개입 모델은 크게 세 가지로 구분된다. 의료모델, 인지모델, 행동모델에 의한 개입이 바로 그것들이다. 여기서는 이들 세 가지 개입모델과 사회복지적 접근과의 관련성을 중심으로 기술하기로 한다.

1) 의료 모델과 사회복지적 접근

우울 여성에 대한 의료적 개입에는 항우울제나 신경안정제와 같은 약물을 투여하거나, 전기충격 치료(ECT)를 사용하거나, 신경외과 수술을 받거나, 정신병동에 입원시키는 방법 등이 있다.

---

* 이 부분은 필자의 1996년도 연구인 “여성 우울에 대한 사회사업적 접근에 관한 연구”의 내용을 바탕으로 보완하였음.

항우울제나 신경안정제를 투여하는 방법은 많은 의사들이 손쉽게 사용할 수 있어 남용의 소지를 안고 있다. 실제적으로도 우울 여성들이 병원을 찾는 경우 대부분 약물치료를 이용하게 된다. 이 경우 사회복지사는 우울 여성에게 사용되는 약물에 대해 잘 알고 있을 필요가 있으며, 우울 여성이 약물에 의존되어 가지 않도록 약물을 점차적으로 줄이도록 도와야 한다.

우울 여성에 대한 의료적 개입의 또 다른 대표적 방법은 여성을 병원에 입원하게 하는 것이다. 입원은 일상생활의 긴장과 스트레스로부터 해방되고 자신의 문제에 대해서 생각해 볼 수 있는 기회를 가질 수 있을 뿐만 아니라, 누군가로부터 보살핌과 휴식을 받는다는 느낌을 준다는 점에서 정신과 의사들이 적극 권하는 것이다. 그러나 실제로는 입원한 우울 여성들에게 이러한 혜택이 주어지는 경우는 드물다. 오히려 입원을 함으로써, 시설병과 낙인감, 권태, 고립감을 더 경험하고, 심지어서는 우울이 더 깊어지기도 한다. 이러한 역효과는 우울 여성이 입원한 병원의 의사나 간호사들이 성차별적 태도를 드러내 보임으로써 더 심화되기도 한다. 우울여성을 병원에 입원시킬 때 사회복지사는 그러한 조치가 그 여성과 가족에게 위기를 가져올 수 있음을 기억할 필요가 있다(Corob, 1987).

우울 여성에 대한 이러한 의료적 개입은 여성 클라이언트에게 중요한 치료방법이 될 수도 있다. 그러나 이러한 접근은 여성의 경험이라는 시각에서 접근하고 있지 않을 뿐만 아니라, 여성 우울에 중요한 영향을 미치는 것으로 지적되어온 사회·심리적이고 문화적인 요인을 전혀 고려하지 않고 있다. 오히려 여성의 문제를 낙인화하고 병리화함으로써 여성의 우울을 촉진할 수도 있다. 의료 세팅에서 일하는 사회복지사는 이러한 의미에서 많은 어려움에 처할 수 있는데, 그것은 여성 우울을 의료화하는 과정에서 발생되는 역효과와 부작용 문제를 제기하고 새로운 대안을 제시하기에는 의료 현장이 사회복지사들의 일차적 현장이 아니기 때문이다.

2) 인지 모델과 사회복지적 개입

앞서 언급했듯이, 우울은 비단 정서적 측면만을 갖는 것이 아니다. 우울은 인지적 측면에서의 결함을 동반한다. 우울에 있어 인지적 측면의 결함이란 자신에 대한 부정적 견해, 자기비하와 자기비난, 낮은 자아존중감, 전반적인 부적절감 등을 말한다. 이러한 인지적 결함은 특히 여성의 경우 취약한데, 그 이유는 여성으로의 사회화 때문이다. 우리사회에서 여성에 대한 사회화는 여성이 남성보다 자기비난을 용이하게 만들고, 자기비판적으로 되는 경향을 강화시킨다.

우울 여성들의 이러한 부정적 인지상태에 개입하는 대표적 방법은 인지치료(*cognitive therapy*)이다. 인지치료는 아직 사회복지사들이 많이 사용하는 기술은 아니지만, 충분히 사회복지사들에 의해 사용될 수 있는 것이다. 특히, 우울 여성의 경우가 그러하다. 왜냐하면, 인지치료는 우울 여성이 자신의 부정적인 자아귀인에 도전하게 하고, 자신이 가진 비현실적인 기대를 수정하게 함은 물론이고, 스스로 자기패배적인 성고정적 패턴을 타파할 수 있게 도울 수 있기 때문이다. 인지치료는 또한 여성으로 하여금 여성에 대한 문화적 편견과 부정적인 태도를 깨닫게 도울 수 있다(Corob, 1987).

사회복지사가 여성 클라이언트의 우울에 개입하기 위해서는 우선 클라이언트에 대한 다양하고 구체적인 모니터를 통해 클라이언트의 인지상태를 사정해야 한다. 즉, 언어 표현은 어떤지, 부정적인 생각이 어느 정도 지속되었는지, 중요한 타인이 어떤 역할을 하는지 등에 대한 모니터를 통해 우울 여성의 인지상태를 정확히 파악할 필요가 있다. 클라이언트에 대한 인지적 사정이 있고 난 후, 사회복지사는 언어적 조건화, 합리적 재구조화, 긍정적 자아진술의 빈도 증가, 합리적인 자기강화 기준의 설정, 부정적 자아진술의 감소 등의 방법을 통해 클라이언트의 부정적 인지상태를 변화시킴으로써 우울의 정도를 감소시킨다(Richey, 1980).

언어적 조건화(*verbal conditioning*)는 사회복지사가 클라이언트와 지지적 관계를 형성한 후, 클라이언트의 불평불만이나 부정적인 독백들은 무시하고, 긍정적이고 대처적인 진술에는 귀를 기울여 주는 것을 말한다. 이렇게 함으로써 사회복지사는 클라이언트의 부정적인 언어표현에 영향을 미칠 수 있다.

합리적 재구조화(*rational restructuring*)는 불유쾌한 정서적 반응을 동반하는 구체적 사고와, 이 사고를 유발하는 상황을 파악하도록 함으로써, 그러한 사고가 비합리적인 것임을 깨닫도록 하여 합리적인 사고로 전환하도록 하는 것이다. 이러한 합리적 재구조화를 위한 절차는 다음과 같다(Richey, 1980).

① 클라이언트가 자신의 불안, 불안정 및 우울 감정을 확인하도록 한다.
② 이러한 감정의 변화를 일으킨 상황에 대한 클라이언트의 생각을 검토한다.
③ 클라이언트 사고의 비합리성을 검토한다. 예를 들면, '내가 너무 조급하게 부정적으로 판단을 하는 것은 아닌가?', '내가 비합리적인 기대를 하는 것은 아닌가?' 등이 그것이다.
④ 클라이언트의 비합리적 사고를 대체할 합리적이고 긍정적인 사고를 시도한다.
⑤ 클라이언트를 다시 부정적 사고와 감정을 일으킨 상황에 관여시킨다.

긍정적인 자아진술(*positive self-statement*)은 이것이 우울 여성의 부정적 무드와 정서 및 자기 평가를 긍정적 방향으로 이끌 수 있다는 전제하에 클라이언트의 긍정적 자아진술의 빈도를 늘리도록 하는 것이다. 아울러, 부정적인 자아진술을 감소시켜야 한다. 또한 합리적인 자기강화의 기준을 설정하는 방법은 클라이언트가 수행한 결과에 대한 평가기준을 변화시킴으로써, 클라이언트의 부정적인 인지패턴을 변화시키는 것이다. 이를 위해서는 클라이언트로 하여금 낮고 쉽게 성취할 수 있는 목표를 설정하도록 하고, 목표성취를 위해 해야 할 것을 구체화하고, 성취한 목표를 평가하고, 성취한 목표를 스스로 강화하도록 하는 등의 절차를 사용한다. 이렇게 함으로써 우울을 감소시키게 되는 것이다(Richey, 1980).

3) 행동 모델과 사회복지적 개입

행동 모델은 다른 어떤 모델보다 시간과 돈이 적게 든다. 행동모델을 적용하는 전문가들은 우울은 클라이언트의 행동을 변화시킴으로써 감소될 수 있다고 본다. 예를 들어, 르윈슨(Lewinsohn, 1972)은 우울 여성을 치료하기 위한 행동적 방법 다섯 가지를 제안하였다.

① 클라이언트의 활동 수준을 높이는 것
② 잠재적 강화자를 확인하는 것
③ 기쁨이나 애정과 같이 우울과 상치되는 감정을 유도하는 것
④ 자기주장 훈련이나 사회기술 훈련과 같은 방법을 사용하여 클라이언트가 자신의 환경을 효과적으로 다룰 수 있게 하는 것
⑤ 욕구의 수준을 높이는 방법

우울은 일상생활에서의 활동이나 즐거운 사건의 감소로 인한 강화의 상실과 관련이 있다. 즐거운 사건을 지속적으로 경험하지 못한 여성은 일의 수행 때문에 힘들어하거나, 일상의 의무들을 완수하지 못할 수도 있으며, 신체적 운동을 거의 하지 않고 잠만 잘 수도 있다. 따라서 사회복지사는 우선 클라이언트의 우울의 주된 근원이 어디에 있는지를 사정할 필요가 있다. 만일 클라이언트 우울의 주된 원인이 활동이나 즐거운 사건의 감소로 인한 강화의 상실로 드러나면, 점진적으로 과업을 부과하는 접근을 사용한다. 클라이언트가 성공적으로 과업을 완수하기 위해서는 한 번이 아닌 여러 단계를 거쳐 과업의 난이도를 증가

시켜야 하고, 클라이언트가 완수하지 못한 것에 초점을 두지 말고 완수한 것에 초점을 두어야 하며, 클라이언트 환경 내의 중요한 타자들에 대한 강화가 주어져야 한다.

그러나 우울 여성의 우울의 주된 원인이 주변 사람들과의 사회적 상호작용에 기인한 경우라면, 사회복지사는 이들의 사회적 상호작용을 증진시켜 줄 수 있는 사회기술훈련(*social skill training*)을 사용할 수 있다. 특히, 클라이언트가 자신의 감정이나 원하는 것을 제대로 표현하지 못하여 타인으로부터 부정적인 반응을 경험하는 경우는 사회기술훈련의 주된 방법 중의 하나인 자기주장 훈련(*assertive training*)을 받을 필요가 있다. 물론 자기주장훈련을 보다 효과적으로 사용하기 위해서는 클라이언트의 자기주장과 관련된 제반 사항을 보다 구체적으로 사정해야 한다. 자기주장 훈련을 위한 다양한 기법 중에서 역할놀이(*role play*), 행동연습(*behavioral rehearsal*), 시범보이기, 지시, 강화, 피드백 등의 방법이 효과적인 것으로 밝혀지고 있다(송은일, 1995).

'역할놀이'는 모델링을 제시한 다음 자기 표현이 가능한 장면과 역할을 주어 여러 가지 표현을 연기해 보도록 하는 것으로서, 상당한 효과를 거둘 수 있는 방법이다. '행동연습'은 아무 조건이나 제한을 두지 않고, 클라이언트의 생활과 관련지어 자기표현 행동을 해보도록 권장하는 것으로서, 성공감이나 성취감을 일으켜 행동을 유발하고 지속시키는 동기 형성적 역할을 한다. '강화'는 역할놀이나 행동연습을 하는 동안 잘된 자기표현 행동에 대해서는 칭찬을 해주거나 미숙한 반응을 지적해 주는 것이고, '피드백'은 집단성원들이 한 행동의 결과가 다른 성원들에게 미친 영향에 대한 정보를 받거나 그 행동의 결과가 어떠했는지에 대해 솔직하게 정보를 주는 것이다(송은일, 1995).

4. 우울 여성에 대한 여성주의적 개입 실천 *

코로브(Corob, 1987)는 사회복지사들이 우울에 더 많은 기여를 할 수 있는 데도 불구하고 그렇게 하고 있지 않다고 비판한다. 코로브(1987)에 의하면, 대부분의 우울 여성이 약물치료에 의존하고 있기는 하지만, 사실상 많은 우울 여성들은 파워를 증가시키거나, 잠재능력을 개발하거나, 우울을 막을 수 있는 생활 스타일을 창출하는 것을 통해 여성들이 우울을 극복하도록 도울 수 있다고 주장한다. 우울은 특히 여성과 노동계층의 사람들에서 많이 나타나고, 우울의 유지에 사회심리적 요인이 작용하기 때문에 사회복지가 개입할 수 있는 주된 분야라는 것이다.

코로브(1987)가 보기에, 사회복지사들이 우울 여성을 적절히 돕지 못하는 데는 크게 두 가지 요인이 작용한다. 첫째, 성차별적 이데올로기이다. 성차별적 이데올로기가 사회복지사들 사이에 공유되고 크게 문제시 되지 않기 때문이다. 둘째, 권위적이고 가부장적인 사회복지조직의 특성이다. 권위적이고 가부장적인 사회복지 조직은 사회복지사가 여성주의에 입각한 실천적 개입을 하는 것을 저해하고 방해한다. 이런 이유들 때문에 사회복지사들은 여성 우울의 문제에 둔감하고, 우울의 사회적, 심리적 근원을 이해하지 못하게 됨으로써 우울 여성을 적절히 돕지 못한다는 것이다.

그렇다면, 여성주의 관점에서 우울 여성을 조망하면 어떤 설명이 가능할까? 여성은 일반적으로 가부장적 사회에서 억압을 경험하는데, 이로써 자신을 "이등 시민(*second citizen*)"으로 내재화하게 하고, 이는 자기억압으로 전환된다. 이러한 여성 삶의 구조를 배경으로 여성의 삶에서 우울을 유발하는 요인과 그 기제는 크게 세 가지 측면에서 설명이

---

* 사회복지와 여성주의의 입장에서 여성 우울을 어떻게 보고 다룰 것인지를 체계적으로 소개한 코로브(1987)의 *Working with Depressed Women*의 내용 중 우울여성에 대한 여성주의 개입 실천과 관련된 부분을 정리하였음.

가능하다. 여성의 역할로의 사회화, 여성으로서의 인생의 단계의 특수성, 여성이 겪는 생활상의 상황 및 위기가 그것이다.

첫째, 여성 우울이 여성의 역할로의 사회화와 관련 있다는 것이다. 가부장적 사회에서 여성은 남성에 비해 초기 어린 시절에 긍정적 경험을 적게 하는데, 이는 성인기에서 만족스런 대인관계를 어렵게 하고, 우울증을 유발하는 동인을 제공한다. 예를 들어, 어린 시절에 자신이 여아라는 이유로 원치 않는 아이였던 경우를 들 수 있다. 이렇게 원치 않는 딸은 아들에 비해 차선으로 인생을 시작하며, 이러한 '차선'으로서의 시작은 어린 시절과 사춘기에 영향을 미친다. 소년은 성취에 대해 격려를 받으나 소녀는 그렇지 못하기 때문에 외부세계에서 자신이 그리 중요하지 않은 존재라고 생각할 가능성이 크다. 박탈의 막연한 느낌과 무엇인가를 잃었다는 느낌은 이후 우울로 표현될 수 있다. 일반적으로 전통적인 성역할 기대를 받고 자란 소녀는 더 많은 박탈을 경험한다.

둘째, 여성의 인생의 단계가 잠재적으로 우울을 유발하는 요인을 많이 가지고 있다는 것이다. 사춘기 단계에서는 대중매체가 소녀에게 외모에 열중하도록 만드는 것, 생리에 대한 부정적인 태도, 사춘기의 신체적 변화에 대한 기성세대의 억제적 태도 등이 소녀를 좌절과 절망, 박탈감을 경험하게 한다. 중년기 단계에서는 가족중심적이었던 여성이 자녀의 독립에 따른 역할 상실과 의미있는 관계와 경험을 상실함으로써 "새로운 상실"을 경험하게 된다. 이와 함께 고령과 죽음에 대한 공포와, 폐경으로 인한 매력의 상실이 "새로운 상실"에 겹쳐지면서 우울에 취약하게 된다. 노년기 단계에서는 늙은 여성에 대한 사회적 차별이 여성의 자존감을 낮춤으로써 우울에 취약하게 만든다. 반면에, 늙은 남성에 대해서는 매우 관대하고 오히려 멋있다는 시각이 지배적이다.

셋째, 가사와 아동보호, 모성, 직업을 갖지 못한 것과 같은 생활상의 상황과 위기가 여성을 우울에 취약하게 한다는 것이다. 여성에게 결혼과 가족생활은 동전의 양면과 같다. 가족관계가 잘 형성되면 사랑과 지지, 평등과 친밀함을 제공하여 우울을 막아주기도 한다. 그러나 그렇지 못할 경우 가족생활은 여성에게 우울에 취약하게 하는 결정적 요인이 된다. 예를 들어, 결혼 후 육아를 위해 남성에게 정서적, 신체적으로 의존하는 경우 좌절과 낮은 자존감이 강화될 수 있다. 그리고 가족생활에서 여성은 화를 내서는 안 된다는 보이지 않는 압박은 분노를 안으로 삭임으로써 우울을 자극한다. 또한 가사노동을 사회가 인정하지 않는 것이라든가, 자녀양육을 전담하는 것은 여성을 우울에 취약하게 한다. 물론 자녀양육은 여성에게 좋은 것이기도 하지만, 동시에 피곤하고 좌절을 느끼게 함으로써 고독감과 고립감을 경험하게 한다.

이처럼 여성이 우울하게 하는 요인은 사회심리적이고 사회구조적인 것이 많다. 그러나 사회복지사들은 이들 요인을 분명히 인식하고 있지 못하다. 그 결과 여성 우울의 문제를 개인적 차원이나 비정치적인 것으로 봄으로써, 우울 여성을 실패한 사람으로 비난하거나 성역할 고정관념을 가지고 보는 경향이 있다. 이런 점에서 우울 여성에 효과적으로 개입하는 데에 가장 좋은 것은 여성주의 관점을 가지고 있으면서 여성심리학에 대한 지식을 가진 사회복지사이다. 아울러 여성 우울을 다루는 모든 사회복지사는 자신이 갖고 있는 여성에 대한 관점과 동기, 태도, 행동 등에 대해 끊임없이 반성하는 것이 중요하다. 특히, 우울 여성과 사회복지사와의 관계는 비위계적이어야 하는데, 이를 위해 사회복지사는 여성 클라이언트가 근본적으로 능력을 가지고 있으며, 자신의 생각이나 감정 및 욕구에 대해 가장 잘 알고 있다는 인식의 전환이 필요하다.

코로브(1987)는 사회복지 실천에 여성주의를 적용하는 것은 여성으로 습관화되고 학습화된 상태를 사회구조적 수준에서 뿐만이 아니라 개인 수준에서의 변화를 창출하는 효과를 가진다고 말한다. 이 과정에서 여성주의 관점을 가진 사회복지사가 해야 하는 역할은 다음과 같다.

· 변화를 시도하고 달성하기 위해 집단적 행동을 시도한다.
· 지역사회 내에서 여성들을 임파워먼트시킬 수 있는 집단을 만든다.

- 여성들은 어떤 것이든 선택할 수 있고, 여성들이 선택한 내용을 알고 행동으로 옮길 수 있도록 권한을 부여한다.
- 여성 클라이언트의 상태, 성역할, 낮은 지위 등이 이들의 우울에 어떻게 영향을 미치는지를 인식한다.
- 저소득 여성이나 이주 여성과 같이 여성들이 경험하는 모든 억압을 고려한다.

이러한 역할을 기반으로 사회복지사들은 여성들이 직면하고 있는 문제에 대해 특별한 인식과 이해를 가져야 하고, 사회적 변화를 위한 활동뿐만 아니라 여성 개인의 변화를 도모해야 하며, 이들 과업을 위한 새로운 기술을 발전시켜 나가야 한다.

실제로, 우울의 초기 단계에서 사회복지사의 직접적 개입은 의사들이 약물을 처방하는 것보다 더 효과적이다. 특히, 여성의 우울은 아동의 정서 및 행동 장애에 영향을 미치기 때문에 사회복지사에 의한 초기 개입은 매우 중요하다. 이 초기 개입에서 우울 여성의 우울을 극복하게 하기 위해 사회복지사가 사용할 수 있는 전략은 아래와 같다.

① 실제적인 원조

이는 클라이언트가 받을 수 있는 실제적인 것에 대한 지식을 알고, 이를 클라이언트와 연계되도록 하는 것이다. 예를 들어, 각종 사회복지 급부나 주택, 법적인 것과의 연계를 들 수 있다.

② 상황을 재구조화하기

이는 여성의 우울이 개인적 차원의 병리가 아니라, 억압적인 사회적 상황에 대한 부적절한 대응이고, 그것의 반영이라는 점을 인식시키는 것을 말한다. 즉, 자녀양육으로 인한 고립에 대한 인식을 갖도록 하고, 여성의 힘과 자원에 초점을 맞추어 활용토록 한다.

③ 내외적인 역동을 검토하기

이는 우울 여성의 내외적 요인들이 어떻게 상호 영향을 미쳤는지를 검토하는 것이다. 이를 통해 여성의 우울이 내적·외적 요인의 상호작용에 의해 이루어졌음을 확인한다.

④ 대안을 만들어내기

이는 클라이언트의 관심사에서부터 시작한다거나, 클라이언트가 할 수 있는 변화를 구체화하고 행동에 옮길 수 있도록 하는 것(예를 들면, 친구 사귀기나 직업 구하기 등), 그리고 우정을 나눌 수 있는 사람들을 소개하고 만들어내는 것을 통해 이루어질 수 있다.

⑤ 양육, 분노, 슬픔에 대한 표현을 격려하기

이는 우울 여성이 갖고 있는 양육에 대한 죄책감이 자신으로부터 기인하지 않았다는 점을 통해 이들 죄책감을 극복할 수 있도록 돕는 것, 타인을 보호해야 한다는 의무감을 감소시키는 것, 자신을 사랑할 수 있도록 격려하는 것, 자신이 가치있는 존재라는 것을 확인하도록 하는 것, 분노와 고통, 상처, 슬픔을 표현하도록 격려하는 것 등을 포함한다.

우울 여성에 대한 여성주의적 개입 실천의 예 1

클라이언트 J는 2살 된 딸을 둔 엄마로서 이혼하였고, 이혼과 더불어 주변 친구 및 가족과 고립된 상태에서 우울을 경험하고 있다. J는 경제적 어려움은 물론 자신의 딸을 어떻게 다룰지 몰라서 늘 당황해하고 있다. 이 경우 사회복지사는 우선, J에게 경제적 어려움이 자신의 무능력 때문이 아님을 인식시키고 그녀를 격려하였다. 또한 아이에 대한 죄책감에 대해서는 양육에 대한 지나친 기대를 줄이도록 돕고, J가 가진 강점을 찾아 여기에 초점을 맞추었다. 또한 J가 그렇게 어려운 환경에서도 얼마나 훌륭하게 자신과 가족을 관리해왔는가를 칭찬하고 J 스스로 그것을 알 수 있도록 하였다. 더 나아가 J와 비슷한 처지의 여성들과 사귈 수 있도록 연계해 주었다. 이러한 일련의 개입과정을 통해 J의 우울증상은 상당한 호전을 보였다.

우울 여성에 대한 여성주의적 개입 실천의 예 2

클라이언트 B 부인은 치매에 걸린 자신의 어머니를 일주일에 6시간씩 돌보고 있고, 여기에 자신의 자녀들까지 보호하고 있다. 이렇게 가족원을 돌봐야 하는 사정 때문에 B는 자신의 직장을 포기하게 되었고, 이로 인해 우울을 경험하고 있다. 이 때 사회복지사는 B에게 자신이 훌륭한 딸이 되어야 한다는 생각을 갖고 있음을 알도록 하고, 이것이 가부장제 하에서 길들어진 비현실적 이상임을 알도록 하였다. 또한 이러한 내재화된 억압이 자신의 우울의 원인임을 볼 수 있도록 하였다. 자신의 어머니에 대한 보호책임을 형제자매들과 함께 나누도록 여건을 조성해 주고, 어머니를 일시적으로 돌보는 보호시설을 찾도록 정보를 제공해 주었다. 그리고 B와 유사한 처지에 있는 여성들과 만날 수 있는 자조집단과 연결해 주었다. 이들 일련의 개입실천을 통해 B 부인의 우울 정도는 상당히 완화되었다.

이들 사례에서 알 수 있듯이, 우울 여성에 대한 여성주의적 개입실천은 앞서 언급했던 여성복지 실천의 원리 및 방법과 맥을 같이하고 있음을 알 수 있다. 여기에 더하여, 만일 사회복지사가 우울치료에 많이 사용되는 인지치료를 이들 사례에 적용한다면, 이때의 인지치료는 여성주의적 지향을 가지고 활용하는 것이 필요하다. 인지치료가 우울을 완화하는 매우 효과적인 방법이긴 하지만 우울을 돕는 데에 있어 그 자체만으로 충분한 것은 아니다. 왜냐하면, 우울은 인식의 왜곡에 의한 것 보다 더 포괄적이기 때문이다. 따라서 여성주의 지향을 가지고 이를 적용하는 것이 요구된다. 즉, 인지치료를 활용하되 여성주의적 지향과 관점을 가지고 활용하면 그 유효성을 높일 수 있는 것이다.

사회복지사가 여성주의적 인지치료를 사용한다고 할 때 과거보다는 "지금과 현재", 무의식보다는 의식에 초점을 둔다. 인지치료 과정에서 사회복지사는 클라이언트가 부적응적 생각과 가정을 수정하고, 재정의할 수 있도록 하며, 부정적 관점을 좀 더 긍정적으로 개선함으로써 우울을 경감시킨다. 이 과정을 살펴보면 아래와 같다.

① 자동적으로 떠오르는 생각을 발견하고 모니터한다.

우울 여성에게 떠오르는 습관적 사고를 재인식하도록 도우며, 클라이언트에게 부정적이거나 자기비하적인 이미지나 생각을 기록하도록 숙제를 내준다. 이 때 습관적 사고와 자기비하가 여성의 성역할과 성차별적 구조에서 근원하는 것인지를 알도록 한다. 특히, 최근의 사건을 떠올리게 하여 그 안에서 우울했던 감정을 발견하게 하거나, 역할극을 통해 상황을 설정하여 무엇이 생각나는지를 보게 할 수도 있다.

② 자동화된 사고를 검토하고, 평가하고, 수정한다.

우울 여성에게 자동화된 사고를 비판적으로 볼 수 있도록 사정하며, "생각"과 "사실"을 구별할 수 있도록 돕는다. 이를 위해 사회복지사는 우울 여성의 역기능적 사고를 매일 기록하도록 숙제를 내 줄 수 있다. 이 자료를 통해 인식의 왜곡을 확인하고, 수정한다. 예를 들어, 지나치게 양분론적 추론을 한다든가, 자신에게 책임을 돌린다든가, 독단적인 추론을 한다든가, 지나치게 일반화한다든가, 특정 상황에 대한 전체적인 맥락보다 세부적인 것에 초점을 두고 사고한다든가 하는 점을 확인하고 수정하도록 한다. 또한 이들 왜곡된 사고를 재정의하도록 하고, 대안적 반응을 논의한다.

③ 일차적 가정(전제)을 확인하고, 검토하며, 수정한다.

여기서는 우울 여성이 갖고 있는 성적 고정화 및 여성에게 요구되는 기대를 파악한다. 예를 들어, 여성은 아름답고 날씬해야 한다든가, 화를 내서는 안 된다든가, 여성은 친절하고 타인에게 상처를 주면 안 된다든가, 행복하려면 사람들에게 수용되고 좋게 생각되어야 한다든가, 자신의 가치는 타인의 판단에 달려있다든가 하는 것이다. 또한 특정 신념이나 행동을 고수하는 것 밑에 깔린 전제와 장단점을 나열해 본다. 예를 들어, 의처증이 있는 남편을 떠나지 못하는 여성의 경우, 한 번 누운 자리는 고수해야 한다든가, 아이에게는 아버지가 있어야 한다든가, 여성은 자기 몫을 챙겨서는 안 된다든가, 여성은 의지할 남성이 필요하다든가 등을 확인하고 재검토하는 것이다.

인지치료는 우울 여성들이 그들의 부정적인 자아귀인에 도전하게 하고, 그들의 비현실적인 기대를 수정하고, 성역할 고정적인 양상을 스스로 타파하도록 도울 수 있다. 인지치료는 또한 여성에게 주어진 문화적 선입관을 깨닫고, 여성에 대한 부정적인 평가를 깨달을 수 있도록 함으로써 우울 여성을 도울 수 있다. 그러나 인지치료가 우울 여성의 치료에 효과적이기는 하나, 클라이언트가 언어적 능력과 이해력, 자기반성 능력을 가지고 있어야 한다는 한계가 있다. 특히, 인지치료는 자신의 우울의 원인에 대해 정확하게 지능적으로 이해하고 있는 사람에게는 유용하지 못하다. 즉, 인지치료를 여성주의적 관점에서 적용한다고 해도, 일정 부분에서 한계를 가질 수밖에 없다는 것이다.

코로브(1987)는 이 외에도 우울 여성을 위해 사회복지사들이 사용할 수 있는 방법은 집단을 활용하는 것이라고 하였다. 즉, 여성 우울의 극복을 위해 여성으로 구성된 집단을 활용하는 것이 효과적이라는 것인데, 그 이유는 다음과 같다.

- 여성으로 구성된 집단을 활용하는 것은 사회복지사의 지나친 개입을 견지하고, 구성원을 참여시키는 효과를 가진다.
- 여성들끼리의 생각을 나눌 수 있게 한다.
- 여성들끼리의 공통점과 일체감을 느끼면서 혼자가 아니라는 것을 깨닫는다.
- 내외적인 측면에서 의식고양을 용이하게 한다.
- 개인적인 수준에서도 의미있는 변화를 기대할 수 있다.
- 카타르시스를 용이하게 한다.
- 희망을 불어 넣음으로써 긍정적 성취와 자존감을 향상시킨다.
- 사회적 상호작용의 기술 습득을 용이하게 한다.
- 다른 여성과의 신뢰적 관계 형성을 가능하게 한다.

· 숨겨진 기술과 자원을 활용할 수 있다.
· 자조집단으로 발전될 수 있다.
· 여성들이 외부세계에서 변화를 달성하는 집단적 활동을 할 수 있는 기반과 원동력을 제공할 수 있다.

이미 알려진 바와 같이, 우울로 병원에 입원한 환자의 대부분이 여성이다. 이러한 사실은 여성 우울에 접근할 때 여성주의적 분석이 필요하다는 것을 시사한다. 의료모델은 여성주의 관점에서 볼 때 사회복지 실천과는 정 반대되는 것이다. 특히, 여성과 관련해 볼 때 이것은 더 선명해 진다. 이는 정신적 불안정에 개인의 병리가 없다고 주장하는 것이 아니라, 사회적 요인이 중요한 요인으로 작용한 경우조차 문제를 정의하고 치료하는 데에 있어 의료화하는 것이 비극이라는 것이다. 개인의 병리에 초점을 둔 의료화 과정은 정신외적 압력을 무시하고, 그 탓을 억압받는 집단에게 돌린다. 그 결과 우울과 같은 정서적 행동은 규범에서 벗어난 이상한 행동으로 구조화된다. 의료모델은 사회와 가족 내에서의 여성의 지위에 대한 분석이 결여되어 있다(Hale, 1983).

사회복지사들이 여성 클라이언트에 대한 의료화 과정에 도전하지 않는 것은 유감이지만, 사회복지사들이 의료전문직의 주변인적 위치에 있기 때문에 이 또한 쉽지는 않다. 물론 사회복지사가 의사들이 진단하는 내용들에 대해 다른 진단 즉, 다른 분석과 해석을 적용하는 것은 대단히 어렵다. 그러나 사회복지사들은 너무도 자주 기회가 주어졌을 때조차도 정신의학적 사례가 될 수 없도록 미연에 방지하는 시도를 하지 않는다. 사회복지사들은 그들의 실천이 과학적 지식체계에 의해 지지된다고 주장할 수 없는 바로 이 이유 때문이라도, 의사들과는 다른 대안적 형태의 원조를 제공할 수 있다는 것, 그리고 사회구조에 대한 명확한 정치적 입장을 갖는 것이 매우 중요하다(Hale, 1983).

이런 의미에서 사회복지사는 여성 우울에 대한 여성주의 접근에 방해가 되는 기관의 구조나 교육체계, 국가 서비스 정책의 방향 등에 개입하면서, 우울을 치료하는 것뿐만 아니라 예방하는 모든 활동에 개입해야 한다. 열악한 사회적 환경이 여성의 우울을 유발한다는 점을 인정한다며, 사회복지사는 이 부분과 관련한 행동을 해야 하는 것이다.

5. 사회복지현장에서 우울여성에 대한 접근과 대책 방향

그렇다면, 현재 우리나라 사회복지 실천 현장에서 여성 우울에 대한 접근은 어떠한가? 우리나라 사회복지 현장에서 우울 여성에 대한 서비스는 주로 정신보건센터와 보건소를 통해 이루어지고 있다. 지역사회복지관에서도 간헐적으로 우울 여성에 대한 서비스가 제공되고는 있으나 매우 미미한 수준이다. 현재 사회복지 현장에서 우울 여성에 대한 프로그램은 다음과 같다.

1) 우울 여성의 조기발견

조기발견은 우울 여성의 확산을 예방하고, 필요한 경우 조기 치료를 하게 함으로써 여성 우울의 증가를 막을 수 있는 중요한 프로그램이다. 우리나라에서 우울 여성의 조기발견은 정신보건센터, 보건소, 지역사회복지관과의 연계를 통해서 이루어지고 있다. 특히, 저소득층의 우울 여성을 조기발견하기 위해서는 지역사회복지관과 연계 및 협력을 통해 이루어지고 있다. 그러나 지역사회복지관과의 연계를 통한 우울 여성의 조기발견은 폭넓게 이루어지지 않고 있다는 점에서, 조기발견을 위한 경로가 다원화되어 있지 못하다.

그리고 우울 여성에 대한 조기발견은 산후우울증과 갱년기 우울증을 주된 대상으로 하고 있는데, 이 또한 연령대와 상관없이 폭넓게 퍼져 있는 여성 우울을 커버하기에는 한계가 있다. 특히, 조기발견의 수단이 우울증 검사와 우울증에 대한 교육만으로 이루어지고 있어, 일상생활 속에서 드러나는 여성 우울을 포착해 내기에도 한계가 있다. 일상생활 속에서 드러나는 우울 여성을 조기발견하고, 이들에게 필요한 서비스를 제공하기 위해서는 지역사회복지관과 같은 지역서비스 전달체계에서 일하는 사회복지사들의 여성 우울에 대한 민감성이 요구되고, 지역사회 내 여성 우울 관련 서비스 체계들 간의 긴밀한 연계체계 구축이 필요하다.

2) 지역주민의 "우울"에 대한 이해 증진

지역주민에 대한 강좌는 우울에 대한 지역주민의 이해도를 높이고, 우울을 관리하고 대처하는 방법을 널리 알리는 것을 목적으로 한다. 주로 정신보건센터 단독사업 혹은 정신보건센터와 보건소, 정신보건센터와 지역사회복지관의 협력사업으로 진행된다. 강좌의 대상은 지역사회 주민 전체를 대상으로 하거나 아니면 특정 집단, 예를 들어 주부나 임산부를 대상으로 한다. 프로그램의 형태는 일반적으로 강의가 가장 많으며, 간혹 조기선별 검사나 산후 우울 자가검사, 워크숍 등의 방법을 사용하기도 한다. 또는 우울 감소를 위한 특정 프로그램(예를 들면, 낙관주의 프로그램)을 구성하여 지역주민들의 우울에 대한 이해와 함께, 우울의 감소를 직접 시도한다.

3) 우울 여성에 대한 사례관리

우울 여성에 대한 사례관리는 정신보건센터를 중심으로 이루어진다. 대상은 주요 우울증으로 진단된 여성들을 대상으로 하고 있으며, 필요한 경우 병원이나 입원연계로 이어진다. 그리고 응급을 요하는 사례에 대해서는 응급 사례관리를 적용하고 있다. 사례관리는 가정방문과 전화관리, 내소상담으로 이루어지며, 반복성 우울 장애에 대해서는 전문적 개입을 시도한다. 이 과정에서 약물에 대한 관리와 우울 관련 정보

제공 등이 함께 이루어진다. 그리고 우울증을 가진 가족원이 있는 가족에 대한 지원을 시도하기도 한다. 그러나 우울에 대한 이러한 사례관리는 "여성"을 특화하여 이루어지지 못함으로써, 여성 우울이라는 특수성을 사례관리 체계에 반영하지 못하고 있다. 우울은 남성보다 여성에게 2배 이상 높게 나타나는 현실과 여성의 모든 연령층에서 우울의 비율이 높게 나타나는 점을 염두에 둔다면, 우울 여성에 대한 사례관리는 여성의 특수성을 반영하여 여성 특화적으로 이루어져야 한다.

4) 우울 여성에 대한 치료 프로그램

우리나라에서 우울 여성을 치료하는 주된 장은 병원이다. 병원을 통해 정신과치료를 받거나 약물치료를 받으며, 간혹 인지치료와 같은 집단치료 프로그램이 시행된다. 병원에서의 우울 치료는 사실상 의사들에 의해 이루어지기 때문에 의료모델에 따른다고 해도 과언이 아니다. 이렇게 되면, 여성의 우울은 여성들의 생활조건과 사회화 과정 등을 고려해 이루어지기 보다는 의료적이고, 병리적인 틀에 의해 해석될 가능성이 높다. 그러나 우울 여성이 병원에서보다도 지역사회에 더 많은 현실을 고려하면, 지역사회 차원에서 우울 여성에 대한 보다 적극적인 접근이 요구된다. 특히, 빈곤한 여성이 우울에 처할 가능성이 많은 점을 고려하면, 이들 여성은 치료의 사각지대에 놓여있다고 할 수 있다. 왜냐하면, 이들 빈곤 여성은 병원에 갈 만한 경제적 여유가 없기 때문에 대부분 지역사회에 거주하면서 참고 지내거나 약국에서 약을 지어 먹는 정도이기 때문이다. 현재 우울 여성에 대한 이러한 치료 프로그램은 정신보건센터에서 산발적으로 이루어지고 있고, 아주 드물게 극히 일부의 지역사회복지관에서 이루어지고 있다. 이들 현장에서 제공되는 우울 여성에 대한 치료 프로그램은 개별상담이나 집단상담의 형태로 이루어지는데, 주로 인지치료나 인지재구조화, 게슈탈트 치료, 해결중심 치료, 현실요법, 그리고 각종 예술치료(웃음치료, 독서치료,

음악치료, 명상 등)가 제공되고 있다. 이외에 극히 일부 기관에서 자조모임이 운영되고 있다.

이상에서 사회복지 현장에서 우울 여성에 대한 접근이 어떻게 이루어지는지를 개략적으로 살펴보았다. 여성 우울에 대한 관심은 정신보건센터라는 전달체계가 구축되기 이전과 이후 간에 많은 차이가 있다. 정신보건센터가 구축되기 이전에는 거의 병원을 중심으로 서비스가 제공되었고, 이는 정신건강 서비스의 계층화를 반영하는 결과를 가져왔었다. 정신보건센터의 구축은 여성 우울에 대한 관심을 병원에서 지역사회로 이동시키는 촉매 역할을 하였다고 볼 수 있다. 그러나 이러한 역할과 기여에도 불구하고 여성 우울을 중심으로 볼 때 정신보건센터를 중심으로 한 기존의 서비스 제공은 다음과 같은 방향에서 대책의 틀을 새롭게 구성할 필요가 있다.

첫째, 우울과 관련한 서비스 정책과 제공에 있어 여성을 특화하여 생각하고 틀을 짜는 관점의 전환이 이루어져야 한다. 이는 우울에서 여성만이 중요하고 남성은 중요하지 않다는 의미가 아니다. 앞서 언급했듯이, 여성은 우울에 매우 취약하며, 그 요인도 여성의 사회 내에서의 위치 및 역할과 긴밀히 관련되어 있기 때문이다. 물론 출산이나 갱년기라는 여성의 독특한 경험에 근거한 우울에 관심이 주어지고 있기는 하지만, 그 세부적 내용에서는 여성 우울의 독특성을 보여주는 지점은 거의 없다. 이는 특히, 여성의 우울이 여성의 전 생애주기에서 빈번하게 발생할 수 있기 때문에, 여성의 전 생애주기를 포괄하여 여성 우울에 대한 접근이 이루어질 필요가 있다.

둘째, 여성 우울에 대한 접근에 있어 젠더의 영향을 고려하고 여성주의 관점을 적용해야 한다. 현재 우리나라의 대부분의 정신건강 문제는 몰성적(*gender-blind*)으로 이루어진다고 할 수 있다. 정신건강상의 성차를 드러내 보여주는 연구들이 간혹 있기는 하지만, 실제로 현장에서 이들 성차와 관련된 구체적 내용을 실제 프로그램에 적용하는 경우는 거의 없다고 볼 수 있는데, 이는 우울의 경우도 마찬가지다. 한 연구(김인숙, 1996)에 의하면, 저소득 지역사회에서 우울을 호소하는 여성들의 우울의 원인은 대부분 남편의 무능력이나 의처증, 남편의 학대, 성적인 불만족 등 남성과의 관계로 인한 문제였다. 그리고 이는 여성의 사회 내 지위와 역할과 깊은 관련을 가지고 있다는 점에서, 여성 우울에 대한 접근은 젠더의 영향을 고려하고, 그에 따라 여성주의적 관점을 모든 치료적 개입 절차에 적용할 필요가 있다.

셋째, 지역사회에서 집단을 활용한 치료적 접근을 더 많이 활용해야 한다. 집단을 활용한 접근은 다른 어떤 접근보다 우울 여성의 욕구를 충족시키기 위한 좋은 방법이 될 수 있다. 왜냐하면, 집단은 타인에 대한 느낌을 드러내기를 두려워하는 우울 여성들에게 적절할 뿐만 아니라, 사회복지사와의 일대일 관계를 원치 않는 여성들에게 특히 유용하기 때문이다. 특히, 여성들만으로 구성된 집단적 접근은 매우 유용하다. 여성들만으로 구성된 집단은 그들끼리의 생각을 서로 나누게 하여 혼자가 아님을 알게 하고, 이를 통해 의식고양은 물론 희망을 고무시키고, 친밀하고 신뢰할 수 있는 관계형성의 경험을 통해 외부세계에 대한 자신감과 힘을 길러주기 때문이다.

폭력 피해 여성 제13장

1. 폭력의 의미

1) 강제력으로서 폭력

주체나 목적이 누구이든 무엇이든지 관계없이 폭력은 심리적·육체적·정신적 억압이나 방해, 훼손을 의미한다(Kerber & Schmieder, 1991: 194). 이 과정에서 주체와 객체는 인간과 인간, 인간과 사회, 사회와 사회가 될 수 있을 것이다. 인간이 인간을 상대로 심리적·육체적·정신적 강제를 행사하는 경우는 일상에서도 쉽게 관찰할 수 있는 현상이다. 그래서 폭력의 일상화를 이야기할 수 있다. 사회는 사회 구성원으로서 인간을 상대로 심리적·육체적·정신적 강제를 행사한다. 공권력부터 시작하여 불법 구금이나 감금, 고문 등이 그 예가 될 수 있다. 사회와 사회 간 폭력 양상의 대표적인 경우가 전쟁일 것이다.

폭력 개념 이해에서 중요한 점은, 적법성 여부와 관계없이 폭력 주체가 폭력 상대에게 무엇인가를 강제할 수 있는 능력을 갖고 있다는 것이다. 강제력으로서 폭력의 양상을 물리적 차원에 국한시킨다면 특히 형법에서 규정하는 상대의 의사에 반하여 강제할 수 있는 수단으로서 강도, 유괴, 협박, 살인, 신체적 훼손 등이 폭력을 의미한다. 그러나 이 관점에서 정신적·심리적 강제 수단으로서 폭력의 실체를 규명하기는 쉽지 않다.

물리적 차원에서 더 나아간 폭력 개념은 심리적·정신적 강제 수단으로서 폭력에 주목한다. 이 경우 폭력의 양상은 박탈, 심리적 학대, 언어적 공격 등으로 나타난다. 폭력을 단순히 눈에 보이는 물리적 차원에서 더 나아가 논의하는 시도는 구조적 폭력에 대한 관심으로 이어진다.

눈에 보이지 않지만 무엇인가 강제하는 기능을 지닌 폭력 구조에 주목하게 되면, 개인이 당장 폭력 피해자가 되지 않더라도 '폭력 구조 혹은 구조적 폭력'을 의식하기 때문에 무엇인가를 해야 하는 혹은 하지 않아야 하는 상황을 폭력 피해 상황으로 규정할 수 있다. 즉 개인이나 사회가 자신을 억압하는 어떤 구조를 의식한 결과 자신의 의사에 반하여 의식적·무의식적으로 행동한다면 이러한 상황을 폭력 피해 상황으로 볼 수 있다는 의미이다.

예를 들어, 교육 수단인 체벌을 보자. 전통적으로 체벌은 교육 수단의 하나로서 구조화되어 있다. 그러나 학교에서 상당수 교사는 체벌을 좋은 교육 수단으로 보지 않는다. 그래서 체벌을 교육 수단으로 사용하지 않는다. 그러나 또한 상당수 교사는 어떤 수준에서든지 체벌을 교육 수단으로 사용하는 상황에서, 모든 교사는 벌주는 수단으로서 체벌을 사용한다고 모든 학생은 생각할 수밖에 없다. 그리고 교사의 지시에 따르지 않았을 경우 받게 될 체벌 가능성을 의식적·무의식적으로 염두에 두면서 학교생활을 하게 된다. 따라서 모든 교사가 체벌을 하지 못하도록 제도화되거나 실제 모든 교사가 체벌을 하지 않은 상황이 되지 않는 한 모든 학생은 학교 폭력의 피해자가 된다고 추론할 수 있다.

폭력 구조가 갖는 강제성에 주목한 이러한 관점은 폭력 구조 자체를 변화시키려는 노력으로 나타나기도 한다. 그 예로서, 독일에서는 2000

년 11월 민법(BGB) 1631조 2항 2를 개정하여 부모의 체벌권마저 금지하였다. 개정 조항은 "아동은 폭력 없는 교육을 받을 권리를 갖는다. 육체적 벌, 정신적 피해, 기타 존엄을 해치는 행위는 허용되지 않는다"는 내용을 담고 있다.[1] 가족 내 체벌 외, 학교에서의 체벌은 이미 1973년에 금지되었다. 동독의 경우에는 이미 학교 체벌을 1949년에 금지하였다.

2) 폭력의 합법성과 불법성

폭력을 정의하는 과정에서 공권력이나 불법 구금 등을 언급하면서 이미 폭력의 또 다른 의미를 이야기하게 된다. 이른바 합법적 폭력과 불법적 폭력의 분류일 것이다. 인간이 인간을 강제할 때에, 사회가 인간을 강제할 때에 혹은 인간이 사회를 강제할 때에, 그리고 사회가 사회를 강제할 때에 그 양상을 불법 혹은 합법으로 규정하는 것을 볼 수 있다. 우리나라에서 교육 수단으로서 체벌, 공권력 행사, 시민 혁명, 국제법상 정의로운 전쟁[2] 등은 합법적 폭력으로 보는 경향이 강하다. 강도질, 강간, 고문, 침략전쟁 등은 불법적 폭력으로 분류할 수 있다.

폭력의 합법성은 특히 공권력 행사에 그 기초를 둔다. 민주법치국가에서 입법, 사법, 행정을 독점할 수 있는 국가의 권리를 인정하기 때문이다. 국가는 그러한 권리를 이행하는 과정에서 폭력 행사를 독점하게 된다. 물론 국가의 폭력 독점권은 국민으로부터 위임받은 것이라고 할 수 있다. 국가가 폭력 독점권을 옳지 않는 방법으로 행사한다고 다수 국민이 판단한다면 국가의 폭력 독점권은 정당성을 상실하게 된다.

국가의 폭력 독점권은 물적 대상에 대한 독점권과 대인 대상 독점권

1) § 1631 BGB Absatz 2 Satz 1: "Kinder haben ein Recht auf gewaltfreie Erziehung. Körperliche Bestrafungen, seelische Verletzungen und andere entwürdigende Maßnahmen sind unzulässig."

2) 나치 독일에 맞선 2차 세계대전 참전 등.

으로 분류할 수 있다. 체제 유지를 위하여 사회 구성원의 물권(物權)과 인권(人權)을 강제로 제한할 수 있는 권리를 갖는다는 의미이다. 따라서 국가 외에 개인이나 조직이 폭력을 사용하여 상대방을 강제하려고 할 경우에는 불법적 폭력으로서 제재를 받게 된다. 그렇다면, 국가의 폭력 독점권에도 불구하고 국가 외 주체들은 왜 폭력을 행사하려고 할까? 이제 폭력의 목적을 알아보면서 이 문제를 풀어보도록 하자.

3) 폭력의 목적

주체와 객체가 누가 됐든지 간에 폭력 행사의 목적은 상대방을 강제하기 위하여 일정한 상태나 과정, 관계를 조절하거나 변화시키는 것이다. 폭력은 기존 질서를 유지 혹은 변화시키기 위한 통제의 정치적 수단이라고 할 수 있다. 때로 폭력 행사 주체는 "폭력 외에 다른 수단이 더 이상 없기 때문에 폭력을 사용한다"라고 주장하기도 한다. 실제 상황에서 폭력 외 다른 수단이 존재하지 않을 수도 있을 것이다. 그러나 대체로 폭력은 많은 경우에 목적을 달성하기 위한 일반적 수단으로 구조화되어 있기도 하다.

다른 차원에서 폭력은, 상대방을 강제하기 위한 것이 아니라 폭력 행사 주체 그 자신을 위한 것이기도 하다. 이런 맥락에서도 폭력은 주체와 객체의 관계를 전제로 한다. 다만 폭력 행사를 통해 당장 어떤 변화를 추구하거나 현상 유지 효과를 당장 보려는 것이 아니라, 자신의 존재감 자체를 확인하는 경우가 있다는 의미이다. 결국 폭력의 목적은 자존감의 표현이라고 할 수 있다.

2. 여성 대상 폭력의 양상

이 장에서 논의하고자 하는 여성 대상 폭력은 합법적 폭력이 아니라 불법적 폭력이다. 폭력을 여성을 강제하는, 남성의 존재감을 확인하는, 젠더 질서를 유지하여 남성적 이익을 지키려는 불법적 수단으로 전제하고 논의를 시작한다.

여성 대상 폭력을 불법으로 규정하는 차원을 우리나라에서는 '가정폭력'과 '성폭력'으로 분류하고 있다. 전자의 법적 토대로서 '가정폭력방지 및 피해자보호 등에 관한 법률'[3]과 '가정폭력범죄의 처벌 등에 관한 특례법'[4]이 있다. 이 중 '가정폭력방지 및 피해자보호 등에 관한 법률'은 사회복지법 성격을 갖고 있으며 '가정폭력범죄의 처벌 등에 관한 특례법'은 형법의 차원으로 분류할 수 있다. 성폭력 피해 여성 대상 개입의 법적 토대로는 '특정범죄 가중처벌 등에 관한 법률'이 있었지만, 이 법률로는 성폭력 피해에 효율적으로 대처할 수 없다는 인식 하에 '성폭력범죄의 처벌 및 피해자보호 등에 관한 법률'이 1994년 1월 5일 법률 제4702호로 제정되었다.

이러한 내용을 배경으로 할 때 여성 대상 폭력의 양상을 '가정폭력'과 '성폭력'으로 분류하여 설명할 수 있다.

1) 가정폭력

가정폭력이 나타나는 양상은 구타, 언어폭력, 심리적·정신적 학대, 강간 등 성폭력이 있다. 이 중 구타, 언어폭력과 심리적·정신적 학대는 일반적으로 가정폭력의 양상으로 사회적 합의를 얻고 있지만, 강간 즉 부부 간 성폭력은 사회적 인정을 받기 어려운 상황이다. 따라서 가

---

3) 1997년 12월 31일 법률 제5487호로 제정.

4) 1997년 12월 13일 법률 제5436호로 제정.

정폭력 관련 이론을 살펴본 후, 가정폭력으로서 부부 강간 문제를 다루도록 한다.

(1) 가정폭력 분석 이론

가정폭력 분석 이론은 크게 가족체계론과 여성주의자 이론으로 분류할 수 있다. 분류 기준으로서는 가정폭력 문제 분석 단위, 폭력 책임 주체를 보는 견해, 폭력 원인 제시 양상, 가정폭력과 다른 폭력 양상 간 차별성에 대한 견해, 가정폭력 문제 해결 방법, 가정폭력 문제 개입 근거 등이 있다(김은경, 2003: 60 이하).

먼저, 가정폭력 문제 분석 단위를 보면 가족체계론과 여성주의자 이론은 다음과 같은 차이를 보인다. 가족체계론에서 볼 때 가정폭력의 문제는 가족체계가 단위가 된다. 즉 가정폭력은 체계로서 가족이 제대로 작동하지 않은 결과이다. 반면 여성주의자 이론에서 볼 때 가정폭력은 여성과 남성 간 관계에서 나오는 문제이다. 남성이 여성을 통제하는 수단으로서 폭력이 사용된다.

두 번째, 가족체계론에서 볼 때, 가정폭력은 체계로서 가족이 제대로 작동하지 않아서 생기는 문제이기 때문에 가정폭력 책임 주체 역시 남성과 여성 둘 다이다. 따라서 가정폭력 문제를 해결하기 위하여 부부치료와 같은 방법이 유용하게 사용될 수 있다. 그러나 여성주의자 이론에서 가정폭력 책임 주체는 가부장적 젠더 질서와 남성이다. 남성이 여성을 통제하는 수단으로서 사용하는 가정폭력은 가부장적 사회구조의 결과이다. 여기에서 가정폭력은 가부장제의 '구조적 폭력'이다. 따라서 실제 한 번도 배우자를 구타한 적이 없는 남성도 가정폭력의 책임 주체가 될 수 있다. 남성이 폭력 행사를 하느냐 안하느냐를 떠나 때릴 수도 있는 사회구조로서 가부장제가 남아있기 때문이다. 즉, 머릿속에 남성이 여성을 때릴 수도 있다는 관념이 남아있고 실제로 배우자를 폭력으로써 통제하는 남성이 집단으로서 존재하는 한, 여성은 폭력 피해 가능성을 하나의 전제로 배우자 관계를 유지하게 된다. 따라서 모든 여성이, 여성주의자 이론에서 볼 때, 가정폭력으로부터 자유로울 수 없다.

세 번째, 가족체계론 관점에서 가정폭력의 원인은 잘못된 사회화 과정 등 폭력가해남성 개인에게서 찾을 수 있다. 폭력적인 아버지 밑에서 자랐느냐 등을 논하는 것이 이러한 관점을 대변한다. 가정폭력의 책임 주체는 '나쁜 남자'일 뿐이다. 그러나 여성주의자 관점에서 가정폭력의 주원인은 여성 억압적 차별과 가부장적 사회구조이다. 가정폭력 주체는 '잠재적으로 모든 남자'가 된다.

네 번째, 가족체계론 관점에서는 가정폭력과 다른 유형의 폭력 간 차별성이 없다. 폭력은 바람직하지 않은 것이며, 그런 폭력이 가족체계 내에서 발생하는 것뿐이다. 반면, 여성주의자 이론에서 가정폭력은 다른 폭력과 달리 가족 내 남성의 지배질서를 유지하기 위한 수단이다. 상당수 사람들이 "남자가 손찌검을 해도 여자가 조금만 참으면 가정의 평화가 유지된다"라는 생각을 한다. 가정에서 남자의 폭력은 가장으로서 가족 내 질서 유지를 위해 불가피한 것이라는 인식을 하기 때문이다. 이런 맥락에서 자녀에 대한 부모의 폭력도 용인되는 것이다.

다섯 번째, 가정폭력 문제 해결 방법은, 가족체계론에서 볼 때에는, 부부 간 상호작용 양상을 개선하거나 개인과 가족의 심리적 문제를 해결하는 것이다. 잘못된 사회화 과정을 바로 잡아주고 폭력의 유해성을 가해자 남성이 깨닫게 되면 가정폭력 문제는 해결된다고 본다. 반면, 여성주의자 이론에서 가정폭력 문제 해결 방법은 여성의 의식화와 자주적 삶을 살 수 있는 능력 향상이다. 먼저 피해 여성을 보호하면서, 피해 여성이 자기 삶을 스스로 살아갈 수 있는 경제적 · 심리적 · 사회적 여건을 마련해야 한다. 더 나아가 가부장적 젠더 질서를 변화시키는 정책적 개입을 해야 한다.

여섯 번째, 가정폭력이라는 위기 상황에 개입하는 근거를, 가족체계론 관점에서는, 가족 · 가정 보호에 둔다. 이 관점에서는 위기 개입 대상으로서 남성도 중요하다. 가족체계가 제대로 기능하지 않는 상황에서 체계의 구성원으로서 남성도 도움을 필요로 하는 존재이기 때문이다. 반면, 여성주의자 이론에서는 개입의 주 대상이 여성이며 여성 권익이다. 남성은 위기개입 대상이라기보다, 위기 발생 원인으로 볼 수 있을 뿐이다.

요약하면, 가족체계론에서 가정폭력 문제는 사회체계의 하나로서 가족이 제대로 기능하지 못한 결과이기 때문에, 체계로서 가족을 보호하기 위한 개입을 해야 한다. 위기 개입의 주 대상은 잘못된 사회화 과정을 거친 가해자 남성과 피해자로서 여성 간 관계이다. 배우자 간 관계를 사회적으로 바람직한 상태로 돌려놓는 것이 개입의 목적이 된다.

〈표 13-1〉 가정폭력에 대한 이론적 관점

<table>
<tr><th></th><th>가족체계론</th><th>여성주의</th></tr>
<tr><td>분석 단위</td><td>가족체계</td><td>여성과 남성 간 관계</td></tr>
<tr><td rowspan="2">책임 주체</td><td rowspan="2">남성과 여성</td><td>남성</td></tr>
<tr><td>여성은 방어적 폭력 사용</td></tr>
<tr><td rowspan="2">원인</td><td rowspan="2">잘못된 사회화</td><td>여성억압적 차별</td></tr>
<tr><td>가부장적 사회구조</td></tr>
<tr><td rowspan="2">여성에 대한 폭력이 갖는 차별성</td><td>없음</td><td rowspan="2">가족 내 지배 질서 유지를 위한 수단</td></tr>
<tr><td>타인에 대한 폭력, 아동에 대한 폭력과 동일시</td></tr>
<tr><td rowspan="2">해결 방법</td><td>개인과 가족의 심리적 문제 해결</td><td>삶에 대한 피해 여성의 통제력 향상</td></tr>
<tr><td>부부 상호 작용 패턴 변화</td><td>피해여성 보호와 남성의 억압적 행동 억제를 위한 개입</td></tr>
<tr><td rowspan="2">위기 개입 근거</td><td>가정 보호</td><td rowspan="2">여성 권익 보호</td></tr>
<tr><td>남자는 도움을 필요로 하는 가족 체계의 구성원</td></tr>
</table>

* 출처: 김은경(2003: 60 이하를 토대로 구성).

여성주의자 이론에서 가정폭력 문제는 남녀 간 가부장적 젠더 질서와 가부장적 사회구조의 표현이다. 따라서 남성의 억압적 행동을 억제하고 자신의 삶을 자주적으로 설계해 나갈 수 있는 여성의 능력을 향상시키는 것에 개입의 목적이 있다.

(2) 가정폭력으로서 강간

가정폭력으로서 강간을 흔히 '부부 강간'이라고 표현한다. 일반적으로 가정폭력을 이야기할 때에는 부부 강간을 제외한 폭력 행위를 의미한다. 부부 강간을 처벌하는 것에 대한 사회적 합의가 이루어지지 않았고, 형법상 처벌도 가능하지 않기 때문이다.

강간을 처벌하는 법 조항은 한국 사회의 지배적인 섹슈얼리티를 표현하고 있나. 우리나라 형법 297조 강간 관련 조항에서는 "폭행 또는 협박으로 부녀를 강간한 자는 3년 이상의 유기징역에 처한다"라고 규정하고 있다. 따라서 강간은 남자가 여자에게 하는 것이 된다. 그리고 '강제로 한 간음'이기 때문에 강제적인 성기 삽입이 있어야 한다.

더 나아가, 형법 규정 자체만 보면 부부 간 혹은 부부 외 관계를 명시하지 않아서 부부 강간 처벌이 가능할 것 같지만, 부부 간에는 강간이 성립할 수 없다는 1970년 대법원 판례 이후 부부 강간은 처벌 대상이 아니었다. 이른바 정조를 이미 '허락한' 사이에서 강간은 성립할 수 없다는 인식이었으며, 이러한 인식에서 강간을 처벌하는 법이 보호하는 것은 여성의 몸이 아니라 정조(조주현, 1999: 69)일 뿐이다.

1970년 대법원 판례 관련 보도문[5)]

부부간 성적 결정권과 관련, 지난 1969년 아내를 강간한 혐의로 남편이 기소된 전례는 있지만 이듬해 대법원은 "사건 당시 실질적인 부부관계가 있었다고 판단되면 남편이 처를 강제로 간음했다고 해도 강간죄는 성립하지 않는다"라고 판시, 부부간 강간죄를 인정하지 않았다. 즉 별거나 이혼 등으로 정상적인 부부생활을 지속하지 않았다면 몰라도 정상적인 부부인 경우엔 부부간 강간죄는 성립할 수 없다는 것이 당시 대법원의 판단이었고 유사 사례로 남편이 기소된 전례도 찾을 수 없었다.

2004년 8월 20일 서울중앙지법 형사합의 22부 판결에서 아내를 강제추행하고 다치게 한 혐의로 불구속된 남자에게 징역 2년 6월(집행유예 3년)을 선고하긴 했지만, 형법에 부부 강간 처벌을 명시하지 않고 있기 때문에 이 문제는 여전히 사회적 논란거리로 남아 있을 뿐이다.

이러한 논란의 중심에는 "여성의 성적자기결정권을 어느 정도 차원까지 인정하느냐"라는 문제가 있다. '성적자기결정권(性的自己決定權)'은 당사자가 성·신체와 관련된 사안에서 스스로 결정할 수 있는 권리를 갖고 있음을 의미한다. 배우자로서 남성의 성행위 요구에 응해줄 의무가 있긴 하지만, 이 개념에 따라, 그 의무보다 여성 자신의 욕구가 더 우선하게 된다. 배우자끼리 성관계에 있어 서로 갖고 있는 의무와 권리 간 긴장관계를 대화와 타협 속에서 조절해 나가야 함을 뜻하는 개념이기도 하겠다.

그런데 우리나라에서는 사회통념상 남성과의 성관계를 여성이 스스로 결정한다기보다는 남성의 욕구 표현에 동의하느냐 하지 않느냐를

---

5) 법원 '아내 강제추행' 첫 유죄판결 "부부간 성적 자기결정권 침해행위는 용인될 수 없다.
(http://www.hani.co.kr/section-005000000/2004/08/005000000200408201413611.html, 인터넷 한겨레 2004년 8월 25일 내려 받음)

기준으로 판단하는 경향이 강하다. 따라서 '동의'의 존재 여부가 강간을 판단하는 중요한 기준이 된다. 즉 성관계를 할 의사가 있는 남성에게 여성이 동의했는가 여부에 따라 강간 여부를 판단하는 것이다. 이런 의미에서 섹스는 남성의 의사에 여성이 동의한 것이고 강간은 남성의 의사에 여성이 동의하지 않은 것 정도로 이해하면서 섹스와 강간을 모두 여성을 대상으로 남성이 주체가 되어 하는 것으로 본다(조주현, 1999: 68). 이러한 인식의 결과, 강간과 섹스 상황을 구분하는 기준이 여성의 의사 표현 여부에 달려 있고, 따라서 강간과 섹스에 대한 책임 역시 여성이 져야 하는 것으로 이해한다(조주현, 1999: 70).

게다가 민법에서 규정하는 '부부 동거 의무'[6]는 성적자기결정권보다는 혼인관계 내 성관계 의무를 더 강조하는 의미로 해석되고 있다. 그러므로 여성이 성폭력 수준에서 성관계를 강요당하는 상황을 사생활 영역으로 간주하여 법적 개입의 가능성 자체를 차단해왔다고 볼 수 있다.

그러나 최근 서울중앙지법 판례에서 볼 수 있듯이, 부부 강간은 가정폭력 범주로 인식되는 경향을 보이고 있다. 부부 강간이 가정폭력으로 인정받을 수 있는 근거를 다시 한 번 요약하면, 첫째, 부부관계에서 여성은 더 이상 성적 객체가 아니라 주체이기 때문이다. 둘째, 성적 주체로서 여성은 성적자기결정권을 갖기 때문이다. 따라서 여성의 의사에 반한 성행위 강요는 아무리 부부관계를 전제로 하더라도 가정폭력의 일종으로 받아들여진다.

여성부에서는 최근 들어 부부 강간을 가정폭력의 하나로 보고 실태조사 항목에 포함시켰다. 2007년을 기준으로 19세 이상 65세 미만 성인남녀 13,608명을 대상으로 한 성폭력 피해 실태 조사에서 여성 응답자 6,880명 중 67명이 부부 강간 피해 경험이 있고 평균 피해건수는 피해자 일인당 4.4건으로 나타났다. 이는 19세에서 64세 여성인구

6) 민법 제4절 혼인의 효력 제1관 일반적 효력 제826조 (부부간의 의무) ① 부부는 동거하며 서로 부양하고 협조하여야 한다. 그러나 정당한 이유로 일시적으로 동거하지 아니하는 경우에는 서로 인용하여야 한다.

1,000명당 9.7명꼴로 부부 강간 피해를 경험하는 것이라고 할 수 있다(여성부, 2008.1: 247).

부부 강간 피해 여성 연령 분포는 40대 여성이 제일 높고 그 다음이 30대, 50대 이상의 순이었다. 응답자 중 20대 여성의 부부 강간·강간미수 피해자는 없었으나, 30대가 21명에 83건, 40대가 27명에 106건, 50대 이상이 19명에 103건으로 집계되었다. 이를 토대로 여성인구 전체의 피해율을 추정하여 보면 30대 여성인구 1,000명당 13.1명이 51.7건의 부부 강간·강간미수 피해를 당하는 것으로 추정되며, 40대 여성은 1,000명당 17.9명이 70.2건, 50대 이상 여성은 1,000명당 8.4명이 45.4건의 부부 강간 및 강간미수 피해를 당한 것으로 추정할 수 있다(여성부, 2008.1: 260).

부부 강간 가해 남성의 경우는, 남성 응답자 중 4.2%가 부부 강간 경험이 있다고 하였는데, 이들 중 1.5%는 1회, 1.3%는 2회, 1.4%는 3회 이상 부부 강간 경험이 있다고 하였다. 가해남성 연령은 40대가 응답자 중 6.3%로 가장 높고, 30대와 50대 이상은 각각 4.7%와 4.6%로 유사하다. 20대 남성은 1.2%로 나타났는데 이는 20대 미혼비율이 높은 것으로 추정할 수 있다(여성부, 2008.1: 263~264).

대부분 여성은 부부 강간을 경험하고도 ① 신고해봤자 소용이 없을 것 같아서, ② 남이 알면 창피해서, ③ 부부 강간 상황 자체를 성폭력으로 인지하지 못했기 때문에, ④ 저항하다가 더 큰 상처를 입을 것 같아서 등의 이유로 제대로 부부 강간에 대응하지 못하고 있다(여성부, 2008.1: 267).

2) 성폭력

(1) 성폭력 분석 이론

성폭력을 다루는 이론은 특히 강간을 중심으로 하여 성폭력의 본질에 접근하려고 한다. 이러한 이론에는 성별불평등론(*gender inequality theory*), 포르노그라피 효과론(*pornography effect theory*), 문화적 유출이론(*cultural spillover theory*), 남성성이론(*masculinity theory*)이 있다(여성부, 2008.1: 91). 이때 개별 이론 하나가 성폭력의 모든 양상을 설명한다고 보기는 어려울 것이다. 따라서 여기에서는 각 이론이 성폭력을 분석할 때 강조하는 점이 무엇인지를 중심으로 성폭력 관련 이해를 할 필요가 있다.

성별불평등론, 즉 여성주의자 관점에 토대를 둔 이론에서 보면 성폭력은 가부장제적 사회질서를 유지하는 수단이다. 여성에 대한 남성의 지배적 젠더 질서를 토대로 형성된 가부장제적 사회는 성폭력을 통해 남성에 대한 여성의 두려움을 유지시킴으로써 젠더 질서를 유지한다. 성적주체로서 남성의 성적객체로서 여성, 즉 남성의 성적 만족과 자녀 출산 수단으로서 여성은 폭력을 통해 길들여진다. 이때 남성성은 지배와 공격성으로 특징지어지고 여성성은 복종과 순응으로 나타난다(여성부, 2008.1: 91~93).

둘째, 성폭력을 포르노그라피가 만연한 결과로 보는 관점이 있다. 상업화된 포르노그라피에서는 성적 대상으로서 여성을 남성이 폭력적으로 착취하면서 만족을 얻는 장면을 부각시키는 경향이 있다고 본다. 여기에서 여성은 성적 객체로서 비인간화되고 여성에 대한 남성의 폭력은 매우 선정적으로 표현된다. 포르노그라피를 통해 여성은 성폭력의 피해자이면서 남성의 성적 환상을 충족시켜주는 수단의 역할을 한다. 포르노그라피를 보면서 남성은 여성을 폭행하고 강간하는 과정을 '자신도 즐기고 여성도 즐긴다'고 느끼면서 일종의 행위모델을 학습하고 있다는 의미이다(여성부, 2008.1: 93~95).

셋째, 문화적 유출이론이 있다. 이는 여성에 대한 남성의 폭력이 일상에서의 다른 폭력, 예를 들어 학교 체벌이나 공권력 사용 등에서 유추된다고 보는 견해이다. 남녀 관계를 떠나서 사회적으로 용인된 폭력이 젠더 질서에 그대로 반영된다는 의미이다. 대중매체나 국가 공권력을 통해 볼 수 있는 폭력의 주체는 주로 남성이다. 이러한 남성적 폭력 문화에 많이 접촉한 남성일수록 성폭력 가해자가 되기 쉽다고 본다. 권위주의적 문화에서 체벌이나 강압적 지배 분위기, 지나친 공권력 행사에 익숙한 한국 사회 남성들이 여성이나 배우자에 대한 폭력을 심각하게 받아들이지 않는 경향은 "여자와 북어는 사흘에 한번 두들겨야 맛이 난다"라든가, 또는 "매를 아끼면 자식을 버린다"라는 식의 문화적 코드로 남아왔다(여성부, 2008. 1: 95~97).

넷째, 여성에 대한 남성의 폭력은 자연적으로 타고난 것이 아니라 사회화되었다는 의미에서 남성성에 주목하는 입장이 있다. 남성성은 여성성과 대조되는 개념으로서 성적 주도권에 대한 집착, 강간환상이나 포르노의 탐닉에서 보이는 공격성(*aggression*), 성매매의 정당화를 통한 성과 사랑의 분리, 성기 지향성(*penis orientation*), 여성의 성적 객체화(*objectification*), 여성의 신체 일부나 옷 등을 여성 전체와 분리시켜 성적 만족을 추구(*fetishism*), 통제 불가능하기 때문에 충족시키는 것이 당연한 남성의 성적 욕구 등으로 나타난다. 이 관점은 남성성과 여성성을 지나치게 단순화한 경향이 있지만, 남성이 여성을 대상으로 성폭력을 행사하는 양상을 나름대로 설명하고 있다(여성부, 2008. 1: 97~99).

(2) 성폭력 양상

우리 현실에서 성폭력 양상은 '강간 및 강간미수', '심한 추행', '가벼운 추행', '비접촉성 성희롱', '성기노출', '음란전화', '스토킹', '부부 강간' 등으로 나타난다(여성부, 2008. 1: 214).

여기에서 강간은 "남성이 상대방(반드시 여성)의 (반항을 불가능하게 하거나 상대방이 반항하는 것을 매우 곤란하게 할 수 있는 정도의) 폭행 혹은 협박을 가하여 성기를 삽입하여 성교하는 것을 말한다. 강간미수는 상대방의 뜻을 무시하거나 혹은 강제로 성교를 시도했으나 실패한 행위를 의미한다(여성부, 2008. 1: 217)." '심한 추행'은 "유사성교와 심한 추행의 두 가지 성폭력 피해유형을 포함한다. '유사성교'는 강간과 구분되는 개념으로 현행법상 강간죄로 처벌받지는 않지만 성기 이외의 신체에 성기나 이물질 등을 삽입하는 성폭력 행위이다. 구강성교, 항문성교, 성기 혹은 항문에의 이물질 삽입이 포함된다. '심한 추행'은 비록 성교를 시도하지는 않았지만 상대방의 뜻을 무시하고 혹은 강제로 추행을 하는 것으로 성적 키스, 성기접촉, 성기외접촉, 성적 포옹 등이 포함된다(여성부, 2008.1: 218)."

'가벼운 추행'은 "고의로 상대방의 가슴, 엉덩이, 음부 등을 건드리거나 일부러 몸을 밀착시키는 행위를 말한다(여성부, 2008.1: 218)." '가벼운 추행'이 지속적으로 이루어지면 '심한 추행'이 된다. '비접촉성 성희롱'은 "말이나 몸짓으로 상대방을 성적으로 괴롭히거나 모욕을 주는 행위로 신체적 접촉이 없는 경우에 한정된다(여성부, 2008.1: 218)." '음란전화'는 "성적 자극을 유발하거나 외설스러운 말을 담고 걸려오는 전화이다. 구체적인 전화내용과 상관없이 피해자 입장에서 전화통화로 인해 성적인 불쾌감을 받았다면 음란전화로 간주한다(여성부, 2008.1: 218)."

'성기노출'은 "여러 사람 혹은 한 개인 앞에서 성기를 고의적으로 노출하고 서있거나 돌아다니는 행위이며 성기를 접촉한 경우에는 추행이 된다(여성부, 2008.1: 218)." '스토킹'은 "상대방의 싫다는 의사표시에도 불구하고 자신의 일방적인 호감만을 이유로 상대방의 감정을 자신이 원하는 대로 변화시키려는 의도로 병적으로 집요하게 쫓아다니며 정신적·신체적으로 괴롭히는 행위를 말한다(여성부, 2008.1: 218)." '부부강간'은 "부부 사이에서 상대방의 의사에 반하여 강제로 성기 삽입 형태의 성행위를 하는 것이다(여성부, 2008.1: 219)."

2007년 한 해 동안 성폭력 피해 현실을 조사한 여성부 연구에 따르면, 1인당 피해 빈도가 가장 높은 성폭력 유형은 음란전화, 그 다음이 가벼운 추행, 성기노출, 성희롱, 부부 강간, 스토킹, 심한 추행, 강간·강간 미수로 나타났다.

여성 응답자 6,880명 중 220명이 574건의 음란전화 피해를 경험해서 여성 인구 1000명당 32.0명이 1년에 83.4건의 피해를 당하는 것으로 추정할 수 있다. 가벼운 추행의 경우에는 여성응답자 169명이 361

건의 피해를 본 것으로 나타났다. 이는 여성 성인인구 1,000명당 24.6명이 모두 합쳐 52.5건의 가벼운 추행 피해를 당한다고 할 수 있다. 1인 당 1년에 약 2건 이상의 가벼운 추행 피해를 당한다는 의미도 될 것이다. 성기노출 피해 여성은 응답자 중 132명이었다. 전체 피해건수는 251건으로서 이는 피해자 일인당 2.6건을 의미한다. 전체 여성 성인인구 1,000명당 추정 피해율은 19.2명에 36.5건이다. 여성 응답자 중 77명이 피해를 경험한 성희롱은 전체 피해건수가 240건이며, 일인당 평균 3.1건이었다. 여성 성인인구 1,000명당 추정 피해율은 11.2명에 34.9건이다. 부부 강간 피해사례는 67명이며, 이를 전체 인구로 환산하면 여성 성인인구 1,000명당 9.7명이 부부 강간 피해를 경험하였다고 볼 수 있다. 스토킹 피해는 67명의 여성응답자가 294건을 당한 것으로 보고하였다. 여성 1인당 평균 스토킹 피해는, 따라서, 4.4건으로 볼 수 있다. 19세 이상 64세 이하 성인여성 1000명당 8.4명이 44.9건의 스토킹 피해를 본다고 추정할 수 있다. 심한 추행을 경험한 여성 응답자는 전체 여성 응답자 6,880명 중에서 32명에 104건이었다. 이는 피해자 일인당 평균 3.3건이며 전체 성인여성인구 1,000명당 4.7명에 15.1건이 발생하는 것으로 추정할 수 있다. 마지막으로 강간·강간미수는 피해사례 15명, 피해건수 42건, 19세에서 64세 여성 1,000명당 피해자 수는 2.2명이며, 피해건수는 6.1건이다(여성부, 2008.1: 248).

3. 여성 대상 폭력과 사회복지서비스

여성 대상 폭력에 개입하는 사회복지서비스의 지향점은 무엇인가? 폭력 피해 여성의 치료와 사회적 자활인가, 혹은 폭력가해자 응징을 통한 법질서 확립과 폭력 예방인가? 우리나라 사회복지서비스 전달체계는 폭력 피해 여성에 대해 어떤 접근을 하고 있는가? 이러한 질문에 대한 답을 찾아보도록 하자.

1) 여성에 대한 폭력 대응모델

여성에 대한 폭력 문제에 대응하는 방식은 국가별로 크게 두 가지 방향으로 요약할 수 있다. 피해여성의 사회적 자활을 지원하는 방향과 가정폭력 문제에 대한 치안 유지 차원에서의 응징이다(Charles, 2000: 138). 전자는 사회복지정책 중심 접근, 후자는 형사정책 중심 접근이라고 할 수 있다.

(1) 사회복지정책 중심 접근

1960년대 말·1970년대 초 서유럽 국가와 북미를 중심으로 전개된 여성 피난처 운동(*women's refuge movement*)은 사회복지정책 발달에 많은 영향을 주었다. 가정폭력을 중심으로 여성에 대한 폭력을 사회적 이슈로 제기하면서 여성운동은 피난처 운동 그룹 간 네트워크를 형성하였다. 가부장제적 국가 체제를 부인하는 당시 여성운동의 물결은 국가의 도움을 받지 않는 자주적·대안적 서비스 네트워크 구축을 시도하였다. 즉 기존 복지국가 체제는 가부장적 이해관계를 반영하는 것이므로 여성의 이해관계를 대변하는데 있어서 구조적 한계가 있다고 보고 여성들 스스로 조직한 서비스를 통하여 가부장적 사회구조를 변혁하는 시도를 하였다.

국가 재정지원이나 간섭으로부터 자유로운 '자주적 여성쉼터(*autonome Frauenhäuser*)'나 '강간위기센터(*rape crisis centres*)'는 국가 제도권 밖 서비스 제공 목적으로서 배우자 관계의 회복을 거부하였고, 여성 의식화와 자주적 삶의 토대 형성을 목표로 하였다(Schneider, 1990: 517). 그러나 현실적으로 재정적 한계 문제가 대두되고, 가해폭력남성을 처벌하는 주체로서 국가의 역할을 부인할 수 없는 상황, 그리고 여성운동의 문제 제기를 국가정책 대상으로 받아들이기 시작한 개혁적 분위기에서 '자주적 여성쉼터' 외에 국가나 비영리법인이 운영하는 이른바 '비자주적 여성쉼터(*nichtautonome Frauenhäuser*)'가 늘어나기 시작하였다.

명칭은 국가마다 다를지 모르지만, 국가 체제를 거부하는 여성주의자 관점 서비스가 점점 제도권 내로 흡수되는 양상을 보이기 시작했다고 하겠다(Charles, 2000: 135).

은폐된 모습으로 젠더 질서를 유지하는데 기여하고 있던 여성에 대한 남성의 폭력을 사회적 이슈화하면서(Haarmann & Heggenberger, 1987: 402) 여성운동은 폭력가해남성 처벌과 더불어 폭력피해여성 대상 서비스를 위한 적극적 국가 개입을 요구하기 시작하였다.

서비스 방향은 위기 개입, 정보제공, 상담, 주거보호, 자활 지원, 연계서비스, 폭력피해 예방 사업, 가해자 격리 등으로 다양하게 전개되었는데, 이러한 서비스 제공이 효과를 거두기 위하여 네트워크의 중요성이 강조되었다. 폭력피해여성 상황이 매우 다차원적이고 따라서 그에 걸맞은 서비스 제공의 필요성이 생긴다는 것이다(Hagemann-White, 1992: 93). 이러한 인식 변화는 초기 여성쉼터 중심의 제도권 밖 서비스가 제도권 내 사법체계와 의료기관 등 다양한 서비스 제공 주체의 네트워크화로 연결되었다.

(2) 형사정책 중심 접근

법질서 유지와 여성에 대한 폭력 문제에 대한 관심은 형사정책 중심 접근을 통해 주로 나온다. 이 관점에서 폭력피해여성에 대한 접근은 범죄 피해자 보상 차원에서 이루어진다. 이는 폭력피해여성이 피해 발생 후 사회적 자활을 할 수 있도록 장기적 관점에서 필요로 하는 자원, 즉 주거와 취업교육, 아동양육비용 등은 서비스 제공에서 주요 관심사가 되지 않는다는 의미이기도 하다(Charles, 2000: 140).

형사정책적 차원에서의 대응은 피해자선택모델과 체포우선모델로 분류할 수 있다(김은경, 2003: 63). 피해자선택모델은 여성폭력 피해 개입 근거로서 피해자의 고소가 있어야 한다고 본다. 즉 피해자는 자유로운 행위 결정자로서 동시에 사건의 고소자이기도 하다. 가정폭력범죄의 처벌 등에 관한 특례법 9조[7]가 이러한 관점을 반영하고 있다. 이 모델의 전제는 여성에 대한 폭력 중 가정폭력은 여타 폭력과 다르게 취급해야 한다는 것이다. 가정폭력은 가정보호사건이라는 가족체계론 관점을 보여준다고 할 수 있다(김은경, 2003: 63). 여기에서 중요한 개입방법은 조정과 중재, 상담이다.

반면 체포우선모델은 피해자의 고소와 관계없이 가해자를 강제체포·구속·기소하는 정책이다. 가해자 체포·구속이 피해자를 보복폭력으로부터 보호하는 최선의 방법이라는 전제를 하고 있다. 즉 형사법체계 자체로써 가정폭력·성폭력을 예방할 수 있다고 보는 것이다. 이때 피해자의 역할은 고소자라기보다 목격자로 제한된다. 체포우선모델에서는 수사대책으로서 범죄예방 활동(우범지역 예방활동 강화, 선도 및 단속, 청소년 유해환경 정화), 강력한 검거활동(성폭력 상담기관과의 연계망 형성, 수사체제 강화, 여자기동수사대 강화, 여성 상담실 운영 활성화, 피해자 보호, 대국민 홍보활동), 수사 관계자 대상 수사교육 강화 등을 주요 프로그램으로 다룬다.

피해자우선모델은 특히 가정폭력을 다른 폭력사건과는 다른 방식으로 다룬다는 의미를 갖는다. 그러나 그러기 때문에 폭력피해여성이 고소를 꺼리는 현실적 한계를 보여준다. 남의 이목, 피해상황에 대한 인식 부족, 또 다른 폭력에 대한 두려움 등 여러 가지 이유로 인하여 실제 폭력피해 신고를 하지 않음으로써 생기는 '숨겨진 폭력'의 실체가 형성될 수 있다. 따라서 대체로 정책 방향은 피해자선택모델에서 체포우선모델로 변화하는 경향을 보였다.

체포우선모델은 여성폭력에 대한 강력한 제재 수단으로서 기능을 할 수 있다는 가능성에도 불구하고 다음과 같은 한계를 보여주기도 한다(김은경, 2003: 67). 첫째, 가정폭력·성폭력 대응책으로서 체포와 구

---

7) 제 9조 (가정보호사건의 처리) 검사는 가정폭력범죄로서 사건의 성질·동기 및 결과, 행위자의 성행 등을 고려하여 이 법에 의한 보호처분에 처함이 상당하다고 인정할 때에는 가정보호사건으로 처리할 수 있다. 이 경우 검사는 피해자의 의사를 존중하여야 한다.

속이 가장 효과적일 수 없다는 점이다. 여성의 성적·신체적 자기결정권을 존중하지 않는 가부장적 의식과 제도가 존재하는 한 폭력 문제를 처벌 위주로 해결하기는 어려울 것이다. 둘째, 폭력가해자로서 남성은 체포·구금 후 접근금지 명령이나 교육·상담 프로그램에 참여하게 된다. 그런데 접근금지 명령이나 교육·상담 프로그램이 현실에서 노출하는 한계의 예는 다양하게 볼 수 있다.

2) 가정폭력·성폭력 피해 여성 대책

현실에서 가정폭력·성폭력 피해 여성 대책은 사회복지정책적 요소와 형사정책적 요소를 다 포함하게 된다. 우리나라의 경우도 예외는 아니다. 사회복지정책적 요소로서 폭력피해여성 대상 위기 개입, 정보 제공, 상담, 주거보호, 자활 지원, 연계서비스, 폭력피해 예방 사업, 가해자 격리 등의 네트워크화가 시도되고 있다. 이러한 움직임은 여성 운동의 요구를 상당 부분 반영한 것으로도 볼 수 있다. 형사정책적 요소로서 가해자 체포, 구금, 피해자 보호 프로그램 등도 1997년 '가정폭력범죄의 처벌 등에 관한 특례법' 도입 이후로 사회적 현실이 되고 있다. 여기에서는 폭력 피해 여성 대상 사회복지서비스를 중심으로 폭력 피해 여성 대책을 소개하도록 한다.

(1) 폭력 피해 여성 대상 서비스 네트워크

폭력 피해 여성 대상 서비스 네트워크를 살펴보면, 그 중심에 '여성긴급전화 1366', '이주여성긴급전화 1577-1366'이 있다. '1366과 1577-1366 여성긴급전화'는 가정폭력·성폭력·성매매 피해여성이 긴급구조·보호·상담을 필요로 할 때 언제든지 상담서비스를 제공할 수 있도록 설치한 전화 서비스 체계이다. 외국인 여성의 경우 생길 수 있는 언어 소통 문제에 대처하기 위하여 외국인 여성 전용 긴급전화도 따로 운영하고 있다. 긴급전화는 여성폭력 관련 상담소, 긴급피난처, 피해

〈그림 13-1〉 폭력피해여성 서비스 네트워크

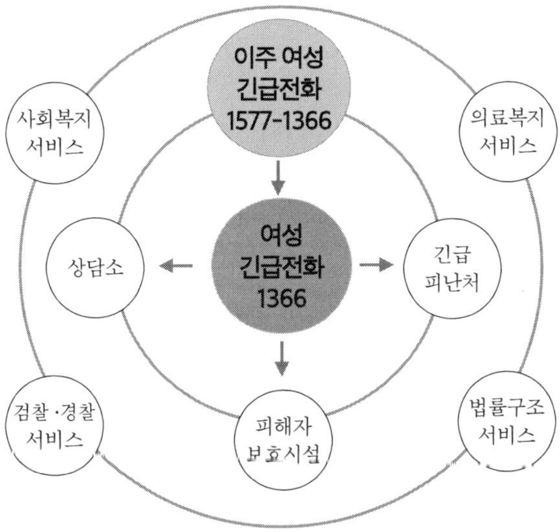

*출처: 여성부 홈페이지(http://www.mogef.go.kr/service/sub03/sub03_23_07.jsp)

자 보호시설과 연결되는 중심 역할을 하고 있으며, 이러한 서비스 네트워크 내에서 사회복지서비스, 의료복지서비스, 법률구조 서비스, 검·경찰 서비스 등이 제공된다. 긴급전화 운영에 관한 법적 근거[8]에

---

8) 법적 근거는 가정폭력방지 및 피해자보호 등에 관한 법률 제4조에 있다.
제4조 (국가 등의 책무) ① 국가와 지방자치단체는 가정폭력의 예방과 방지를 위하여 다음과 같은 조치를 취하여야 한다.

1. 가정폭력에 관한 신고체제의 구축 및 운영
2. 가정폭력의 예방과 방지를 위한 연구, 교육 및 홍보
3. 피해자를 위한 보호시설의 설치·운영 및 기타 피해자에 대한 지원서비스의 제공
4. 가정폭력의 실태 조사
5. 가정폭력의 예방과 방지를 위한 관계 법령의 정비 및 각종 정책의 수립 및 시행

따라 전국 광역자치단체(시 · 도)단위로 1개소씩 전국 16개 시 · 도에 설치되어 운영 중이다. 연계 서비스 주요 내용은 서비스 대상자에게 외부서비스기관에 대한 정보의 제공, 서비스 대상자를 해당 외부서비스기관 의뢰, 서비스 대상자를 위해 자원동원(프로그램, 전문인력 지원, 비용공제, 각종 정보) 요청, 외부서비스기관과 프로그램 계획, 홍보활동, 자원발굴 등을 공동으로 수립 · 시행, 정보교류 및 자원공유를 위한 지역사회 자원의 DB 구축 등이다.[9]

(2) 폭력피해자 상담시설

폭력피해자 상담시설은 가정폭력 피해자 상담시설과 성폭력 피해자 상담시설로 분류한다. 이 시설은 다시 가정폭력피해와 성폭력 피해 사례 전문 상담소와 가정폭력 · 성폭력 피해 통합 상담소로 분류한다. 가정폭력 전문상담소는 전국에 343개, 성폭력 전문상담소는 전국에 173개가 있다. 가정폭력 · 성폭력 통합 상담소는 전국에 29개가 있다.

가정폭력 · 성폭력 상담소는 가정폭력 신고 접수와 상담, 가정폭력 피해자 임시보호 · 의료기관 또는 가정폭력 피해자의 보호시설로의 인도, 가정폭력 가해자 고발 등 법률적 사항에 관한 자문을 얻기 위한

〈표 13-2〉 가정폭력 · 성폭력 피해자 상담시설 (2006년 12월 기준 / 개소)

	구분	합계	서울	부산	대구	인천	광주	대전	울산	경기	강원	충북	충남	전북	전남	경북	경남	제주
가정폭력	전문	343	62	10	13	18	16	9	9	73	7	16	22	18	20	26	21	3
	통합	29	2	4	2	2	-	1	1	1	4	1	2	-	1	6	-	2
성폭력	전문	173	27	4	7	7	13	5	6	39	1	9	9	16	9	5	15	1
	통합	29	2	4	4	4	-	1	1	1	4	1	2	-	1	6	-	2

* 출처: 여성부 홈페이지(http://www.mogef.go.kr/service/sub03/sub03_33_03.jsp)

9) http://www.mogef.go.kr/service/sub03/sub03_23_07.jsp (여성부 홈페이지 2008년 7월 1일).

대한변호사협회나 지방변호사회 또는 대한법률구조공단 등에 필요한 협조와 지원의 요청, 가정폭력 예방 및 방지에 관한 홍보, 가정폭력 실태 조사·연구, 지역사회 대상 보호활동 등 업무를 한다.

(3) 폭력피해자 보호시설

폭력 피해 여성을 보호하는 시설로서 가정폭력 피해자 보호시설, 성폭력 보호시설, 여성폭력 원스톱(*one-stop*) 센터 등이 있다. 이 시설들이 긴급피난처 역할도 함께 한다고 볼 수 있다.

가정폭력 피해자 보호시설은 2006년 12월 현재 전국에 59개소, 성폭력 피해자 보호시설은 17개소가 있다.

가정폭력·성폭력 피해 여성이 보호시설에 들어가게 되면 무료 숙식, 법률 및 심리상담, 치료, 직업/취업 훈련 등 서비스를 받을 수 있다. 자녀와 함께 입소할 경우에는 보호시설 인근학교로 자녀의 전학 조치도 가능하다. 시설에 거주할 수 있는 기간은, 단기보호의 경우, 원칙적으로 6개월이며 필요하다고 판단할 경우 지방자치단체장의 승인을 거쳐 3개월까지 연장이 가능하다. 장기보호·외국인·장애인의 경우에는 2년까지 시설 거주가 가능하다. 긴급피난처로서 임시보호를 3일 이내 기간[10]으로 제공한다.[11]

〈표 13-3〉 가정폭력·성폭력 피해자 보호시설 (2006년 12월 기준 / 개소)

	합계	서울	부산	대구	인천	광주	대전	울산	경기	강원	충북	충남	전북	전남	경북	경남	제주
가정폭력	59	11	3	2	2	3	1	1	7	5	3	6	4	2	2	5	-
성폭력	17	3	3	1	1	2	-	-	3	1	-	-	2	-	-	-	1

* 출처: 여성부 홈페이지(http://www.mogef.go.kr/service/sub03/sub03_23_04.jsp)

10) 필요하면 7일까지 연장 가능

11) http://www.mogef.go.kr/service/sub03/sub03_23_04.jsp (여성부 홈페이지 2008년 7월 1일)

(4) 사회복지서비스

가정폭력·성폭력 피해를 회복하고 폭력 재발 방지를 목표로 하는 사회복지서비스는 전달주체에 따라 다르다.

가정폭력 상담소에서는 가정폭력행위자 교정·치료프로그램, 성폭력 상담소, 원스톱(*one-stop*) 지원센터, 해바라기아동센터[12]에서는 성폭력행위자 교정·치료프로그램, 가정폭력 피해자 보호시설에서는 가정폭력 피해자 치료회복프로그램과 직업훈련 지원, 성폭력 피해자 보호시설, 원스톱지원센터, 해바라기아동센터에서는 성폭력 피해자 치료프로그램을 담당한다.

가정폭력행위자 교정·치료사업은 상습적으로 반복되는 가정폭력행위자의 폭력 재발 방지를 목적으로 한다. 상담대상은 '가정폭력범죄의 처벌 등에 관한 특례법'에 의거하여 법원이 상담 위탁 판결을 내린 가해자, 검찰이 상담을 조건으로 기소유예 처분을 내린 가해자, 기타 상담소에서 권고를 받고 참여 동의서를 제출한 가해자 등이다. 여성부가 가정폭력행위자 교정·치료프로그램 운영 기관으로 선정한 가정폭력상담소[13]에서 실시하는 이 프로그램 내용에는 전문가 개별·집단상담, 심리치료집단상담, 부부캠프 운영 등이 포함된다.

성폭력행위자 교정·치료사업은 성폭력 가해자의 왜곡된 성인식 개선을 통한 성폭력의 재발 방지를 목적으로 한다. 여성부에서 선정한 성폭력상담소, 원스톱지원센터 및 해바라기아동센터에서 성폭력행위자 교정·치료 프로그램을 운영하게 되는데, 대상자는 '성폭력범죄의 처벌 및 피해자보호 등에 관한 법률'에 의해 법원의 수강명령을 받아 보호관찰소로 이송된 자, 교도소에 수용된 자, 구치소에 수용된 자, 소년원(소년분류심사원)에 수용된 자 중 해당 기관의 요청을 받은 자, 기타 가해자 본인이 동의서를 제출한 자가 된다. 여성주의에 기초한 개별

---

12) 성폭력 피해아동 보호 업무를 전담하는 센터이다.

13) 2004년(89개소) →2005년(99개소) →2006년(105개소)

교정·치료 상담과 집단 교정·치료 상담을 통해 가해자의 성인식체계를 수정하고 여성의 인권을 존중하는 태도로 변화시키는데 초점이 맞추어진다.

가정폭력 피해자 치료·회복프로그램은 가정폭력 피해자와 자녀의 자존감 회복과 사회적 자활을 목적으로 한다. 가해자 교정·치료 사업이 전체 가해자 중 일부만 대상으로 실시되는 것과 달리, 여성부에서 가정폭력 피해자 치료·회복프로그램 운영 기관으로 지정한 가정폭력 피해자 보호시설에 있는 모든 피해자가 지원 대상이 된다. 프로그램 내용은 전문가 개별·집단상담, 심리치료, 아동 대상 놀이치료·방과 후 학습지도, 심리극, 미술치료, 심신 회복 캠프, 부부 의사소통향상 프로그램 등이다.

치료·회복 후 가정폭력·성폭력 피해자 직업훈련은 보호시설 가정폭력·성폭력 보호시설 입소자가 직업훈련을 통해 사회적 자활을 하게 됨을 목적으로 한다. 대상은 시설 입소 후 한 달 이상이 된 피해자 중 직업교육을 희망하는 경우이다. 직업훈련을 받게 되면 2008년을 기준으로 할 때 월 35만원 이내에서 교육비 지원을 받으며, 월 10만원의 교육훈련수당도 받는다. 직업훈련 기관은 국공립·민간 직업훈련기관, 사설학원, 평생교육시설 등 모든 외부 훈련기관 중 선택 가능하다. 특히 피부미용, 요리, 미용, 디자인, 컴퓨터 관련 등 실질적 취업·창업이 가능한 과정을 선택할 경우 직업교육 및 진학교육비를 우선 지원한다.

성폭력 피해자 치료·회복프로그램은 성폭력 피해로 인하여 손상된 심신 및 정서회복을 지원하여 건강하고 신속한 사회적 자활을 할 수 있음을 목적으로 한다. 성폭력 피해자의 심리적 안정을 위한 전문상담, 심신 회복을 위한 정신 및 심리치료 등을 내용으로 하는 치유·회복 프로그램, 개별 심리상담, 집단상담, 미술치료, 음악치료, 심신회복캠프, 문화체험 등이 프로그램의 주 내용이다. 성폭력 피해자의 특성상 집단은 나이와 피해경험 등이 비슷한 피해자들끼리 6~8인을 기준으로 구성하여 운영하며, 시설 입소 후 8일 이상 지난 피해자들로 구성한다. 성폭력 피해 상황으로부터 심리적·육체적·정신적 안정을 찾은 후 치료·회복 프로그램을 시작할 수 있기 때문이다. 또한 성폭력 피해자 역시 가정폭력 피해자와 같은 내용의 직업훈련 지원을 받을 수 있다.

(5) 의료 - 수사 - 법률지원 운영체계

성폭력·가정폭력 및 성매매 등 폭력 피해자는 상담소와 보호시설을 중심으로 하여 '의료·수사·법률 지원 서비스'가 유기적으로 연결된 서비스를 받게 된다. 이러한 연결 서비스 모델로서 원스톱(*one-stop*) 지원서비스가 있다. 이 모델에서 여성부는 예산 확보, 피해자 의료비·법률 구조비를 지원하는 역할을 한다.

경찰청은 여경이 24시간 교대를 하면서 수사지원 파견근무를 하는 역할을 맡는다. 폭력피해 발생 시 해당 지방경찰청에서는 증거물 채취, 피해자 진술서 작성 지원, 피해자 진술 녹화 촬영 등을 하게 된다.

병원의 경우에는 폭력 피해 여성만 치료할 공간과 의료 인력을 제공한다. 이때 병원 규모는 응급실, 정신의학과, 산부인과를 갖춘 종합병원이다. 치료보호 범위는 보건 상담, 신체적·정신적 피해 치료, 임산부의 경우 심리적 안정을 위한 각종 치료프로그램의 시행 등 정신치료와 임산부·태아 보호를 위한 검사 및 치료 등이다.

가정폭력 피해자는 '가정폭력방지 및 피해자보호 등에 관한 법률' 제 18조[14] 등에 근거하여 무상으로 병원치료를 받을 수 있다. 가정폭력 피

---

14) 제 18조 (치료보호) ① 의료기관은 피해자 본인·가족·친지 또는 상담소나 보호시설의 장 등이 요청하면 피해자에 대하여 다음 각호의 치료보호를 실시하여야 한다.

1. 보건에 관한 상담 및 지도
2. 신체적·정신적 피해에 대한 치료
3. 그 밖에 대통령령령으로 정하는 의료에 관한 사항

② 제 1항의 치료보호에 필요한 일체의 비용은 가정폭력행위자가 부담한다.

③ 제 2항에도 불구하고 피해자가 치료보호비를 신청하는 경우에는 국가나 지

해자 치료비는 법규정에 따라 가정폭력 가해자가 부담해야 한다. 그러나 가정폭력 가해자로부터 치료비를 지불받을 상황이 되지 않을 때 국가나 지방자치단체는 치료비용을 병원에 지불한 후 가해자에 대하여 구상권을 행사할 수 있다. 한편 폭력피해자가 보호시설 입소 중에 발생한 치료비용에 대해서는 구상권을 행사할 수 없다. 또한 가해자가 국민기초생활보장 수급권자이거나 장애인인 경우에도 구상권 행사는 불가능하다.

가정폭력 피해 여성 보호시설이나 상담소의 장은 치료를 요하는 여성이 가정폭력 피해자라는 것을 확인하여 의료기관에 치료를 의뢰할 수 있다. 이때 확인서는 상담소 또는 보호시설의 장의 이름으로 발행한다. 폭력피해자를 치료한 의료기관은 진료비 명세서를 첨부하여 피해자의 치료를 의뢰한 보호시설 및 시·군·구에 치료비를 청구하면 된다. 치료비 지급 청구를 받은 보호·상담시설장은 시·군·구가 미리 지급한 예산 범위에서 이를 집행한 후 관계 증빙자료와 함께 집행내역을 보존·관리·정산하게 된다. 그리고 분기별 집행내역을 관계 증빙서류와 함께 시·군·구에 분기 종료 후 15일 이내에 보고하여야 한다.

성폭력 피해 여성의 경우에는 특히 '성폭력범죄의 처벌 및 피해자보호

방자치단체는 가정폭력행위자를 대신하여 제 1항의 치료보호에 필요한 비용을 의료기관에 지급하여야 한다.

④ 국가나 지방자치단체가 제 3항에 따라 비용을 지급한 경우에는 가정폭력행위자에 대하여 구상권(求償權)을 행사할 수 있다. 다만, 피해자가 보호시설 입소 중에 제 1항의 치료보호를 받은 경우나 가정폭력행위자가 다음 각 호의 어느 하나에 해당하는 경우에는 그러하지 아니하다.

1. '국민기초생활보장법' 제 2조에 따른 수급자(受給者)
2. '장애인복지법' 제 32조에 따라 등록된 장애인

⑤ 제 3항의 비용을 지급하기 위한 절차, 제 4항의 구상권 행사(行使)의 절차 등에 필요한 사항은 여성부령으로 정한다. 〈개정 2008. 2. 29〉

〔전문개정 2007. 10. 17〕

등에 관한 법률'에 의거하여 국·공립병원과 보건소 또는 민간의료시설에서 성병 감염 여부 검사 및 감염 성병 치료, 임신 여부 검사, 성폭력 피해로 인한 정신질환 치료 서비스를 받을 수 있다. 치료비용은 전액지원을 원칙으로 하되, 총 진료비용이 300만원을 초과한 경우에는, 3~5인의 가정·성폭력 관계시설 대표, 의사 등 전문가로 구성된 위원회에서 심사 후 지급하게 된다. 치료비 지원 절차는 가정폭력 피해 여성의 경우와 동일하다.

성폭력 피해 증거 채취를 위한 '성폭력 응급키트'가 있다. 이는 성폭력 증거 채취를 위한 의료용품을 의미한다. 성폭력 피해자 진료 담당 의료기관에 비치되어 있는 '성폭력 응급키트'는 성폭력 피해 증거 수집을 원활하게 하기 위하여 개발되었다. 구성 물품은 증거 수집을 위한 종이봉투, 종이보, 종이수건, 면봉세트, 슬라이드글라스 보관세트, 손톱깎이와 손톱밑 긁개(*scraper*), EDTA(*Ethylenediamine Tetraacetic Acid*) 튜브, 빗, 동의서, 성폭력 피해자 진료기록, 검진결과 채취물 목록, 사용 안내서, 성폭력 피해자 진료시 유의사항, 증거 채취물 흐름도, 일회용 장갑 1켤레, 폴리스 에비던스(*police evidence*) 표시라벨, 바이오해저드(*biohazard*) 라벨 등이다.

법률지원서비스는 무료 법률구조사업비를 활용하여 이루어진다. 법률지원서비스에는 민변 등 변호사 협회, 한국법률구조공단, 한국가정법률상담소 등이 참가한다. 이 서비스 대상자는 국내 거주 외국인 여성을 포함한 가정폭력·성폭력 피해 여성이다. 폭력피해여성은 폭력에 의한 상해임을 증명할 수 있는 2주 이상 진단서, '가정폭력방지 및 피해자보호 등에 관한 법률', '성폭력범죄의 처벌 및 피해자보호 등에 관한 법률'에 근거하여 설치된 상담소 및 보호시설에서 발급한 확인서, 고소장 사본 및 고소장 접수증 등 증거물 중에서 하나만 제출하면 법률구조서비스를 받을 수 있다.

법률구조 대상 사건은 가정폭력·성폭력 등의 피해와 관련된 형사사건과 민사·가사 사건을 모두 포함한다. 2008년 현재 사업수행 기관은 대한법률구조공단과 한국가정법률상담소이다. 공단과 상담소에서는 가정폭력·성폭력 피해 여성을 대상으로 무료 법률상담을 한 다음, 그 결과 법률구조가 필요할 경우 법률구조신청을 받아 공단 혹은 상담소 소속 변호사를 소송 대리인으로 하여 법률서비스를 제공한다. 특히 형사 사건의 경우에는 사업수행 기관 소속 변호사가 무료변호를 해준다.

더 나아가, 법률지원서비스에는, 면접·전화·사이버·출장·서신 등 방법을 통한 법률 상담이 있다. 그 외에도 법률 계몽사업을 하는데, TV, 라디오, 신문, 잡지 등 대중매체를 통해 폭력피해여성 대상 무료 법률구조사업을 홍보하거나, 현지출장 생활법률 강연 및 이동법률상담, 무료 대서 등 내용이 사업내용에 포함된다.

이주 여성 제14장

이주 여성 복지서비스를 이야기하기에 앞서, "이주 여성이란 누구인가"를 먼저 생각해 볼 필요가 있다. '이주 여성'이라는 단어만 본다면 '본래 살던 나라를 떠나 우리나라에 정착한 여성'으로 이해할 수 있다. '정착'의 의미를 또 본다면, 취업활동 등의 이유로 우리나라에 잠시 머무는 외국인 여성은 이주 여성 범주에서 제외할 수 있다. 따라서 '미녀들의 수다'와 같은 TV 프로그램에 나오는 일부 '혜택받은' 외국인 여성부터 불법 성매매피해 외국인 여성들은 이주 여성 논의대상에서 일단 제외된다. 그리고 외국인 장기취업이 매우 어려운 우리나라 실정을 감안할 때, 이주 여성은 '결혼 이민자'를 의미하게 된다.

예전에 KBS 2 TV에서 방영했던 '폭소클럽'이라는 프로그램에서 외국인 노동자 역으로 나왔던 '블랑카'가 한 재미있는 이야기가 있다.

> 근데 한국 TV 보면 너무 이상했어요. 백인 사람들 TV 나오면 '좋은 나라 운동본부' 있어요 … '한국문화 탐방' 있어요 … 근데 저희 외국인 노동자 TV 나오면 '추적60분' 있어요 … '취재파일' 있어요 … 'PD 수첩' 있어요 … 제목도 너무 이상했어요 … 멍든 눈 있어요 … 잃어버린 코리안 드림 있어요 … 뭡니까? 이게 … [1)]

'영어를 가르쳐 주는' 백인과 '못사는 나라에서 잘 사는 한국'으로 온 유색인종 간 분류를 우리가 아무렇지도 않게 하는 모습을 풍자한 이야기이다. 전자에게 대해서는 거의 무한에 가까운 콤플렉스를, 후자에 대해서는 우스울 정도로 우월감을 표현하는 분위기가 우리 사회에 존재한다.

결혼 이민자로서 이주 여성 이야기를 시작하기 전에 외국인에 대한 우리 사회 인식을 언급한 것은 다음과 같은 문제 제기를 하기 위해서이다. '이주 여성'이라는 표현을 통해 외국인 여성 집단 중 일부를 범주화하면서 알게 모르게 그들에게 사회적 낙인을 부여하고 있지는 않은가? 한국사회 적응을 위하여 이주 여성이 우리의 도움을 필요로 하는 것은 분명한 사실이다. 하지만 먼저 '우리보다 못사는 나라에서 온, 문제가 있는 여자'라는 편견을 버리는 자세가 필요하다.

이 장에서는, 앞서 밝혔듯이, 이주 여성을 '결혼 이주 여성'으로 정의한다. 이러한 정의를 바탕으로 결혼 이주 여성이라는 새로운 사회적 현상을 우리가 어떻게 받아들일 수 있는지를 설명하는 관점을 제시한다. 더 나아가, 결혼 이주 여성의 생활 모습을 알아보도록 한다. 마지막으로 결혼 이주 여성의 한국 사회 정착을 돕기 위한 사회복지서비스 전략 및 전달체계에는 무엇이 있는지 살펴본다.

1. 결혼 이주 여성을 바라보는 관점

결혼 이주 여성을 우리 사회에서는 어떻게 받아들이고 있는가? 앞서 말했던 사회적 편견을 경계하면서 우리 사회에서 결혼 이주 여성을 받아들이는 혹은 받아들일 수 있는 경로를 알아볼 필요가 있다. 이 작업을 문화적 차이와 다름을 받아들이는 과정을 설명하는 제거 모델, 억

---

1) KBS 폭소클럽 2004년 5월 31일 방송.

압 모델, 이상화 모델, 상대화 모델, 그리고 승인 모델로 나누어 볼 수 있다.[2)]

1) 제거모델

제거모델(*Eliminierungsmodell*)은 다름이나 차이를 부인하고 없애려는 시도를 하는 현상을 의미한다. 다른 문화를 받아들이지 못하고 제거하려는 동기는 문화적 우월감에서 올 수도 있고, 오히려 다른 문화에 대한 공포나 열등감이 될 수도 있다. 제거모델 관점에서 볼 때 우리의 문화와 '다른' 문화는 받아들일 수 없는 '틀린' 것이다.

일상용어에서 우리는 '다름'과 '틀림'을 구별하지 않고 은연 중 혼동하여 사용한다. "흑인과 백인은 피부색깔이 '다르다'"가 맞는 표현임에도 불구하고 대부분의 경우 "흑인과 백인의 피부색깔이 '틀리다'"라는 표현을 사용한다. 우리의 일상에서 이미 다름을 인정하지 않고 틀린 것으로 단정하는 의식이 확산된 하나의 예라면 너무 성급한 일반화일까?

다름을 부인하고 없애려는 시도를 한다는 의미에서, 즉 '타자성'을 무조건 없애려는 시도를 한다는 의미에서 제거모델은 매우 급진적 성격을 갖는다. 제거모델의 좋은 예가 나치 시대 히틀러 정권이 시도했던 유대인 말살 정책이다.

이렇게 극단적인 예까지는 가지 않더라도, 결혼 이주 여성의 문화가 우리 문화가 다르다고 표현하지 못하고 '틀리다'라고 지속적으로 표현한다면 우리 언어 사용에서도 제거모델 요소가 다분히 담겨있다고 하겠다. 결혼 이주 여성이 '다른' 나라에서 온 것이 아니라 '틀린' 나라에서 왔다고 받아들이는 모양새가 되기 때문이다. 이미 많은 지역에서 열고 있는 행사 내용이 우리나라 문화를 알려주고 이해시키는 차원에서 벗어나 우리도 별로 찾지 않는 전통문화행사를 결혼 이주 여성에게

2) 이하 내용은 정재훈(2007a)을 참고한 것임.

강요한다면 결혼 이주 여성의 출신지역 문화의 다양성을 부인하는 제거모델을 실천하는 결과가 나올 수 있다.

이런 맥락에서 한국식 예절 교육, 전통음식 만들기, 전통 혼례 등 행사와 프로그램이 결혼 이주 여성의 사회 적응에 얼마나 도움이 되는지, 왜 그런 행사와 프로그램을 해야 하는지, 혹시라도 결혼 이주 여성으로부터 다른 문화를 제거하려는 시도는 하고 있지는 않는 것인지 근본적으로 생각해 볼 필요가 있지 않을까?

2) 억압모델

억압모델(*Verdrängungsmodell*)은 '보편성'에 초점을 맞추고 '다름'이나 '다양성'을 부인하는 현상을 의미한다. 억압모델은 "기본적으로 타자는 그렇게 다르지 않다"는 전제를 한다. 몽골 사람이 생김새가 우리와 비슷하다 보니 어떤 경우에는 한국 사람으로 착각하는 경우가 있다. 이럴 때 몽골 문화와 한국 문화가 다르고 몽골 사람의 생각과 행동이 한국 사람의 그것과 다르다는 사실보다는 몽골 사람과 한국 사람이 동일한 문화적 뿌리를 갖고 있다는 생각이 더 앞서게 된다.

억압모델에서 찾아볼 수 있는 다름에 대한 이해의 또 다른 차원은 다름의 다양성보다는 다름의 일반성에 주목하려는 태도이다. 우리 입장에서 볼 때 예전에 특히 백인만 보면 모두 미국 사람으로 생각하는 분위기가 있었다. 마찬가지로 유럽 사람들은 황인종을 보면 대체로 중국이나 일본 사람으로 곧장 연결시키곤 한다. 그리고 아프리카 대륙에 사는 사람들은 모두 흑인으로만 생각을 한다. 그러나 아프리카 대륙에도 많은 백인종·황인종이 산다. 유럽 사람들이 분류한 아시아 대륙에는 같은 아시아인이라고 하기에는 너무 다양한 인종이 산다. 우리와 쿠웨이트 사람이 같은 아시아인이라는 정체성을 가질 수 있는가?

이상과 같은 의미에서 결혼 이주 여성을 대할 때 억압모델의 관점은 두 가지 차원에서 드러날 수 있다. 결혼 이주 여성의 다양한 문화나 배경이 있다는 점을 인정하지만 인간이 사는 방식은 결국 같기 때문에 우리 사회에서 살다보면 결국은 우리 문화에 적응하면서 살게 될 것이라고 전제하게 된다. 따라서 결혼 이주 여성의 사회 적응을 위하여 그렇게 적극적인 개입을 할 필요는 없다는 태도를 취한다.

다른 차원에서는 매우 다양한 국적과 문화가 존재함에도 불구하고 결혼 이주 여성을 외국인으로서 일반화시키는 과정에서 억압모델 관점이 드러난다. 결혼 이주 여성 수백 명이 참가하는 행사를 한국말과 영어로 진행하는 경우를 본 적이 있다. 외국인과 소통할 때 영어가 세계적인 공용어로 쓰인다고는 하지만, 결혼 이주 여성을 '외국인'으로 범주화하고 영어로 행사를 진행할 때 몽골, 중국, 일본에서 온 결혼 이주 여성 중 몇 명이 영어로 그 행사 진행을 이해할 수 있었을까? 아마도 결혼 이주 여성 대부분은 차라리 한국어를 통해 행사 진행 상황을 더 많이 이해하였을 것이다.

3) 이상화 모델

제거모델이나 억압모델에 비교하면, 일단 긍정적인 의미를 갖는 것으로 보이지만 궁극적으로는 위험할 수 있는 모델이 '이상화 모델'(*Idealisierungsmodell*)이다. 다름을 제거하려거나 자기 내부에서 억압하려는 것과 달리 다름을 지나치게 이상화할 수 있기 때문이다. 이 모델에서는 다르다는 이유만으로 타자는 처음부터 더 나은 자로 나타난다. 18세기 유럽 지식인들 사이에서 널리 퍼진, 고귀한 야만인(*edle Wilden*)이라는 생각이 그러한 이상화의 한 예이다. 또한 가끔 하는 유럽이나 미국 여행을 통하여 그 지역 사람들 의식 수준이 우리 의식 수준보다 훨씬 뛰어나다는 판단을 하는 관광객 역시 이러한 이상주의적 사고를 가지고 있다고 할 수 있다.

결혼 이주 여성을 대상으로 이상화 모델을 관찰할 수 있는 경우는 우리 사회에서 드물다고 볼 수 있다. 베트남에서 온 결혼 이주 여성이 많이 거주하는 지역이라고 하여 특별히 베트남 문화를 일회성 행사가 아니라 지속적으로 우리 사회에 알리고 이해시키며 본받을 점을 부각시키는 경우를 본 적이 있는가? 결혼 이주 여성 출신지역 문화를 이상화하려는 시도의 출발 조건조차 갖추어져 있지 않은 것이 우리 현실이다. 물론 결혼 이주 여성이 백인이면서 특히 영어를 모국어로 하거나 유창하게 구사할 수 있는 경우에 그 여성의 출신지역 문화, 대부분의 경우 영미권 문화를 이상화하는 현상을 가정해 볼 수도 있을 것이다.

4) 상대화 모델

타자성에 대응하는 네 번째 형태는 타자를 상대화하는 것이다. 이를 '상대화 모델'(*Relativierungsmodell*)이라고 한다. 이 개념에서는, 다른 문화가 자국 문화의 전 단계 수준 정도에 있는 것으로 간주하거나 단지 그 나라 사람들의 전통 풍속 정도가 표현된 것으로 여기게 된다. 이런 의미에서 이상화 모델의 반대편에 상대화 모델이 있다고 할 수 있다. 문화 발전 단계가 있음을 전제로 하여 이상화 모델에서는 타국 문화의 우월성에 초점을 두는 반면, 상대화 모델은 자국 문화의 우수성에 초점을 두는 경향이 강하다고 볼 수 있다. 동남아시아의 어느 국가에 갔더니 우리나라 1970년대 생활 모습과 비슷한 것을 봤다고 하면서 우리도 그런 못살던 시절이 있었다는 식으로 표현하는 경우를 상대화 모델의 예로 생각할 수 있다.

결혼 이주 여성이 시간관념도 없고 한국어 배우는 것도 게으르게 하고 남편 식구들과도 관계 형성을 제대로 하지 못하는 이유는 출신지역 성장 문화가 그렇기 때문이라고 단정하는 경우가 있다. 공개적·공식적으로 이야기하지는 못해도 결혼 이주 여성과 접촉하는 상당수 사람들이 이런 종류의 이야기를 한다. 결혼 이주 여성 출신지역이 아직 산업화되지 않는 상황에서 한국처럼 산업화 내지 후기산업화 시대 생활양식이 도래한 사회에서 적응에 어려움을 겪고 있다는 것이다. 그러므로 살아가면서 앞선 우리의 생활양식과 문화를 배울 수 있도록 도와주어야 한다는 것이다.

문화 발전의 전(前)단계 사회에서 온 결혼 이주 여성이 시차를 두고 앞서 있는 우리 문화를 배우도록 도와주어야 한다는 접근을 실제로 우리 현실에서 하고 있지 않은지 살펴볼 필요가 있다.

5) 승인 모델

'승인 모델'(*Anerkennungsmodell*)은 사람들이 다른 문화를 받아들일 때 가장 실천하기 어려운 방법이다. 여기에서는 다른 나라 문화를 단순히 이상화하는 차원을 지양한다. 또한 능동적인 태도로 갈등까지 감수하면서 다른 문화를 이해하기 위하여 노력하는 자세를 보인다. 이렇게 노력하는 과정에서 일상에서 너무나 당연하게 여기는 자국 문화의 특성에 대해 문제 제기를 하고 다른 나라 문화를 배우려는 자세도 필요하다.

이러한 승인 모델이 추구하는 바는 관용에 기초한 공존이다. 여기에서 관용이라는 것은 모든 입장이 동일하게 중요하다거나 (이보다 더 쉽게 일어나는 일이지만) 동일하게 중요하지 않다는 의미는 아니다. 모든 것을 그냥 동일하게만 받아들이는 것은 무관심의 표현일 뿐이다. 여기에서 의미하는 관용은, 자신의 가치관을 유지하면서, 다른 사람이 자신의 가치관도 주장할 권리를 인정하는 것이다. 관용하는 태도를 갖는 사람은 자신의 고유한 입장, 혹은 자신이 올바르다고 여기는 생각을 주장하는 데 있어 다른 사람의 감정을 다치게 하지 않는다. 또한 다른 사람이 갖는 삶의 기회를 박탈하지 않고자 하는 노력도 관용의 태도가 갖는 특징이다.

결혼 이주 여성 출신지역 문화의 다양성을 인정하고 그렇게 다양한 문화를 우리 사회에서 표출하고 전파할 수 있는 사회적 분위기를 조성하는 시도를 한다면 승인모델 관점을 실천하는 것이라고 볼 수 있다.

2. 결혼 이주 여성 실태

결혼 이주 여성 실태를 이주 현황, 인구학적 특성, 결혼 이주 여성의 생활 등으로 나누어 살펴보도록 하자.

1) 결혼 이주 여성 이주 현황

2000년에는 약 7,304명의 결혼 이주 여성이 입국하였지만, 5년 만에 그 숫자는 4배 이상 늘어난 31,180명이었다. 결혼 이주 여성 수가 본격적으로 증가하기 시작한 2000년 초기에는 중국, 일본, 필리핀 국적이 많았다. 그러나 최근 들어 베트남 국적 여성 수가 급증하는 추세를 보인다(설동훈 외, 2006: 4).

결혼 이주 여성 대다수는 도시에 거주한다. 2006년 현재 결혼 이주 여성의 절반 이상이 서울·경기지역(51%)에 거주하며, 도시거주자 비율과 농촌 거주자 비율은 각각 76.5%와 23.5%이다(보건복지가족부,

〈표 14-1〉 결혼 이주 여성 증가 현황

(단위: 건)

	2000	2001	2002	2003	2004	2005
합계	7,304	10,006	11,017	19,214	25,594	31,180
중국	3,586	7,001	7,041	13,373	18,527	20,635
베트남	95	134	476	1,403	2,462	5,822
일본	1,131	976	959	1,242	1,224	1,255
필리핀	1,358	510	850	944	964	997
몽골	77	118	195	318	504	561
우즈베키스탄	43	66	183	329	247	333
미국	235	265	267	323	344	285
태국	270	185	330	346	326	270
기타	509	751	716	936	996	1,022

*출처: 설동훈 외(2006: 4).

2008. 3: 14). 그러나 지역별 결혼 이주 여성 비율은 도시보다 농촌에서 압도적으로 높은 비율을 보인다. 이는 국제결혼율로 짐작할 수 있다.

2005년 현재 국제결혼율이 가장 높은 지역은 외국 공관이 밀집해 있는 서울 종로구이지만(67.5%), 그 외 나머지 지역은 모두 농촌 지역으로서 충북 보은군(40.0%), 전남 함평군(37.6%), 전북 임실군(37.5%), 전북 진안군(37.4%) 등의 순서이다. 그 다음으로 국제결혼율이 높은 지역도 모두 농촌 지역인데, 국제결혼율이 높은 지역 20여 개 중 강원도 영월군, 전남 구례군, 전북 임실군 등 세 곳에만 기차역이 있다. 농촌이면서도 교통이 불편한 오지일수록 이른바 농촌총각 결혼문제가 심각하여 결혼 이주 여성 수가 증가한 것이다. 결국 결혼 이주 여성 증가 현상은 개인 또는 가족 수준뿐 아니라 지역사회 수준의 사회경제적 차이의 반영이라고 볼 수 있다(설동훈 외, 2006:7).

〈표 14-2〉 국제결혼 추세

(단위: 건, %)

연도	총결혼건수	국제결혼		외국인 아내		외국인 남편	
		결혼건수	구성비율	결혼건수	구성비율	결혼건수	구성비율
1997	388,591	12,448	3.2	9,266	2.4	3,182	0.8
1998	375,616	12,188	3.2	8,054	2.1	4,134	1.1
1999	362,673	10,570	2.9	5,775	1.6	4,795	1.3
2000	334,030	12,319	3.7	7,304	2.2	5,015	1.5
2001	320,063	15,234	4.8	10,006	3.1	5,228	1.6
2002	306,573	15,913	5.2	11,017	3.6	4,896	1.6
2003	304,932	25,658	8.4	19,214	6.3	6,444	2.1
2004	310,944	35,447	11.4	25,594	8.2	9,853	3.2
2005	316,375	43,121	13.6	31,180	9.9	11,941	3.8
2006	332,752	39,690	11.9	30,208	9.1	9,482	2.8
2007	345,592	38,491	11.1	29,140	8.4	9,351	2,7
1997 ~2007	잘못된 계산식	잘못된 계산식	7.1	잘못된 계산식	5.1	잘못된 계산식	2.0

* 출처: 보건복지가족부(2008. 3:17).

입국 여부를 떠나 일반적으로 볼 때, 1997년부터 2007년 10년간 국제결혼 건수가 261,079건이며 이 중 한국 남성과 결혼한 외국인 여성 수가 186,756명에 달한다. 1997년에 9,266명의 외국인 여성이 한국 남성과 결혼하였지만, 그 수가 2007년에는 29,140명으로 증가하였다(보건복지가족부, 2008.3: 17). 결혼 이주 여성 수가 앞으로도 지속적으로 증가할 것임을 알려주는 지표라고 할 수 있다.

2) 결혼 이주 여성의 인구학적 특성

결혼 이주 여성의 인구학적 특성을 혼인 연령, 출산 현황, 자녀, 이혼 등으로 나누어 살펴보도록 하자.

(1) 혼인 연령

결혼 이주 여성은 결혼 이주 남성에 비교할 때 연령이 현저히 낮다는 특징을 보인다. 2005년 현재 한국 입국 당시, 결혼 이주 남성의 평균 연령은 38.1세, 결혼 이주 여성은 32.4세이었다. 결혼 이주 여성 중, 베트남 여성의 평균 연령이 22.0세로 가장 낮고, 필리핀 27.4세, 몽골 28.7세, 태국 29.7세였다. 반면, 중국동포 36.7세, 중국 한족 34.7세, 일본을 제외한 선진국 33.5세, 일본 31.3세로 나타났다. 결혼 이주 여성의 연령이 낮을수록 농촌 거주 비율이 상대적으로 높고, 연령이 높을수록 도시 거주 비율이 훨씬 높다. 이는 농촌에서는 노총각의 초혼 비중이 높고, 도시에서는 재혼 또는 삼혼 이상자의 결혼이 주류를 차지하는 현상을 반영하는 것이다(설동훈 외, 2006: 15~16).

(2) 출산 현황

결혼 이주 여성은 가톨릭 문화의 영향을 강하게 받은 것으로 추정되는 필리핀 여성의 출산율이 높은 반면, 중국 여성의 출산율은 상대적으로 낮게 나타난다. 2003년 1월부터 2006년 6월까지 3년 6개월 동안

〈표 14-3〉 결혼여성이민자 출산 건수와 비율 (2003년~2006년)

(단위: 명, 건, %)

구분	가임기 여성 결혼이주자수 (A)	외국인 분만 건수(B)					B / A	
		2003~2006	2003	2004	2005	2006	2003~2006	2005
전체	67,850	14,617	3,881	4,218	4,425	2,093	21.5	6.5
중국	40,173	5,055	1,318	1,490	1,555	692	12.6	3.9
베트남	10,186	2,560	228	599	1,069	664	25.1	10.5
일본	6,355	1,879	687	588	445	159	29.6	7.0
필리핀	3,891	2,181	775	647	537	222	56.1	13.8
태국	1,483	511	184	149	134	44	34.5	9.0
몽골	1,399	297	59	79	113	46	21.2	8.1
우즈베키스탄	955	280	74	81	74	51	29.3	7.7
기타	3,408	1,854	556	585	498	215	54.4	14.6

* 출처: 설동훈 외(2006: 19). 2006년은 1~6월 통계임.

'외국인 분만 건수'는 14,617건이다. 출신국 별로는 중국 5,055건, 베트남 2,560건, 필리핀 2,181건, 일본 1,879건, 태국 511건, 몽골 297건, 우즈베키스탄 280건 등의 순이었다. 그러나 각 국적 내에서 분만 건수가 차지하는 비중을 보면 필리핀(56.1%), 태국(34.5%), 우즈베키스탄(29.3%), 베트남(25.1%)의 순서이었으며 중국은 12.6%로 나타났다. 태국·우즈베키스탄·베트남 출신 결혼 이주 여성의 출산율은 평균을 상회하는 반면, 중국 출신 여성 이민자의 출산율은 매우 낮다. 그것은 중국 출신 여성이민자의 평균 연령이 다른 나라 출신 여성에 비해 훨씬 높을 뿐 아니라, 결혼 상대자가 초혼보다는 재혼 이상인 경우가 많다는 점과 관련이 있다(설동훈 외, 2006: 18).

(3) 자녀 연령

결혼 이주 여성 수의 증가가 특히 2000년대 들어서 최근 현상이기 때문에 자녀 연령은 낮은 편이다. 만 6세 미만 미취학 아동 수와 초등학교

〈표 14-4〉 결혼 이주자 자녀 취학 현황 (2007년 4월 교육부)[3]

구 분	국제결혼가정 학생수				모(母)가 외국인인 학생수			
	계	초	중	고	계	초	중	고
학생수 (명)	13,445	11,444	1,588	413	11,825	10,387	1,182	256
비 율 (%)	100	85.1	11.8	3.1	88.0	90.8	74.4	62.0

* 출처: 보건복지가족부(2008.3: 15).

저학년 취학아동 수가 압도적으로 많다. 취학아동이 있는 국제결혼 가정 중 결혼 이주 여성 가정 비중이 88%이며 그 숫자는 2007년 4월 현재 전국적으로 11,825명이다. 그 중 자녀가 초등학생인 경우가 10,387명, 중학생 1,182명, 고등학생 256명이다(보건복지가족부, 2008. 3: 15).

(4) 이혼

결혼 이주 여성 수가 증가하는 만큼, 이혼하는 외국인 여성 수도 증가하고 있다. 2005년도 우리나라 전체 이혼건수 중 국제결혼부부의 이혼건수가 차지하는 비율은 3.3%인데, 이는 2003년의 1.3%, 2004년의 2.4%보다 늘어난 것이다. 2005년 '한국인 남편과 외국인 아내'로 이루어진 가족의 이혼건수는 총 2,444건으로 2004년 1,611건에 비해 51.7% 증가하였고, 2005년 '외국인 남편과 한국인 아내'로 이루어진 가족의 이혼건수는 1,834건으로 전년 1,789건 대비 2.5% 증가하였다. 같은 해, 결혼 이주 여성 중 이혼을 선택한 여성의 국적은 중국 1,431건(58.6%), 베트남 289건(11.8%), 일본 168건(6.9%)의 순이고, 외국인 남편의 이혼건수는 일본 1,343건(73.2%), 미국 219건(11.9%), 중국 124건(6.8%)이었다(설동훈 외, 2006: 21).

3) 모(母)가 외국인인 학생수 비율은 국제결혼가정 학생수 대비임.

3) 결혼 이주 여성의 생활

결혼 이주 여성의 상당수는 언어의 제약, 문화적 충돌, 빈곤, 불안한 신분, 사회적 편견과 차별, 자녀 교육 등 문제를 가지면서 우리 사회에서 새로운 사회적 취약계층으로 부상하고 있다(여성가족부, 2007: 279). 그러나 결혼 이주 여성의 '문제'를 논의할 때에는 몇 가지 전제해야 할 사항이 있다.

(1) 결혼 이주 여성 생활 논의의 전제

결혼 이주 여성 '문제'를 언급하기 전에 결혼 이주 여성의 삶의 긍정적 측면과 역할, 다양성을 전제로 할 필요가 있다.

첫째, 결혼 이주 여성을 보호를 필요로 하는 취약계층으로만 이해하는 시각을 갖는 것은 경계해야 할 일이다. 결혼 이주 여성이 한국 사회 발전을 위하여 갖는 잠재력과 가능성을 무시하고 이들에 대한 부정적 시각을 키울 수 있기 때문이다. 따라서 결혼 이주 여성의 문제를 다루는 것은 외국인으로서 한국사회에 적응하는 과정에서 이들이 겪는 문제에 개입하여 결과적으로 결혼 이주 여성이 우리 사회의 문화적 다양성과 삶의 질 향상에 기여하는 주체가 되도록 하기 위함이라는 전제를 해야 한다.

둘째, 출신 지역과 국가를 고려할 때, 결혼 이주 여성을 '못사는 나라에서 온 외국인'으로 동일시해서는 안 된다는 점이다. 앞서 밝혔듯이, 결혼 이주 여성은 다양한 지역에서 다양한 문화적 배경을 갖고 우리나라에 온 사람들이다. 게다가 일본에서 몽골, 베트남에 이르기까지 출신 지역이나 국가의 경제적 수준, 즉 소득 수준 또한 다양하다.

셋째, 결혼 이주 여성의 개인적 특성도 다양하다. 어느 한 연구 결과에 따르면 몽골 출신 결혼 이주 여성은 대체로 본국에서 평균소득 계층 이상에 속하는 반면, 베트남 출신 결혼 이주 여성은 본국에서의 소득 수준이 매우 낮은 것으로 나타났다. 입국 경로 역시 일본 여성은 브로커를 통해 입국하는 비율이 높은 반면, 러시아와 중국 여성은 개별적인 경로를 통해 결혼하는 것으로 나타났다. 학력 수준도 조사 대상 결혼 이주 여성 중, 일본과 러시아 출신 여성은 본국에서 13년 이상의 교육 과정을 이수한 반면, 베트남과 태국 출신 여성은 8년 정도에 그치고 있다(설동훈·윤홍식, 2008: 119).

이상 논의를 근거로 하여 결혼 이주 여성 '문제'라는 표현보다는 결혼 이주 여성 '생활' 혹은 '생활 모습(양상)'이라는 표현을 사용하는 것이 더 바람직하다고 본다.

(2) 결혼 이주 여성의 생활

어느 연구의 조사 대상 결혼 이주 여성이 평균적으로 가장 힘들어 하는 문제는 외로움, 문화 차이, 자녀 교육, 경제문제, 언어문제, 가족관계, 주위의 편견, 음식 및 기후 등으로 나타난다. 결혼 이주 여성의 사회·심리적 소외감 극복이 사회 적응 과정에서 가장 큰 장애 요인으로 볼 수 있다. 거주 지역 별로 약간 차이를 보이는데, 농촌 거주 결혼 여성이민자는 자녀교육과 언어문제를 비교적 더 힘든 점으로 꼽았다. 출신 국가별로 보면, 중국 한족 여성 이민자가 언어문제를 가장 어려운 점으로 선택하였다. 필리핀 여성은 외로움과 문화 차이, 언어문제를, 베트남 여성도 외로움, 언어문제, 자녀문제, 문화차이 순으로 어렵다고 대답하였다. 일본 출신 여성 이민자는 외로움이나 문화 차이보다 자녀문제를 가장 힘든 점으로 지적하였다(설동훈 외, 2006: 215~217).

사회적 차별이나 편견을 느끼는 정도는 남성 결혼 이주자가 여성 결혼 이주자보다 더 높은 것으로 나타난다(설동훈 외, 2006: 218). 결혼 이주 여성이 남성보다 차별을 덜 받거나 느낀다고 하여 결혼 이주자 사이에는 성차별 문제가 상대적으로 없다는 의미는 아니다. 오히려 한국 사회가 철저하게 부계 중심으로 가계 계승이 이루어지다 보니, 남편의 한국 국적을 좇아 가계 계승에 '기여'하는 여성에게는 관대한 태도를 보이지만 "가계를 외국으로 가져간다"는 인상을 주는 외국인 남성에게는 상대적으로 적대적인 태도를 보이기 때문이라고 해석할 수 있다. 가계 계승의 욕구가 상대적으로 도시보다 강하지만 그럴 기회가 적었던 농촌 지역에서 여성 결혼 이주자가 도시 거주 여성 결혼 이주자보다 차별 양상을 덜 느끼는 것도(설동훈 외, 2006: 218) 그러한 이유 때문일 것이다.

다름을 차이로 받아들이지 못하고 틀린 것으로서 차별하는 우리 사회의 일반적 인식은 결혼 이주 여성 자녀에 대한 사회적 차별의 인식 정도에서도 나타난다. 자녀 취학 이전에 아이의 피부색과 생김새가 일반 한국인과 다르지 않은 경우 별로 차별을 느끼지 않으나, 취학 후 '부모 중 한 사람이 외국인이다'라는 점 또는 '외모 차이' 등으로 인한 차별 경험 비율이 증가한다. 특히 외모에서 차이가 두드러지는 필리핀, 베트남 등 출신 결혼 이주 여성이 자녀차별을 느낀 경험이 다른 여성 집단에서보다 더 높게 나타난다(설동훈 외, 2006: 220~222).

〈표 14-5〉 한국에서 생활하면서 가장 힘든 점

(단위: %, 명)

			외로움	문화 차이	자녀 문제	경제 문제	언어 문제	가족 갈등	주위의 시선·태도	음식 기후
합계		1044	23.2	15.0	14.7	11.4	11.8	3.7	2.6	3.0
거주지	도시	805	23.9	14.5	13.5	11.7	11.3	4.1	2.7	2.4
	농촌	239	20.9	16.7	18.4	10.5	13.4	2.5	2.1	5.0
출신국	조선족	484	27.9	15.1	13.6	14.7	3.1	4.8	4.1	2.1
	한족	109	20.2	11.0	14.7	11.9	24.8	4.6	0.9	2.8
	베트남	184	19.0	10.3	14.7	6.5	18.5	1.6	2.2	5.4
	일본	99	11.1	18.2	30.3	10.1	16.2	6.1	0.0	2.0
	필리핀	100	30.0	21.0	4.0	8.0	17.0	2.0	1.0	5.0
	기타	68	13.2	20.6	14.7	7.4	20.6	0.0	1.5	1.5

* 출처: 설동훈 외(2006:217).

전반적으로 사회 적응 문제를 살펴보면, 본국에서보다 사회・경제적 지위의 하강이동을 경험하는 것으로 추론되는 일본 결혼 이주 여성의 적응 문제가 심각한 것으로 나타나기도 한다. 다른 국가 출신 여성에 비교할 때 일본 여성이 결혼 생활을 유지하면서도 한국 국적 취득 비율이 매우 낮은 것이 이런 주장을 뒷받침한다(설동훈・윤홍식, 2008: 125). 하나의 연구 결과만 놓고 속단하기는 이르지만, 오히려 "우리보다 못하다"고 생각하는 국가 출신 여성에게는 매우 온정적 개입 태도를 보이면서 "우리보다 잘 산다"고 생각하는 국가 출신 여성의 사회 적응 문제에 대해서는 무관심할 수도 있기 때문에 생기는 문제를 생각하게 하는 계기는 되리라 본다.

결혼 이주 여성이 대체로 겪는 문제의 또 다른 특징은 취업활동을 활발히 하는 것에 비교할 때 상대적으로 사회적 관계 형성은 잘하지 못하고 있다는 것이다. 예를 들어 취업활동률이 높은 농촌거주 베트남이나 태국 결혼이주 여성이 한국어 구사능력은 상당히 떨어지는 사례가 있다. 본국에서 평균 교육연수가 낮았던 이들이 농촌에 거주하면서 가사와 단순노동에 종사하는 생활을 하는 가운데 경제적 적응은 상대적으로 쉽게 하는 반면, 사회적 적응에서는 어려움을 겪는다(설동훈・윤홍식, 2008: 125).

'문제'를 가진 집단이 아니라 한국 사회의 한 구성원으로서 역할을 하면서 스스로 삶을 꾸려나가는 모습도 쉽사리 관찰할 수 있다. 한국인 여성과 중국・몽골・베트남・필리핀・태국 등 결혼 이주 여성 등이 인형극단을 만들어 각자 출신 국가의 문화를 함께 소개하는 활동을 하는가 하면,[4] 다문화가정 지원프로그램의 하나인 원어민 교사 양성과정 출신으로 지방자치단체 공무원 교육원에서 영어 회화를 가르치는 필리핀 출신 결혼 이주 여성들 이야기는[5] 결혼 이주 여성이 우리 사회

4) '다문화 전도 인형' 든 타이 주부, 결혼 이주 여성 7명 등과 시골학교 돌며 인형극(〈한겨레〉 2008년 5월 24일(토) 28면 박영률 기자).

5) 공무원 '영어교사' 된 필리핀 댁 '웃음꽃', 그레이스・조나베스, 경북서 원어

의 다양성 증가에 이바지하는 수많은 사례 중 일부분에 지나지 않은 이야기일 것이다.

3. 결혼 이주 여성 대상 서비스 전달체계와 개입 전략

결혼 이주 여성 대상 서비스 전달체계는 어떻게 구성되고 있는가? 그리고 결혼 이주 여성 생활 개입 전략은 어떻게 세울 수 있을까?

1) 서비스 전달체계 현황

서비스 전달체계 현황을 법적 근거와 전달체계 구조로 나누어 설명할 수 있다.

(1) 법적 근거

결혼 이주 여성 대상 서비스 전달체계의 법적 토대는 건강가정기본법과 다문화가족지원법이다. 2004년 2월 9일 법률 제 07166호로 제정된 건강가정기본법은 2005년 1월 1일부터 시행되었다. 건강가정기본법은 법명이나 내용에서 지나치게 기능주의적이거나 보수적인 경향을 보이는 한계에도 불구하고 일반적인 가족지원서비스의 법적 토대가 된다는 점에서 결혼 이주 여성 혹은 그 가족 대상 서비스의 근거법으로 기능한다고 유추 해석할 수 있다. 동법 조항 중 제 21조 '가정에 대한 지원'을 근거로 하여 결혼이민자가족지원센터를 설치 · 운영할 수 있다고 보는 것이다.[6] 그 외에 가족지원 관련 여러 조항들이 모두 가족의 한

민 강사로, 이민여성 지원프로 덕분…"편견 줄여 행복"(〈한겨레〉 2008년 7월 1일(화) 29면 박영률 기자).

6) 제 21조 (가정에 대한 지원) ① 국가 및 지방자치단체는 가정이 원활한 기능을 수행하도록 지원하여야 한다.

형태로서 결혼 이주 여성 가족 지원의 근거가 될 것이다.

그러나 결혼 이주 여성, 좀 더 정확히 말하면 결혼 이주 여성가족 대상 서비스의 직접적인 법적 토대는 2008년 3월 21일에 제정되어 9월 22일 이후 시행 중인 '다문화가족지원법'이라고 할 수 있다. 결혼 이주 여성을 중심으로 이른바 '다문화 가정'이 급증하는 현실에 비추어 제정된 이 법은 2006년 이후 각 지역에 설치되기 시작한 '결혼이민자 가족지원센터'의 근거법이 된다. 즉 이미 결혼 이주 여성을 대상으로 지원 서비스를 주기 시작한 '결혼이민자 가족지원센터'가 가족정책 기본법이라 할 수 있는 건강가정기본법에서도 찾아볼 수 없이 법률적 근거 없이 운영되었는데, 이 센터 운영의 법률적 근거를 다문화가족지원법에 명시한 것이다. 다만 센터 명칭이 '다문화가족지원센터'로 좀 더 포괄적 의미를 내포하는 형태로 변화하였다.[7]

---

7) 다문화가족지원법 제12조(다문화가족지원센터의 지정 등) ① 보건복지가족부장관은 다문화가족 지원 정책의 시행을 위하여 필요한 경우에는 다문화가족 지원에 필요한 전문인력과 시설을 갖춘 법인이나 단체를 다문화가족지원센터(이하 "지원센터"라 한다)로 지정할 수 있다.

② 지원센터는 다음 각호의 업무를 수행한다.

1. 다문화가족을 위한 교육·상담 등 지원사업의 실시
2. 다문화가족 지원서비스 정보제공 및 홍보
3. 다문화가족 지원 관련 기관·단체와의 서비스 연계
4. 그 밖에 다문화가족 지원을 위하여 필요한 사업

③ 지원센터에는 다문화가족에 대한 교육·상담 등의 업무를 수행하기 위하여 관련 분야에 대한 학식과 경험을 가진 전문인력을 두어야 한다.

④ 국가와 지방자치단체는 제1항에 따라 지정한 지원센터에 대하여 예산의 범위에서 제2항 각 호의 업무를 수행하는 데에 필요한 비용의 전부 또는 일부를 보조할 수 있다.

⑤ 지원센터의 지정기준, 지정기간, 지정절차 등에 필요한 사항은 대통령령으로, 제3항에 따른 전문인력의 기준 등에 필요한 사항은 보건복지가족부령으로 각각 정한다.

(2) 서비스 전달체계 구조

결혼 이주 여성 대상 서비스 전달체계는 2006년부터 만들어지기 시작한 결혼이민자가족지원센터를 중심으로 구축되었다. 2008년부터 다문화가족지원센터로 명칭을 변경하게 된 센터는 〈그림 14-1〉에서 볼 수 있듯이 결혼 이주 여성의 입국 전후 상담 서비스, 가족 관계 형성기에 한국어 교육, 상담, 임신 · 출산 지원, 위기 개입, 각종 정보제공 등 서비스를 제공한다. 정착 및 자녀 양육기에는 아동양육 지원과 취업 지원 위주의 서비스를 제공하며, 역량 강화기에는 우리 사회에 출신국의 다양한 문화를 제공하는 역할을 하는 역량 강화 서비스를 제공한다.

〈그림 14-1〉 결혼 이주 여성 지원 단계

단계별	내 용	정책수단 및 전달체계
입국전 결혼준비기	국제결혼중개업체 관리 한국생활 정보제공 · 상담 한국인배우자 교육	결혼중개업 관리에 관한 법률, 국제결혼이민관/콜센터, 결혼이민자가족지원센터
가족관계 형성기	한국어교육 및 임신 · 출산지원 종합정보제공 및 통번역서비스 위기개입, 가족통합교육	결혼이민자가족지원센터 방송 및 디지털대학교 정보매거진/통 · 번역시스템 이주 여성 1366 센터 및 쉼터
정착 및 자녀양육기	아동양육지원, 취업역량강화 · 영농기술교육 · 취업교육 · 정보화교육	결혼이민자가족지원센터 보육시설
역량강화기	취업 연계 다문화사회 통합선도자 육성	결혼이민자가족지원센터 정책모니터링단/자조모임

* 출처: 보건복지부 홈페이지(http://www.mw.go.kr).

(3) 다문화가족지원센터

다문화가족지원법에 근거한 다문화가족지원센터의 출발은 결혼이민자가족지원센터이다. 2005년 8월 16일 사회문화 장관 회의에서 결혼 이주여성 지원대책이 정책 어젠다로 채택된 이후 같은 해 11월 25일과 2006년 3월 15일 차별시정위원회에서 다시 한 번 결혼 이주여성 지원대책 논의가 있었다. 같은 해 4월 26일 대통령 주재 '여성 결혼 이주자 및 혼혈인·이주자 사회통합 대책' 국정과제 회의 개최를 거쳐 5월 4일 차별시정위원회에서 결혼 이주자가족 지원대책 주관부처로 여성가족부를 지정하였다. 이에 근거하여 여성가족부가 주무부서가 되어 2006년에 이미 21개소, 2007년에는 38개소의 결혼이민자가족지원센터가 시군구 단위에 설치되었다(여성가족부, 2007: 280). 2008년 정부조직법 개정에 따라 가족 업무가 여성가족부가 여성부로 개편되고 가족 업무가 보건복지가족부로 이관됨에 따라 결혼이민자가족지원센터 주무부서도 보건복지가족부가 되었다.

다문화가족지원센터는 시군구 자치단체 직영이나 비영리법인·단체 위탁으로 운영되고 있는데, 특히 결혼 이주 여성의 비중이 높은 농촌 지역에서는 오히려 건강가정지원센터보다 더 많이 설치되고 있는 실정이다. 센터는 지역센터와 거점센터로 분류되는데, 지역센터에서는 한국어 교육, 배우자 교육 및 결혼준비교육, 다문화 가족 역량 강화 지원사업, 한국사회 이해 교육, 다문화 인식 개선사업, 자조집단 운영, 가족 교육·상담, 문화교육·동아리활동 등 정서지원 사업, 그리고 방문교육사업 등 직접서비스 제공을 하고 있다(여성가족부, 2007: 299). 반면 거점센터는 보건복지가족부에서 전국 권역별 5개소를 직접 지정·관리하면서 방문교육지도사 양성·관리 및 신규센터 지원 등 기능을 한다. 제1거점센터는 서울, 인천, 경기, 제2거점센터는 대전, 충북, 충남, 강원, 제3거점센터는 대구, 경북, 제4거점센터는 부산, 울산, 경남, 제주, 제5거점센터는 광주, 전북, 전남 지역센터를 관리하는 기능을 한다(여성가족부, 2007: 308).

방문교육사업은 센터에 오기 힘든 결혼 이주 여성 가정에 방문교육사가 직접 찾아가서 한글 교육, 아동양육지도, 가족 상담 등을 하는 사업이다. 결혼 이주 여성의 상당수가 언어 이해력 부족, 경제적 부담 등 문제 때문에 일반 한국인 가정의 보육시설 이용률 56.8%(2005년 기준)의 절반에도 못 미치는 27.5%의 보육시설 이용률을 보이는 현실을 감안하여 사업이 생겨났다.

한글 및 아동양육 지도 능력을 갖춘 방문교육지도사가 집으로 찾아가는 이 서비스는 한국 생활 정착기에 어려움을 겪는 결혼 이주 여성 한국어 교육, 12세 미만 아동을 양육하는 결혼 이주 여성 대상 아동양육 교육·상담서비스, 임신·출산기 결혼 이주 여성 대상 출산 전후 서비스 제공 등의 내용으로 구성된다.

방문교육지도사는 방문교육사업에 참가하기 위하여 일정 시간 양성 교육을 이수하고 센터에서 파견하는 사람이다. 해당지역 내 혹은 인근 지역에 거주해야 하는 방문교육지도사는 거점센터에서 5일·50시간 방문지도사 양성교육을 받게 된다. 2008년 6월 현재 교육 내용은 한글 및 아동양육 전문성 강화 교육 33시간, 기타 도우미 역할과 다문화 이해 및 가족상담 교육 17시간으로 구성된다. 방문교육지도사는 1년에 두 번 각 10시간 씩 한글 및 아동양육 전문성 강화 교육(7시간), 기타 다문화 이해 교육(3시간)을 보수교육으로 받아야 한다.

한글교육지도사는 국어기본법 시행령 13조 규정에 따른 한국어교원, 전직 교사, 공무원, 기타 한국어 교육에 전문성이 있다고 인정되는 자가 된다. 아동양육지도사는 전직 교사(유치원 및 보육교사 포함), 건강가정사, 사회복지사, 한국어 소통능력이 있고 자녀양육 경험이 있는 여성 결혼 이주자, 기타 사회활동가 및 전문자원봉사자 등 아동양육에 전문성이 있다고 인정되는 자로 한다(여성가족부, 2007: 324).

방문 한글교육서비스는 한 가정 당 주 2회 제공하며 1회 서비스 제공 시간은 최소 2시간이다. 방문 아동양육 지원서비스 역시 한 가정 당 주 2회 제공하며 1회 서비스 제공 시간도 최소 2시간이다(여성가족부, 2007: 327).

2) 서비스 전달체계 구성 전략

다문화가족지원센터를 통한 지원서비스는 더 많은 예산 배정, 서비스의 질적 수준 제고, 센터 운영 지역 확대, 결혼 이주 여성가족의 문화적 다양성을 있는 그대로 받아들이는 사회적 인식 형성, 결혼 이주 여성 개인을 단위로 하는 서비스 계발 등 과제를 갖고 있다. 이러한 과제를 완수하기 위하여 필요한 서비스 전달체계 구성 전략을 생각해 보자.

(1) 문화적 다양성 이해·인정 능력의 제고

문화적 다양성 이해는 사회 구성원에게 일반적으로 요구되는 능력일 뿐 아니라 서비스 전달체계 내에서 서비스 제공자 역시 갖추어야 할 능력이다. 서비스 전달체계가 구축되어 있다 하더라도 문화적 차이로 인하여 수급자 입장에서는 서비스에 대한 욕구를 생각조차 하지 않는 경우도 있다. 문화적 차이는 설혹 어떤 상황이 문제로 정의되더라도, 그리고 문제를 가진 당사자가 이러한 문제의 해결을 전문적으로 하는 사회복지서비스에 접근할 수 있는 가능성을 기본적으로 가진다 하더라도, 그러한 서비스를 실제로 이용할 수 있는지 여부가 확실치 않은 상황을 만들어낸다(정재훈, 2007a). 어떤 문제를 가족 내에서 해결해야 하는지, 아니면 외부 전문가로부터 문제 해결을 위한 도움을 받음으로써 해결해야 할지 결혼 이주 여성 개인의 문화적 배경에 따라 다른 선택을 하기 때문이다. 문제 해결을 위하여 외부로부터 도움을 받을지 안 받을지는 사생활 범위를 규정하는 사고방식과 외부체계에 대한 신뢰에 따라 결정된다. 따라서 개인·가족의 경계를 넘어설 때 사회적 신뢰가 그리 존재하지 않는 문화에서 온 결혼 이주 여성은 전문적 도움을 얻는 시도를 쉽사리 하지 않는다고 볼 수 있다. 따라서 결혼 이주 여성 사이에도 존재하는 문화적 다양성을 이해하는 바탕에서 서비스 전달체계 구성이 되어야 한다.

(2) 사회적 공간의 재배치에 대한 이해[8)]

지역사회에 존재하는 사회적 하부구조(*soziale Infrastrutkur*)에 대한 정보를 제대로 알고 이를 활용함으로써 적절한 대인복지서비스를 제공받을 수 있는 능력을 외국인 가족이 갖고 있음은 매우 중요하다. 이런 능력이 존재할 때, 가족보호(*Familienpflege*)나 상담 등 가족정책이 제공하는 서비스를 욕구가 생겼을 때 받을 수 있을 것이다. 따라서 이러한 서비스 활용 능력을 갖고 더 나아가 지역사회에서 보육, 언어 교육, 상담, 평생 교육, 단체 활동 등 기회 활용을 통하여 다른 사회 구성원과 함께 어울려 살아갈 수 있는 능력을 갖출 수 있는 네트워크 구축이 외국인 가족에게는 더 필요하다고 볼 수 있다.

독일 사례를 보면, 연방정부는 뮌헨(München)시와 협력하여 지역사회에 위와 같은 모델 네트워크 구축을 위한 행정 구조 개편 모델 프로젝트를 진행하였다. 이에 따라 뮌헨시 지역을 16개의 이른바 사회적 공간(*Sozialraum*)으로 재편하고 각 지역마다 외국인 가족이 활용할 수 있는 자원을 연결시켜 주는 역할을 하는 전문가(*Sachverständige für Migrationsfrage*)를 배치하였다.

사회적 공간(*Sozialraum*)은 물리적 공간이라기보다는 일종의 사회적 연결망을 의미한다. 사회적 공간에서는, 따라서, 의사 결정이 일어나고 상호 작용이 생겨나며 타인에게 자신의 의견을 관철시킬 수 있는 혹은 그 반대의 경우가 되는 권력 관계가 형성된다. 사회적 공간 분석(*Sozialraumanalyse*)은 한국식의 구(區)나 동(洞) 등 작은 지역에서 관찰할 수 있는 사회구조적 관계를 알아보는 작업이다. 이러한 분석을 통하여 개인문제 · 사회문제를 야기하는 구체적 삶의 모습을 규명해낼 수

---

8) 이하 내용은 정재훈(2007a)을 참고한 것임.

있다. 사회적 공간 분석은, 이러한 의미에서, 이상적으로 추구하는 사회적 관계 규명이 아니라 현실을 있는 그대로 분석하는 작업이다. 따라서 사회적 공간 분석의 내용은, 먼저, 인구·사회구조 분석이다. 그러면서도 사회적 공간 분석은 '문제 지역(*Problemquartier*)'으로 분류되는 작은 지역에서 관찰할 수 있는 사회 구성원의 활동을 분석 대상으로 한다. 다양한 삶의 모습에서 파생하는 분화된 사회적 구조 간 관계를 특히 사회적 약자를 중심으로 분석함으로써 사회적 공간을 '사회적 약자 친화적'으로 재구성할 수 있는 토대를 마련하는 것이다. 이때 대표적 '사회적 약자' 집단으로 결혼 이주 여성 가족이 분석과 대인복지서비스 대상이 된다고 볼 수 있다.

사회적 공간 중심 개입 개념은 분석에서 더 나아가 사회적 공간 구조 자체를 변화시키는 개입을 지원한 것이다. 각 거주 지역에는 다양한 문화가 존재하며, 이에 따라 사람들이 상호작용하는 장소도 어두운 거리 구석, 학교 뒷마당, 비디오 가게, 거리농구장, 동네 놀이터, 쇼핑 번화가 등 다양하다. 이러한 지역 공간에서 일어나는 역동을 분석하여 더 이상 '오라는 구조(*Komm-Struktur*)'가 아니라 전문가가 '찾아가는 구조(*Geh-hin-Struktur*)'에 토대를 둔 '이동 사회사업(*Mobile Sozial-arbeit*)'이 사회적 공간분석을 토대로 새롭게 도입한 프로그램의 대표적 예라고 볼 수 있다.

(3) 지역사회 참여 유도 전략[9]

다문화가족지원센터가 거점센터와 지역센터로 아무리 활발한 활동을 한다 하더라도 결국 결혼 이주 여성이 살고 있는 지역사회에서 이민여성 대상 편견이 존재하고 그 결과 이민여성이 지역사회에서 배제된다면 가족정책 차원에서 개입할 있는 여지는 많지 않을 것이다. 따라서 지역사회가 결혼 이주 여성가족, 더 나아가 다문화가족에 대한 관심을

9) 이하 내용은 정재훈(2007a)을 참고한 것임.

갖고 이들 가족생활을 도와주는 형태의 지역사회 네트워크 구축이 필요하다. 이러한 네트워크 구축의 좋은 예로서 '지역가족연대(Lokale Bündnisse für Familie)'가 있다. 지역가족연대가 외국인 가족에게만 초점을 맞추어 조직된 것은 아니다. 일반적으로 지역사회에서 가족의 중요성을 부각시키고 가족생활을 지역사회 네트워크 형성을 통해 지원하는 방식을 우선 우리 사회에서 결혼 이주 여성가족에게 적용할 수 있겠다는 의미에서 사례를 제시해 본다.

독일 연방 여성가족부는 지역가족연대 구성을 위한 상담 사무소를 2003년에 베를린에 개소하고, 각 지역사회에서 가족연대 네트워크를 구축하도록 도와주고 있다. 연방가족부는 지역가족연대 구성에 관련된 상담 등 서비스를 제공할 뿐 지역가족연대 유지를 위한 재정 지원은 하지 않는다. 베를린 사무소에서는 정보제공, 상담, 연계 업무와 같은 일을 한다.

지역가족연대 구성에 관심이 있는 조직이나 단체를 대상으로 운영에 관련된 각종 정보나 노하우를 제공한다. 상담 과정을 통해 지역사회에서 가족연대를 조직할 때 지역사회 구성원을 초청하고 가족문제에 대한 인지도를 높이고 실제 가족을 위한 서비스를 할 수 있는 가능성을 찾도록 권유하는 모든 과정과 관련된 업무 관련 정보를 제공한다. 업무 관련 매뉴얼 제공이 그 대표적 예이다.

더 나아가 지역가족연대가 구성되는 단계 별로 어떤 종류의 일을 해야 하는지 상담해 주는 역할을 한다. 예를 들어, 지역가족연대 조직 목표 설정과 단계 별 업무 계획을 설정해 준다. 지역가족연대가 서비스 제공을 위해 어떻게 조직되어야 하는지에 대한 상담도 한다. 그 외에도 지역가족연대를 대상으로 하는 교육이나 워크숍 개최 등의 서비스도 제공한다.

연방정부 운영 서비스 사무소는 각 지역가족연대가 서로 연결되어 정보를 주고받을 수 있는 연결 고리 역할을 한다. 또한 지역가족연대 사업을 지역사회에서 효과적으로 홍보할 수 있도록 도와준다. 지역가족연대 사업 홍보를 위한 자료를 만들어서 지역사회 내에 배포하는 업무를 도와준다.

지역가족연대에 참여하는 주체는 지방자치단체, 기업, 각종 사회단체, 종교기관, 노동조합, 사회복지기관 및 시설 등 매우 다양하다. 기본적으로 '가족'이라는 주제에 관심을 갖는 모든 조직이나 기관은 지역가족연대에 참여할 수 있기 때문이다.

가족문제에 관심을 갖고 있는 조직은 지역가족연대 네트워크 내에서 정보와 아이디어를 교환하고 서로 다른 견해나 관점에 대한 토론을 하며, 각 조직이 가족을 위하여 하고자 하는 사업 내용을 조정 내지 통합하는 작업을 한다. 이때 연방 여성가족부에서 제시한 기준에 따라 조직 원리를 정하고 이에 따라 활동을 평가하고 지속적인 사업을 계획, 실천함으로써 지역사회 특성을 반영하는 활동을 하면서도 전국적으로 통일된 평가 기준을 갖게 된다. 지역가족연대 조직 원리를 구성하는 요소는 다음과 같다.

① 지역사회 내 중요한 조직이나 기관, 단체의 참여 여부
② 참여 주체 간 관계: 정보교환 규모와 정도, 교환하는 자원의 규모, 공동으로 하는 사업 존재와 규모
③ 활동규칙: 최소한의 활동규칙 설정, 규칙 위반 여부에 대한 점검
④ 목표와 수단: 지역가족연대 참여 구성원이 동의하는 목표 설정, 지역가족연대 참여 구성원이 동의하는 수단 설정
⑤ 행동 계획: 지역가족연대 사업 전개 단계를 명확히 제시, 사업 전개 단계와 목표 달성 여부 간 관계 검토.

독일 연방 여성가족부에서 설정하고 있는 지역가족연대 활동 원리는 다음과 같다. 첫째, 지역가족연대는 지역사회에서 자신들이 가족을 위해 무엇을 해야 할지 정해야 한다. 이러한 결정에 따라 지역사회에 이미 가족문제 해결을 위해 존재하고 있는 자원이나 조직이 어떻게 있는지 파악해야 한다. 둘째, 지역사회에 존재하는 자원이나 조직이 가족

과 관련하여 어떤 관심을 갖고 있는지 파악해야 한다. 그러한 자원을 동원하거나 조직을 이용하기 위해서이다. 따라서 관련 조직 명단, 조직이 갖고 있는 가족문제에 대한 관심, 조직이 갖는 잠재 능력과 강점 등을 파악해야 한다. 셋째, 지역사회에 존재하는 지역가족연대 활동을 지지하는 요소와 방해하는 요소를 파악해야 한다. 따라서 지역사회의 정치적, 경제적 상황에 대한 이해가 중요하며, 지역사회의 주요 사회 문제가 무엇인지 아는 것도 중요하다. 지역가족연대는 현재 독일 전국에서 2005년 9월 말 현재 212개가 결성되었다.

(4) **전국 차원의 전략 수립**[10)]

지역사회 범위를 벗어나 전국적 차원에서 문화적 다양성을 받아들이기 위한 전략 사례로서 독일 연방포럼 '가족(Das Bundesforum Familie)'이 있다. 연방포럼 '가족' 역시 '지역가족연대'와 마찬가지로 외국인 가족에만 초점을 맞추어 조직된 것은 아니다.

독일 연방 여성·가족·노인·청소년부(BMFSFJ: Bundesministerium für Familie, Senioren, Frauen undJugend)는 2000년에 연방포럼 '가족'(Das Bundesforum Familie)을 조직하였다. 연방포럼 '가족'은 2005년 현재 독일 전국에 걸쳐 약 100개의 가족 관련 조직으로 구성되어 있는 연합체이며, 가족친화적 사회구조를 만들기 위한 다양한 정책 제안을 하고 있다. 연방포럼 '가족'에는 노동자복지회(Arbeiterwohlfahrt) 등 사회복지단체, 각 지방자치단체 사회·여성·가족 관련 부, 전국독신부모연합회(Verband Alleinerzihenender Mütter und Väter e.V.) 등 자조단체, 독일모슬렘중앙회(Zentralrat der Musilme in Deutschland) 등 종교단체가 총망라되어 소속되어 있다.

연방포럼 '가족'은, 물론 앞서 밝혔듯이, 외국인 가족만을 위한 정책 제안을 하는 조직은 아니다. 가족정책 관련 핵심 주제를 선정하여 2년

---

10) 이하 내용은 정재훈(2007a)을 참고한 것임.

에 걸쳐 프로젝트를 기반으로 하여 정책 제안을 하는 연방포럼 '가족'은 2000년에서 2002년까지 '가족과 미디어(*Familie und Medien*)'라는 프로젝트를 수행하여 가족정책 제안을 하였으며, 2003년부터 2004년까지 '이민가족: 통합과 배제 사이에서(*Migrationsfamilie: zwischen Integration und Ausgrenzung*)'이라는 프로젝트를 통해 외국인 대상 연방정부 가족정책이 지향해야 할 목표와 기본적인 개입 방향을 교육 기회 제공, 취업 촉진, 지역사회로 분류하여 제안하였다.

교육은 내외국인 구별없이 가능한 어릴 때부터 양질의 보육·교육을 받을 수 있도록 보육시설을 확충하고 아동·청소년을 보육·교육하는 교사 등 교육 인력이 다문화적 관계에 대한 이해를 바탕으로 하여 업무를 수행할 수 있도록 보수교육의 기회를 제공하는 방향으로 이루어지고 있다.

취업 촉진은 노동자복지회(Arbeiterwohlfahrt: AWO) 등 사회복지단체가 주체가 되어 독일 사회에서 외국인들이 본래 갖고 있던 행동 유형·문화·지향하는 태도를 일단 있는 그대로 인정하고 받아들이는 '다문화에 대한 개방적 태도'를 지역사회 기업체 경영 과정의 질적 수준을 평가하는 기준으로 활용함으로써 이루어지고 있다. 노동자복지회에서 다문화에 대한 개방적 태도 판단 기준으로 정한 원칙은 다음과 같다. 먼저, 다문화적 요소를 포함하는 경영 원칙과 방향을 각 기업은 정해야 한다. 둘째, 정해진 원칙과 운영 방향에 따라 도달하고자 하는 목표 및 실천 단계를 정해야 한다. "○○부터 (○○까지) 직원 대상 외국인 문화 이해를 위한 교육을 실시한다"라는 체계를 결정해야 하는 것이다. 셋째, 다문화 관련 운영 원칙과 목표를 특히 다문화에 대한 이해가 필요한 직원에게 효율적으로 전달해야 한다. 넷째, 다문화적 요소를 경영 과정에 도입하는 작업에서 방해 요소를 파악하고 그 목록을 작성해야 한다. 다섯째, 현재 일하고 있는 직원이 다문화적 요소에 대한 이해를 얼마나 하고 있는지를 측정하고 이들이 외국인 가족을 대상으로 서비스를 제공할 자격이 있는지 결정해야 한다. 여섯째, 필요에 따라 다문화적 요소를 도입하기 위하여 새로운 인력을 배치해야 한다. 일곱째, 다문화적 요소 도입 과정에 참여하고 있는 모든 당사자를 연결하는 네트워크를 구축한다.

(5) 결혼 이주 여성 대상 서비스 구성 전략

문화적 다양성을 인정하면서 독일 사례를 참고할 때 결혼 이주 여성 대상 서비스 전략을 다음과 같이 구성할 수 있다.

첫째, 내외국인을 구별하지 않고 서비스를 보편적으로 제공하는 전달체계의 구축이다. 언어와 문화 차이가 존재함에도 불구하고 결국 결혼 이주 여성은 우리 사회에 거주하면서 가족생활을 하는 하나의 구성원 집단일 뿐이다. 따라서 이 땅에서 살고 있는 가족이 욕구가 생겼을 때 적절하게 그리고 편안하게 받을 수 있는 서비스 전달체계를 구축하는 작업을 통해 자연스럽게 결혼 이주 여성의 생활도 가족정책적 개입 영역이 될 수 있을 것이다.

둘째, 결혼 이주 여성 가족이 사회적 부담 요인이 아니라 사회적 기여를 하는 부분을 강조하고 그러한 기여를 보상해 주는 차원에서 정책 지향점을 변화시켜야 할 것이다. 저출산·고령화 시대에 접어드는 추세를 감안한다면 외국인 여성의 사회적 노동력의 재생산·사회화 역할, 붕괴하고 있던 농어촌 지역 가족생활 유지 기능 등은 상당한 수준에서 보상받아야 할 정책 대상이다. 한국 사회의 지속 가능한 발전에 중요한 기여를 한다는 차원에서 결혼 이주 여성 대상 서비스 전략이 세워져야 할 것이다.

셋째, 독일의 연방포럼 '가족'이나 '지역가족연대'에서 보았듯이 중앙정부와 지방자치단체 간 역할분담이 유기적으로 이루어진 전국적이면서 지역적인 성격을 갖는 결혼 이주 여성 가족 지원 네트워크 구축을 시도할 수 있겠다.

넷째, 결혼 이주 여성이 '하나의 외국인' 집단이 아닌 '다양한 외국인' 집단임을 이미 앞에서도 확인하였다. 따라서 이들의 다양성을 반영한 서비스 전달체계 구축이 지속적으로 이루어져 한다. 동시에 이들이 한국 문화에 적응하면서도 각자 출신 지역과 국가의 문화적 다양성을 우리 사회에 전달할 수 있는 기회를 지속적으로 제공하는 구조를 서비스 전달체계에서 구축해야 할 것이다.

제15장 성매매 여성

이번 장에서는 탈성매매 여성에 대한 이해를 바탕으로 하여 우리나라에서 탈성매매 여성의 사회적 자활을 위하여 어떤 여성복지서비스를 제공하는지 알아본다.

흔히 성매매 여성이라고 표현하지만, 여성복지서비스 대상은 일단 성매매를 그만 두고 도움을 요청하며 다른 직업을 갖기 원하는 여성이 된다. 이런 의미에서 성매매 여성 대상 사회복지서비스보다는 탈성매매 여성 대상 사회복지서비스 혹은 탈성매매 여성복지서비스로 표현하는 것이 적합하다고 본다.

성매매 혹은 성매매 여성을 어떻게 보느냐에 따라 탈성매매 여성복지서비스 전개 방향은 달라질 수 있다. 따라서 성매매에 대한 이해를 이론적 차원에서 하도록 한다. 여기에서는 성매매 금지를 둘러싼 관점 비교와 성매매 관련 이슈를 제시할 것이다. 그 다음 우리나라 성매매를 보는 정책적 시각과 탈성매매 여성복지서비스 내용을 살펴본다.

1. 성매매에 대한 이해

성매매는 나타나는 유형에 따라 전통형, 비고용형, 산업형으로 분류한다. 성매매 목적을 기준으로 분류할 때 전통형과 비고용형 성매매는 성매매 그 자체를 목적으로 하는 특징을 갖는다. 집창촌 혹은 길거리에서 성매매만을 하는 경우이다. 반면 산업형 성매매는 성매매와 함께 향락을 제공하는 경우이다. 유흥주점·룸살롱 등 향락업소에서 음주·가무와 함께 성매매 행위를 하는 경우를 볼 수 있다(김은경, 2002: 60~63; 조국, 2003: 256에서 재인용).

이러한 성매매를 허용할 것인가 혹은 금지할 것인가, 허용·금지의 범위는 어느 정도로 할 것인가에 대한 견해 차이에 따라 성매매를 보는 관점 분류를 할 수 있다.

성매매를 불법 행위로서 완전히 금지해야 한다는 관점, 성매매를 합법화하지만 국가가 적절히 통제해야 한다는 관점, 성매매를 처벌하는 조항은 없지만 합법으로 인정하지도 않고 규제도 하지 않는 관점이 있다. 첫 번째는 금지주의, 두 번째는 합법적 규제주의, 세 번째는 비범죄화라고 분류할 수 있다.

금지주의는 법적으로 성매매를 금지와 처벌 규정을 두고 있다. 법적 처벌은 성매매에 대한 사람들의 태도를 바꿀 수 있는 효과적인 수단으로 본다(Gould, 2001: 438). 처벌의 경우 성구매자와 성판매자를 모두 처벌하는 경우와 양쪽 중 한편만을 처벌하는 경우가 있다. 합법적 규제주의는 일정한 장소와 조건을 정해 놓고 국가가 성매매를 관리하면서 부분적으로 인정해주는 접근이다. 이 관점에서 볼 때 성매매 처벌법은 비현실적이다(Gould, 2001: 438). 비범죄화는 성매매를 합법 혹은 불법으로 반드시 규정하지는 않지만, 포주·알선·인신매매 행위는 금지하고 있다(양현아, 2006:70).

1) 금지주의

금지주의는 보수적 금지주의와 여성주의적 금지주의로 분류할 수 있다. 성매매를 불법으로 보는 근거가 성매매를 도덕적으로 타락한 행위이며 사회악이라는 것에 초점을 맞추는 관점이 보수적 금지주의이다. 반면 성매매는 여성에 대한 남성의 성적 착취 행위이며 일종의 성노예제이기 때문에 금지되어야 한다고 보는 여성주의 관점이 있다.

보수적 금지주의 관점에서는 성매매를 범죄화하고 단속해야 하는데, 처벌 대상은 성판매자와 성구매자가 모두 해당된다. 실제 제대로 적용된 적은 없지만, 우리나라 과거 '윤락행위등 방지법'이 보수적 금지주의 관점의 표현이라고 할 수 있다. 보수적 금지주의는 성매매 여성에 대한 사회적 낙인을 유발하고 성매매 여성의 권리 보장을 하기에는 미흡한 관점이라는 한계를 갖는다.

여성주의 관점 금지주의는 성매매를 불법으로 보고 단속해야 하지만, 처벌 대상은 성구매나 알선 · 포주 · 인신매매 행위를 남성으로 제한해야 한다고 본다. 성매매 여성은 억압적 젠더 질서가 표현된 성매매 행위의 피해자이기 때문이다. 성매매 여성은 불법적 성매매의 피해자일 뿐이다. 이 관점에서 볼 때 자유 의지에 따라 성매매를 하는 여성은 없다. 여성은 강요당하는 성매매를 할 뿐이다. 스웨덴의 성매매 관련법이 여성주의 관점을 보인다. 그러나 이러한 견해가 여성주의 관점의 한계로 나타나기도 한다. 강요당한 성매매라고 보기에 논란의 여지가 있는 다양한 유형의 성매매가 존재하기 때문이다.

금지주의 관점은 성매매의 음성적 확산을 막을 수 없다는 한계를 동시에 갖는다. 이른바 풍선효과라고 하여 어느 지역에서 단속을 할 경우 다른 지역으로 성매매 지역이 확산이 되는 등 처벌 위주의 단속이 거두는 효과가 장기적이고 지속적이지 않다는 한계를 보인다는 의미이다.

2) 합법적 규제주의

합법적 규제주의는 성매매를 일단 합법적 행위로 보는데, 이는 다시 두 가지 차원으로 분류할 수 있다. 사회주의 관점과 국가 개입주의 관점이다. 사회주의 관점에서 볼 때 성매매는 자본주의와 가부장제적 모순이 결합하여 나온 하나의 형태이다. 자본주의적 모순은 여성의 저임금 노동을 낳았고, 가부장제적 모순은 여성의 성을 상품화하는데 기여하였다. 따라서 자본주의 체제에서 성매매는 임노동의 한 형태로 볼 수 있으며 성매매 여성은 일종의 취업활동을 하고 있는 것이다. 따라서 성매매를 불법화할 근거는 없다. 다만 강요된 성매매나 인신매매 행위를 처벌하기 위한 규제는 있어야 한다. 단지 도덕적으로 바람직하지 않은 성매매 행위를 감소시키기 위하여 여성에게 충분한 취업 기회와 임금 수준을 보장해 주고 가사노동의 가치를 제대로 인정해주어야 한다고 이 관점은 본다.

이 관점이 갖는 한계는, 성매매는 자본주의 체제와 관계없이 역사적으로 늘 존재해 왔다는 점이다. 더 나아가 경제적으로 빈곤하지 않은 여성도 성매매 활동을 하는 현실을 설명하기 어려운 한계도 갖는다.

국가 개입주의는 성매매가 국가 공권력으로 막을 수 없는 일탈 행위로 본다. 따라서 특정 지역에서만 성매매를 허용하면서 지역을 벗어났거나 강요된 성매매만 불법행위로 간주하여 규제하는 방식을 취한다. 허가받지 않은 성매매만이 범죄를 구성하는 것으로 보고 처벌하는 것이다. 반면 성매매 종사자들에게 성매매를 취업활동으로 인정하여 세금을 부과하거나 사회보험 가입을 시키는 등 개입을 한다.[1] 이러한 의

1) '세계매춘여성권리헌장'은 다음과 같은 권리를 요구한다는 점에서 합법적 규제주의 입장을 취한다고 볼 수 있다: ① 성인매춘을 범죄시하지 말 것, ② 업무기준 규정, ③ 매춘여성의 이동·여행자유를 제한하는 법 철폐, ④ 결혼·실업·보험·건강보험·주택보험 등 시민으로서의 자유와 권리 보장, ⑤ 다른 직종과 같은 수준의 세금부과 및 혜택 보장, ⑥ 매춘여성의

미에서 국가 개입주의는 일종의 관리주의 성격을 갖는다. 관리주의적 개입을 하는 대표적 국가가 네덜란드와 독일이다.

3) 비범죄화

합법적 규제주의는 성매매를 명백하게 합법화하는 입장을 취하는 반면, 비범죄화는 성매매를 합법으로 판단하는 입장이 모호하면서도 불법화는 반대한다는 차이를 보인다. 그리고 불법화를 보는 정도에 따라 비범죄화 관점은 다시 포괄적 비범죄화와 부분적 비범죄화로 분류할 수 있다. 포괄적 비범죄화 관점은 성매매를 법적으로 처벌하는 입장에는 반대하는 견해를 보인다. 성매매의 법적 성격을 규정하는 것 자체가 불필요하다고 보는 입장이기 때문이다. 성매매는 개인이 자유의지에 따라 선택한 일종의 노동일 뿐이다. 성매매 자체가 자유로운 당사자 간 거래이기 때문에 범죄 구성 요건을 갖추고 있지 않다고 본다. 이 관점에서도 강요된 인신매매에 따른 성매매는, 물론, 처벌 대상으로 간주한다. 인신매매 자체는 불법이기 때문이다.

그러나 성매매를 포괄적으로 비범죄화하는 관점에서는 성매매 구조가 특히 여성에게 착취적인 현실, 즉 여성이 자유의지에 따라 성매매를 하지 않으며, 설혹 그렇게 한다 하더라도 성판매를 한 대가만큼 지불받지 못하는 착취 구조를 설명할 수 없는 한계를 보인다. 즉 성매매 여성이 남성 포주에게 무자비하게 착취당하는 현실을 설명할 수 없는 한계를 갖는다.

부분적 범죄화 관점은 성매매를 합법화하려고 하지 않으면서도 불법화를 반대한다. 이 점은 포괄적 비범죄화 관점과 동일하다. 그러나 성매매가 도덕적 · 윤리적으로 바람직하지는 않은 풍속이기 때문에 호객

조직화 지지 등의 내용을 담고 있다(〈한겨레〉 1989년 7월 9일; 서울 YMCA, 1995: 209).

행위나 광고 등 성매매를 조장하는 행위를 규제하는 입장을 보인다. 이 규제 범위를 벗어나서 행해지는 성매매는 처벌 대상이 된다. 성매매를 근절할 수 있는 바람직한 개입방법은 도덕적 의식 개혁, 사회적 서비스 제공 등을 통한 성매매에 대한 태도 변화를 시도하는 것이다(Gould, 2001: 438). 부분적 비범죄화 관점을 실천하는 대표적인 국가가 일본, 프랑스, 영국 등이라고 할 수 있다. 이상 논의는 〈표 15-1〉과 같이 요약할 수 있다.

그런데 지금까지 논의의 초점은 성매매를 처벌하느냐 하지 않느냐에 맞추어져 있다. '성매매를 정책적 차원에서 어떻게 접근해야 하느냐' 라는 전제가 있었기 때문이다. 하지만 성매매를 어떻게 볼 것인가는 또 다른 차원의 토론주제이다. 온갖 규제에도 불구하고 성매매가 왜 번창하는가, 지속적인 성매매 이면에 숨어있는 젠더 질서는 무엇인가 등 성매매를 둘러싼 이슈에 대한 논의를 통하여 성매매를 이해해 볼 수 있다.

〈표 15-1〉 성매매를 보는 관점

분류		내용
금지주의	보수적 금지주의	성매매는 도덕적으로 옳지 않은 행위이므로 성판매자와 구매자 모두 처벌.
	여성주의적 금지주의	성매매는 여성 억압적 젠더 질서의 표현이므로 성구매자만 처벌.
합법적 규제주의	사회주의	성매매는 자본주의·가부장제 모순의 표현이므로 이 체제에서는 합법적 행위. 성매매 강요나 인신매매 등 불법적 행위만 규제.
	국가 개입주의	성매매를 취업활동으로 인정. 무허가 성매매, 인신매매 등 불법적 행위만 규제.
비범죄화	포괄적 비범죄화	성매매는 개인 선택에 따른 취업활동이므로 합법·불법 여부를 따질 필요가 없음.
	부분적 비범죄화	성매매를 조장하는 행위는 처벌 대상.

* 출처: '박숙자(2002); 양현아(2006); 조국(2003); Gould(2001)'를 토대로 재구성.

2. 성매매 관련 이슈

앞서 살펴 본 대로 성매매를 금지할 것인가 혹은 허용할 것인가를 둘러싼 논쟁은 끊이지 않는다. 이러한 논쟁에는 성매매는 "법으로 근절할 수 있다"와 "성매매는 어차피 법으로 근절할 수 없다"라는 두 가지 전제가 있다. 여기에서 성매매를 "법으로 근절한다" 라는 것은, 물론, 법으로 성매매를 지구상에서 사라지게 한다는 의미는 아닐 것이다. 어떤 형법으로도 각종 범죄를 근절할 수 없는 이치와 같다. 다만, 성매매를 모든 사회 구성원이 범죄행위로 인식하도록 한다는 의미로 이해할 수 있다. 따라서 "성매매는 어차피 법으로 근절할 수 없다"는 "법으로 금지한다고 하여 성매매를 모든 사회 구성원이 범죄행위로 인식하도록 만들 수는 없다"는 의미가 될 것이다.

그렇다면 성매매는 일부 국가에서의 노력에도 불구하고 왜 범죄행위로 인식되지 않고 번창해 나가는 것일까? 이 질문을 둘러싼 논쟁에 대해 살펴보자.

1) 성매매 산업 번창의 원인

성매매는 전세계적으로 끊임없이 확대일로에 있다. 이런 의미에서 특히 산업형 성매매가 번창하고 있다. 우리나라의 경우에도 1980년 대 이후 향락산업이라는 명칭으로 성산업이 급격한 성장을 하기 시작하였다. 비공식 추산으로 1990년 대 중반 이미 성산업 매출액은 전체 GNP의 5%를 넘어선 5조원으로 전국 40여만 개 유흥업소에 1백만 명이 넘는 성매매 여성 수를 추정할 정도가 되었다(서울YMCA, 1995: 13). 2002년을 기준으로 할 때 이 규모는 더욱 증가하여 성매매로 인해 산출되는 총 매출액은 24조원 정도로 추산되었다. 이는 2002년도 추정 국내 총생산(GDP) 578.8조원의 4.1%를 차지하며, 농림어업의 비중(4.4%)에 비슷한 규모라고 할 수 있다(형사정책연구원, 2004: vii).

그렇다면 이렇게 성산업이 조직적으로 확대되는 원인은 무엇일까? 원인을 둘러싼 논쟁은 정책 환경 조성, 노동시장의 수급 불균형, 퇴폐적 시민문화, 부적절한 정책적 대응, 가부장제 이데올로기 등으로 나누어 볼 수 있다.

(1) 정책 환경 조성

성산업 번창의 원인은 정책 환경에 있다. 세법을 통해 인정해주는 기업 접대비 규모와 제조업 투자보다는 부동산 투자(투기)가 유리한 경제 환경에 따라 성산업은 발전하게 되어 있다. 이른바 불균형 경제 정책의 결과 성산업이 발전하게 된다고 할 수 있는데, 음성적으로 지출되는 접대비와 투기소득 등 불로소득의 축적은 성산업에 대한 수요와 공급을 동시에 촉진하는 속성을 갖는다. 우리나라의 경우에도 1970년대 이후 외화 획득을 이유로 일본 관광객을 상대로 한 이른바 향락관광(매춘관광)이 정부의 적극적인 장려로 이루어졌는데, 이러한 움직임의 이면에는 국가 주도·성장 위주·대외 의존적·대기업 중심 불균형개발전략이 자리 잡고 있었다는 것이다(서울YMCA, 1995: 26). 국가의 불균형 개발전략은 관치경제와 정경유착, 재벌의 비대, 저임금, 중소기업의 낙후, 농업의 낙후와 이농의 증대라는 파행적인 경제구조를 낳는다. 이러한 파행적 경제구조는 또다시 접대경제의 만연, 불로소득의 증대, 사회윤리의 문란, 건전한 투자와 고용기회의 부족, 잉여 노동력의 증대라는 직접적 요인들을 통해 성산업의 수요와 공급을 확산시키는 것이다(서울YMCA, 1995: 28).

(2) 노동시장 수요와 공급의 불균형

성산업 성장의 원인을 노동시장에서의 수급 불균형에서 찾을 수 있다. 국가의 의도적인 불균형 개발전략, 경제적 관계의 세계화로 인한 불완전 고용 구조의 확산, 경기침체 등 어떤 요인에 의해서라도 고용기회가 부족해지는 상황이 발생하게 된다. 취업노동시장에서 일자리를 찾지 못하는 여성들이 성산업으로 유입되는 경향을 보인다는 것이다.

2002년 현재, 이른바 6개 유흥업종 즉 일반유흥주점, 무도유흥주점, 간이주점, 다방 / 찻집, 이발소, 마사지 업소에서 일하는 성매매 종사 여성 수는 모두 13만 6천여 명으로 추산한다. 이중 무도유흥주점 업소에 근무하는 성매매 종사 여성 수는 대략 5천 9백여 명, 간이주점에는 약 2만여 명, 다방 약 3만 2천여 명, 퇴폐이발소 약 7천 4백여 명, 그리고 안마시술소 등에 약 3천 9백여 명 등이 분포해 있는 것으로 추정한다(형사정책연구원, 2002: 132).[2)]

그러나 이러한 수치는 음성적으로 성매매에 종사하는 여성 수를 모두 제시하지 못한다는 비판을 받을 수 있다. 여관, 룸살롱, 기타 장소에서 음성적으로 성매매에 종사하는 여성 수가 비공식 추산으로는 이미 1990년 대 중반에 약 120만 명에 이른다는 보고도 있다. 여성들이 성산업에 종사하게 되는 기본적인 이유로 "취업을 원하는 여성 노동력은 많은데(즉, 젊은 여성의 잉여 노동력은 많은데) 비하여 생활에 충분한 임금을 주는 건전한 취업기회가 없다(서울YMCA, 1995: 26)"는 점을 강조하고 있는 것이다.

(3) 퇴폐적 시민문화

성산업 번창의 또 다른 원인을 시민문화의 퇴폐에서 찾기도 한다. 특히 우리나라의 경우 성 상품화의 원인을 서구문화, 특히 한국전쟁 이후 유입된 미군 문화의 영향으로 보는 관점이 있다. 미군 기지를 중

---

2) "실제 성매매에 종사하고 있는 여성은 이보다 훨씬 많을 것으로 추정한다. 노래방에서 하루 동안에 고객들에게 소개하는 '노래도우미' 중 성매매에 가담하는 여성은 평균 2.8명인 것으로 조사되었다. 선행연구가 거의 없어 한 개의 성매매 여성 알선업체(보도방)에서 평균 몇 개의 노래방에 고정적으로 여성을 공급하는지 알 수 없지만, 대략 5개라고 가정한다면, 성매매를 알선하는 전체 노래방의 숫자는 약 5천여 개로 추정되기 때문에 노래방을 통해 성매매에 종사하는 여성은 대략 2,800여 명 정도가 될 것이다(형사정책연구원, 2002: 132)."

심으로 하여 저급하면서 물질주의적 문화가 성을 상품화하는데 중요한 영향을 주었다는 견해이다. 여기에서 더 나아가 이윤 추구를 주목적으로 하는 대중매체가 성 상품화에 앞장서면서 성산업 발달에 한 몫을 한다고 본다(서울YMCA, 1995: 31~32).

따라서 이러한 관점에서 성매매 근절 방법은 다음과 같이 제시할 수 있다(서울YMCA, 1995: 38).

① 향락문화에 대한 시민적 가치규범을 정립한다.
② 향락지대는 특별구역화하여 일반사회로부터 격리시킨다.
③ 향락문화 만연의 사회경제적 원인을 개선한다.
④ 건전한 시민문화를 육성한다.

(4) 부적절한 정책적 대응

성산업 발전의 원인을 부적절한 정책적 대응에서 찾을 수 있다. 성매매를 처벌할 수 있는 법적 근거가 있음에도 불구하고 단속 및 처벌 과정에서 성매매 산업 종사자와 단속 주체인 경찰·공무원 간 유착 관계로 인하여 실제로는 성매매를 처벌할 수 없는 구조가 이미 형성되어 있다고 본다. 성매매 업주와 단속 경찰관·공무원 간 유착 관계에 따른 성매매 업소 단속 정보의 사전 누설과 '솜방망이 처벌' 관련 사례는 우리 사회에서도 쉽게 찾아볼 수 있다.

더 나아가 제대로 단속이나 처벌을 할 수 없을 정도로 미약한 행정력이나 허술한 법조항과 관련 지원정책이 성산업 번창을 막지 못하는 요인이기도 하다. 탈성매매 여성이 자활하고자 하는 의사가 있어도 제대로 지원을 할 수 없는 사회적 현실이 존재한다. 경찰의 성매매 단속이 한곳으로 집중될 때 다른 곳에서 성매매가 성행하는 풍선효과도 나타난다.

탈성매매 여성 대상 지원 프로그램이 특히 성매매 특별법 시행 이후 과거 시대에 비교하여 향상된 수준으로 제공되고 있지만, 여전히 탈성매매 여성의 사회적 자활 달성에는 모자라는 수준이라는 지적이다. 생계비 · 의료 · 법률 · 취업 지원에서 더 나아가 주거 지원까지 포함하는 포괄적 지원체계의 도입이 없으면 탈성매매 여성의 사회적 자활이 어렵다는 것이다.[3]

성산업 종사 여성이 13만여 명에서 100만여 명까지 추산하는 실정에 비교할 때 턱없이 부족한 경찰력은 실제 성매매를 처벌하는 법이 있다 하여도 법집행의 실효성을 떨어뜨리는 요인으로 작용한다. 전국에 걸쳐 수십만 개에 이르는 유흥업소와 수십만 명에 이르는 성매매 여성을 천여 명의 성매매 전담 경찰 인력으로 단속한다는 것이 현실적으로 불가능하다는 지적이다.[4]

(5) 가부장제 이데올로기

여성이 남성에게 정치 · 경제 · 사회적으로 종속되어 있는 가부장제 문화에서 일반적인 취업노동보다 성매매가 여성의 입장에서 쉽게 금전적 대가를 얻을 수 있는 수단이 된다. 이 관점에서는 특히 어떤 요인보다도 수요자로서 남성이 성산업 발달에서 중요한 역할을 한다고 본다.

가부장제적 이데올로기는 남성과 여성에게 다른 성윤리, 즉 이중적 성윤리를 적용한다. 부부관계 외 성관계를 비윤리적으로 보면서도 특히 남성의 성구매에는 관대한 태도를 취하는 것이다. 가부장제 이데올로기가 지배하는 현실에서 성욕구 충족을 위한 남성의 외도는 사회적 필요악이다. 이때 성매매 여성은, 바람직하지는 않지만, 남성의 성욕 충족 대상으로 성적 서비스를 제공하고 금전적 대가를 받게 된다.

가부장제 이데올로기에서 성산업 발전 원인을 찾는 관점은 자연스럽게 성매매에서 주체로서 남성 · 객체로서 여성의 역할, 즉 젠더 관계에 대한 관심으로 논의의 초점을 옮기게 한다. 성매매 주체로서 남성 역

---

3) 〔기고〕 김강자, "경찰에만 떠맡긴 성매매전쟁 3년"(〈한겨레〉 2007년 9월 20일(목) 31면).

4) 〔기고〕 김강자, "경찰에만 떠맡긴 성매매전쟁 3년"(〈한겨레〉 2007년 9월 20일(목) 31면).

할에 대한 비판적 시각을 부각시키는 것이다. 이제 그 내용을 살펴보도록 하자.

2) 수요자로서 남성 역할

성매매 지속 원인에는 여러 가지가 있겠지만, 가부장제적 질서에서 성욕 충족 주체로서 남성, 객체로서 여성이라는 관계가 논의의 초점이 된다. 젠더 질서에만 성매매 논의의 초점을 맞추는 것은 앞서 언급한 다른 요인들을 배제시키면서 논의를 지나치게 단순화할 수 있다. 하지만 지금까지 성매매가 수요자로서 남성의 존재 없이는 불가능하다는 현상을 부각시키는 것은 젠더 질서 관점에서 성매매를 이슈화하는 효율적인 방법이라고 본다.

여기에서는 수요자로서 남성 비판에 초점을 맞추는 계기, 범죄행위로서 성구매, 남성의 성구매를 둘러싼 편견 등에 대해 알아보기로 하자.

(1) 남성 수요자 비판의 계기

성매매 수요자·소비자로서 남성 역할에 대한 비판은 '초국적·조직적 인신매매, 특히 여성·아동인신매매 예방과 처벌을 위한 유엔 협약'(The UN Protocol to Prevent, Suppress and Punish Trafficking in Persons, Especially Women and Children 2000)에서 본격적으로 제기되었다(Raymond, 2004: 1157). 이러한 비판이 더욱 구체화된 것이 스웨덴의 '성적 서비스 구매 금지법'이다. 스웨덴의 성매매 금지법은 성구매가 생물학적 남성이 아니라 사회적·남성적 행위를 반영한다고 밝히고 있다. 남성적 행위는 포괄적으로 여성에 대한 남성의 폭력을 의미하는데, 따라서, 성구매는 여성에 대한 남성의 폭력적 행위라고 본다. 성매매를 통해 남성은 여성을 학대한다고 보는 것이다. 따라서 성구매는 범죄행위가 된다(Raymond, 2004: 1158).

그런데 성구매 남성은 대체로 사회에서 배제된 집단, 주변화된 사람들이 아니라 해당 사회의 보통 사람들이라는 데에서 남성 수요자 비판의 계기를 찾을 수 있을 것이다. 특정 집단이 아닌 사회의 대다수 보통 남성이 성매매를 하지 않게 되면 성매매 종사 여성 수도 자연스럽게 줄어들 것이기 때문이다.

(2) 범죄행위로서 성구매

성구매를 범죄가 아니라고 보는 관점에서는, 성매매를 일종의 성적 서비스 판매와 구매 과정으로 보기 때문이다. 그러나 부도덕한 남성 수요자 관점에서 볼 때 성구매는 일반적인 상품이나 서비스 구매와는 다른 성격을 갖는다고 본다. 예를 들어 옷을 사는 경우에 소비자는 옷을 만든 노동자를 사는 것이 아니라 노동자가 생산한 옷만을 산다. 따라서 옷을 사는 과정에서 노동자나 옷 판매자의 육체를 착취할 기회를 갖지 않는다(Raymond, 2004: 1160).

더 나아가 이 관점에서 유추할 때 대인서비스를 구매하는 과정에서도 서비스 판매자의 노동만 구매할 뿐 서비스 판매자의 육체가 구매 대상이 되지 않는다. 학원 강의에 가면 강사의 강의가 구매 대상이지 강사의 육체 자체가 구매 대상은 아니기 때문이다. 그러나 성매매의 경우에는 남성 소비자가 여성의 몸과 노동을 동시에 구매하면서 자신의 욕구대로 온갖 서비스를 요구할 수 있는 관계가 성립된다는 의미에서 성구매가 폭력적 범죄행위가 된다고 본다. 폭력과 여성 유기는 성매매의 내재적 속성이라고 할 수 있다(Raymond, 2004: 1175). 성구매자의 폭력적 성향이나 질병으로부터 성판매 여성은 무방비 상태로 노출된다.

(3) 남성의 성구매 관련 편견

수요자로서 남성 역할에 주목하는 관점에서는 남성의 성구매 관련 편견이 존재하고 있으며, 이러한 편견이 남성의 성구매를 정당화하는 역할을 한다고 비판한다. 다음은 이 관점에서 보는 남성 성구매 관련 편견이다.

첫째, 남성은 기본적으로 순간적이고, 남을 해치지 않는 재미를 위하여 성구매를 한다. 둘째, 일상생활에서, 특히 파트너와의 관계에서 성적으로 원하거나 요구하는 것을 얻지 못한 남성이 성구매를 한다. 셋째, 남성의 성구매는 불가피한 자연적·남성적 본능의 발현이다(Raymond, 2004: 1161). 이러한 편견들은 남성의 본능적 성욕구를 파트너로서 여성이 충족시켜 주지 못하기 때문에 불가피하게 남성들이 성구매를 한다는 논리를 정당화시킨다.

넷째, 성매매는 '선량한 여성(*good women*)'을 보호하는 기능을 한다. 만약 성매매가 존재하지 않는다면 많은 '선량한 여성'이 강간 피해를 당할 것이다. 따라서 성매매는 성매매 여성이 아니라 성매매를 하지 않는 다른 여성들을 위한 '성적 안전분출구(*sexual safety valve*)'이다(Raymond, 2004: 1161). 이 주장은 성매매 이슈를 둘러싸고 집단으로서 여성을 '정숙한 여성 대 정숙하지 못한, 도덕적으로 타락한 여성'으로 분류하는 기능을 한다.

다섯째, 성매매는 단기간 혹은 장기간 여성 파트너가 없는 남성이 필요로 하는 성적 서비스이다. 군복무, 장기 출장, 가족과 떨어져 하는 해외 근무, 신체장애 등으로 인하여 원하는 만큼 성욕구를 충족시킬 수 없는 상황의 남성에게는 성구매가 불가피한 선택이 된다. 이러한 편견은 남성은 성욕을 가질 때 언제든지 욕구를 해소하기 위하여 여성이나 아동의 몸을 살 수 있다는 점을 전제로 한다(Raymond, 2004: 1161).

여섯째, 남성은, 특히 군복무나 사업, 경쟁적 근무 상황으로 인하여 생기는 스트레스를 풀기 위하여 성구매를 할 수 있다. 성행위를 위하여 여성을 사는 것은 생활에서 오는 압력을 풀어주기 위한 수단에 불과하다고 본다(Raymond, 2004: 1161). 이 관점에서 보면 성구매는 스트레스를 풀기 위한 운동 등과 다를 바 없는 수단이다. 그러나 스트레스를 풀기 위한 다른 수단에서는 타인의 몸을 돈으로 사면서 지배적·폭력적 관계를 형성하지 않지만, 성구매는 타인과 지배적·폭력적 관계를 형성하는 수단으로 이용된다는 점에서 차이가 있다.

일곱째, 생물학적으로 남성은 여성과 다르기 때문에 한 사람의 파트너만으로는 성욕구를 충족시킬 수 없다. 성구매는 단순히 이러한 남성의 생물학적 요구를 충족시켜주는 과정일 뿐이다(Raymond, 2004: 1162). 이 관점은 우선 성욕구에 대한 남녀 차이를 둘러싼 논쟁을 불러일으킨다. 남녀 간 다른 성욕구가 존재할 수 있는가, 만약 존재한다면 그것이 생물학적으로 이미 결정된 것인가 혹은 사회화의 결과인가 등에 대한 논쟁을 할 수 있기 때문이다.

여덟째, 성매매는 성적행동(*sexual activity*)을 통한 '남자 만들기(*education for initiating boys and men*)' 수단이라는 주장이 있다. 이 과정을 통해 남성은 상황을 통제하고 여성을 지배하는 방법을 배운다는 것이다(Raymond, 2004: 1162). 마치 우리나라에서 남자들 사이에 '총각딱지 떼어주기'와 같은 집단행동을 지칭하는 것이라 할 수 있다. 이러한 주장이 사회에서 혹은 남성들 사이에 설득력을 가지면 가질수록 성매매의 비윤리적 측면이 부각되는 것으로 보겠다.

아홉째, 성매매를 마초적 성격을 가진 '남자 만들기' 과정으로 보는 견해와 달리, 성구매를 하려는 남성은 사회에서 인정받는 삶을 살아나갈 수 없는 약한 존재라는 주장도 있다. 피해자로서 남성을 부각시키는 이러한 관점은(Raymond, 2004: 1162) 주류사회에서 이성 파트너를 만나기 어려운 처지의 남성 집단 문제를 언급하는 것으로 보인다. 예를 들어 장애인, 저소득계층, 특정지역 거주 남성 등이 포함될 수 있을 것이다. 그러나 이 관점은 오히려 사회적 약자 집단에 속하는 남성들에 대한 이미지를 왜곡시키는 기능을 한다. 또한 성구매 남성의 대부분은 구매력을 가진 '보통 남성'이라고 보는 것이 현실적일 것이다.

열 번째, 성구매를 하는 남성들은 일종의 자선행위를 한다는 주장이다. 성판매를 하지 않는다면 빈곤이나 기아에 허덕일 여성들에게 생계수단을 제공하는 기능을 성구매 남성이 한다고 본다. 이런 의미에서 성구매는 자선이지 착취 행위가 아니라는 주장이다(Raymond, 2004:

1162). 그러나 가난 구제를 위하여서라면 굳이 성구매를 할 필요 없이 다른 방법을 얼마든지 이용할 수 있을 것이다. 게다가 가난한 여성에게 금품을 대가로 성적 서비스를 강요하는 경우를 자선 행위로 포장한다고 볼 수도 있다.

마지막으로, 남성은 자신의 삶을 분리하여 살아갈 수 있는 능력이 있다. 따라서 성구매를 하였다 하더라도 자신의 배우자나 파트너와 관계를 유지하는데 전혀 문제가 없다는 주장이다(Raymond, 2004: 1162). 우리 현실에서도 많이 볼 수 있는 이러한 주장과 양상은, 파트너 관계를 공식적인 혼인 관계가 유지로 한정시키는 경우에 가능하다고 본다. 그러나 법적 부부관계 등이 유지된다 하더라도 파트너 관계 내 정신적·육체적 교류가 중단되거나 감소한다면 여러 가지 관계를 동시에 유지할 수 있는 능력이 있다고 주장하는 것은 과장이다.

3) 성매매 합법화 관련 이슈

성매매 합법화를 둘러싼 이슈는 성매매 합법화를 통한 여성의 존엄보장 문제, 성매매의 소득보장 기능, 직업선택의 자유문제 등이 있다.

(1) 성매매 합법화와 여성의 존엄성

성매매 합법화는 합법적 규제주의 관점에서 정당화되고 있다. 이 관점에서는 특히 성매매 합법화가 성매매 여성의 존엄을 보장해 준다고 본다. 성판매를 다른 대인서비스와 마찬가지로 직업으로 인정해 줌으로써 사회적 낙인을 없애주기 때문이다.

합법적 규제주의의 이러한 주장에 대하여 금지주의 입장은 다음과 같은 반론을 제시한다. 성매매 합법화는 성판매 여성의 사회적 낙인을 없애주는 것 이상으로 성산업에 종사하는 (대부분의) 남성들과 성구매를 하는 남성 소비자가 갖는 수치심이나 사회적 낙인을 없애주는 기능을 한다. 또한 그 남성들에게 법적 면죄부를 부여하는 기능도 할 것이다(Raymond, 2004: 1157). 더군다나 성매매를 합법화한다 하더라도 성매매 여성이 인신매매를 통해 성판매를 강요당하는 현실이 존재한다. 이때 성구매 남성은 상대 여성이 자유의지에 따른 혹은 강요된 성판매를 하는지 알 수가 없고 알려고 하지도 않는다.

결국 합법화 관점에서 사회적 약자로서 성판매 여성의 권익 보호 시도가 결과적으로 성매매를 통해 대부분의 이익을 챙기는 성산업 (남성) 종사자, 그리고 남성 성구매자에게 법적·사회적 면죄부를 주게 될 것으로 본다.

또한, 성판매 여성이 갖는 좌절·분노·포기·두려움과 같은 심리적 문제, 사회적 관계망 형성에서의 어려움, 알콜·약물 중독 등은 합법화 여부와 관계없이 발생하는 문제라는 점에서 성판매 여성의 존엄성을 생각해 볼 필요도 있다.

(2) 성매매의 소득보장 기능

합법화 관점에서 성매매는 성구매자가 원하는 바를 충족시켜줄 뿐 아니라 성판매자의 소득보장 기능을 한다. 따라서 성매매는 빈민여성·주변화된 여성을 위한 경제발전 전략의 하나로 이용될 수 있다. 얼핏 보면 억지 주장 같아 보이기도 하지만, 성매매의 소득보장 기능은 이미 우리나라에서 1970년대에 이른바 '기생관광'이나 미군 기지촌 성매매에서 찾아볼 수 있는 예이다. 특히 일본 관광객을 중심으로 한 기생관광으로 인하여 '창녀의 소굴 코리아'가 일본에서 사회적 이슈가 되기도 하였다(한국교회여성연합회, 1983: 5). 당시 삼청각, 대원각, 청운각, 선운각, 풍림, 명월관 등은 정식 관광기생을 고용한 관광요정 중 대표적인 업소이었다. 더 나아가 일본인의 '현지처'로서 사실상 성매매를 하였던 여성들의 삶 역시 이러한 소득보장 기능 관점에서 설명을 시도하기도 한다. "한국여성은 경제 건설에 필요한 외화를 획득하기 위해서 몸을 마치고 있으며, 특히 한국의 기생, 호스티스가 대거 일본에 진출해서 몸을 바치며 밤낮으로 분투하는 애국충정은 훌륭한 것이다"라는 내용의 연설을 문교부 장관이 했었던 1970년 대 상황은(한국교회

여성연합회, 1983: 49) 성매매의 소득보장 기능을 뒷받침하는 예이다.

성매매의 소득보장 기능은, 그러나, 현실에서는 성판매 여성 대상 착취 구조를 간과하는 한계를 갖는다. 성매매 선급금에 붙는 이자를 갚다보면 수년에 걸쳐 성판매를 하였다 하더라도 빚더미에 오르는 경우를 흔하게 볼 수 있다. "하루에 7~8명을 상대하고 1명 당 7만원을 받아도 자신의 손에 들어오는 돈은 1만원 뿐"이라는 현실은[5] 성매매가 소득보장 기능보다는 착취 기능을 하고 있음을 보여준다. 선급금이 법적 효력을 갖지 않는 부채이지만, 대부분 성판매 여성은 가족을 통한 빚독촉을 무서워하여 빚감당을 혼자 하면서 성판매를 지속하거나 심한 경우에는 자살까지 하게 되는 것이 현실이다.[6]

(3) 성매매 감소 기능

성매매 합법화는 음성적으로 행해지는 성매매를 노출시켜서 결국 성매매 감소로 이어진다는 견해가 있다. 성매매를 불법화할 경우 풍선효과로 인하여 단속 지역을 벗어난 지역의 성매매는 증가하고 결과적으로 전체적인 성매매 규모도 증가하기 때문에 오히려 성매매 지역을 정하고 합법화하면 통제도 용이하고 장기적으로 볼 때 성매매 감소도 유도할 수 있다는 주장이다.

이에 대해 성매매를 합법화한 국가의 예를 보면 오히려 성매매가 통제할 수 없는 규모로 증가하는 예도 존재한다(Raymond, 2004: 1163). 오스트레일리아와 뉴질랜드에서 성매매를 합법화한 후 성매매 지역 수가 급증하면서 무허가 성매매 여성 수도 급격히 증가하여 통제 불가능한 상황이 되었다는 것이다. 성매매 합법화는 성매매 관련 수요와 공급 간 상승효과를 유발하는 경향이 있다는 주장이다.

---

5) 〈한겨레〉, 2007년 9월 17일(월) 10면.

6) "죽어서도 상속된 선급금 '사람으로 태어난 내가 싫다' 목숨 끊은 이○○씨 '해뜰날 믿고 죽어라 일했는데 …' 선급금 갚으려 오스트레일리아까지 … 법호소도 좌절(〈한겨레〉 2007년 9월 17일(월) 10면)."

더 나아가 세계화 추세에 따라 국경을 넘어선 이동이 활발해지는 시대에 가난한 국가 여성들이 성매매가 합법화된 잘사는 국가로 '성노동을 위한 자발적 이주(*voluntary migration for sex work*)'(Raymond, 2004: 1164)를 하는 현상도 생기면서 성산업이 더욱 확대되기도 한다.

3. 우리나라 성매매 여성에 대한 접근

탈성매매 여성 자활지원정책은 성매매 여성을 사회취약계층으로서 보호해야 할 대상으로 간주한다. 성매매 여성은 '인권의 사각지대'에 있는 집단이며 이들의 삶의 상황을 사회이슈화하려는 정책 목표가 성매매종합방지대책에 포함되어 있다. 이러한 내용을 특히 뒷받침하는 것이 성매매 여성 대상 문제해결상담, 의료지원, 법률지원,[7] 생계지원 등이라고 할 수 있다. 즉 성매매 여성은 각종 질병과 업주의 횡포에 따른 피해자이며 이러한 피해자를 우선 보호하는 것이 탈성매매 여성 자활지원정책이 추구해야 할 정책 목표가 된다.

이런 의미에서 볼 때 우리나라 탈성매매 여성 자활지원정책은 급여수준이 낮은 한계가 존재함에도 불구하고 기본적인 시각은 여성주의에 토대를 두고 있다.

1) 탈성매매 여성 자활 지원 사업 체계

2004년 9월부터 시행된 '성매매방지 및 피해자보호에 관한 법률'에 의거, 성매매피해 여성의 탈 성매매 및 사회복귀를 위해 상담소 및 지원시설 등을 통한 상담 및 보호, 의료·법률·직업훈련 등 자활지원서비스를 여성부가 주체가 되어 제공하고 있다.[8]

---

7) 의료지원은 1인당 300만원, 법률지원은 1인당 250만원까지 지원가능하다(여성가족부, 2006: 49).

〈그림 15-1〉 탈성매매 여성 지원 체계

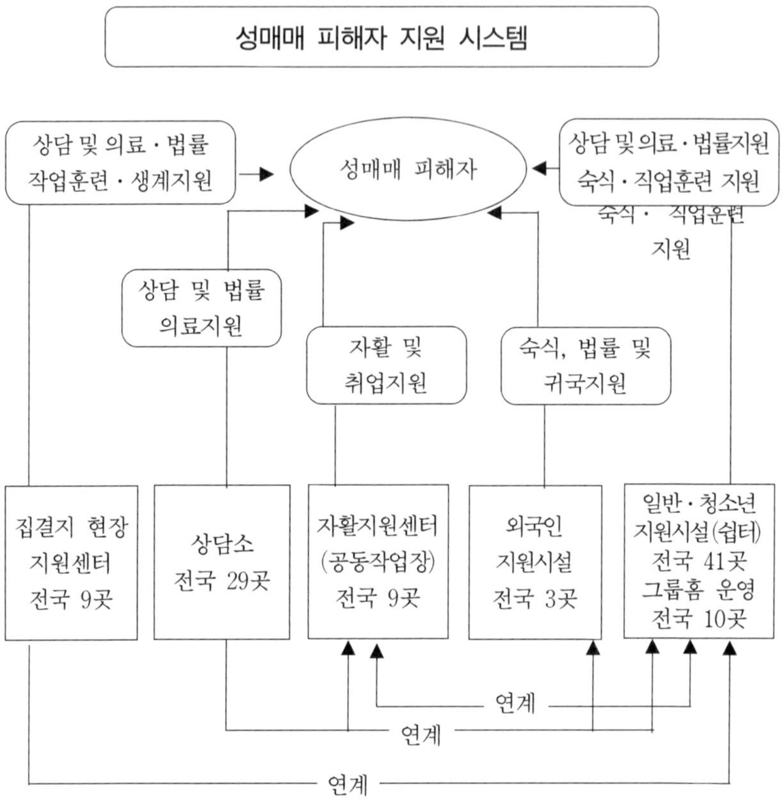

* 출처: 여성부 홈페이지
(http://www.mogef.go.kr/service/sub03/sub03_11.jsp?left=1&menuD=vi0321)

8) http://www.mogef.go.kr/service/sub03/sub03_11.jsp?left=1&menuID=vi0321(여성부 홈페이지 2008년 5월 4일 내려받음).

2) 시설 현황

2008년 현재 탈성매매 여성 보호 및 자활지원을 위하여 전국적으로 성매매 피해자의 구조 및 상담, 자활지원을 위한 성매매피해상담소 29개소, 보호·숙식제공·자활지원을 위한 일반·청소년지원시설 41개소와 그룹홈 10개소, 전문적·단계적 전업지원을 위한 자활지원센터 5개소, 외국인 피해여성의 보호를 위한 외국인 여성지원시설 3개소, 집결지 성매매 여성의 탈성매매 및 자활을 위한 집결지 현장지원센터 9개소가 운영되고 있다.

성매매피해상담소는 성매매피해자 구조 및 상담과 쉼터 제공 기능을 하면서 자활지원센터 연계 서비스를 한다. 그밖에 의료지원 및 선급금 문제 해결 등 법률 지원 제공을 한다.

지원시설은 일반 지원시설과 청소년 지원시설로 분류하며 일종의 거주보호시설이다. 일반 지원시설은 성인 성매매피해여성을 대상으로 숙식·보호·상담 서비스를 제공하며 의료·법률 지원 및 자활을 위한 직

〈표 15-2〉 성매매피해상담소 (2008년 3월)

합계	서울	부산	대구	인천	광주	대전	울산	경기	강원	충북	충남	전북	전남	경북	경남	제주
29	5	3	2	1	1	1	1	5	1	1	1	1	2	1	2	1

* 출처: 여성부 홈페이지[9]

〈표 15-3〉 지원시설 (2008년 3월)

구분	서울	부산	대구	인천	광주	대전	울산	경기	강원	충북	충남	전북	전남	경북	경남	제주	계
계	14	5	4	1	1	2	2	4	-	-	1	1	1	1	3	1	41
일 반	9	3	2	1	1	1	1	4	-	-	1	1	-	1	1	1	27
청소년	5	2	2	-	-	1	1	-	-	-	-	-	1	-	2	-	14

* 출처: 여성부 홈페이지[10]

9) http://www.mogef.go.kr/service/sub03/sub03_13.jsp?left=1&menuID=vi0323

업훈련 지원을 한다. 여기에 머물 수 있는 기간은 1년이며 필요에 따라 6개월 연장이 가능하다. 일반지원시설과 같은 기능을 하는 청소년 지원시설은 대상이 만 19세 이하 청소년 성매매 피해자를 대상으로 한다. 입소 기간은 1년이 원칙이지만, 19세가 될 때까지 계속 거주가 가능하다.

그룹홈(공동생활가정)은 자활 가능성이 있는 탈성매매 여성에게 기본 1년, 필요할 대 6개월 단위로 3년까지 주거 지원을 하는 서비스이다. 이 기간동안 주거비 부담 없이 사회적 자활을 준비할 수 있다. 그룹홈은 2008년 3월 현재 서울에 3개, 전북, 부산, 경기, 경남, 충남, 대구 등에 각각 1개소가 있다.[11)]

자활지원센터는 적성검사, 직업상담·지도, 직업훈련 및 창업지원, 일자리 제공 등 탈성매매 여성의 전문적·체계적 전업활동을 지원한다. 자활지원센터는 2008년 3월 현재 서울, 경기, 전북, 인천, 부산에 각 1개소가 있다.[12)]

외국인 여성지원시설은 외국인 성매매피해여성에게 숙식과 상담 서비스, 의료·법률지원 및 통역·귀국지원 서비스를 제공하는 일종의 쉼터 기능을 한다. 머물 수 있는 기간은 3개월이며 수사·소송 등 진행 시 필요 기간까지 연장이 가능하다. 2008년 3월 현재 서울, 경기, 경남에 각 1개소가 있다.[13)]

집결지 현장지원센터는 이른바 '집창촌'이라고 하는 성매매업소 집결지역의 성매매 여성을 대상으로 탈성매매를 위한 상담, 의료·법률·직업훈련·생계지원금 지원 등 자활지원프로그램을 제공한다. 현장지원센터는 2008년 3월 현재 서울, 부산, 대구, 인천, 경기, 전북 등 지역에 9개소가 운영 중이다.[14)]

---

10) http://www.mogef.go.kr/service/sub03/sub03_13.jsp?left=1&menuID=vi0323

11) http://www.mogef.go.kr/service/sub03/sub03_13.jsp?left=1&menuID=vi0323

12) http://www.mogef.go.kr/service/sub03/sub03_13.jsp?left=1&menuID=vi0323

13) http://www.mogef.go.kr/service/sub03/sub03_13.jsp?left=1&menuID=vi0323

14) http://www.mogef.go.kr/service/sub03/sub03_13.jsp?left=1&menuID=vi0323

3) 급여[15]

거주시설(일반 지원시설, 청소년 지원시설, 그룹홈), 상담소, 자활지원센터, 집결지 현장지원센터 등을 이용하면서 탈성매매 여성이 받을 수 있는 급여는 법률·의료·직업훈련·창업자금·생계비·정착금·신용회복 지원 등이 있다.

법률 지원은 주로 선급금 등 법률문제 해결을 위한 변호사 수임료 등 소송비용(인지대 및 증거수집비 모든 비용, 조사동행비, 교통비, 숙식비, 음비 등 간접비용 포함), 신용회복 및 파산신청 관련비용 지원으로 구성된다. 성매매 또는 성매매 목적의 고용관계에서 발생한 민·형사상의 문제 및 기타 법적·행정적으로 해결해야 할 과제가 있는 경우에 최장 1년 동안 지원된다.

〈표 15-4〉 **법률·의료·직업훈련 지원** (2008년 3월 현재)

구 분	법률 지원	의료 지원	직업훈련 지원
사업내용	선급금 등 법률문제 해결 지원	의료급여가 지원되지 않는 진료항목에 대해 성매매로 인한 각종 질병치료 지원	취업·창업 등의 준비 또는 진학을 위한 교육비 지원
지원범위	법률지원을 위한 변호사 선임료, 인지대 및 증거수집비 모든 비용(조사동행비, 교통비, 숙식비, 녹음비 등 간접비용 포함)	- 성병, 알콜중독 등 성매매 관련 질병 - 간병비	-실질적 취업·창업이 가능한 직업교육(피부미용, 애견관리, 요리, 미용 등) -검정고시 교육비
지원대상	상담소/일반·청소년 지원시설	상담소/일반·청소년 지원시설	일반·청소년지원시설
지원금액	1인당 760만원 한도		

* 출처: 여성부 홈페이지[16]

15) http://www.mogef.go.kr/service/sub03/sub03_12.jsp?left=1&menuID=vi0322

의료지원은 의료급여가 지원되지 않는 진료 항목을 중심으로 성매매 방지 및 피해자 보호 등에 관한 법률시행규칙 제10조의 규정에 근거하여 성병, 알콜중독 등 성매매로 인한 각종 질병 치료비와 간병비 지원으로 이루어진다. 성매매 또는 성매매업소 생활 및 그 과정에서 발생한 사고 등으로 말미암아 정신·신체적 질환 또는 상처를 입은 경우에 1인당 50만원 이내의 종합건강검진비용도 지급받는다. 지원 기간은 최장 1년이다.

직업훈련 지원은 취업·창업 등의 준비 또는 진학을 위한 교육비 지원, 실질적 취업·창업이 가능한 직업(피부미용, 애견관리, 요리, 미용 등) 교육비, 검정고시 교육비 등이 포함된다. 지원 금액은 2008년 3월을 기준으로 1인당 760만원 이내이다. 직업훈련 지원을 받을 수 있는 조건은 자활프로그램 참여도 등을 통하여 자활의지가 검증과 취업·창업 준비를 위한 외부 직업훈련기관(민간시설 포함)이나 진학 학원 등록 및 수강이다. 지원기간은 최장 1년이다.

창업자금 지원은 일정 기간에 상담 및 직업훈련으로 자활의지가 검증된 탈성매매 여성으로서 해당 시설의 추천을 받은 경우에 해당한다. 지원금은 창업 1개소 당 2천만 원 이내이다. 창업자금 지원 주체는 여성부와 협약체결을 한 사회연대은행이다. 따라서 창업 과정에서 입지 선정, 경영지도 등 모든 관리 지원을 사회연대은행이 한다. 지원조건은 출연금 2%, 3개월 거치 45개월 분할 상환이다. 창업자금 지원은 성매매피해자 지원시설·상담소를 통해 하게 된다. 또한 시설·상담소의 추천을 받아 추천서 및 상담·입소 기간에 대한 기관 확인서 등의 제출서류를 발급받아 개인 신청도 가능하다.

생계지원은 자활프로그램 참여도 등을 통하여 자활의지가 검증된 탈성매매 여성이 자활을 준비하는 경우에 지급된다. 지급조건은 주 1회 이상 개인상담(대면상담에 한함) 또는 집단상담을 필수적으로 받고, 센

16) http://www.mogef.go.kr/service/sub03/sub03_12.jsp?left=1&menuID=vi0322

터에서 지원하는 자활프로그램에 1종목 이상 참여한 경우이다. 지급액은 2008년 3월 기준으로 1인당 월 46만 원이며 지급기간은 6개월이다.

정착지원금은 생계지원금을 지급받던 탈성매매 여성이 자활지원센터 공동작업장, 사회적 일자리 사업 등에 참여하거나 취업 또는 대학에 진학한 경우에 지급된다. 지급조건은 자활프로그램에 대한 적극적 참여이며 탈성매매와 자립을 위하여 정착지원이 필요하다고 지자체 수준에서 인정을 하면 여성부 승인을 거쳐 지급된다. 지급액은 1회에 한하여 1인당 200만원이다.

탈성매매 여성의 경제적 자립을 위해 신용회복 지원 프로그램도 운영되고 있다. 지원 내용은 상환유예, 분할상환, 이자면제 등이며 지원기관은 신용회복위원회이다. 신용회복 지원 서비스는 지원시설과 상담소를 통해 신청하게 된다.

4) 여성주의적 사업

성매매 여성 지원사업의 또 다른 특징은 여성부로부터 사업을 위탁받은 '여성인권중앙지원센터'의 활동에서 찾을 수 있다. 2004년 '성매매알선 등 행위의 처벌에 관한 법률'과 '성매매방지 및 피해자 보호에 관한 법률'(이하 성매매방지법) 시행에 결정적인 영향을 주었다고 할 수 있는 여성운동의 입장을 대변하는 조직으로서 여성주의적 관점에서 성매매 여성 지원 사업을 하고 있기 때문이다. '여성인권중앙지원센터'는 자원동원론 관점에서 여성운동이 국가정책결정과정에 직접 개입하여 정책산출과정에서 역할을 하는 좋은 예로 볼 수 있다(정재훈, 2007).

여성인권중앙지원센터의 사업 비전과 지향점은 정책논의, 정책 모니터링, 네트워크 구축, 정보서비스, 교육, 홍보 등으로 분류한다. 2008년도 주요 사업 내용은 자활사업의 지속성과 전문성 강화, 성매매방지 활동가 양성 및 역량 강화 교육 실시, 탈성매매 동료상담원 일자리 지원 사업, 네트워크의 확장 및 질적 심화, 성매매 예방 및 방지를 위한 대국민 의식 확산 등이다.[17] 특히 탈성매매 동료상담원 일자리 지원 사업은 탈성매매 여성 자활지원사업에 참여하는 여성 당사자의 역량강화(*Empowerment*)를 도모하면서 당사자 간 시간적·경제적 지원을 강화한다는 점에서 여성주의 시각이 뚜렷한 예가 될 수 있다.

앞선 장에서 밝혔듯이 우리나라 탈성매매 여성 자활지원정책은 여성운동의 영향을 받으면서 도입되었다. 그리고 중앙여성인권지원센터가 거점이 되어 여성운동의 시각이 서비스 전달과정에서 다른 분야와 비교할 때 더욱 뚜렷이 드러나고 있다. 이러한 활동의 결과는 성매매방지법 발효 이전 미국무부 발표 인신매매 보고서에서 최하위 등급 판정을 받았으나, 법 발효와 지원정책 실시 이후 신종 성매매가 관찰되는 한계에도 불구하고, 2006년 현재 1등급 국가로 인신매매문제 해결 노력의 결과를 인정받고 있는 것에서도 나타난다(정재훈, 2007). 또한 성매매방지법 시행 이후, 여러 차원의 논란에도 불구하고 성매매 집결지 업소 수와 종사자 수가 감소 추세에 있다. 물론 음성적으로 행해지는 성매매와 이른바 풍선효과에 계속 주목할 필요가 있다. 또한 급여 수준과 규모의 확대 필요성을 전제로 하면서, 성매매 여성이 도움을 필요로 할 때 찾아갈 수 있는 여성주의 시각의 서비스 전달체계가 상담소, 지원시설 등을 중심으로 구축되어가고 있다는 의미도 2000년 대 이전 상황을 고려한다면 매우 크다고 본다.

17) 여성인권중앙지원센터 홈페이지(http://www.stop.or.kr/htm/08sub_01_03.asp).

참고문헌

강남식, 2004, "여성운동과 사회복지", 《한국의 사회복지운동: 성과와 과제》, 비판과 대안을 위한 사회복지학회 2004년 추계학술대회 자료집.

권경희, 1985, "한국 도시주부의 심리적 디스트레스에 관한 연구", 이화여자대학교 석사학위논문.

권오주 외 역, 1991, 《페미니즘 시각에서 본 가족》, 서울: 한울 아카데미.

김미혜, 1997, "여성의 생애주기와 사회복지", 《양성평등이 보상되는 복지사회》, 미래인력연구센터.

김민예숙·강김문순 공역, 2004, 《여성주의 상담의 이론과 실제》, 한울아카데미, Worell, Judith and Remer, Pamela, 2003, *Feminist Perspectives in Therapy: Empowering Diverse Women*, New Jersey: John Wiley & Sons, Inc.

김상균, 1984, "여성을 위한 사회복지정책", 〈여성연구〉 2(4), 한국여성개발원.

김성천, 1992, "한국에서 성차별적 가족문제에 대한 페미니스트 가족치료의 수용가능성에 관한 연구", 중앙대학교 박사학위논문.

김연옥, 1990, "가정에서의 여성의 역할과 우울증에 관한 연구", 〈한국사회복지학〉 15: 93~118.

김영란, 1997, "빈곤의 여성화와 사회복지정책", 〈한국사회복지학〉 31.

김영화, 2002, "여성주의적 실천방법에 대한 정신분석학의 의미", 〈복지행정논총〉 12(1).

김은경, 2003, "가정폭력범죄 대응정책에 대한 비판적 검토: '피해자 선택'으로부터 '피해자 권한강화'로", 〈여성연구〉 65: 57~81.

김인숙, 1996, "우울 여성에 대한 사회사업적 접근에 관한 연구", 〈사회과학연구〉, 가톨릭대학교 사회과학연구소.

______, 1997, "여성복지정책의 현황과 발전방향", 여성복지 발전을 위한 포럼, 한국여성단체연합.

______, 2000, "여성주의 사회복지실천의 정립을 위한 고찰", 〈한국사회복지학〉.
______, 2004, "사회복지사의 가족 담론", 한국사회복지학 56(2): 53~70.
______, 2004, "한국 사회복지실천의 정체성", 2004년 춘계 한국사회복지학회 자료집.
______, 2008, "자활 개념의 재구성에 대한 탐색: 성매매여성 자활 현장을 중심으로", 〈한국가족복지학〉 22호: 95~129.
김인숙 외, 2000, 《여성복지론》, 나남출판.
김인숙·정재훈·윤홍식, 2004, "가족정책의 성인지적 관점 강화 방안 연구", 보건복지부.
김태련 외, 1996, 《여성심리》, 이화여자대학교 출판부.
김태성·성경륭, 2001, 《복지국가론》, 서울: 나남출판.
남윤주, 1994, "여성과 국가이론", 〈여성과 사회〉 5, 서울: 창작과비평사 164~183.
노영주, 1001, "어머니일 수행, 아버지일 수행 그리고 정신질환", 권오주 외 역, 《페미니즘의 시각에서 본 가족》, 서울: 한울아카데미.
박숙자, 2002, 〈성매매방지 및 피해자보호 등에 관한 법률안, 성매매알선 등 행위의 처벌 및 방지에 관한 법률안에 대한 의견 제시의 건(조배숙 의원 대표 발의) 검토 보고서〉, 국회여성위원회.
백진아, 2002, "사회 운동과 우리 사회: 시민운동의 체제와 법제도; 젠더와 스웨덴의 여성복지 체제", 〈사회 이론〉 22: 235~263.
보건복지가족부, 2008. 3, 〈가족정책 관련 통계자료〉.
서울YMCA 시민사회개발부 편, 1995, 《시민자구운동 10주년 자료집Ⅱ: 향락문화추방과 건전시민문화 가꾸기 시민운동》, 서울YMCA.
서진환·이선혜·정수경 옮김, 2001, 《현대 사회복지실천이론》, 나남출판.
석재은, 2004, "한국의 빈곤의 여성화에 대한 실증분석", 〈한국사회복지학〉 56.
설동훈 외, 2006, "결혼이민자 가족실태조사 및 중장기 지원정책방안 연구", 여성가족부.
설동훈·윤홍식, 2008, "여성결혼이민자의 사회경제적 적응과 복지정책의 과제: 출신국가와 거주지역에 따른 상이성을 중심으로", 〈사회보장연구〉 24(2): 109~133.
송성자, 1999, "한국 사회복지 실천이론의 적용과 개발과제", 〈새천년을 향한 한국의 사회복지〉, 1999년 한국사회복지학회 추계학술대회 자료집, 55~82.
송은일, 1995, "자기표현 훈련이 우울수준 감소 및 자기표현 증진에 미치는 영향에 관한 연구", 성신여자대학교 박사학위논문.

신은주, 1995, "아내학대에 대한 페미니스트 접근에 관한 사회사업적 분석", 서울대학교 박사학위논문.

안주엽, 2005, 《중장기 인력수급 전망: 2005~2020》, 한국노동연구원.

양현아, 2006, "성매매방지법 읽기: 매개자 처벌과 여성의 피해 규명을 중심으로", 서울대 여성연구소, 《성매매의 정치학: 성매매특별법 제정 1년의 시점에서》, 서울: 한울 아카데미, 68~120쪽.

엄혜진, 2006, "성매매담론의 비판적 고찰: 1980년대 '인신매매'담론을 중심으로", 서울대학교 대학원 여성학 전공 석사학위 논문(미간행).

여성가족부, 2007, 〈2008 가족사업안내〉.

여성부, 2008. 1, 〈2007년 전국 성폭력 실태조사〉.

원미혜, 2006, "여성주의 성정치: 성매매 '근절' 운동을 넘어서서", 서울대 여성연구소, 《성매매의 정치학》, 한울 아카데미, 121~146쪽.

유태균 외 역, 2006, 《21세기 새로운 복지국가》, 에스핑앤더슨 외, 2002, *Why We Need a New Welfare State*, 나남출판.

윤문자, 2004, "성매매여성 인권보호와 재활운동을 생각한다: 성매매방지법 국회통과를 환영하며", 〈한국여성신학〉 56(2004 봄호): 4~8쪽.

윤영숙, 1995, "성폭력 상담의 서비스 체계", 한국여성개발원, 《성폭력 상담의 실제》, 서울: 한국여성개발원, 226~239쪽,

윤홍식, 2004. "가족의 변화와 건강가정기본법의 대응: 한국가족정책의 원칙과 방향 정립을 위한 고찰", 〈한국가족복지학〉 14: 263~293,

______, 2007. "사회투자전략을 통해 본 사회비전 2030: 여성·가족정책 영역을 중심으로", 〈젠더 관점에서 본 사회비전 2030〉, 한국여성개발원.

이경자 외, 1995, "성폭력의 실태와 대책", 한국여성개발원, 《성폭력 상담의 실제》, 서울: 한국여성개발원, 57~73쪽.

이근후 외 14인, 1995, 《정신장애의 진단 및 통계 편람》(제 4판), 하나의학사.

이동원 역, 1982, 《여성심리학》, 이화여자대학교 출판부, Karen Horney, 1973, *Feminine Psychology*, New York: W. W. Norton & Co., Inc.

이문자, 2002, "여성폭력추방정책, 이대로 좋은가: '가정폭력, 성폭력 상담소 및 보호시설 기능, 역할 강화방안'을 중심으로", 〈여성폭력추방정책, 이대로 좋은가〉, 세계여성폭력추방주간 기념 긴급토론회 자료집.

이상덕, 1996, "사회복지의 새로운 패러다임과 여성복지", 여성복지 확대를 위한 정책토론회 자료집, 한국여성단체연합, 1~7쪽.

이재경 외, 2007, 《여성학》, 미래M&B.

이진면·김동석·김민수, 2001, 《산업구조 변화의 장기전망》, 한국개발연구원.

이혜숙, 2002, “지역여성운동의 형성과 전개: 진주여성민우회를 중심으로”, 〈한국사회학〉 36(1): 195~221쪽.

이효선 역, 2005, 《사회복지실천에서의 구술사》, 양서원, Ruth, R. M. *Oral History in Social Work*, 1995, Sage Publication.

장지연, 2005, “여성노동시장의 특성과 일·가족 양립”, 장지연·이정우·최은영·김지경, 2005, 《일·가족 양립체계의 선진국 동향과 정책과제》, 한국노동연구원 노동보험연구센터.

정미숙, 2001, “여성가구주, 성별화된 빈곤 그리고 일: 어머니냐 노동자냐”, 〈경제와 사회〉 51: 38~67쪽.

정재훈, 1988, “복지페미니즘의 이데올로기적 특성에 관한 연구”, 서울대 석사학위 논문.

______, 2007a, “독일 다문화사회의 제도와 접근 방법”, 김범수 외, 《다문화사회복지론》, 서울: 양서원, 137~170쪽.

______, 2007b, 《독일 복지국가와 사회복지서비스》, 서울: 집문당.

______, 2007c, “사회복지정책으로서 탈성매매여성 지원대책 도입에서의 여성운동 역할 연구”, 〈사회복지정책〉 30: 393~422쪽.

조 국, 2003, “성매매에 대한 시각과 법적 대책”, 〈형사정책〉 15(2): 255~288쪽.

조 은, 1995. “서구 가족사회학 이론의 패러다임 변화”, 박숙자·손승영·조명덕·조은, 《가족과 성의 사회학》, 서울: 사회비평사.

조주은, 2004, 《현대가족 이야기》, 이가서.

조주현, 1999, “섹슈얼리티를 통해 본 한국의 근대성과 여성 주체의 성격”, 한국성폭력상담소 편, 《섹슈얼리티 강의》, 서울: 동녘, 44~74쪽.

조혜자, 2002, 《여성, 존재인가 과정인가》, 철학과현실사.

조흥식 외, 2000, 《여성복지학》, 서울: 학지사.

______ 외, 2006, 《가족복지학》, 서울: 학지사.

지은희, 2002, “내부로부터 본 여성운동: 한국여성단체연합 활동을 중심으로”, 〈사회이론〉: 99~150쪽.

최선화, 2005, 《여성복지론》, 학현사.

통계청, 2005, 〈장래인구 특별추계〉.

한겨레신문, 1999년 2월 25일자.

______, 2007년 11월 19일자,

한경혜 외, 2002, “중년기 남녀의 사회적 역할과 정신건강”, 한국노년학회지 22(2): 209~225.

한국교회여성연합회, 1983, "기생관광: 전국 4개 지역실태조사 보고서", 한국교회여성연합회 자료 제1집.

한국노동연구원, 2007, 〈노동리뷰〉 7.

한국비정규직노동센터, 2004, 〈비정규 노동〉 12.

한국여성개발원, 1985, 《여성백서》.

______, 1990, 〈여성복지법제에 관한 연구〉.

______, 1991, 《여성백서》.

______, 1997, 〈여성정책의 현황과 전망〉.

______, 1999, 《1998 여성통계연보》.

한국여성단체연합, 2006, 《성평등사회를 위한 진단과 좌표 찾기》, 한국여성단체연합.

한국형사정책연구원, 1996, "윤락행위등방지법에 관한 연구".

한인영 · 박영희, 2006, 《여성심리치료》, 하나의학사, Lemer, H. G. 1988, *Women in Therapy*.

홍백의 · 김혜연, 2007, "빈곤의 여성화(*feminization of poverty*): 경향 및 원인", 〈한국사회복지학〉 59(3).

홍승아, 1998, "복지국가의 가부장적 특성에 관한 연구", 〈한국사회복지학〉 35: 453~474쪽.

황수경, 2004, 《단시간근로와 여성인력 활용》, 한국노동연구원.

보건복지부 홈페이지 http://www.mw.go.kr

여성부 홈페이지 http://www.mogef.go.kr

여성인권중앙지원센터 홈페이지 http://www.stop.or.kr

BAGFW(Bundesarbeitsgemeinschaft der Freien Wohlfahrtspflege e.V.), 2002, *Die Freie Wohlfahrtspflege: Profil und Leistungen*, Freiburg im Breisgau: Lambertus.

______, 2004, *Einrichtungen und Dienste der Freien Wohlfahrtspflege: Gesamtstatistik* 2004, Freiburg im Breisgau.

Baines, D., 1997, "Feminist Social Work in Inner City: the Challenges of Race, Class, and Gender", *Affilia Journal of Women and Social Work* 12(3): 297~317.

Banks, Olive, 1981, *Faces of Feminism*, Oxford: Martin Roberson & Company Ltd.

Barrett, M., 1989, "Women's Oppression and 'the Family'", *Women's Oppression Today: Problems in Marxist Feminist Analysis*, pp. 187~226, 조명덕, 1995, "바렛, '여성억압과 가족'", 박숙자 · 손승영 · 조명덕 · 조은, 《가족과 성의 사회학》, 사회비평사.

Barrett, M. & McIntoch. M., 1982, *The Anti-Social Family*, London: NLB, 김혜경(역), 《가족은 반사회적인가》, 1994, 서울: 여성사.

Bebel, August, 1909, *Die Frau und der Sozialismus*, Bonn: Dietz Verlag.

Beck, A. T. & Greenberg, R. L., 1974, "Cognitive Therapy with Depressed Women", In Violet Frank and Vasanti Burtle (Eds.), *Women in Therapy*, New York: Brunner/Mazel Pub, pp. 113~131.

Beck-Gernsheim, Elisabeth, 1994, "Auf dem Weg in die postfamiliale Familie", *Aus Politik und Zeitgeschichte*, B 29~30/94, S. 3~14.

Belle, D., 1982, *Lives in Stress: Women and Depression*, Beverly/London/New Delhi: Sage Publication.

Berlin, S., 1987, "Women and Mental Health: Anger, Anxiety, Dependency, and Control", in *The Women Client*, D. S. Bueden & N. Gottlieb (eds.), New York & London: Tavistok Publication.

Beveridge, William, 1942, *Social Insurance and Allied Services: Report by Sir William Beveridge*, London: Her Majesty's Stationery Office.

Bricker-Jenkins, M. & Hooyman, N. R. (eds.), 1986. *Not for Women Only: Social Work Practice for a Feminist Future*, Washington D. C.: NASW Press.

Brown, G. & Harris, T., 1978, *Social Origins of Depression: A Study of Psychiatric Disorder in Women*, London: Tavistock.

Burden, D. S. & Gottlieb, N. (eds.), 1987, *The Women Client*, New york & London: Tavistock.

Butrym, Z. T., 1976, *The Nature of Social Work*, London: THE MAC-MILLAN PRESS.

Chambon, Irving, & Epstein, 1999, *Reading Foucault for Social Work*, New York: Columbia University Press.

Charles, Nickie, 2000, *Feminism, the State and Social Policy*, London: St. Martin's Press.

Chesler, P., 1979, *With Child: A Diary of Motherhood*, New York: Crowell.

Chodorow, N., 1974, "Family Structure and Feminine Personality", In M. Z. Rosaldo & L. Lamphere (eds.), *Women, Culture, and Society*, Stanford: Stanford University Press.

_____, 1992, "The Psychodynamics of the Family", Crowley, H & Himmelweit, S. (eds.), *Knowing Women*, Polity: The Open University, 박숙자·손승영·조명덕·조은, 1995, 《가족과 성의 사회학》, 사회비평사.

Chodorow, N & Contratto, S. 1982, "The Fantasy of the Perfect Mother", *Rethinking the Family: Some Feminist Questions.*

Cohen, M. B., 1998, "Perceptions of Power in Client/Worker Relationships", *Families in Society* 79(4): 433~443.

Connell, Robert, 1985, "Gender and Power: Society", *the Person and Sexual Politics*, Stanford University Press.

Corob, A., 1987, *Working with Depressed Women*, Aldershot: Gower.

Dominelli, L. & McLeod, E., 1994, *Feminist Social Work*, London: MACMILLAN PRESS LTD.

Donovan, Josephine, 1992, *Feminist Theory : the Intellectual Traditions of American Feminism*, New York: Continuum(김익두·이월영 역, 《페미니즘 이론》, 서울: 문예출판사).

Engels, Friedrich, 1884, "Der Ursprung der Familie, des Privateigentums und des Staats", in *MEW* 21, Mai 1883 bis Dezember 1889, S. 25~173.

_____, 1985, 《가족·사유재산·국가의 기원》, 김대웅 역, 도서출판 아침.

Esping-Andersen, Gösta, 1990, *The Three Worlds of Welfare Capitalism*, Cambridge.

Firestone, Schulamit, 1970, 《성의 변증법》, 김예숙 역, 1983, 서울, 풀빛.

Folbre, Nancy, 2001, *The Invisible Heart*, New York: The New Press(윤자역 역, 2007, 《보이지 않는 가슴》, 또 하나의 문화).

Freedman, Jane, 2001, *Feminism*, London: Open University Press.

Friedan, Betty, 1963, *The Feminine Mystique*, New York: Norton & Company Inc.

George, Vic & Wilding, Paul, 1994, *Welfare and Ideology*, London: Pearson Education Ltd(김영화·이옥희 역, 《복지와 이데올로기》, 서울: 한울 아카데미, 1999).

Gilligan, C., 1993, *In a Different Voice: Psychological Theory and Women's Development*, Cambridge, MA: Harvard University Press, 허란주

(역), 1997, 《다른 목소리로》, 서울: 동녘.

Ginsburg, Norman, 1979, *Class, Capital and Social Policy*, London: Macmillan.

Goldstein, H., 1990, "The Knowledge Base of Social Work Practice: Theory, Wisdom, Analogue, or Art?", *Families in Society* 71, 32~43.

Gottlieb, N. (eds.), 1980, *Alternative Social Services for Women*, New York: Columbia University Press.

Gough, Ian, 1979, *The Political Economy of the Welfare State*, London: Open University Press.

Gould, Arthur, 2001, "The Criminalisation of Buying Sex: the Politics of Prostitution in Sweden", in *Journal of Social Policy* 30(3): pp.437~456.

Gould, K. H., 1987, "Life Model Versus Conflict Model: A Feminist Perspective", *Social Work* 32(4): 346~351.

Green, David, 2003, "The Neo-Liberal Perspective", in Alcock, Pete et al., 2003, *Social Policy*, Oxford: Blackwell Publishing: pp.71~77.

Greene, G, J., Jensen, C & Jones, D. H., 1996, "A Constructive Perspective on Clinical Social Work Practice with Ethnically Diverse Clients", *Social Work* 41(2): 172~180.

Gubrium, J. F. & Holstein, J. A., 1990, *What is Family?*, 최연실 외 (역), 1997, 《가족이란 무엇인가: 사회구성주의적 관점에서 본 가족담론》, 서울: 도서출판 하우.

Gutierrez, D. G. & Glan, M. G., 1995, "Understanding Empowerment Practice: Building on Practioners-Based Knowledge", *Families in Society*, pp.534~542.

Haarmann, Claudia & Heggenberger, Monika, 1987, "Das Schweigen ist vorbei: Zur Öffentlichkeitsarbeit des ersten Frauenhauses Berlin", in *Soziale Arbeit* 11/87, S.402~406.

Habermas, Jürgen, 1981, "New Social Movements", in *Telos* 49: pp.33~37.

Hagemann-White, Carol, 1992, *Strategien gegen Gewalt im Geschlechterverhältnis*, Pfaffenweiler: Centaurus-Verlagsgesellschaft.

Hale, J., 1983, "Feminism and Social Work Practice", in Jordan & Patron, *The Political Dimension of Social Work*, Oxford: Basil Blackwell.

Hanmer, J. & Stathan, D., 1989, *Women and Social Work*, Chicago: Lyceun Books, Inc.

Hantrais, L., 2004, *Family Policy Matters: Responding to Family Change in Europe*.

Heineman, M., 1981, "The Obsolete Scientific Imperative in Social Work Research", *Social Service Review* 55: 371~397.

Hepworth, D. H. & Larsen, J. A., 1993, *Direct Social Work Practice: Theory and Skills*(4th), Pacific Grove: Brooks/Cole Publishing Company.

Hernes, Helga Maria, 1986, *The Role of Women in Voluntary Associations*, Council of Europe.

_____, 1987, *Welfare State and Women Power: Essays in State Feminism*, Oslo.

Imre, R., 1982, *Knowing and Caring: Philosophical Issues in Social Work*, Washington D.C.: University Press of America.

Inglehart, Ronald, 1990, *Culture Shift in Advanced Society*, New Jersey: Princeton University Press.

Jaggar, Alison, 1983, "페미니스트 정치학과 인식론," 한국여성연구소 편, 《여성학 방법론》, 서울: 이대출판부, 156~190쪽.

Jordan, B & Parton, N.(eds.), 1983, *The Political Dimensions of Social Work*, Oxford: Basil Blackwell.

Kerber, Harald & Schmieder, Arnold, 1991, *Handbuch Soziologie*, Hamburg: Rowohlt Taschenbuch Verlag.

Kessler, R. C. & McRae, J. A., 1982, "The Effect of Wives' Employment on Mental Health of Married Men and Women", *American Sociological Review* 47: 216~227.

Kulawik, Teresa, 1996, "Modern bis maternalistisch: Theorien des Wohlfahrtsstaates", in Kulawik, Teresa/Sauer, Birgit(Hg.), Der halbierte Staat. *Grundlagen Femministischer Politikwissenschaft*, Frankfurt/M., S.47~81.

Kulawik, Teresa, 2005, *Wohlfahrtsstaaten und Geschlechterregime im internationalen Vergleich*, gender…politik…online.

Land, H., 1995, "Feminist Clinical Social Work in the 21st Century", in Van Den Bergh, N(ed.), *Feminist Practice in the 21st Century*,

Washington DC: NASW Press.

Langan, Mary & Ostner, Ilona, 1991, "Geschlechterpolitik im Wohlfahrtsstaat: Aspekte im internationalen Vergleich", in *Kritische Justiz*, Heft 3, S. 302~317.

Lawrence, M., 1992, "Women's Psychology and Feminist Social Work Practice", *In Women, Oppression and Social Work*, A Tavistock/Routledge Publication, pp. 32~47.

Lee, J. A., 2nd., 2001, *The Empowerment Approach to Social Work Practice*, Columbia University Press.

Leira, Arnlaug, 1993, "The 'Woman-Friendly' Welfare States: The Case of Norway and Sweden", in Lewis, Jane (ed.), *Women and Social Policy in Europe*, Hants: Edward Elgar Publishing Ltd., pp. 49~71.

Lever, J. 1976, "Sex Differences in the Games Children Play", *Social Problems* 23: 478~487.

Lewis, Jane, 1992, *Gender and the Development of Welfare Regimes*, in *Journal of European Social Policy* 2, Jg., Heft 3, S. 73~91.

Marx, Karl & Engels, Friedrich, 1848, "Manifest der Kommunistischen Partei", in *MEW* 4, Mai 1846 bis März 1848, S. 459~493.

McCarthy, John & Zald, Mayer, 1987, "Resource Mobilization and Social Movements: a Partial Theory", in Zald, Mayer & McCarthy, John (eds.), *Social Movements in an Organizational Society*, New Brunswick (US) and Oxford (UK): Transaction Books.

McIntosh, Mary, 1978, "The State and the Oppression of Women", in Kuhn, A. and Wolpe, A. (eds.), *Feminism and Materialism*, London: Routledge & Kegan Paul.

Melucci, Alberto, 1985, "The Symbolic Challenge of Contemporary Movements", in *Social Research* 52: 789~816.

Miliband, Ralph, 1973, *Parliamentary Socialism: A Study in the Politics of Labour*, London: Merlin Press.

Mill, John Stuart, 1988, *The Subjection of Women*, London: Hackett Publishing Co. Inc., New Ed edition.

Millet, Kate, 1972, *Sexual Politics*, New York: Abacus.

NASW, 1995, *Encyclopedia of Social Work.*

National Association of Social Workers, 1995, *Encyclopedia of Social*

Work(19th), Washington DC: NASW Press.

Nave-Herz, Rosemarie, 1997, *Die Geschichte der Frauenbewegung in Deutchland*, Bonn: Bundeszentrale.

O'Connor, James, 1987, *The Fiscal Crisis of the State, Publisher*, New York: Transaction Publishers.

O'Connor, Julia, 1996, *From Women in the Welfare State to Gendering Welfare State Regimes*, London: Sage Publication, pp. 30~47.

OECD, 2004, *Employment Outlook*.

Offe, Claus, 1982, "Some Contradictions of the Modern Welfare State", in *Critical Social Policy* 2(2): pp. 7~16.

______, 1984, *Contradictions of the Welfare State*, London: Hutchinson.

______, 1985, "New Social Movements: Challenging the Boundaries of Institutional Politics", in *Social Research* 52(4): pp. 817~868.

Orloff, Ann Shola, 1993, "Gender and the Social Rights of Citizenship: The Comparative Analysis of Gender Relations and Welfare State", in *American Sociological Review* 53(June): pp. 303~328(한국여성정책연구회 역, 《복지국가와 여성정책》, 서울: 새물결, 53~87쪽).

Ostner, Ilona, 1995, "Arm ohne Ehemann?: Sozialpolitische Regulierung von Lebenschancen für Frauen im internationalen Vergleich", in *Aus Politik und Zeitgeschichte*, B 36~37/95; S. 3~12.

Pahl, Jan, 2007, "The Family and Welfare", in Baldock, John et al., *Social Policy*, Oxford University Press, pp. 171~206.

Pearce, D., 1978, "The Feminization of Poverty: Women, Work and Welfare", *Urban and Social Change Review* 11, 28~36.

Perkins and Zimmerman, 1995, "Empowerment Theory, Research, and Application", *American Journal of Psychology* 23(5): 569~579.

Perlin, L., 1975, "Sex Role and Depression", In *Life Span Developmental Psychology: Normative Life Crisis*, New York: Academic Press.

Pfau-Effinger, Birgit(1996), "Analyse des Wandels der Geschlechtsspezifischen Arbeitsteilung im Internationalen Vergleich - Theoretischer Ansatz und Empirische Ergebnisse", *Arbeitspapiere* Nr. 22, Universität Bremen (KUA).

Pozatek, E., 1994. "The Problem of Certainty: Clinical Social Work in Postmodern Era", *Social Work* 39(4), 396~403.

Radov, C. G., Masnick, B. R. & Hauser, B. B., 1980, "Issues in Feminist Therapy: The Work of a Women's Study Group", *Alternative Social Service for Women*, New York: Columbia University Press.

Raymond, Janice, 2004, "Prostitution on Demand", in *Violence Against Women* 10(10), October 2004: pp. 1156~1186.

Ricard, J. H., 1985, *A Study of Social Origins of Clinical Depression in Black Women*, D. S. W. diss. Catholic University of America.

Richey, C. A., 1980, "Cognitive-Behavioral Strategies for the Treatment of depression in Women", In N. Gottlieb (Eds.), *Alternative Social Services for Women*, New York: Columbia University Press, pp. 22~41.

______, 1987, "Incorporating Gender Content in Direct Practice Curricula", In *The Women Client*, D. S. Burden & N. Gottlieb (eds), New York & London: Tavistok Publication, 146~161, 72~88.

Rose, S. M., 2000, "Reflections on Empowerment-Based Practice", *Social Work* 45(issue5): 403~412.

Ruddick, S., 1982, "The Perfect Mother", *Rethinking the Family: Some Feminist Questions*, 권오주 · 김선영 · 노영주 · 이승미 · 이진숙 역, 1991, 《페미니즘의 시각에서 본 가족》, 서울: 한울 아카데미.

Sachs, J. & Newdom, F., 1999, "Clinical Social Work and Social Action: Integrative Approach", *Social Service Review*, 2001, Berlin: S. Book Review, v75(issue1): 180~183.

Sainsbury, Diane, 1996, *Gender, Equality, and Welfare States*, Cambridge University Press.

______, 1999, "Gender, Policy Regimes, and Politics", in Sainsburz, Diane(eds.), *Gender and Welfare State Regimes*, Oxford, pp. 245~276.

Saleebey, D., 1979, "The Tension between Research and Practice: Assumptions of the Experimental Paradigm", *Clinical Social Work Journal* 7, 267~284.

______, 1994, "Culture, Theory, and Narrative: The Intersection of Meanings in Practice", *Social Work* 39(4), 23~41.

Sands, R. G. & Nuccio, K., 1992, "Post-modern Feminist Theory and Social Work", Social Work 37(6): 489~494.

Sayers, Janet, 1982, *Biological Politics: Feminist and Anti-feminist Perspectives*, London: Tavistock.

Schneider, Ursula, 1990, "Gewalt in der Familie", in Schwind, Hans-Dieter u. a. (Hg.), *Ursachen, Prävention und Kontrolle von Gewalt: Analysen und Vorschläge der Unabhängigen Regierungskommission zur Verhinderung und Bekämpfung von Gewalt*, Berlin: Duncker & Humblot, S. 503~573.

Schunter-Kleemann, Susanne, 1991, "EG-Binnenmarkt: Markt der Möglichkeiten oder Markt der Betrogenen?", *Beiträge für feministische Theorie und Praxis*, Nr. 29, S. 79~93.

______, 1992a, *Herrenhaus Europa: Geschlechterverhältnisse im Wohlfahrtsstaat*, Berlin: Edition Sigma.

______, 1992b, "Europas Frauen gleichberechtigt?" in Bauer, Rudolph, 1992, *Sozialpolitik in deutscher und europäischer Sicht*, Weinheim: Studien Verlag, S. 25~49.

Scott, Dorothy, 1989, "Meaning Construction and Social Work Practice", *Social Service Review* 63(1), 489~494.

Skerrett, D., 2000, "Social Work: A Shifting Paradigm", *Journal of Social Work Practice* 14(1), 63~73.

Skocpol, Theda, 1992, "Protecting Soldiers and Mothers", *The Political Origins of Social Policy in the United States*, Cambridge/Mass.

Smelser, Neil, 1962, *Theory of Collective Behaviour*. London: Routledge & Kegan Paul.

Spiegel, D., 1982, "어머니일 수행, 아버지일 수행 그리고 정신질환", *Rethinking the Family: Some Feminist Questions*, 권오주 · 김선영 · 노영주 · 이승미 · 이진숙 역, 1991, 《페미니즘의 시각에서 본 가족》, 서울: 한울 아카데미.

StBA(Statistisches Bundesamt), 2007, *Statistisches Jahrbuch*, Wiesbaden.

Strohmeiner, Klaus Peter, 1993, "Pluralisierung und Polarisierung der Lebensformen in Deutschland", *Aus Politik und Zeitgeschichte*. B 17/93. S. 5~17.

Tarrow, Sidney, 1994, *Power in Movement: Social Movements, Collective Action, and Politics*, Cambridge: Cambridge University Press.

Throne, B & Yalom, M., 1982, *Rethinking the Family: Some Feminist*

Questions, 권오주·김선영·노영주·이승미·이진숙 역, 1991, 《페미니즘의 시각에서 본 가족》, 서울: 한울 아카데미.

Tong, Rosemarie Putnam, 1998, *Feminist Thought*, Westview Press(이소영 역, 《페미니즘 사상: 종합적 접근》, 서울: 한신출판사).

Touraine, Alain, 1981, *The Voice and the Eye: An Analysis of Social Movement*, Cambridge: Cambridge University Press.

UNDP(United Nations Development Program), 2007, *Human Development Report* 2007~2008.

Van Den Bergh, N., 1995, "Feminist Social Work Practice", in Van Den Bergh, N. (ed.), *Feminist Practice in the 21st Century*, Washington D. C.: NASW Press.

WHO, 2003, *Gender and Women's Mental Health*, http://www.int/mental health/preventation/gender women/en/

Wilson, Elizabeth, 1977, *Women and the Welfare State*, London: Tavistock Publications.

Wollstonecraft, Mary, 1792, *A Vindication of the Rights of Woman*, reprinted by London: Penguin Books Ltd.

Woodward, Kath, 1997, "Feminist Critiques of Social Policy", in Lavalette, M. & Prat, A. (eds.), *Social Policy: A Conceptual and Theoretical Introduction*, London: Sage Publication(한국여성정책연구회 역, 《복지국가와 여성정책》, 서울: 새물결, 89~113쪽).

Wright, J. D., 1978, "Are Working Women Really More Satisfied?: Evidence from Several National Surveys", *Journal of Marriage and the Family* 40: 310~313.

Yoder, J., 1999, *Women and Gender: Transforming Psychology*, Upper Saddle River, NJ: Prentice Hall.

Zaretsky, E., 1976, *Capitalism, the Family and Personal Life*, London, 김정희 역, 1983, 《자본주의와 가족제도》, 한마당.

Zimmerman, M. A., 1995, "Psychological Empowerment: Issues and Illustrations", *American Journal of Psychology* 23(5).

찾아보기

ㅅ

ㅇ

ㅈ

ㅊ · ㅋ · ㅌ

ㅍ · ㅎ

저자 약력

김 인 숙

가톨릭대학교 사회복지학과 졸업(문학사)
서울대학교 대학원 사회복지학과 졸업(문학석사)
서울대학교 대학원 사회복지학과 졸업(문학박사)
참여연대 사회복지위원회 위원
여성단체연합 복지위원회 위원 역임
현 가톨릭대학교 사회복지학과 교수

저서 및 논문

《사회복지연구에서 질적방법과 분석》
《가족정책: 복지국가의 새로운 전망》(공저)
《제도적 문화기술지》(공역)
《근거이론 분석의 기초: 글레이저의 방법》(공역)
"사회복지전담공무원의 일조직화: 제도적 문화기술지"
"바우처 도입에 따른 사회복지전문직 정체성의 변화와 그 의미"

정 재 훈

서울대학교 사회복지학과 졸업(문학사)
서울대학교 대학원 사회복지학과 졸업(문학석사)
독일 Universität Trier 졸업(Ph. D)
전 여성부 정책자문위원(2008~2009년)
현 한국여성의전화연합 이사
현 서울여자대학교 사회복지학과 교수

저서 및 논문

《독일 복지국가와 사회복지서비스》
《독일복지국가론》, 《양성평등의 불편한 진실》
《저출산·고령사회와 그 적들》, 《비교사회정책론》(공저)
"사회복지정책으로서 탈성매매여성 지원대책 도입에서의 여성운동 역할 연구"
"돌봄노동으로서 보육서비스에 대한 국가개입을 통해 본 한국형 복지국가 유형 연구"
"국민연금제도 발전 방안에 대한 연구"